高等院校物流专业"互联网+"创新规划教材

物流管理（第 2 版）

主　编　张　洪　洪树权　张佺举
副主编　赵　影　杨　娜　王　兴

内 容 简 介

本书共12章,主要包括物流与物流管理概述、运输管理、仓储管理与库存控制、包装、装卸搬运、流通加工、配送与配送中心、物流信息管理、物流成本管理、第三方物流、电子商务与物流、供应链管理。为满足应用型高素质人才的培养目标,同时使读者更好地学习物流管理的理论、技术与方法,本书选取现代物流管理的新理论、新技术、新方法。每章均有导入案例、知识链接、小知识,在各章后均给出了本章小结、习题和案例分析,力求理论与实践的有机结合。

本书适用于高等教育本科物流管理专业及其他专业物流管理课程的教学,同时对从事物流管理相关行业的人员也具有较高的参考价值。

图书在版编目(CIP)数据

物流管理 / 张洪,洪树权,张佺举主编. —2 版. —北京:北京大学出版社,2023.8
高等院校物流专业"互联网+"创新规划教材
ISBN 978-7-301-33770-7

Ⅰ. ①物⋯ Ⅱ. ①张⋯ ②洪⋯ ③张⋯ Ⅲ. ①物流–物资管理–高等学校–教材 Ⅳ. ① F252.1

中国国家版本馆 CIP 数据核字(2023)第 036066 号

书　　　名	物流管理(第 2 版) WULIU GUANLI(DI-ER BAN)
著作责任者	张　洪　洪树权　张佺举　主编
策 划 编 辑	王显超
责 任 编 辑	巨程晖　郑 双
数 字 编 辑	金常伟
标 准 书 号	ISBN 978-7-301-33770-7
出 版 发 行	北京大学出版社
地　　　址	北京市海淀区成府路 205 号 100871
网　　　址	http://www.pup.cn　新浪微博:@北京大学出版社
电 子 邮 箱	编辑部 pup6@pup.cn　总编室 zpup@pup.cn
电　　　话	邮购部 010-62752015　发行部 010-62750672　编辑部 010-62750667
印 刷 者	天津中印联印务有限公司
经 销 者	新华书店
	787 毫米×1092 毫米　16 开本　22.25 印张　541 千字 2014 年 6 月第 1 版 2023 年 8 月第 2 版　2023 年 8 月第 1 次印刷
定　　　价	62.00 元

未经许可,不得以任何方式复制或抄袭本书之部分或全部内容。

版权所有,侵权必究

举报电话:010-62752024　电子信箱:fd@pup.pku.edu.cn
图书如有印装质量问题,请与出版部联系,电话:010-62756370

第 2 版前言

进入 21 世纪，物流作为经济活动的一个重要环节，已经越来越受到关注，其地位和作用也都发生了深刻的变化。近年来，物联网、云计算、大数据、人工智能等先进技术与物流行业的融合度越来越高，物流行业的智能化程度也在不断加强。

物流管理水平已成为衡量企业核心竞争力的重要指标，其对企业的长远发展起着至关重要的作用。而物流效率和物流成本也成为衡量一个国家和地区经济运行效率的重要指标。

本书在借鉴和吸收国内外物流管理基本理论和最新研究成果的基础上，结合当前物流业界的最新实践，对第 1 版进行了修改和完善。具体改动如下。

（1）对第 1 版书的结构进行了调整，把第 1 章、第 2 章合并为"物流与物流管理概述"，删除了第 3 章"物流管理职能"和第 11 章"物流客户服务"。

（2）添加了二维码。二维码内容包括视频、图片、阅读案例等，极大地丰富了全书的内容。

（3）新增了物联网等前沿内容。

（4）对每章的案例、知识链接进行了更新，内容进行了补充和完善。

（5）建立了"在线题库"系统，每章配有 8 道选择题和 8 道判断题，读者可通过该系统自测自评，同时删除了第 1 版书后的选择题、填空题和名词解释。

本书在编写体例上力求做到结构设计新颖、合理，每个章节均包含教学要点、导入案例、知识链接、本章小结、思考题和案例分析等。

本书由张洪、洪树权、张佺举担任主编，负责全书的框架结构设计、内容编写及最后的统稿工作。赵影、杨娜、王兴担任副主编。具体分工为：张洪负责编写和修改第 1 章、第 6 章、第 7 章、第 9 章、第 12 章；洪树权负责编写和修改第 2 章；赵影负责编写和修改第 3 章、第 8 章、第 11 章；杨娜负责编写和修改第 4 章、第 5 章、第 10 章。另外，本书由张洪、张佺举和王兴负责稿件后期的审稿和修正工作。

本书在编写过程中参阅了相关书籍和其他资料，在此向其作者表示衷心的感谢！本书在出版过程中，得到北京大学出版社的大力支持，在此一并表示衷心的感谢！

由于编者水平有限，书中的不足之处在所难免，敬请读者批评指正。

编者
2023 年 3 月

资源索引

目 录

第1章 物流与物流管理概述 …………… 1
1.1 物流概念溯源 ………………………… 3
1.1.1 物流概念的孕育阶段 ………… 3
1.1.2 分销物流学阶段 ……………… 4
1.1.3 现代物流学阶段 ……………… 6
1.2 物流概述 ……………………………… 7
1.2.1 物流的定义 …………………… 7
1.2.2 物流与商流、资金流、信息流的关系 ……………… 10
1.2.3 物流的分类 …………………… 11
1.3 物流的功能 …………………………… 14
1.3.1 物流的总体功能 ……………… 14
1.3.2 物流的具体功能 ……………… 14
1.4 物流管理概述 ………………………… 17
1.4.1 物流管理的含义 ……………… 18
1.4.2 物流管理的目标与原则 ……… 22
1.4.3 物流管理的内容 ……………… 23
1.4.4 物流管理发展的5个阶段 …… 24
1.4.5 物流管理的相关理论 ………… 25
1.5 现代物流发展趋势 …………………… 28
本章小结 ……………………………………… 31
案例分析 ……………………………………… 32

第2章 运输管理 ………………………… 34
2.1 运输的基本知识与原理 ……………… 36
2.1.1 运输的概念与特征 …………… 36
2.1.2 运输原理 ……………………… 41
2.2 现代基本运输方式 …………………… 44
2.2.1 铁路运输 ……………………… 44
2.2.2 水路运输 ……………………… 46
2.2.3 公路运输 ……………………… 49
2.2.4 航空运输 ……………………… 51
2.2.5 管道运输 ……………………… 52
2.3 复合运输与国际运输 ………………… 54
2.3.1 多式联运 ……………………… 54
2.3.2 国际运输 ……………………… 57
本章小结 ……………………………………… 63
案例分析 ……………………………………… 63

第3章 仓储管理与库存控制 …………… 66
3.1 仓储管理概述 ………………………… 68
3.1.1 仓储管理的含义 ……………… 68
3.1.2 仓储活动的意义 ……………… 70
3.1.3 仓储活动的作用 ……………… 73
3.2 仓库作业流程 ………………………… 76
3.2.1 入库作业 ……………………… 76
3.2.2 保管作业 ……………………… 78
3.2.3 出库作业 ……………………… 80
3.3 仓储管理模式与仓储合理化 ………… 81
3.3.1 仓储管理模式 ………………… 81
3.3.2 仓储管理模式的决策依据 …… 86
3.4 库存管理与库存控制 ………………… 90
3.4.1 库存的基本概念 ……………… 90
3.4.2 库存成本的构成 ……………… 92
3.4.3 影响库存控制决策的因素 …… 95
3.4.4 库存管理与控制的方法 ……… 97
3.4.5 MRP与MRPⅡ库存控制方法的应用 ……………………… 102
3.4.6 ERP在仓储管理中的应用 …… 104
3.4.7 JIT概述 ……………………… 107
本章小结 ……………………………………… 108
案例分析 ……………………………………… 108

第4章 包装 ……………………………… 110
4.1 包装概述 ……………………………… 111
4.1.1 包装的概念 …………………… 111
4.1.2 包装的分类 …………………… 112
4.1.3 包装标志 ……………………… 114
4.1.4 包装标准化 …………………… 116

4.2 包装材料与制品 …… 118	本章小结 …… 175
4.2.1 纸包装材料与制品 …… 118	案例分析 …… 175
4.2.2 塑料包装材料与制品 …… 122	**第7章 配送与配送中心** …… 177
4.2.3 金属包装材料与制品 …… 128	7.1 配送与配送中心概述 …… 179
4.2.4 木制包装材料与制品 …… 131	7.1.1 配送概述 …… 179
4.3 物流包装技术 …… 134	7.1.2 配送中心概述 …… 182
4.3.1 防霉腐包装技术 …… 134	7.2 配送中心规划与设计 …… 185
4.3.2 防震包装技术 …… 139	7.2.1 配送中心规划与设计概述 …… 185
4.3.3 防伪包装技术 …… 141	7.2.2 配送中心的选址 …… 186
本章小结 …… 143	7.2.3 配送中心的系统规划 …… 188
案例分析 …… 143	7.3 配送中心作业管理 …… 194
第5章 装卸搬运 …… 145	7.3.1 进货作业 …… 195
5.1 装卸搬运概述 …… 146	7.3.2 储存作业 …… 197
5.1.1 装卸搬运的概念 …… 146	7.3.3 订单处理作业 …… 199
5.1.2 装卸搬运的地位 …… 147	7.3.4 补货作业 …… 201
5.1.3 装卸搬运的组成 …… 148	7.3.5 拣货作业 …… 202
5.1.4 装卸搬运的作业方式 …… 149	7.3.6 出货作业 …… 206
5.2 装卸搬运机械 …… 152	7.3.7 送货作业 …… 208
5.2.1 装卸搬运机械的含义 …… 152	7.3.8 退货作业 …… 210
5.2.2 装卸搬运机械的作用 …… 152	7.4 配送合理化 …… 212
5.2.3 装卸搬运机械的分类 …… 153	7.4.1 不合理配送的表现形式 …… 212
5.3 装卸搬运合理化原则及途径 …… 157	7.4.2 合理配送的评价标准 …… 213
5.3.1 装卸搬运的合理化原则 …… 157	7.4.3 配送合理化的措施 …… 213
5.3.2 装卸搬运的合理化途径 …… 157	本章小结 …… 214
本章小结 …… 161	案例分析 …… 214
案例分析 …… 162	**第8章 物流信息管理** …… 218
第6章 流通加工 …… 163	8.1 物流信息管理概述 …… 220
6.1 流通加工概述 …… 164	8.1.1 物流信息的定义 …… 220
6.1.1 流通加工的概念 …… 164	8.1.2 物流信息的特征 …… 220
6.1.2 流通加工产生的原因 …… 164	8.1.3 物流信息的分类 …… 221
6.1.3 流通加工与生产加工的区别 …… 166	8.1.4 物流信息管理 …… 222
6.2 流通加工的类型与方式 …… 166	8.2 物流信息技术 …… 222
6.2.1 流通加工的类型 …… 166	8.2.1 条码技术 …… 223
6.2.2 流通加工的方式 …… 168	8.2.2 射频识别技术 …… 228
6.3 流通加工合理化 …… 173	8.2.3 电子数据交换技术 …… 231
6.3.1 实现流通加工合理化的途径 …… 173	8.2.4 全球定位系统 …… 235
6.3.2 不合理流通加工的几种	8.2.5 地理信息系统 …… 238
主要形式 …… 174	8.2.6 物联网 …… 241

8.3 物流信息系统 242
　8.3.1 物流信息系统的概念 242
　8.3.2 物流信息系统的总体结构 243
　8.3.3 物流信息系统的类型 245
　8.3.4 典型的物流信息系统 246
本章小结 250
案例分析 251

第9章 物流成本管理 253
9.1 物流成本管理概述 255
　9.1.1 物流成本与物流成本管理的概念 255
　9.1.2 物流成本的构成 256
　9.1.3 物流成本的分类 258
9.2 物流成本计算 260
　9.2.1 物流成本计算对象 260
　9.2.2 物流成本计算方法 261
　9.2.3 物流成本计算程序 262
9.3 物流成本的分析、预测与决策 265
　9.3.1 物流成本分析 265
　9.3.2 物流成本预测 268
　9.3.3 物流成本决策 273
9.4 影响物流成本的因素及降低物流成本的途径 273
　9.4.1 影响物流成本的因素 273
　9.4.2 降低物流成本的途径 274
本章小结 276
案例分析 277

第10章 第三方物流 279
10.1 第三方物流概述 280
　10.1.1 第三方物流的概念与特点 281
　10.1.2 第三方物流的优势 284
　10.1.3 第三方物流的发展状况 285
10.2 第三方物流的运作 287
　10.2.1 第三方物流运作系统概述 287
　10.2.2 第三方物流的运作模式 288
10.3 第三方物流的选择与评价 291
　10.3.1 第三方物流的选择 291
　10.3.2 对第三方物流的评价 293
　10.3.3 第三方物流的实施 295
本章小结 296
案例分析 296

第11章 电子商务与物流 298
11.1 电子商务概述 300
　11.1.1 电子商务的概念 300
　11.1.2 电子商务的特点 300
　11.1.3 电子商务的主要模式 301
11.2 电子商务与物流的关系 303
　11.2.1 物流对电子商务的影响 303
　11.2.2 电子商务对物流的影响 304
11.3 电子商务环境下的物流作业流程 307
　11.3.1 电子商务下的物流系统 307
　11.3.2 电子商务下的物流流程 309
　11.3.3 电子商务物流作业流程 310
11.4 电子商务的物流模式 312
　11.4.1 电子商务下的物流模式类型 312
　11.4.2 电子商务下企业物流模式的选择 314
本章小结 315
案例分析 316

第12章 供应链管理 318
12.1 供应链与供应链管理概述 320
　12.1.1 供应链概述 320
　12.1.2 供应链管理概述 323
12.2 供应链的设计与优化 325
　12.2.1 供应链的设计 325
　12.2.2 供应链的优化 327
12.3 供应链绩效评价 331
　12.3.1 供应链绩效评价概述 331
　12.3.2 供应链绩效评价指标体系 332
12.4 供应链管理的基本方法 338
　12.4.1 快速反应 338
　12.4.2 有效客户响应 339
本章小结 340
案例分析 341

参考文献 344

第1章 物流与物流管理概述

【本章教学要点】

知识要点	掌握程度	相关知识
物流概念溯源	了解	物流概念的孕育阶段、分销物流学阶段和现代物流学阶段
物流概述	熟悉	物流的定义
	掌握	物流与商流、资金流、信息流的关系
	了解	物流的分类
物流的功能	掌握	物流的总体功能
	掌握	物流的具体功能
物流管理概述	掌握	物流管理的含义
	掌握	物流管理的目标与原则
	掌握	物流管理的内容
	理解	物流管理发展的5个阶段
	掌握	物流管理的相关理论
现代物流发展趋势	理解	现代物流的信息化、网络化、自动化、电子化、共享化、协同化、集成化、智能化、移动化、标准化、柔性化、社会化、全球化

【重要知识点图谱】

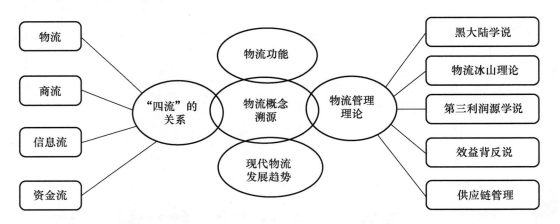

 导入案例

京东物流
——面向制造业的柔性线边物流机器人及管控平台

京东物流集团（简称京东物流）基于云端柔性线边物流管控平台，将电商物流的工艺流程和管理经验移植到制造业，运用大数据、人工智能及物流机器人等，在3C、汽车等制造行业实现两业深度融合创新发展。

一、做法和经验

（一）结合制造工艺定制和研发多款物流机器人。重点针对3C、汽车、消费品等制造行业生产物料多、组合复杂、规格多样、出库流量低但线路多变等难点、痛点，突破多种智能装备混合作业和物流灵活组单技术，研发线边高密度立体仓储系统，基于视觉激光混合导航的水平移动机器人等，实现柔性制造、敏捷制造。

（二）自主开发云端柔性线边物流管控平台。通过物联网、互联网、云计算、人工智能等技术构建云边协同机制，将机器人集成控制、智能调度、算法等集成到云端平台，实现智能物流机器人复杂业务的智能化、数字化、自动化管控。通过智能设备网关实现感知网络与通信网络，以及不同类型感知网络之间的协议转换，统一不同设备、不同设备厂商、不同系统技术上的接口对接标准；通过智能边缘计算将智能物流设备数据聚合、优化、筛选进行本地化预分析，在边缘处对数据进行处理，保证实时交互场景下的响应要求，同时将高价值数据上传云端进行复杂业务处理，降低数据量的传输，提高服务器与边缘侧的通信效率。通过数据采集、数据处理、数据存储，经过自感知、自适应、自驱动的智能数据管控，提供在线实时运营分析及资源配置建议等。

（三）引入仿真技术和大数据算法实现管理精益化。仿真技术和大数据算法对于智能制造具有至关重要的作用，京东物流在原有成熟的电商物流数据与仿真团队基础上，组建专门面向智能制造行业的数据与仿真团队，实践检验可大幅缩短系统整体性能爬坡周期，助力精益化制造目标。

二、融合效果

京东物流自主研发的综合导航、智能机器人、调度控制算法等技术,特别是物流中心储位动态精准调配、任务优化调配和货物优化路径储运技术等在京东物流运营体系不断检验优化,并应用到制造企业赋能案例中,助力企业降本增效。如在服务某知名家电企业过程中,京东物流通过过程重塑、仓储布局规划、系统管理标准化运营、自动化设备应用等综合解决方案,帮助该家电制造企业整体成本降低10%,库存利用率提升13%,作业效率提升20%,同步实现全程可视化运营。

资料来源:https://baijiahao.baidu.com/s?id=1718197073330973266&wfr=spider&for=pc(2021-12-04)[2023-02-07]。

点评

京东物流是我国现代物流管理应用的典范,其先进、科学的物流管理思想和方法对企业的发展起到了积极的作用。物流作为企业新的利润增长点,同时也是推动企业发展的重要动力,在经济社会中的作用越来越显著。通过对物流进行科学管理,可以提高物流效率、企业效益和社会效益。

1.1 物流概念溯源

物流是一个古老的话题,自从有了商品生产就产生了物流,随着商品生产和商品流通规模与范围的扩大,物流也经历了由简单到高级,由传统到现代的发展过程,物流的发展体现了物流不断适应技术进步和经济发展要求,与时俱进、不断创新的时代风貌。回顾物流的发展历程并理解历史上经典的物流概念,不仅有利于我们了解物流的发展规律,更有利于我们全面深入地理解物流的内涵。物流概念起源于20世纪初的美国。从20世纪初到现在一个多世纪的时间内,物流概念的产生和发展经历了3个阶段。

1.1.1 物流概念的孕育阶段

从20世纪初到20世纪50年代初期是物流概念的孕育和提出阶段,即物流概念发展的第一个阶段。此阶段对物流概念的理解分为以下两种意见。

1. 军事后勤学派的物流概念

1905年,贝克(C. B. Baker)在其所著的《军队和军需品运输》一书中提出了物流(logistics)的概念。该书从军事后勤的角度,提出"那个与军备物资的移动和供应相关的战争艺术的分支就叫物流"。

 知识链接

军事后勤角度的物流概念

贝克所指的物流是从军事后勤的角度来定义的,主要解决军备物资的运输、储存、供应问题,这实际上就是军队后勤部门的工作。这类物资的特点之一是数量大,而战时数量就更大,且供应需求很紧急,所以后勤补给工作特别重要。他把这一类后勤工作定义为logistics,包含后勤学、后勤的意思。

2.营销学派的实体分配概念

萧（A. W. Shaw）是最早提出物流概念并进行实际探讨的学者，1915年他在自己的著作《市场流通中的若干问题》中指出，在市场分销中，存在两类活动：一类叫作需求创造，另一类叫作物资实体分配。他认为这两类活动是不同的，但是在市场分销中是互相平衡、互相依赖的。他认为市场分销中发生的重大失误，往往是由于这两类活动之间缺乏协调造成的。

 知识链接

市场营销角度的物流概念

萧所指的物流是从市场营销的角度来定义的。他主要研究如何把企业的产品分送到客户手中。这个过程中包含两类活动：一类是需求创造，也就是通过广告、促销、市场分析、销售网络等手段，让更多的人来购买企业的产品；另一类就是物资实体分配，也就是怎么样低成本、及时地将客户订购的产品送到客户手中。实际上，前者即"商流"，后者即"物流"，而这二者之间是互相平衡、互相依赖的。

物流和实体分配这两个不同意义的概念，之所以都存续下来，是因为它们在各自的专业领域中都得到了一定程度的响应、应用和发展。

在军事后勤领域，1939—1945年第二次世界大战期间，美国军事后勤活动的开展，以及英国在战争中对军需物资调运的实践都大大充实和发展了军事后勤学的理论、方法和技术，因此支持了这一学说的发展。第二次世界大战后，logistics的运作理念和方法被广泛地运用到企业界。

而在营销领域，1915年，威尔德（L. D. H. Weld）在《农场产品的市场营销》中指出，市场营销的效用包括时间效用、场所效用、所有权效用的概念和营销渠道的概念，从而肯定了物流在创造产品的市场价值中的时间价值及场所价值的重要作用。

1922年，著名营销专家克拉克（F. E. Clark）在《市场营销原理》一书中将市场营销定义为影响商品所有权转移的活动和物流的活动，从而将物流进一步纳入市场营销的研究范畴，并用物流作为要素研究企业经营活动中的运输、储存等业务活动。

在物流概念的孕育阶段，学者们对物流的认识还没有统一的说法，大多数人基本上没有物流和物流业的概念。

1.1.2 分销物流学阶段

第二个阶段是从20世纪50年代中期到20世纪80年代中期，被称为分销物流学（physical distribution）阶段。该阶段的基本特征表现为，分销物流概念得到发展且从美国走向世界，还形成了较为统一的物流概念，同时形成和发展了物流管理学，并且形成了物流学派。

1. 分销物流概念的发展与完善

1954 年，康弗斯（P. D. Converse）在美国波士顿工商会议所召开的第 26 次波士顿流通会议上，发表了题为"市场营销的另一半"的演讲，指出应该重视认识、研究市场营销中的物流。

1956 年，刘易斯（H. T. Lewis）、卡利顿（J. W. Culliton）和斯蒂尔（J. D. Steele）三人撰写了《物流中航空货运的作用》一书，书中第一次在物流管理中导入了整体成本的分析概念，深化了物流活动分析的内容。

1961 年，斯马凯伊（B. W. Smykay）、鲍尔索克斯（D. J. Bowersox）和莫斯曼（F. H. Mossman）撰写了《物流管理》，这是世界上第一本介绍物流管理的教科书，它详细论述了物流系统及整体成本的概念，为物流管理成为一门学科奠定了基础。20 世纪 60 年代初，密歇根州立大学和俄亥俄州立大学分别在大学部和研究生部开设了物流课程，成为世界上最早把物流管理教育纳入大学学科体系的学校。

1963 年，美国实物配送协会（National Council of Physical Distribution Management，NCPDM）成立，该协会将各方面的物流专家集中起来，提供教育、培训活动。NCPDM 成为世界上第一个物流专业人员的组织。

1969 年，鲍尔索克斯在《市场营销》杂志上刊登了《物流的发展——现状与潜能》，对物流的过去、现状及未来发展做了全面的分析。

2. 物流管理学理论体系的形成

20 世纪 50 年代中期开始，日本经济开始复苏。随着经济的高速发展，许多企业面临运输基础设施及运输业与需求不匹配的情况，同时企业综合管理、流通系统化和提高劳动生产率等课题亟待解决。1956 年，日本生产性本部向美国派出了流通技术考察团，在美国各地进行实地考察，并接触到物流这一全新概念。1958 年，流通技术考察团刊登在日本《流通技术》杂志上的《劳动生产率报告 33 号》，第一次提到分销物流学概念。由此，分销物流学的概念正式引入日本，并大大推动了日本的物流发展。

同样，这样的物流概念也逐渐流行到西欧、北美和其他地区的许多国家。20 世纪 70 年代末也传到了中国。此后，世界上多数国家都接受了这样的物流概念和物流管理学。

分销物流学主要研究物流活动（如运输、仓储、包装、装卸搬运、流通加工等）在分销领域的优化问题。在该阶段，各种物流专业理论和应用的发展也取得了很大进展，如运输理论、仓储理论、配送理论、库存理论、包装理论、网点布局理论、信息化理论以及它们的应用技术等。

3. 企业内部物流理论异军突起

在物流管理学理论的发展过程中，特别值得注意的是企业内部物流理论的异军突起。当人们正在专注地研究分销领域中的物流问题、发展各种专业物流理论和技术的时候，企业内部生产物流理论也在悄悄地发展。

1953 年，日本丰田汽车公司提出了准时制（just-in-time，JIT）生产概念，以及相应的看板管理（生产领域物流技术的另一种管理工具），它不仅在生产领域创造了一种革命性的技术，而且为整个物流管理学提供了一种理想的物流思想理论和技术，现已应用于物流的各个领域。

1965年，美国的奥列基（J. Orlicky）博士首次区分独立需求与相关需求概念，并提出再订货点法适用于独立需求，而物料需求计划（material requirement planning，MRP）适用于相关需求。企业内部的生产过程中相互之间的需求就是一种相关需求。

20世纪70年代末，美国著名生产管理专家怀特（O. W. Wight）提出了一个新概念——制造资源计划（manufacturing resource planning），为了与物料需求计划的MRP相区别，将其简写为MRP Ⅱ。

在MRP发展的基础上，受MRP思想的启发，20世纪80年代初又产生了应用于分销领域的配送需求计划（distribution requirement planning，DRP）。

企业内部物流理论和技术的快速发展，逐渐引起了人们的关注，分销物流的概念显然不包含这些。到了20世纪80年代中期，随着物流活动进一步集成化、一体化、信息化，物流的概念发展到了第三个阶段。

1.1.3 现代物流学阶段

第三个阶段是从20世纪80年代中期开始一直到现在，称为现代物流学阶段。随着物流业的发展，物流的领域已经延伸至分销以外的领域，包括物资的供应、生产、分销及回收废弃物的全过程。分销物流的概念，已经不适应现在的形势，应该扩大物流概念的内涵。于是，决定采用logistics来表示物流。在该阶段物流概念得到了进一步的延伸和发展。

20世纪90年代，在MRP和DRP发展的基础上，为了把二者结合起来，美国Gartner Group公司提出了企业资源计划（enterprise resource planning，ERP）概念。在同一时期，还诞生了供应链理论，供应链管理系统的形成进一步导致物流管理的联合化、共同化、集约化和协调化。

企业内部的集成化物流MRP Ⅱ是将生产管理与生产能力计划、采购管理、仓储管理、车间管理、成本管理等集成起来，面向企业内部管理；而ERP是把MRP Ⅱ与人事管理、设备管理、行政办公等系统集成起来，面向供应链管理。

物流外包和第三方物流的产生，进一步导致物流专业化、技术化和集成化，从而实现了生产和物流的分工合作，提高了各自的核心竞争力。

 知识链接

从学会的演变看物流的发展

1963年，美国成立了NCPDM，1985年更名为物流管理协会（Council of Logistics Management，CLM），2005年更名为供应链管理专业协会（Council of Supply Chain Management Professionals，CSCMP）。

加拿大物流管理协会1967年成立时全称为Canadian Association of Physical Distribution Management，

1992 年更名为 Canadian Association of Logistics Management，2000 年更名为加拿大供应链与物流管理协会（Canadian Association of Supply Chain & Logistics Management，CASCLM）。

从美国和加拿大两国物流学会命名的演变，可以揭示出物流发展的进程。从最初局限于分销领域，到 20 世纪 80 年代扩展到物流领域的全过程，再到 90 年代关注供应链管理。

1.2 物流概述

1.2.1 物流的定义

国内外物流专家关于物流的定义众说纷纭，但都包括以下内容：物流是克服时间间隔和空间间隔的经济性活动，物流包括物资流通和信息流通。

1. 国外对物流的定义

（1）美国对物流的定义。

NCPDM 于 1963 年对物流的定义如下：物流管理是为了计划、执行和控制原材料、在制品库存及制成品从起源地到消费地的有效率的流动而进行的两种或多种活动的集成。这些活动可能包括但不限于顾客服务、需求预测、交通、库存控制、物料搬运、订货处理、服务支持、工厂及仓库选址、采购、包装、退货处理、废弃物回收、运输、仓储管理。

CLM 于 1985 年对物流的定义如下：物流是对货物、服务及相关信息从起源地到消费地的有效率、有效益的流动和储存进行计划、执行和控制，以满足顾客要求的过程。该过程包括进向、去向和内部、外部的移动，以及环境保护为目的的物料回收。

CLM 会于 1998 年将物流的定义修订为：物流是供应链过程的一部分，是对货物、服务及相关信息从产出地到消费地的有效率、有效益的流动和储存，并进行计划、执行和控制，以满足客户要求。

2002 年，CLM 在 1998 年定义的基础上，加上了"反向的"一词，即：物流是供应链运作中，以满足客户要求为目的，对货物、服务和相关信息在产出地和消费地之间实现高效率低成本的正向和反向地流动和储存所进行的计划、执行和控制的过程。

美国学者塔夫（C. A. Taff）将物流定义为对到达及离开生产线的原材料、在制品和产成品的流动、储存和保护活动的管理。它包括运输、物料搬运、包装、仓储、库存控制、订货销售、选址分析和有效管理所必需的通信网络等。

（2）日本对物流的定义。

日通综合研究所 1981 年出版的《物流手册》中这样定义物流：物流是将货物由供应者向需求者的物理性移动，是创造时间价值和场所价值的活动，包括包装、搬运、保管、库存管理、运输、配送等活动领域。

日本工业标准对物流的定义为：物流是将实物从供给者物理性移动到客户这一过程的活动，一般包括输送、保管、装卸以及与其有关的情报等各种活动。

日本早稻田大学教授西泽修在定义物流时说：物流是指包装、输送、保管、装卸工作，主要以有形物资为中心，所以称之为物资流通。在物资流通中加入情报流通，于是称之为物流。

日本另一位物流专家汤前和夫认为：物流是一个包含"整体观点"的概念，是指产品从工厂生产出来到送达客户手中这一过程的"结构"。

（3）其他国家与地区对物流的定义。

欧洲物流协会（European Logistics Association，ELA）于1994年将物流定义为在一个系统内对人员和商品的运输、安排及与此相关的支持活动进行计划、执行和控制，以达到特定的目的。

1991年11月，在荷兰乌德勒支市举办的第9届物流国际会议上，专家们认为，物流不仅应当包括生产前和生产过程中的物质流和信息流，而且应当包括生产之后的市场营销活动、售后服务、市场组织等领域。

CASCLM对物流的定义如下：物流是对原材料、在制品、产成品库存及相关信息从起源地到消费地的有效率的、有效益的流动和储存进行计划、执行和控制，以满足顾客要求的过程。该过程包括进向、去向和内部流动。

2. 我国对物流的定义

2021年12月1日正式实施的由国家市场监督管理总局发布的中华人民共和国国家标准《物流术语》（GB/T 18354—2021）（简称国家标准《物流术语》）中规定：物流是根据实际需要，将运输、储存、装卸、搬运、包装、流通加工、配送、信息处理等基本功能实施有机结合，使物品从供应地向接收地进行实体流动的过程。

我国著名物流学专家王之泰认为：物流是物质资料从供给者到需求者的物理性运动，主要是创造时间价值和场所价值，有时也创造一定加工价值的活动。

除此之外，也有学者还提出了现代物流的概念。

张尧辰认为，现代物流是现代市场经济的重要组成部分，它是一种先进的组织和管理模式。一个信息化的现代物流企业的特征是企业管理信息化、企业运营网络化和企业设备现代化。

王佐认为，现代物流这个术语的运用与"现代管理""现代企业制度"等术语一样，也是一种企业改革和发展的心态，是我国物流产业发展的标杆。从历史的角度来看，物流理念的内涵和外延一直伴随着物流运作的实践和企业经营管理理念的发展而发展，并且呈加速之势，现代物流就是客户服务。

还有学者认为，现代物流与传统物流的区别在于，后者仅仅是作业管理，旨在提高部门（如运输、仓储）的效率（efficiency），而现代物流则可以提升企业战略管理能力，提升部门、企业甚至企业之间的效能（effectiveness）。

本书采用的物流相关概念引自国家标准《物流术语》。

3. 物流现代化观念

物流现代化观念是建立在经济发展和科学进步的现代化基础上的。

（1）物流是市场的延伸观念。

20世纪20年代，物流被看作流通的一种附属机能。而自20世纪30年代起，人们从有利于商品销售的愿望出发，开始探讨如何进行"物资的配给"和怎样加强对"物质分布过程"的合理化管理。对物流进行研究的核心思想正如日本学者羽田升史所说："物流被看成市场的延伸。"

"物流被看成市场的延伸"这一提法，在新的时代背景下，人们又赋予其新的内涵。

① 通过为用户提供物流服务来开拓市场。
② 将物流功能和物流设施的建设，看作潜在的市场机会。
③ 物流被看作市场竞争的手段和策略。
④ 物流被视为企业的核心竞争力的重要来源。

（2）物流系统化观念。

物流系统是指在特定的社会经济大环境里，由运输、储存、包装、装卸搬运等物流设施、设备与物流的对象物所构成的，具有特定功能的有机整体。20世纪50、60年代，物流活动纯粹是建立在功能基础上的后勤工作，基本没有考虑物流系统化的问题。即便是计算机技术被运用于物流定量优化的初期，人们的注意力仍然局限于改善特定的物流功能因素的绩效，而没有从全局的角度去考虑整个物流系统。

现代物流管理追求的是物流系统的最优化，它要求实现物流总成本最小化，这是物流合理化的重要标志。但传统的物流管理往往将注意力集中于尽可能使每一项物流活动成本最小化，而忽视了物流总成本，忽视了物流要素之间存在着效益背反关系。即一个部门成本的提高会因其他部门成本的降低或效益的增加而抵消。从系统的观点看，构成物流的各功能之间存在着明显的效益背反关系。例如，采用高速运输会增加运输费用，但是，运输的迅速化会使库存量降低，从而节省了库存费用和保养费用，最终导致物流总费用的降低。现代物流就是要利用物流要素之间存在的效益背反关系，通过物流各个功能活动的相互配合和总体协调，从而达到物流总成本最小化的目标。

（3）精益物流观念。

精益物流是源于日本丰田汽车公司的一种物流管理思想，其核心是追求消灭包括库存在内的一切浪费，并围绕此目标发展的一系列具体方法。它是从精益生产的理念中蜕变而来的，是精益思想在物流管理中的应用。

精益物流的内涵是运用精益思想对企业物流活动进行管理，包括以下几项原则。

① 从顾客的角度而不是从企业或职能部门的角度来研究什么可以产生价值。
② 按整个价值流确定供应、生产和配送产品中所有必需的步骤和活动。
③ 创造无中断、无绕道、无等待、无回流的增值活动流。
④ 及时创造仅由顾客拉动的价值。
⑤ 不断消除浪费，追求完善。

（4）绿色物流观念。

绿色物流是指在物流活动中，组织者应尽量防止物流对环境造成危害，同时还要对物流环境进行净化，以使物流资源得到最充分的利用。环境共生型的物流管理就是要改变原来经济发展与物流、消费生活与物流的单向作用关系，在抑制物流对环境造成危害的同时，形成一种能促进经济和人类健康共同发展的物流系统，即向绿色物流、循环型物流转变。

1.2.2 物流与商流、资金流、信息流的关系

商品流通过程包含商流、物流、资金流和信息流，流通活动示意图如图1.1所示。它们互相联系，又互相区别；互相结合，又互相分离。

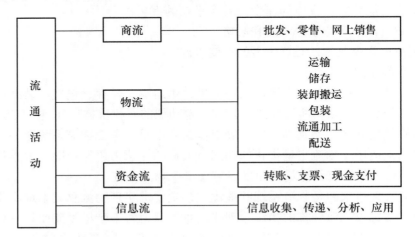

图1.1 流通活动示意图

1．"四流"的概念

"四流"即商流、物流、资金流和信息流。

（1）商流。

对象物所有权转移的活动称为商流。在商流中的物资也称商品，商流活动一般称为贸易或交易。商品通过交易活动由供应方转让给需求方，这种转让是按价值规律进行的。商流的研究内容是商品交换的全过程，具体是指商品交易的一系列活动。

（2）物流。

物流是指实物从供应方向需求方的转移过程，这种转移既要通过运输或搬运来完成实物的空间位置变化，又要通过储存保管来调节供需双方在时间方面的差异，还有可能通过流通加工来改变实物的物理或化学性质。

例如，作为燃料的煤，在漫长的历史时期中埋藏在深山里，它和泥土、石块等一样没有体现任何价值，只有经过采掘、输送到城市用来作为发电、取暖的燃料，才能成为重要的物资。它的使用价值是通过运输克服了空间距离才得以实现的，这就是物流的空间效应。

又如，大米的种植和收获是季节性的，多数地区每年收获一次。但是对消费者而言，作为食品，每天都要消耗，必须进行保管以保证经常性的需要，供人们食用以实现其使用价值。这种使用价值是通过保管克服了季节性生产和经常性消费的时间差后才能得以实现的，这就是物流的时间效应。

（3）资金流和信息流。

资金流是在所有权的更迭的交易过程中发生的，从属于商流。

信息流则分别从属于商流和物流。信息流解决的是物流与商流、资金流之间的信息传递。

2. 商流与物流的关系

（1）商流与物流的统一。

商流是物流的前提。商品交换活动没有产品所有权的转移，那么实物的空间位移则无从谈起。实物运动方向与商品交易方向具有一致性的普遍规律。

物流是商流的保证。商品发生所有权的转移，从根本上来讲是购买者对商品的使用价值情有独钟。如果由于不具备物流条件或实物运动过程受阻，商品不能到达购买者手中，那么商流就失去了保证。

在小额、零星的交易活动中，"一手交钱，一手交货"的情况下，商流和物流会结合在一起。但随着商品经济的发展，上述商流与物流结合在一起的情况虽然仍存在，但是人们站在现代管理和科学技术的角度考察商品流通的全过程时发现：物流如果和商流完全一致，则存在着不合理性。

（2）商流与物流的分离。

商流与物流产生分离是由于商流与物流存在相对的独立性，即商流可以通过谈判等交易手段完成，资金流可以通过金融系统完成，从而实现了所有权的转让。而物流完全可以脱离商流单独运行，经过运输、储存、配送等环节将货物送达客户手中。有时如果按照一定的原则优化了物流的渠道，使得物流与商流分离，可以节约大量成本，加快物资流通的速度。

商流与物流相分离的形式，有时表现为时间上的分离，如赊账、分期付款、托收承付的物流在前、商流在后的形式，也有预购、信汇、电汇等商流在前、物流在后的形式。有时则表现为商流与物流在空间上的分离，如客户在甲地购物或签订协议完成商流，在乙地提货完成物流。也有商流多环节、物流少环节的情况。如产品由甲销售给乙，再由乙销售给丙，此时，所有权从甲向乙再向丙转移，而物流只需由甲直接向丙转移，这种方式简化了物流环节，降低了物流成本。

在商品交易中，也存在只有商流而没有物流的特殊现象，如房屋、建筑物等的交易。这些商品虽然会发生所有权的转移，但并不发生地理位置上的移动。

总之，商流和物流构成了商品流通的两大支柱。商流搞活了，能加速物流的速度，给物流带来活力；而物流的畅通无阻能使商品快速地送达消费者手中。商流与物流分离的意义在于充分发挥资金运作和实物运作各自的规律性和有效性，从而推动商品流通向更有益的方向发展。

1.2.3 物流的分类

由于物流对象、物流目的、物流方向及物流范围不同，人们可以从不同的角度、采用不同的标准对物流进行分类。目前有以下几种主要的物流分类方法。

1. 按物流的作用分类

（1）供应物流。

生产企业、流通企业或用户购入原材料、零部件或商品的物流过程称为供应物流，也就是物资生产者、持有者到使用者之间的物流。对于制造企业而言，供应物流是指对于生产活动所需要的原材料、燃料、半成品等物资的采购、供应等活动所产生的物流。对于流通企业而言，供应物流是指在为商品配置而进行的交易活动中，从买方角度出发的交易行为中所发生的物流。由于供应物流占用大量的企业流动资金，因此对其严格管理，使其合理化，对控制企业的成本至关重要。

供应物流的重心是采购，企业生产或经营活动所需的货物都需要通过采购获得，它是企业物流管理的起点。在有效的货物或服务的采购中，"按需采购"既是前提，又是原则，即尽量做到以最少的费用、最低的价格购进企业所需的最合适的各类货物。

（2）生产物流。

从工厂的原材料购进入库到工厂成品库的成品发送，这一全过程的物流活动称为生产物流。生产物流是制造企业所特有的，它和生产流程同步。原材料、半成品等按照工艺流程在各个加工点不停顿地移动、流转形成了生产物流。如果生产物流发生中断，生产过程也将随之停顿。

过去人们注重的是生产加工过程，现在人们在研究生产加工过程的同时更加关注生产物流如何安排，从物流角度看如何做得更合理，生产活动环节如何有效衔接，如何缩短生产的物流时间，如何选配合适的机械装备等，特别是注意工厂布置、工艺流程、装卸搬运、生产物流的物流节点等。

（3）销售物流。

生产企业、流通企业售出产品或商品的物流过程称为销售物流，是指从物资的生产者或持有者到用户或消费者之间的物流。对于制造企业来说，是指售出产品，而对于流通企业来说，是指交易活动中，从卖方角度出发的交易行为中的物流。

通过销售物流，企业得以回收资金，并进行再生产的活动。销售物流的效果关系到企业的存在价值是否被社会承认。销售物流的成本在产品及商品的最终价格中占有一定的比例。因此，在市场经济中为了增强企业的竞争力，销售物流的合理化可以收到立竿见影的效果。

（4）回收物流。

回收物流是指退货、返修物品和周转使用的包装容器等从需求方返回供给方所引发的物流活动。在生产及流通活动中有一些资料要回收并加以利用，如作为包装容器的纸箱、塑料筐、酒瓶等，还有可用杂物的回收和再加工，例如，旧报纸、书籍通过回收、分类可以再制成纸浆加以利用，金属废弃物可以回收并重新冶炼成有用的原材料等。

（5）废弃物物流。

废弃物物流是指将经济活动中失去原有使用价值的物品，根据实际需要进行收集、分类、加工、包装、搬运、储存等，并分送到专门处理场所的物流活动。生产过程产生的废旧物资有工艺性的废料、生产过程中产生的废品、损坏和报废的机械设备、各种废旧零部件和废旧材料等。

严格地说，废旧物资物流可分为废品回收物流和废弃物物流。废品回收物流是指对生产中所产生的废旧物品经过回收、加工等可转化为新的生产要素的流动过程；而废弃物物流则是指对不能回收利用的废弃物，只能通过销毁、填埋等方式予以处理的流动过程。

2. 按物流的性质分类

（1）社会物流。

社会物流是指企业外部物流活动的总称，是全社会物流的整体，企业外部物流活动包括：国民经济部门与部门之间、地区与地区之间、企业与企业之间为实现商品流动的各种经济活动。社会物流的一个标志是它伴随着商业活动的发生而发生，也就是说社会物流过程与商品所有权的更迭密切相关。

从总体上看，社会物流的流通网络是国民经济发展的命脉。社会物流的网络分布是否合理、渠道是否畅通，对国民经济的发展的好坏起着至关重要的作用。因此，宏观规划和管理部门应该对社会物流进行科学的管理和有效的控制，尽量采用先进的物流技术和手段，以保证社会物流的高效能和低成本运行。对社会物流的优化，不仅可以带来良好的经济效益，更重要的是可以产生巨大的社会效益。

（2）行业物流。

同一行业中的企业是市场上的竞争对手，但是在物流领域中这些竞争企业常常互相协作，共同促进行业物流系统的合理化，因为行业物流合理化可以使所有参与企业都得到相应的好处，实现真正意义上的"共赢"。

例如，日本的建设机械行业提出行业物流系统化的具体内容如下：实现各种运输手段的有效利用；建设共同的零部件仓库，实行共同配送；建立新旧设备及零部件的共同流通中心；建立技术中心，共同培训操作人员和维修人员；统一建设机械的规格等。

（3）企业物流。

企业物流是指货主企业在经营活动中所发生的物流活动。它体现了企业内部各部门之间为实现物质实体流动的各种活动，是以企业经营为核心的物流活动。例如，一个工厂，要购进原材料，经过若干道工序的加工，形成产品销售出去；一个运输公司要按照客户要求将货物输送到指定地点。在企业经营范围内由生产或服务活动所形成的物流系统称为企业物流。

3. 按物流在社会再生产中的作用分类

（1）宏观物流。

宏观物流是指从社会再生产总体角度认识和研究的物流活动。这种物流活动的参与者是构成社会总体的大生产者、大集团，宏观物流也就是研究社会再生产总体物流，研究产业或集团的物流活动行为，即从宏观的角度，以长远性和战略性为观点，全面系统地研究和管理物流。

（2）微观物流。

微观物流是指消费者、生产者所从事的实际的、具体的物流活动。在整个物流活动中的一个局部、一个环节的具体的物流活动，在一个小地域空间发生的具体的物流活动，针对某一种具体产品所进行的物流活动都属于微观物流。在物流活动中，企业物流、生产物流、供应物流、销售物流、回收物流、废弃物物流等皆属于微观物流。微观物流研究的特点是具体性和局部性，微观物流的运行状况将直接影响企业的经济效益。

1.3 物流的功能

物流是若干领域经济活动系统的、集成的、一体化的现代概念。从总体上来看，物流是物的物理性流动，最终为客户服务；从具体内容上看，构成物流总体的种种活动，实际上是物流所具有的具体功能。

1.3.1 物流的总体功能

1. 组织实物进行物理性的流动

实物的物理性流动的动力来自5个方面：生产活动的要求，消费活动的要求，流通活动的要求，军事活动的要求，社会活动、公益活动的要求。

2. 实现对客户的服务

物流服务的内容是满足客户需求，保障供给，而且是在适量性、多批次的基础上，安全、准确、迅速、经济地满足客户的要求。物流服务的本质就是达到客户满意，服务作为物流的核心功能，为客户提供物流的时空效用，因此可通过客户满意度来衡量物流产出的优劣。

3. 实现对物流资源和物流流程的整合

将物流资源和物流流程按用户要求重新加以整合，使之更优化、更合理，是将物流资源和物流相关资源进行一定程度的集成，以创新物流体制、物流系统和物流服务组织，从而提升物流活动水平的一种方式。物流系统通过有效的整合，物流资源尤其是闲置资源和没有充分利用的资源会得到最大限度、最优的利用，这种整合的效果是依靠管理来实现的。

1.3.2 物流的具体功能

1. 运输

运输是物流系统中的核心功能，是物品借助于运力在空间上所发生的位置移动。国家标准《物流术语》对运输的解释是利用载运工具、设施设备及人力等运力资源，使货物在较大空间上产生位置移动的活动。

运输在物流系统中提供两大功能：物品转移和物品储存。物品转移是运输的主要功能。运输利用的是时间资源、财务资源和环境资源，只有当运输确实提高了物品价值时，这种物品转移才是有效的。而运输的主要目的就是以最少的时间、财务和环境资源成本，将物品从供应地转移到需要的地点，且希望物品的损失成本最低。将运输车辆作为相当昂贵的储存设施，对物品进行临时储存只是一个附属的运输功能。如果转移中的物品需要短时间储存，又将重新转移，这种储存是必要的。因为将物品卸下来再装上去的成本可能会超过储存在运输工具上的成本，这时，就可以利用运输这种临时储存物品的功能。

常见的运输方式有 5 种，包括铁路、公路、水路、管道和航空。各种方式的相对重要性可以按照系统公里数、交通流量、收入，以及交通成分性质等来衡量。

2. 储存

储存活动也被称为保管活动，是为了克服生产和消费在时间上的距离而形成的。物品通过储存活动产生了商品的时间效用。保管活动是借助各种仓库，完成物资的保管、保养、堆码、维护等工作，以使物品使用价值下降的程度降到最低。保管的管理要求合理确定仓库的库存量，建立各种物资的保管制度，确定保管流程，改进保管设施和保管技术等。储存活动也是物流的核心，与运输活动共同构成了物流的两大支柱。

储存

国家标准《物流术语》对储存的定义十分简单，认为储存就是贮藏、保护、管理物品。本书认为，储存是以改变物的时间状态为目的的活动，通过克服供需间的时间差异而使产品获得更好的效用。

储存的作用体现在以下几个方面。

（1）储存能够创造时间价值。

在社会经济生活中，许多物品的生产与消费之间客观地存在着时间差异，需要通过物流的储存功能去产生这种时间差，从而使商品在更高价值的时间去实现其价值，这一过程中所产生的商品价值的增量即为物流所创造的时间价值。

（2）储存可以降低成本，提高效率。

大规模、整车运输会带来运输的经济性。在供应物流方面，企业从多个供应商分别小批量购买原材料并运至仓库，然后将其拼箱并整车运输至工厂。由于整车运输费率低于零担运输费率，因此，这将大大降低运输成本，提高运输效率。在销售物流方面，企业将各工厂的产品大批量运到市场仓库，然后根据客户的要求，小批量运到市场或客户手中。此外，各种运输工具的运量相差很大，它们之间进行转运，运输能力上是很不匹配的，因此，仓库还具有调节运力差异的作用。

（3）调节供应和需求，为销售服务。

由于生产和消费之间存在时间或空间上的差异，商品的储存可以提高产品的时间效用，调节均衡生产和集中消费，或均衡消费和集中生产在时间上的矛盾，使生产和消费协调起来。

3. 包装

包装是物流的基本功能要素之一。国家标准《物流术语》中对包装定义如下：为在流通过程中保护产品、方便储运、促进销售，按一定技术方法而采用的容器、材料及辅助物等的总体名称。也指为了达到上述目的而采用容器、材料和辅助物的过程中施加一定技术方法等的操作活动。

包装的功能归纳起来有以下3点。

（1）保护功能。包装的保护功能，即保护商品不受损伤的功能，它体现了包装的主要目的。

（2）方便功能。包装具有方便流通、方便消费的功能。合理的包装可以为物流全过程提供巨大的方便，从而改善了物流的效果。

（3）销售功能。销售功能是促进物资销售的包装功能。在商业交易中促进物资销售的手段很多，其中包装的装潢设计占重要地位。美观的包装能唤起人们的购买欲望。包装的外形形态是商品很好的宣传品，对顾客的购买起着刺激的作用。

综上所述，包装的保护功能和方便功能是与物流密切相关的两大功能，而销售功能是与商流相关的。改进包装的不合理性，发挥包装的作用，是促进物流合理化的重要方面，是日益被物流工作者重视的一个十分重要的领域。

4. 装卸搬运

物资的装卸搬运是物流的主要功能之一。装卸搬运活动已渗透到物流的各领域、各环节，成为物流顺利进行的关键。物资装卸搬运伴随着物流的始终，联系着物流的其他功能，成为提高物流效率、降低物流成本、改善物流条件、保证物流质量最重要的物流环节之一。

国家标准《物流术语》对装卸的定义是，在运输工具间或运输工具与存放场地（仓库）间，以人力或机械方式对物品进行载上载入或卸下卸出的作业过程。对搬运的定义是在同一场所内，以人力或机械方式对物品进行空间移动的作业过程。那么，装卸搬运就是指在某一物流节点范围内进行的，以改变物料的存放状态和空间位置为主要内容和目的的活动。

同生产或流通领域的其他活动相比，装卸搬运具有作业量大、对象复杂、作业不平衡等特点。

5. 配送

配送是目前发达国家普遍采用的合理高效的现代化物流方式。国家标准《物流术语》对配送的定义如下：所谓配送，就是指根据客户要求，对物品进行分类、拣选、集货、包装、组配等作业，并按时送达指定地点的物流活动。

配送是物流活动中一种特殊的、综合的活动形式，它将商流与物流紧密结合起来，既包括商流活动，也包括物流活动中若干功能要素，是物流的一个缩影或在某小范围内全部物流活动的体现，也有人称配送是物流活动的"小物流"。一般的配送集装卸、包装、保管、运输于一体，通过这一系列的物流活动将货物送达目的地；特殊的配送还要进行流通加工活动，其目的是提供更加安全、准确、优质的物流服务，同时降低物流费用。

配送具有以下功能。

（1）配送是从物流节点至用户的一种送货形式。其特殊性表现为：从事送货活动的是专业流通企业，而不是生产企业。配送是"中转"型送货，是用户需要什么送什么；

而工厂送货一般是直达型送货（直接送到用户手中），并且是生产什么送什么。

（2）配送不是单纯的运输和输送，它在整个运送过程中处于"二次运输""支线运输""终端运输"的位置。

（3）配送不是广义概念的组织物资订货、签约、进货及对物资处理分配的供应，而是供给者送货到户式的服务性供应，是一种"门到门"的服务。

（4）配送是在全面配货的基础上，完全按用户要求，包括种类、品种搭配、数量、时间等方面的要求所进行的运送，是"配"和"送"的有机结合。

6. 流通加工

流通加工是物流中具有一定特殊意义的物流形式。一般来说，生产是通过改变物的形式和性质创造产品的价值和使用价值，而流通则是保持产品的原有形式和性质，以完成其所有权的转移和空间形式的位移。物流的包装、储存、运输、装卸等功能，虽然具备生产的性质，但往往并不改变物流对象的物理、化学属性。但是为了提高物流速度和物资的利用率，在产品进入流通领域后，还需按用户的要求进行一定的加工活动。

国家标准《物流术语》对流通加工的定义是：根据顾客的需要，在流通过程中对产品实施的简单加工作业活动的总称。简单加工作业活动包括包装、分割、计量、分拣、刷标志、拴标签、组装、组配等。

7. 信息

国家标准《物流术语》对物流信息的定义是，反映物流各种活动内容的知识、资料、图像、数据的总称。

物流信息是指组织物流活动所必需的，或者物流活动中所生成的各种有关信息。它与运输、储存、装卸搬运、包装、流通加工、配送等职能结合在一起，共同保证物流活动的顺畅进行。作为物流系统中的一个特殊子系统，物流信息的职能总是伴随其他物流职能的运行而产生的，同时又不断对其他物流职能及整个物流活动起支撑保障作用。

物流信息技术是应用于物流作业环节中的各种现代信息技术的总称，是物流现代化的重要技术基础，也是物流技术领域发展最快的研究方向之一。计算机及其网络技术的进步，使物流信息技术达到了一个全新的高度。目前经常采用的物流信息技术包括条码（bar code，也称条形码）技术、电子数据交换（electronic data interchange，EDI）技术、电子自动订货系统（electronic ordering system，EOS）、销售时点系统（point of sale，POS）等。

1.4　物流管理概述

物流管理（logistics management）科学是管理科学的重要分支。随着生产技术和管理技术的提高，企业之间的竞争日趋激烈，人们逐渐发现，企业在降低生产成本方面的竞争似乎已经走到了尽头，产品质量的好坏也仅仅是一个企业能否进入市场参加竞争的

"敲门砖"。这时,竞争的焦点开始从生产领域转向非生产领域,转向过去那些分散、孤立的,被视为辅助环节而不被重视的,诸如运输、储存、包装、装卸、流通加工等物流活动领域。人们开始研究如何在这些领域里降低物流成本,提高服务质量,创造第三利润源。物流管理从此从传统的企业生产和销售活动中分离出来,成为独立的研究领域和学科范围。物流管理科学的诞生使得原来在经济活动中处于潜隐状态的物流系统显现出来,它揭示了物流活动的各个环节的内在联系,它的发展和日臻完善,是现代企业在市场竞争中制胜的法宝。

1.4.1 物流管理的含义

20世纪初,市场经营中形成了三大最基本的管理环节,即市场管理、运营管理和财务管理,物流管理并没有列入其中。物流管理习惯上被分为三个阶段:采购物流、制造物流和销售物流,所以相应的业务被归入采购部门、制造部门和市场营销部门。这样,各部门各司其职,采购经理关心的是供应商的选择,通过采购谈判,希望获得尽可能低的采购价格,但低价格往往又以大批量采购为代价,价格上得到的好处很快被高额的库存费用抵消了。销售经理考虑更多的是如何扩大销售量,为保证供货,很少考虑产品的供货方式。仓库地点的选择、仓库的数量、库存量的控制、运输方式的选择等不是销售经理职责范围内的事,结果,销售费用也难以令人满意。制造经理最感兴趣的就是生产过程的连续性,因此也需要依靠规模较大的在制品库存来支持。可见在整个生产制造过程中,到处存在着大量库存和由此形成的大量资金占用的情况,企业营运资金被不受重视的"物流黑洞"吞噬了。

直到20世纪40年代系统论产生,人们才开始用系统的观点来解决物流过程中的各类管理问题,并使其逐步形成一门完整的科学体系,即现代物流管理。

因此,可以对物流管理做如下定义,物流管理是指在社会再生产过程中,根据物质资料实体流动的规律,应用管理的基本原理和科学方法,对物流活动进行计划、组织、指挥、协调、控制和监督,使各项物流活动实现最佳的协调与配合,以降低物流成本,提高物流效率和经济效益。

物流管理作为管理科学的一个组成部分。现代物流管理的根本任务是,在保证物流服务水平的前提下,通过使物流功能达到最佳组合来实现物流成本最小化。

我们可以从以下几个层面来理解上述概念。

1. "客户满意"是现代物流管理的出发点

客户服务是整个物流体系设计和运作的基础和必要组成部分。物流企业在市场竞争中需要确定自己的核心业务和核心优势,差异化的客户服务能给企业带来独特的竞争优势。加强物流管理、改进客户服务是创造持久竞争力的有效手段。此外,客户服务水平直接影响企业的市场份额、物流总成本,进而影响总体利润、市场规模和经营范围等。物流业提供给各种企业的是物流服务,而绝不仅仅是单独企业内部的物流活动。从某种意义上说,"服务"是物流的性质,而一流的客户服务已成为高水平物流服务企业的标志。客户服务水平的高低不仅决定了原有的客户是否会继续维持下去,而且还决定了潜在客户成为现实客户可能性的高低。现代物流企业通过提供客户所期望的服务,在积极追求自身交易规模扩大的同时,强调实现与竞争对手在客户服务方面的差别化,也就是在对物流资源、物流实践、物流品质、退换货、信息等物流服务质量进行决策时,不能仅从供给者角度考虑,还要在了解竞争对手战略的基础上,努力提升客户满意度。

 案例链接

UPS的物流服务

UPS之所以在经营上取得了巨大的成功,与其富有特色的物流服务是密切相关的,主要概括为以下几个方面。

1. 快捷优质的传递

UPS规定:国际快件3个工作日内送达目的地,国内快件保证在翌日上午8点半以前送达。为了测试UPS的快递究竟快不快,UPS总裁曾于星期三在北京向美国给自己寄了一个包裹,星期五当他回到亚特兰大公司总部上班时,包裹已出现在他的办公桌上。UPS坚持"快速、可靠"的服务准则,获得了"物有所值的最佳服务"的声誉。

2. 代理通关服务

20世纪80年代末,UPS投资数亿美元建立起全球网络和技术基础设施,为客户提供报关代理服务。UPS建立的"报关代理自动化系统"使其承运的国际包裹的所有资料都进入这个系统,这样,通关手续在货物到达海关之前即已办完。UPS的电子化通关为企业节省了时间、增加了效益。UPS有6个通关代理中心,每天办理2万个包裹的通关手续。

3. 即时追踪服务

UPS的即时追踪系统是目前世界快递业中最大、最先进的信息追踪系统之一。所有交付货物都能获得一个追踪条码,货物走到哪里,这个系统就跟到哪里。这个追踪系统已经进入全球互联网络。非网络客户可以打电话询问"客户服务中心",路易斯维尔的服务中心昼夜服务,200多名职员每天用11种语言回答世界各地客户的大约2万次电话询问。

4. 无纸包裹服务管理

UPS的"信息数据中心"可将UPS系统中的包裹资料从世界各地汇总到一起。包裹送达时,员工借助一个类似笔记本电脑的"传递信息读取装置"读取客户的签名,再通过邮车上的转换器,将签名直接输送到"信息数据中心",投递实现了无纸化操作。送达后,有关资料将在数据中心保存18个月。这项工作使包裹的管理工作更加科学化,也提高了UPS服务的可靠性。

5. 完善的包装检验与设计服务

UPS设在芝加哥的"服务中心"数据库中,有关抗震、抗挤压、防泄漏等各种包装案例应有尽有。这类服务为企业节省了材料费和运输费,被誉为"超值服务"。

2. 注重整个流通渠道的有效整合

传统物流管理认为,物流是从生产阶段到消费阶段的商品运动过程,也就是说,物流管理的主要对象是"销售物流"和"企业内物流"。现代物流管理的范围不仅包括销售物流和企业内物流,而且应当包括从原材料采购直至客户的所有过程和环节,还包括退、换货物流及废弃物物流。这里需要注意的是,现代物流管理中的销售物流概念也有新的延伸,即不仅是单阶段的销售管理(如厂商到批发商、零售商,至消费者的相对独立的物流活动），而且是一种整体的销售活动，也就是将销售渠道的各个参与者（厂商、批发商、零售商等）进行有效整合，以保证销售物流过程合理化。

 案例链接

萨克斯公司的物流管理

零售商们正以惊人的速度倒闭。这种危机感促使萨克斯第五大道百货公司（简称萨克斯公司）将其销售计划与物流管理结合起来。如果按照在孟加拉国裁剪，在意大利缝制成衣，然后将成品运到美国的豪华商店进行销售的模式，收益将十分显著。对旺销的产品来讲，盈利与亏损之间可能只是7～10天的差别，所以必须依靠出色的物流服务使这些款式恰好在最需要的时候出现在卖场。那么萨克斯公司是怎样做的呢？

公司的69家商店仅有2个分拨中心供货。一个在纽约州的扬克斯，距离纽约市第五大道上萨克斯公司最大的商店很近，另一个在加利福尼亚州的安大略，是供应新潮前卫的南加州市场的绝好位置。货物在供应渠道中快速移动是盈利的重要保证。分拨中心24小时日夜运转，分拨货物。萨克斯公司80%的进口货物通过空运到达分拨中心，来自欧洲的货物在扬克斯处理，来自远东的货物在安大略处理。两个分拨中心之间的货物交换也通过空运完成，每个营业日，还在纽约和洛杉矶之间安排一个专用航班。分拨中心对各地商店的供货采用了航空运输和公路运输相结合的方法。

3．以物流整体最优为目的

随着经济全球化和科技进步，世界市场也发生着巨大的变化，商品的生存周期趋短、消费者需求趋变、服务要求趋高、商品流通地域趋广，这就要求物流活动必须高效、经济。在这种背景下，如果物流管理仅仅追求"节点最优"或"部门最优"，将无法在日益激烈的市场竞争中取胜。从原材料采购计划实施到商品向最终客户移动的所有活动，已经不再是某一环节和部门的活动，而是整个流程各环节有效结合所发挥的综合效益。也就是说，现代物流管理所追求的费用、效益，是针对采购、生产、销售、配送等整体最优而言的。在企业组织中，以低价格购入为主的采购理论，以生产增加、生产合理化为主的生产理论，以追求低成本为主的物流理论，以增加销售额和扩大市场份额为主的销售理论等理论之间仍然存在着分歧与差异，跨越这种分歧与差异，力图追求整体最优，才是现代物流管理理论。例如，从现代物流管理观念来看，跨国公司的生产全球化或许多企业生产的集约化，虽然造成了物流输送成本的增加，但是由于这种生产战略有效利用了低价生产要素，因此降低了总生产成本、提高了企业竞争力。这种背反关系的取舍取决于企业管理部门因时、因物、因地的决策。所以说，追求整体最优，应在充分认识采购理论、生产理论、销售理论及物流配送理论的基础上，实现物流管理的整体最优。

4．现代物流管理以"双效"为基础

现代物流管理是对经济效益和社会效益的"双效"追求。具体表现为：从物流手段上看，从原来重视物流机械、设备等硬件要素转向重视信息等软件要素的有效收集和利用；从物流活动领域上看，从以运输、储存为主活动领域转向物流全过程，也就是从原材料供应向客户服务的整个物流活动过程扩展;从管理方式上看,现代物流从对原来的执行作业层次的管理控制,发展为对经营决策的控制;从管理理念上看,从原来强调确保运输、储存等,实现低成本的直接利益,转变为强调物流服务水平的提高,以及对环境、能源、污染等有关可持续发展的社会利益的关注。

综上所述,传统物流管理以提高经济效率、降低成本为重点,而现代物流管理不仅重视企业经济效益,更强调的是整个物流过程中所形成的经济效益和社会效益。

5. 现代物流是以信息为核心形成的共同体

现代物流认为物流活动不是物流系统中某个部门、某一环节或某家企业的业务活动,而是包括供应商、批发商、零售商等关联企业在内的整个统一体的共同活动,因而现代物流管理通过这种供应链强化了企业间的关系。具体地说,通过企业计划的联结、企业信息的联结、风险共同承担的联结等有机结合,包含了流通过程的所有企业,从而使物流管理成为一种供应链管理。供应链管理就是从供应商开始到最终客户,对整个流通过程中的商品运动的综合管理,其手段是信息的沟通,信息已成为物流管理的核心,没有高度发达的信息网络和信息支撑,如条码、EDI、地理信息系统(geographic information system,GIS)、全球定位系统(global positioning system,GPS)等,供应链管理是无法实现的,信息使物流各环节联结为利益共同体。

 案例链接

UPS 的信息化战略

1. UPS 信息化的进程

1907 年,年仅 19 岁的凯西(J. Casey)开创了 UPS 的最初业务。在 20 世纪 80 年代,UPS 就应用了货物信息收集器、条码系统、大规模数据中心等一系列领先技术,实现了让客户了解实时货物运输进程的目标。1995 年,货物跟踪网络开通时,经调查发现客户对于货物信息非常关心。因此,让客户能够更简便地接收托运货物信息已经成为与对手竞争的有力手段。为此,UPS 建立了自己的网站,最终开始了电子商务业务。

2. UPS 信息化战略

UPS 在 20 世纪 90 年代,为了规划内部运营,开始应用信息系统,时至今日信息技术已经成为这个年收入 846 亿美元,拥有 576 架飞机、54 万雇员的巨型企业中最有战略价值的资产。2000 年,UPS 投资信息领域总额超过 100 亿美元。虽然投入巨大,但回报也同样丰厚:公司的盈利空间增长了 15%,利润增长了 20%,达到 30 亿美元。通过这一系列努力,UPS 已经摆脱了从前包裹搬运工的角色,成了一个从经营原材料运输到售后结算业务,提供完善后勤服务的物流企业。2001 年,美国邮政快递业巨头 UPS 公司与欧洲物流管理公司 Uni-Data 达成并购协议,这不仅令加入 UPS 全球后勤服务网络的国家超过 60 个,而且,Uni-Data 在高科技领域的丰富经验还能帮助这个已有百年历史的传统物流企业进一步实施其信息化战略。并且,为了应对世界物流产业的变化,UPS 推出两项基于其全球电子后勤保障战略的客户服务技术,以帮助 UPS 客户准确估计包裹的运输时间并实时查询货物所在地点。

总之，现代物流管理是对从供应商开始到最终客户的整个流通阶段所发生的商品运动的管理，在商品实体的运动中，形成的"场所移动"和"时间推移"的物流现象，既是物流服务的对象，又是企业生存、发展过程中，可利用的有效经营资源。

1.4.2 物流管理的目标与原则

1. 物流管理的目标

物流管理最基本的目标就是以最低的成本向客户提供满意的物流服务，即在需要的时间，将所需要的物品以合适的方式按照指定的时间送达到需要的场所。

物流管理的目标具体包括快速反应、最小变异、最低库存、整合运输、产品质量以及生命周期支持等。

（1）快速反应能力的高低关系到企业能否及时满足客户的服务需求。信息技术提高了在尽可能短的时间内完成物流作业，并尽快交付所需存货的能力。快速反应的能力把物流作业的重点从根据预测和对存货储备的预期，转移到从装运到配送对客户需求做出迅速反应上来。

（2）最小变异就是尽可能控制任何会破坏物流系统表现的、意想不到的事件。这些事件包括客户收到订货的时间被延迟、制造中发生意想不到的损坏、货物交付到不正确的地点等。传统解决变异的方法是建立安全储备存货或使用高成本的溢价运输。信息技术的使用使积极的物流控制成为可能。

（3）最低库存的目标是减少资产负担和提高库存的周转速度。存货可用性的高周转率意味着分布在存货上的资金得到了有效的利用。因此，保持最低库存就是要把存货减少到与客户服务目标相一致的最低水平。

（4）整合运输。最重要的物流成本之一是运输。一般来说，运输规模越大及需要运输的距离越长，每单位的运输成本就越低。这就需要有创新的规划，把小批量的装运聚集成集中的、较大批量的整合运输。

（5）由于物流作业必须在任何时间且跨越广阔的地域来进行，因此对产品质量的要求被强化，因为绝大多数物流作业是在监督者的视野之外进行的。由于不正确的搬运或运输中的损坏导致重做客户订货所花的费用，远比第一次就正确地履行所花费的费用多。因此，物流是发展和维持全面质量管理的主要组成部分。

（6）某些对产品生命周期有严格需求的行业，回收物流将构成物流作业成本的重要部分。如果不仔细审视逆向的物流需求，就无法制订良好的物流策略。因而，产品生命周期支持也是物流管理设计的重要目标之一。

物流管理理念要体现以人为本的思想，促进人类生活水平和社会福利的提高是物流管理的终极目的。在这个前提下，广泛采用物流管理的组织方式和物流管理技术，提高物流合理化水平，降低物流成本，提供优质的物流服务。

2. 物流管理的原则

（1）物流管理的总原则——物流合理化。

物流管理的具体原则很多，但最根本的指导原则是保证物流合理化的实现。所谓物流合理化，就是对物流设备配置和物流活动组织进行调整改进，实现物流系统整体优化的过程。它具体表现在兼顾成本与服务上，即以尽可能低的物流成本提供可以接受的物流服务，或以可以接受的物流成本达到尽可能高的物流服务水平。

（2）物流合理化的基本思想。

物流活动各种成本之间经常存在着此消彼长的关系，物流合理化的一个基本的思想就是"均衡"的思想，从物流总成本的角度权衡得失。不求极限，但求均衡，均衡造就合理。

（3）物流管理面临的新挑战。

近年来，很多先进的信息技术的出现，极大地推动了物流行业的巨变。我们不能再以传统的观念来认识信息时代的物流，物流也不再是物流功能的简单组合运作，它现在已是一个网的概念。加强连通物流结点的效率，加强系统的管理效率已成为整个物流产业面临的关键问题。

1.4.3 物流管理的内容

从不同的角度出发，可以对物流管理进行不同的分类。物流管理的内容（表1-1）主要体现在3个方面，一是对物流活动诸要素的管理，包括运输、储存、装卸搬运、包装、流通加工、配送、物流信息、客户服务等环节的管理；二是对物流系统诸要素的管理，即对其中人、物、财、设备、方法和信息六大要素的管理；三是对物流活动中具体职能的管理，主要包括物流计划、物流质量、物流技术、物流经济等职能的管理。

表1-1 物流管理的内容

分类	项目	管理内容
对物流活动诸要素的管理	运输管理	运输方式的选择、运输路线的选择、车辆的调度与组织等
	储存管理	原材料、半成品和成品的储存策略,储存统计、库存控制、养护,等等
	装卸搬运管理	装卸搬运系统的设计、设备规划与配置、作业组织等
	包装管理	包装容器和包装材料的选择与设计,包装技术和方法的改进,包装系列化、标准化、自动化
	流通加工管理	加工场所的选定、加工机械的配置、加工技术和方法的改进
	配送管理	配送中心的选址及优化布局、配送机械的合理配置与调度、配送作业流程的制订与优化
	物流信息管理	对物流信息所进行的搜集、加工、处理、存储和传输等
	客户服务管理	客户信息收集、客户满意度管理、客户开拓与巩固、客户项目管理等

续表

分类	项目	管理内容
对物流系统诸要素的管理	人的管理	物流从业人员的选拔与录用、物流专业人才的培训与提高、物流教育和物流人才培养规划与措施的制订等
	物的管理	物的运输、储存、包装、流通加工等
	财的管理	物流成本的计算与控制、物流经济效益指标体系的建立、资金的筹措与运用、提高经济效益的方法等
	设备管理	各种物流设备的选型与优化配置,各汇总设备的合理使用和更新改造,各种设备的研制、开发与引进,等等
	方法管理	各种物流技术的研究、推广、普及,物流科学研究工作的组织与开展,新技术的推广、普及,现代管理方法的应用,等等
	信息管理	物流信息的传输、处理等
对物流活动中具体职能的管理	物流计划管理	物流系统内各种计划的编制、执行、修正及监督
	物流质量管理	物流服务质量、物流工作质量、物流工程质量等的管理
	物流技术管理	对物流基础设施和物流设备的管理,物流各种专业技术的开发、推广和引进,物流作业流程的制订,技术情报和技术文件的管理,物流技术人员的培训,等等
	物流经济管理	物流费用的计算与控制,物流劳务价格的确定和管理,物流活动的经济核算、分析,等等

1.4.4 物流管理发展的5个阶段

近年来,随着经济的发展,企业的物流管理在不断革新,从发达国家物流发展的历史来看,物流管理经历了以下5个阶段。

1. 物流功能个别管理阶段

在这个阶段,真正意义上的物流管理意识还没有出现,降低成本不是以降低物流总成本为目标,而是分别停留在降低运输成本和保管成本等个别环节上。降低运输成本也只是局限于要求降低运价或者寻找价格更低的运输业者上。物流在企业中的位置不高,企业内对于物流的重视程度还很低。

2. 物流功能系统化管理阶段

物流功能系统化管理阶段的主要特征表现为:通过物流管理部门的设立,其管理对象已不仅是现场的作业活动,而是站在企业整体的立场上进行整合,各种物流合理化对策开始出现并付诸实施。

3. 物流管理领域扩大阶段

进入物流管理领域扩大阶段,物流管理部门可以出于物流合理化的目的向生产和销售部门提出自己的建议。如对于生产部门的建议：从产品的设计阶段就考虑物流效率、实现包装的标准化、生产计划要具备柔性等。但是，物流管理部门对于生产和销售部门提出的建议在具体实现上有一定限制，特别是在销售竞争非常激烈的情况下，物流服务一旦被当作竞争手段时，仅仅以物流合理化的观点来要求销售部门提供协助往往不被对方所接受，因为，这时候销售部门考虑问题的先后次序首先是销售，然后才是物流。

4. 企业内物流一体化管理阶段

企业内物流一体化管理是根据商品的市场销售动向决定商品的生产和采购，从而保证生产、采购和销售的一致性。企业内物流一体化管理受到关注的背景来自市场的不透明化。需要正确把握每一种商品的市场销售动向，尽可能根据销售动向来安排生产和采购，改变过去那种按预测进行生产和采购的方法。企业内物流一体化管理正是建立在这样一种思考之上的物流管理方式。

5. 供应链管理阶段

供应链管理系统是一个将交易关联的各方都整合进来的系统，即将供应商、制造商、批发商、零售商等所有供应链上的关联企业和消费者作为一个整体看待的系统。基于供应链的顺利运行的物流管理使物流业为产品实物的空间位移提供时间和服务质量的保证，从而使物流管理进入更为高级的阶段。

1.4.5 物流管理的相关理论

1. 黑大陆学说

著名的管理学家德鲁克（P. F. Drucker）曾经讲过："流通是经济领域里的黑暗大陆。"德鲁克泛指的是流通，但是，由于流通领域中物流活动的模糊性尤其突出，是流通领域中人们更认识不清的领域，所以，黑大陆学说现在主要是针对物流而言的。

黑大陆主要是指人们尚未认识、尚未了解的领域。在黑大陆中，如果理论研究和实践探索照亮了这块黑大陆，那么摆在人们面前的可能是一片不毛之地，也可能是一片宝藏之地。从某种意义上来看，黑大陆学说是一种未来学的研究结论，是战略分析的结论，带有很强的哲学的抽象性，这一学说对研究这一领域的学者们起到了启迪和动员的作用。

2. 物流冰山理论

物流冰山理论是日本早稻田大学西泽修教授提出来的。他在研究物流成本时发现，现行的财务会计制度和会计核算方法都不可能掌握物流费用的实际情况，因而人们对物流费用的了解是一片空白，甚至有很大的虚假性，他把这种情况比作"物流冰山"。冰山的特点是大部分沉在水面之下，而露出水面的仅是冰山的一角。物流便是一座"冰山"，其中沉在水面以下的是我们看不到的黑色区域，而我们看到的不过是物流的一部分。

物流冰山理论示意图

知识链接

管理中的冰山理论

把一个员工的全部才能看作一座冰山，呈现在人们视野中的部分往往只有1/8，而看不到的部分则占7/8。对员工来说，外在的1/8是其资质、知识、行为和技能，内在的7/8则是由职业意识、职业道德和职业态度3个方面形成的基石。要培育优秀的职业化素质，就要重视这3个隐性方面的内容，因为它占员工素质的7/8，同时还深刻地影响着员工1/8的显性素质。浮在水面上的1/8是他所拥有的资质、知识、行为和技能，这些就是员工的显性素质，这些可以通过各种学历证书、职业证书来证明，或者通过专业考试来验证。而潜在水面之下的7/8的部分，包括职业道德、职业意识和职业态度，我们称之为隐性素质。显性素质和隐性素质的总和就构成了一个员工所具备的全部职业化素质。

职业化素质有大部分潜在水面之下，正是这7/8的隐性素质支撑了一个员工的显性素质。

员工素质的"水上部分"包括基本知识、基本技能等，是显性的，即处在水面以上，随时可以调用，是人力资源管理中人们比较重视的方面，它们相对来说比较容易改变和发展，培训起来也比较容易见成效，但很难从根本上解决员工的综合素质问题。

员工素质的"水下部分"包括职业意识、职业道德、职业态度，是隐性的，即处在水面以下，如果不加以激发，它只能潜意识地起作用，是人力资源管理中经常被忽视的，也经常被员工本人所忽视。然而，如果员工的隐性素质能够得到足够的培训，那么对员工整体素质的提升将起到非常大的作用，同时对企业的影响也将更加深远。

大部分企业非常重视员工显性素质的培训，诸如职业技能培训等，因为这些培训的效果能够立竿见影。很多企业往往忽视员工隐性素质的培训，即职业意识、职业道德和职业态度方面的培训，因此就很难从根本上提升企业的核心竞争力。全方位职业化素质培训的作用就是要"破冰"，要将被培训者头脑中潜藏的意识和态度挖掘出来，将冰山水面上和水面下的部分完全协同起来，更大程度地发挥7/8水下部分的核心作用。只有重视员工隐性素质的培训，才能更大地提高员工的显性素质培训的效果。

企业员工职业化程度决定了企业的未来发展，也决定了员工自身未来的发展。是否具备职业化的意识、道德、态度，职业化的技能、知识、行为，直接决定了企业和员工发展的潜力和成功的可能。如果具备职业化素质，那么员工就拥有了相当的职业竞争力，也就迈出了获得成功的第一步。

3. 第三利润源学说

第三利润源学说是西泽修教授在1970年提出的。在生产力相对落后、社会产品处于供不应求的历史阶段，由于市场商品匮乏，制造企业无论生产多少产品都能销售出去。于是就大力进行设备更新改造、扩大生产能力、增加产品数量、降低生产成本，以此来创造企业剩余价值，即第一利润。当产品充斥市场，转为供大于求，销售产生困难时，也就是第一利润达到一定极限，很难持续发展时，便采取扩大销售的办法寻求新的利润源，这就是第二利润。当销售达到了一定极限时，同时发现物流不仅可以帮助扩大销售，而且也是一个很好的新利润增长源。于是，出现了第三利润源学说。物流作为第三利润源，在降低成本、提高效益、增强企业市场竞争力方面起着极其重要的作用。

知识链接

第三利润源的理论基础

（1）物流是完全可以从流通中分化出来的，自成体系，有目标、有管理，因而能进行独立的总体判断。

（2）物流和其他的独立经济活动一样，它不是总体成本的构成因素，而是单独盈利因素，可以成为"利润中心"。

（3）从物流服务角度看，通过有效的物流服务，可以给接受物流服务的生产企业创造更好的盈利机会，成为生产企业的第三利润源。

（4）通过有效的物流服务，可以优化社会经济系统和整个国民经济的运行状况，降低整个社会的运行成本，提高国民经济总效益。

4. 效益背反说

效益背反又称二律背反，即两个相互排斥而又相互被认为是同样正确的命题之间的矛盾。物流成本的效益背反规律或二律背反效应又被称为物流成本交替损益（trade-off），是指在物流的各要素间，物流成本此消彼长。

效益背反是物流领域中的普遍现象，是这一领域中内部矛盾的反映和表现。这是一种此消彼长、此盈彼亏的现象，虽然许多领域中都存在这种现象，但物流领域中，这个问题似乎尤其严重。效益背反说有许多有力的实证予以支持，例如，包装问题，在产品销售市场和销售价格皆不变的前提下，假定其他成本因素也不变，那么包装方面每少花一分钱，这一分钱就必然转到收益上来，包装越省，利润越高。但是，一旦商品进入流通领域，如果简省的包装降低了产品的防护效果，造成了大量损失，就会造成储存、装卸、运输功能要素的工作劣化和效益大减，显然，包装活动的效益是以其他活动的损失为代价的，我国流通领域每年因包装不善造成的高达上百亿元的商品损失，就是效益背反说的实证。

物流成本与服务水平的效益背反是指物流服务的高水平必然带来企业业务量的增长和收入的增加，同时也带来企业物流成本的增加，使得企业效益下降，即高水平的物流服务必然伴随着高水平的物流成本，而且物流服务水平与成本之间并非呈线性关系。在没有很大技术进步的情况下，企业很难同时做到既提高物流水平又降低物流成本。

5. 成本中心说

成本中心说的含义是物流在整个企业的战略中，只对企业营销活动的成本发生影响，物流是企业成本的重要生产点，因而，解决物流的问题的主要目的不是搞合理化、现代化，也不是重点在于支持保障其他活动，而是通过物流管理和物流的一系列活动降低成本。所以，成本中心说既是指主要成本的产生点，又是指降低成本的关注点，物流是"降低成本的宝库"等说法正是这种认识的形象描述。

6. 服务中心说

服务中心说代表了欧美一些国家的学者对物流的认识，他们认为，物流活动的最大作用并不在于为企业节约了成本或增加了利润，而是在于提高了企业对客户的服务水平，进而提高了企业的竞争力。服务中心说特别强调物流的服务保障功能，借助物流的服务保障作用，企业可以通过整体能力的加强来压缩成本、增加利润。

7. 战略说

学术界和产业界越来越多的人逐渐认识到，物流更具有战略性，是企业发展的战略而不是一项具体操作性任务。应该说这种看法把物流放在了很高的位置。企业战略是生存和发展，物流会影响企业总体的生存和发展，而不是在哪个环节搞得合理一些，省几个钱。将物流和企业的生存和发展直接联系起来，这对促进物流理论的发展有重要意义。企业不是追求物流的一时一事的效益，而是着眼于总体，着眼于长远，如制订战略性的规划、进行战略性的投资和开展战略性的技术开发。

8. 供应链管理

进入20世纪90年代，物流环境发生了一系列变化，如客户需求不断升级、订货周期逐渐缩短、快速反应系统的推广应用、市场竞争日趋激烈、营销方式不断更新及经济全球化的到来等。为适应这些变化，供应链管理逐渐受到重视。一般认为，供应链管理是对供应链中的商流、物流、信息流、资金流，以及对工作流进行计划、组织、协调与控制。它是一种从供应商开始，经由制造商、分销商、零售商直到最终客户的全要素、全过程的集成化管理模式。其目标是从整体的观点出发，寻求建立供、产、销企业及客户间的战略合作伙伴关系，最大程度地减少内耗与浪费，实现供应链整体效率的最优化。

1.5 现代物流发展趋势

进入21世纪，随着全球经济一体化进程的加快，企业面临着尤为激烈的竞争环境，资源在全球范围内的流动和配置大大加强，世界各国更加重视物流发展对于本国经济发展、民生素质和军事实力增强的影响，更加重视物流的现代化，从而使现代物流呈现出一系列新的发展趋势。根据国内外物流发展的新情况，未来物流的发展趋势可以归纳为信息化、网络化、自动化、电子化、共享化、协同化、集成化、智能化、移动化、标准化、柔性化、社会化和全球化。

1. 信息化

现代社会已步入信息时代，物流信息化是社会信息化的必然要求和重要组成部分。物流信息化表现在：物流信息的商品化，物流信息收集的代码化和商业智能化，物流信息处理的电子化和计算机化，物流信息传递的标准化和实时化，物流信息存储的数字化和物流业务数据的共享化等。它是现代物流发展的基础，没有信息化，任何先进的技术装备都无法顺畅地使用，信息技术的应用将会彻底改变世界物流的面貌，更多新的信息技术在未来物流作业中将得到普遍采用。

信息化促进了物流功能的改变，使得那些在工业社会里的产品生产中心、商业贸易中心发挥的主导功能发生了转变，传统的物流业以物为对象，聚散的是物；而信息社会是以信息为对象。物流不再仅仅传输产品，同时也在传输信息。例如，物流中心的集散功能除针对实物之外，还要完成对各种信息的采集和传输，各种信息被聚集在那里，经过加工、处理、使用，再传播出去供社会使用。总之，信息社会使物流的功能更强大，并形成一个社会经济的综合服务中心。

2. 网络化

网络化是指物流系统的组织网络和信息网络体系。从组织上来讲，它是供应链成员间的物理联系和业务体系，国际电信联盟（international telecommunication union，ITU）将射频识别技术（radio frequency identification，RFID）、传感器技术、纳米技术、智能嵌入技术等列为物联网的关键技术，这种过程需要有高效的物流网络支持。而信息网络是供应链上企业之间的业务运作通过互联网实现信息的传递和共享，并运用电子方式完成操作。例如，配送中心向供应商发放订单就可以利用网上的电子订货系统通过互联网来实现，对下游分销商的送货通知也可以通过网上的分销系统，甚至是移动手持设备来实现，等等。

3. 自动化

物流自动化的基础是信息化，核心是机电一体化，其外在表现是无人化，效果是省力化。此外，它还能扩大物流能力、提高劳动生产率、减少物流作业的差错等。物流自动化的技术很多，如 RFID、自动化立体仓库、自动存取、自动分拣、自动导向和自动定位、货物自动跟踪等技术。这些技术在经济发达的国家已普遍应用于物流作业中，在我国，虽然某些技术已被采用，但达到普遍应用的程度还需要相当长的时间。

4. 电子化

电子化是指物流作业中的电子商务，以信息化和网络化为基础。它具体表现为：业务流程的步骤实现电子化和无纸化、商务的货币实现数字化和电子化、交易商品实现符号化和数字化、业务处理实现全程自动化和透明化、交易场所和市场空间实现虚拟化、消费行为实现个性化、企业或供应链之间实现无边界化、市场结构实现网络化和全球化，等等。作为电子商务发展关键性因素之一的物流，是商流、信息流和资金流的基础与载体。电子化使得跨国物流更加频繁，企业对物流的需求更加强烈。

5. 共享化

供应链管理强调链上成员的协作和社会整体资源的高效利用，以最优化的资源最大化地满足整体市场的需求。企业只有在建立共赢伙伴关系的基础上，才能实现业务过程间的高度协作和资源的高效利用，通过资源、信息、技术、知识、业务流程等的共享，才能实现社会资源优化配置和物流业务的优势互补、快速对市场需求做出响应。近年来，一些新型的供应链管理策略，如 VMI、JIT II、CPFR、第四方物流等都实现了信息、技术、知识、客户和市场等资源的共享。

6. 协同化

市场需求的瞬息万变、竞争环境的日益激烈都要求企业具有与上下游进行实时业务沟通的协同能力。企业不仅要及时掌握客户的需求,更快地响应、跟踪和满足他们的需求,还要使供应商对自己的需求具有可预见能力,并能把握好供应商的供应能力,使其能为自己提供更好的供给。为了实现物流协同化,合作伙伴需要共享业务信息、集成业务流程,共同进行预测、计划、执行和绩效评估等业务。而只有企业间真正实现了全方位的协同,才能使物流作业的响应速度更快、预见性更好、抵御风险能力更强,从而降低成本和增加效益。

7. 集成化

物流业务是由多个成员与环节组成的,全球化和协同化的物流运作要求物流业务中成员之间的业务衔接更加紧密,因此要对业务信息进行高度集成,实现供应链的整体化和集成化运作,缩短供应链的相对长度,使物流作业更流畅、更高效、更快速,更加接近客户需求。集成化的基础是业务流程的优化和信息系统的集成,二者都需要有完善的信息系统支持,实现系统、信息、业务、流程和资源等的集成。同时,集成化也是共享化和协同化的基础,没有集成化,就无法实现共享化和协同化。

8. 智能化

两分钟看完菜鸟智能仓库流程

智能化是自动化、信息化的一种高层次应用。物流涉及大量的运筹和决策,如物流网络的设计优化、运输(搬运)路径和每次运输装载量的选择、多货物的拼装优化、运输工具的排程和调度、库存水平的确定与补货策略的选择、有限资源的调配、配送策略的选择等优化处理,都需要借助智能的优化工具来解决。近年来,人工智能、仿真学、运筹学、商务智能、数据挖掘和机器人等相关学科已经有比较成熟的研究成果,并在实际物流业中得到了较好的应用,使智能化成为物流发展的一个新趋势,智能化还是实现物联网优化运作的一个不可缺少的前提条件。

9. 移动化

移动化是指物流业务的信息与业务的处理移动化,它是现代移动信息技术发展的必然选择。由于物流作业更多地体现在载体与载物的移动,除了暂时静态的存储环节全都处于移动状态,因此移动化对物流业具有更加重要和深远的意义。应用现代移动信息技术(通信、计算机、互联网、GPS、GIS、RFID、传感器、人工智能等)能够在物流作业中实现移动数据采集、移动信息传输、移动办公、移动跟踪、移动查询、移动业务处理、移动沟通、移动导航控制、移动检测、移动支付、移动服务等,并将这些业务与物体形成闭环的网络系统,在真正意义上实现物联网。它不仅可以使物流作业降低成本、加速响应、提高效率、增加盈利,而且还能使其更加环保、节能和安全。

10. 标准化

标准化是现代物流技术的一个显著特征和发展趋势,也是实现现代物流的根本保证。货物的运输配送、存储保管、装卸搬运、分类包装、流通加工等作业与信息技术的应用,都要求有科学的标准,如物流设施、商品包装、信息传输等的标准化。只有实现了物流系统各个环节的标准化,才能真正实现物流技术的信息化、自动化、网络化和智能化。特别是在经济贸易全球化的新世纪中,如果没有标准化,就无法实现高效的全球化物流运作,就会阻碍经济全球化的发展进程。

11. 柔性化

柔性化是20世纪90年代由生产领域提出来的,为了更好地满足消费者的个性化需求,实现多品种、小批量及灵活易变的生产方式,国际制造业推出柔性制造系统(flexible manufacturing system,FMS),实行柔性化生产。随后,柔性化又扩展到了流通领域,根据供应链末端市场的需求组织生产和安排物流活动。物流作业的柔性化是生产领域柔性化的进一步延伸,它可以帮助物流企业更好地适应消费需求"多品种、小批量、多批次、短周期"的趋势,灵活地组织和完成流程作业,为客户提供定制化的物流服务来满足他们的个性化需求。

12. 社会化

社会化也是今后物流发展的方向,其最明显的趋势就是物流业出现第三方和第四方物流服务方式。它一方面是为了满足企业物流活动社会化要求,另一方面为企业的物流活动提供了社会保障。而第三方、第四方乃至未来发展可能出现的更多服务方式是物流业发展的必然产物,是物流过程产业化和专业化的一种形式。人们预测下一阶段的物流将向虚拟物流和第N方物流发展,物流管理和其他服务也将逐渐被外包出去。这将使物流业告别"小而全、大而全"的纵向一体化运作模式,转变为新型的横向一体化的物流运作模式。

13. 全球化

为了实现资源和商品在国际上的高效流动与交换,促进区域经济的发展和全球资源优化配置的要求,物流运作必须向全球化的方向发展。在全球化趋势下,物流目标是为国际贸易和跨国经营提供服务,选择最佳的方式与路径,以最低的费用和最小的风险,保质、保量、准时地将货物从某国的供给方运到另一国的需求方,使各国物流系统相互"接轨",它代表物流发展的更高阶段。

我国企业正面临国内、国际市场更加激烈的竞争,面对资源在全球范围内的流动和配置大大加强,越来越多的外国企业加速进入中国市场,同时一大批中国企业也将真正融入全球产业链中,这将加剧中国企业在本土和国际范围内与外商的竞争,这都将对我国的物流业提出更高的要求。在新的环境下,我国的企业必须把握好现代物流的发展趋势,运用先进的管理技术和信息技术,提高物流作业的管理能力和创新能力,提升自己的竞争力。

本章小结

物流是一个古老的话题,自有商品生产就产生了物流。物流概念最早起源于20世纪初的美国。从20世纪初到现在，物流概念的产生和发展经历了3个阶段：物流概念的孕育阶段、分销物流学阶段和现代物流学阶段。

国内外物流专家关于物流的定义众说纷纭，美国、日本，以及欧洲一些国家的组织和学者分别从各自的角度给出了物流的定义。我国国家标准《物流术语》中也给出了物流的定义。

在商品交换中必然包含商流、物流、信息流和资金流。商流是商品的所有权的转移，物流是物品的实体移动，资金流从属于商流，信息流发生在物流的全过程。商流与物流是商品流通活动的两个方面。它们既互相联系，又互相区别；既互相结合，又互相分离。对物流的分类通常有以下几种：按物流的作用分类、按物流系统性质分类、按物流在社会再生产中的作用分类。

物流是若干领域经济活动系统的、集成的、一体化的现代概念。从总体上来看，物流是物的物理性流动，最终为客户服务；从具体内容上看，构成物流总体的种种活动，实际上是物流所具有的具体功能。物流的具体功能体现在物流的运输、储存、包装、装卸搬运、配送、流通加工、物流信息上。

物流管理科学是近年来兴起的一门新学科，它是管理科学的重要分支。本章介绍了物流管理的含义、特征、目标、原则和内容，以及物流管理的重要理论。根据国内外物流发展的新情况，未来物流的发展趋势可以归纳为信息化、网络化、自动化、电子化、共享化、协同化、集成化、智能化、移动化、标准化、柔性化、社会化和全球化。

思考题

1. 简述物流概念产生和发展经历的阶段。
2. 说明商流与物流的关系。
3. 阐述物流的总体功能。
4. 如何理解"物流管理要以物流整体最优为目的"？
5. 物流管理的目标有哪些？
6. 如何理解物流冰山理论？

案 例 分 析

UPS是一家大型的国际快递公司，它除了拥有几百架货物运输飞机，还租用了几百架货物运输飞机，每天运输量达1 000多万件。UPS在全世界建立了10多个航空运输中转中心，在200多个国家和地区建立了几万个快递中心。UPS公司的员工达到几十万人，年营业额达到几百亿美元，在世界快递行业中享有较高的声誉。

UPS是从事信函、文件及包裹快递业务的公司，即它是从事某些物品运输的公司。它在世界各国和地区均取得了进出的航空权。在中国，它已建立了许多快递中心。在上海浦东机场快件中心仓库，UPS还包装了包裹处理流水线，这条流水线于2001年9月投入使用。从2001年8月下旬开始，UPS在上海安装了上百台速递资料收集器，这些收集器取代了传统的纸上传送记录。

UPS在世界各地发展迅速，效益显著上升。UPS之所以能够取得如此可观的成果，与它的特点有关。

那就是,它的快递能够真正做到将遍布在世界各地的快递物品迅速、安全地送达目的地。迅速是快递公司的一个主要特点。UPS能够实现国际快件3日送达,国内快件1小时取件和24小时下个航班送达的承诺,满足了较高的服务质量要求。安全是快递公司的另一个主要特点。UPS公司能够实现每天1万多人的网上跟踪查询,每天2万人的电话跟踪查询。

UPS之所以能够达到以上服务标准,究其原因:一是公司对内具有严格的管理制度和规范的业务处理流程;二是公司充分地运用了高科技手段,在互联网上建立了快递跟踪系统,同时又建立了快递数据汇总的数据中心,实现了快递档案的管理;三是建立了EDI等系统。

UPS除了具有信函文件、包裹的快递业务,还为客户提供代理报关等服务,减轻了客户报关负担,缩短了报关时间;同时也为客户代理特殊物品的包装服务,解决了客户在物品包装上的困难,节省了包装材料费用。以上服务的提供,说明UPS公司的物流服务内容越来越广泛,UPS的国际第三方物流的形象越来越完美。

国际物流不仅是商务活动中出现的物流,还存在一些面向社会的实现物品流通的社会物流,全球快递就属于这种物流,而UPS就是一家国际物流企业。除了UPS,还有联邦快递等许多国际物流企业,每年通过全球快递业务所实现的特快专递的物流业务金额就高达几千亿美元,从而使从事这项业务的物流企业快速崛起。

讨论题

1. 为什么说UPS是一家国际物流企业?
2. UPS为什么能如此成功?
3. UPS进入中国,中国的物流企业应如何应对?

【名人名言】

物流是企业的管理革命。

在网络经济时代,一个现代企业如果没有现代物流,就意味着没有物可流。

对海尔来讲,物流可以使我们寻求和获得核心竞争力。

——海尔集团董事长张瑞敏

第1章
在线题库

第 2 章 运输管理

【本章教学要点】

知识要点	掌握程度	相关知识
运输基本知识与原理	掌握	运输的基本知识
	掌握	运输的特征
	掌握	运输的3大原理
5种运输方式的特征与服务	了解	5种常规运输方式的运作方式
	掌握	5种运输方式的优缺点
复合运输与国际运输	掌握	多式联运的特点与服务
	掌握	国际运输的特点与服务
	掌握	国际港口与地理

【重要知识点图谱】

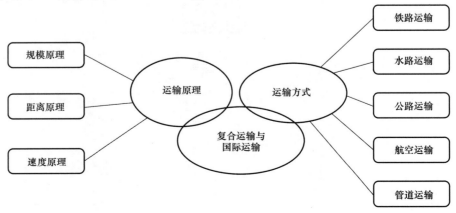

"十四五"综合交通运输发展规划编制工作全面启动

2019年7月30日,"十四五"综合交通运输发展规划(简称"十四五"规划)编制工作启动视频会在交通运输部召开,标志着规划编制工作全面启动。副部长戴东昌出席会议并指出,要以习近平新时代中国特色社会主义思想为指导,全面贯彻党的十九大和十九届二中、三中全会精神,落实习近平总书记关于交通运输工作的系列重要指示批示精神,按照中央关于"十四五"规划编制工作的部署要求,统一思想、提高认识、深化研究、科学谋划,增强责任感、使命感,扎实做好"十四五"规划及各行业规划、专项规划编制工作,努力为全面建设交通强国开好局、起好步,为全面建设社会主义现代化国家当好先行。

会议指出,"十三五"以来,交通运输各领域发展取得阶段性成效,但也存在一些问题,要确保全面完成"十三五"规划目标任务,为"十四五"规划的编制及其实施奠定良好基础。会议强调,"十四五"规划是进入新时代、开启全面建设社会主义现代化国家新征程的五年规划,是全面推进交通强国建设的第一个五年规划,是推动交通运输高质量发展的五年规划,是贯彻落实中央完善规划体系、加强规划衔接要求的五年规划。要充分认识做好"十四五"规划的重大意义。

会议要求,要以习近平新时代中国特色社会主义思想为指导,坚持目标导向与问题导向相统一、立足国内与放眼全球相统筹、全面规划与突出重点相协调、战略引领与操作实施相结合的规划原则,科学系统谋划综合交通运输未来五年发展规划。

会议提出,要全面总结"十三五"期间综合交通运输发展经验,认真梳理存在的问题,科学研判国际国内形势变化趋势,深入研究"十四五"规划发展重点,研究提出一批重大政策、重大工程项目和重大改革举措:一要完善基础设施网络,提高综合交通运输网络效率;二要提升运输服务品质,推进出行服务便捷快速;三要深化交通运输供给侧结构性改革,推进物流"降本增效";四要突出科技创新,提供发展新动能;五要坚持生态优先,持续推进绿色发展;六要坚持安全第一,提高安全发展水平;七要坚持深化改革,提升行业治理水平;八要坚持扩大高水平开放,推进互联互通;九要加强投融资政策研究,防范化解债务风险。

会议强调,要加强组织领导,落实工作责任;加强部门协同,形成工作合力;加强调查研究,创新规划方法;聚焦"三个重大",突出规划重点;紧扣时间节点,有序推进工作。

国家铁路局、中国民用航空局、国家邮政局,以及浙江省、湖北省交通运输厅就做好规划编制工作进行交流发言。国家发展改革委、财政部、自然资源部、生态环境部、军委后勤保障部、国家铁路集团等有关部门和单位有关负责同志,部机关有关司局和部属在京有关单位负责同志在主会场参会。各省(区、市)、新疆生产建设兵团、计划单列市交通运输厅(局、委)、长江航务管理局、珠江航务管理局、长江口航道管理局有关负责同志在分会场参会。

资料来源:交通运输部,2019年7月31日

点评

我国在继"十三五"规划后继续对交通运输体系进行了进一步的规划,使得交通运输体系更加符合我国将来的经济和民生要求,从而促进我国的整体经济发展。因此,我国交通运输体系的整体规划是为我国的经济民生的进一步发展奠定厚实基础。

2.1 运输的基本知识与原理

随着我国经济的发展,企业越来越关注运输成本的问题,毕竟运输成本在物流成本中占三分之一的比重,甚至达到三分之二。因此,许多企业都会从不同角度去关注运输问题,至少会从成本角度去关注。

本节不仅从运输成本角度去看运输问题,而且从运输伴随着经济、科技、社会的不同发展程度而改变的方方面面去探讨。具体而言,要从运输对社会的重要性,对人们生活的重要性,对社会未来发展的重要性去探讨。

2.1.1 运输的概念与特征

1. 运输的概念

根据国家标准《物流术语》,运输是指利用载运工具、设施设备及人力等运力资源,使货物在较大空间上产生位置移动的活动。这些活动包括集资、分配、搬运、中转、装入、卸下、分散等一系列操作。

 知识链接

历史文献中"运输"一词摘录

汉司马相如《喻巴蜀檄》:"今闻其乃发军兴制,惊惧子弟,忧患长老,郡又擅为转粟运输,皆非陛下之意也。"宋张齐贤《洛阳缙绅旧闻记·张大监正直》:"今上方知其有才力,欲擢用之,忽构疾以卒,时自荆湖运输旋也。"当代作家柳青《铜墙铁壁》第七章:"这时野战军一来因为沙漠上粮食运输困难,大部队不能到长城外边作战。"

2. 运输业的特征

运输业作为一个古老的行业,伴随着人类社会的发展而发展。从古代的原始牛车、马车、羊车等交通工具发展到现在的磁悬浮列车等各种新颖交通工具,都是随着社会发展的需要而发展的,同时又促进着社会的发展。但是其产业特征有别于其他行业的特征,主要表现为服务性、公共事业性及战略性。

(1)运输业的服务性特征。

运输业与其他行业一样都遵循经济发展规律,由于其非生产特征按照现行的产业划分标准,运输业被划分为第三产业,也就是服务业。因此,可以简单地认为运输业所销售的就是服务这种无形产品。

既然是产品,那就有质量好坏之分,而作为无形产品的运输服务,其质量好坏取决于运输业的具体服务特征:价格、运输时效及物品的灭失率。

① 价格。运输业的价格跟其他行业产品的价格具有不一样的特征,主要表现为价格的波动性较大,受市场各种环境因素的影响较剧烈。同时,运输业各种运输方式的价格差异较大,因此运输业的价格具有非常明显的行业特征。例如,石油价格的波动直接影响运输价格的调整,外国竞争者的"价格挑衅"也是运输价格的重要影响因素之一,

除此之外还有各种行政政策等影响因素。

作为托运人,选择价格最低的运输服务是理所当然的,因此承运者只有在托运人所选择的运输方式上给出有竞争力的价格,才能在市场上站稳脚跟。目前我国的运输业竞争尤为激烈,也迫使运输相关行业如电商业调整物流的战略部署。

在电子商务(也称电商)迅速发展的今天,电商之间的竞争主要取决于成本因素,而影响电商成本的主要因素为运输价格,具体而言是快递价格。因此作为电商业的关键合作行业,运输价格一直都在拉紧电商企业的每一条神经。

而全社会的各种产品的销售价格也间接受到运输价格波动的影响,有些产品的运输价格甚至占到总体销售价格的 50%。

 新闻资料链接

快递价格"集体"上调

近日,申通、圆通、百世、韵达四家快递公司接连宣布上调快递价格。在四家公司的告客户书中,对于涨价原因均解释为高速公路恢复收费致成本上涨。

通常意义上说,高速公路通行免费政策对象并不包含货车。但此次确有不同。今年 2 月,交通运输部公路局出台了关于新型冠状病毒感染疫情(简称新冠疫情)防控期间高速公路免收车辆通行费的新规,明确了免费对象为行驶收费公路的所有客车、货车、专项作业车。也就是说,此前快递企业确实曾受益于这一新规。那么,在高速公路恢复收费后,快递企业因成本上涨而选择上调快递价格,就显得"名正言顺"了。毕竟因成本上涨而导致价格变化,是很常见的市场经济行为。

资料来源:荔枝新闻,2020 年 5 月 11 日。

② 运输时效。所谓运输时效是指承运人在多次运输过程中对所承运的货物从起点到终点平均耗费的时间和实现该运送任务所达到的效率的统称。这里的运输时效可以分为运输时间和运输效率两个方面。

运输时间主要指货物从运输起点运输到目标地点所耗费的平均时间,它是运输行业的主要竞争指标之一,因此缩短运输时间是运输业的共同目标。但是由于各种因素导致运输时间会出现不同程度的波动,如气候环境、交通堵塞、行政交通管制、运输方式的选择等。因此运输业对运输时间的把握度是属于不可控因素,只能控制在一定的时间范围,只有当所有影响运输时间的因素都趋向有利于运输条件的时候,运输业的整体效率才真正地体现。

运输效率主要指在其他运输指标一定的情况下,单位时间内所运达的货物的数量或者服务的质量。运输效率直接体现在社会产品的价格上,通过对发达国家与发展中国家的产品价格进行对比不难发现,剔除各种价格因素,如汇率、通货膨胀等因素,发达国家的产品中运输成本占产品总成本的比例是远远低于发展中国家的,其原因之一就是运输效率的不同。一个具有高效运输系统的国家,必然能在单位时间内实现数量庞大的运输量,因此会直接导致规模效应,即产品的价格会大幅下降,使居民的生活质量得到提高。

因此,实现运输效率的大幅提高,必须建立一个高效的社会化的运输系统。应该从全局出发，从长远出发，设计规划一套能适应至少 20 年后的社会发展的交通系统；打破城际、省际的利益格局，实现全面的运输系统高效对接；加快引进适合我国国情的国际先进运输技术；从法律上尽快立法为建立高效运输系统提供法律基础，从行政上打破一切阻碍建立高效运输系统的因素。

 新闻资料链接

**交通运输部：全力以赴做好交通运输业纾困解难工作
积极扩大有效投资**

据交通运输部消息，6月27日，交通运输部召开交通运输业纾困解难工作视频推进会。交通运输部副部长徐成光强调，要全力以赴帮助交通运输市场主体渡过难关、恢复活力，适度超前加强交通基础设施建设，扩大有效投资，服务稳住经济大盘，为营造平稳健康的经济环境、国泰民安的社会环境做出贡献。

会议指出，受多重因素影响，目前行业市场主体生存压力较大。做好交通运输业纾困解难工作、稳住行业市场主体，为行业发展留住青山，既关系着经济循环畅通和产业链供应链稳定，也关系着千家万户民生福祉。

会议强调，要全力以赴做好交通运输业纾困解难工作，积极扩大交通有效投资。

一要落实落细帮扶举措。积极争取地方支持政策，与中央政策形成合力。加大宣传解读力度，帮助行业市场主体全面知晓、能享会办。刀刃向内严肃整治涉企违规收费，切实减轻企业负担。

二要积极扩大有效投资。做深做实项目建设前期工作，用足用好资金保障政策，加快推动重大规划项目实施。

三要加强组织协调。主动向地方党委和政府汇报，与有关部门强化沟通协作，统筹发展和安全，强化督促指导，健全运行情况监测机制，做好政策储备研究，防范化解各类风险。

资料来源：https://baijiahao.baidu.com/s?id=1736858844470736428&wfr=spider&for=pc.（2022-06-28）[2022-11-04].

新闻点评：政策影响运输业

该新闻对于一般人来说只是一则普通的新闻，但是对于运输业来说，却是一个关乎行业命运的重要政策信息。自 2020 年新冠疫情暴发至今，货运行业遭受了前所未有的冲击，国内不同省份和地区的防疫政策经常更改，甚至是突然临时更改，导致很多货车司机来不及了解政策变更，结果上不了高速或者上了高速要掉头回原地等各种交通情况频繁发生，进一步导致货运行业的运营艰难。因此，国家及时出台上述政策有效缓解交通运输业的困境。

③ 物品的灭损率。物品的灭损率作为运输业的服务特征之一，反映了运输产品的质量，也是承运人的能力体现，因此，降低或者消除货物的灭损率成为运输业者的共同目标。

托运人在选择不同的单一运输方式或者多种方式的时候，应该把不同运输方式的灭损率作为选择运输方式的考虑点之一，也是选择承运商的主要考虑点之一。但是灭损率作为运输业的一个重要指标之一有其独特性，即承运商基本很难做到灭损率为零，出色的承运商只能把灭损率降低到趋于零。尤其在遭遇到不可抗力的时候，灭损率就完全不在人力的控制范围内。因此，托运人为了保护自己的利益不仅要选择灭损率低的承运商，更重要的是在合同中注明多条关于对灭损货物如何赔偿的相关条款。

作为承运商，灭损率也是其加强管理的一个重点，因为灭损率高不但要对客户进行赔偿，甚至会面临各种索赔官司，同时如果存在长期的高灭损率还会导致客户流失，这样的损失不是赔偿可以弥补的。因此，为了维护承运商和托运人的共同利益，一般都会采取风险转移的方式。目前，运输业使用最多的是通过保险的方式进行风险处理，并且此方式也是目前国际运输业的主流方式。但是保险并不是解决问题最有效的方法，最有效的方法依然是通过不断地进行运输管理来降低灭损率，包括管理的流程处理、电子跟踪、员工培训等方式。

（2）运输业的公共事业性特征。

从运输业的发展历程来看，交通运输业是否具有或者说是否应该具有公共事业性特征一直都存在争议。从交通运输业的发展史来看，交通运输业被赋予公共事业性特征是资本主义发展过程中的一个产物，并非天生具有的。而公共事业性最明显的特征是非营利性。

而现代运输业在其特征的影响下应该分为公共交通业和私人交通业。

从原始社会、奴隶社会到封建社会，交通运输业都是由民间或者政府的需求而产生的，从而形成社会发展的主要的基础力量，但是其特征都是非公共事业性，即营利性，因此都属于私人交通业的发展过程。一直到资本主义社会发展的过程中，某些发达国家由于民生、经济、社会的需要而将交通运输业赋予了公共事业性特征，因此，诞生了近代社会公共交通系统，也就是公共交通业。该系统完全由政府作为公共事业来维持运营，出于非营利特征，为社会市民出行而服务。但是由于国家的发达程度不同或者政府的政策变化，即使是发达国家或者地区，公共交通系统也有可能作为营利性的产业而被扶持。

而我国内地也是实行公共交通纳入财政支出的范围，但是由于地区的发展程度不一，同时各地政府对公共交通的财政支出表现出不同的态度，因此，在某些城市出现非常低廉的公共交通价格，而有些地区却出现高昂的运输价格，这都是由于公共交通事业并没有实行全国统一的行政法规。

（3）运输业的战略性特性。

运输业除了其服务性、公共事业性，还有一个被很多人所忽视的重要特征，即战略性。这里的战略性主要探讨的是军事领域的战略性和灾害应急领域的战略性。

① 军事战略性。运输业的军事战略性特征古已有之，自有战争以来，运输业的优劣就成为战争胜败的关键因素之一。古语云：三军未动，粮草先行。而这个先行通常就是胜负关键，而要达到有效率的先行就必须有一套高效、稳健的运输系统，建立起这样的系统不但可以为战争赢取时间，而且可以影响整个战局。

案例链接

秦始皇修建"高速公路"

秦始皇曾修建过一条世界上最早、最长、最宽的超级马路——军事直道。这是秦始皇为快速集结调动军队和运输粮草物资而建的,是可与长城媲美的边防军事设施。这条军事直道,全长 900km,北起九原(今内蒙古包头市西北部),南至云阳(今陕西淳化西北部),横穿陕甘两省 14 个县。长城外路面宽 164m,长城内路面宽 60～80m,最宽处可供一百多驾马车并排行驶,其路面之宽,为当今世界上最宽的高速公路所望尘莫及。另外,直道两侧还筑有 5 尺高矮垣,使人车分流,既安全又快速。因此有人把它称作古代的"高速公路"。直道是秦始皇 35 年(公元前 212 年)秦始皇令大将蒙恬主持修建的,历时 4 年,动用了 20 万民工。这么宽这么长的路面,又得取直,其设计施工难度与工程之浩大,令人惊叹。经历 2 000 多年的风雨淋蚀,直道的泥土夯筑的路面已大部分湮没于林海、沙丘之中,但尚存数千米平坦完整路面可供世人凭吊。文物考古学者在直道的残存路段见到许多秦汉陶片、砖瓦、铁箭头,以及一些驿馆、烽火台的遗迹,可想当时这条超级"高速公路"上人喊马嘶的壮观景象。

资料来源:王兆通,1999.秦始皇修建"高速公路"[J].现代交通管理(10):45.

上述案例反映出我国从秦始皇时代就已经开始注意到交通运输业对战争的重要性。无论是秦始皇修建的"高速公路"还是后来修建京杭大运河等,都是以国家战略为出发点而建的。到了近代我国所修建的青藏铁路除了为打通经济、文化、社会民生交流,主要还是出于对西藏重要战略地位的考虑。

② 灾害应急战略性。如果交通运输的应急预案不完善、运输系统有缺陷,都会导致救灾的延迟,甚至无法进行救援,因此,建立起高效的灾害应急运输系统,对预防灾害的发生或者处理已经发生的灾害都具有重大战略意义。

新闻资料链接

南方洪涝灾害推高猪肉价格 猪价已连续 6 周上涨

中华人民共和国农业农村部(简称农业农村部)畜牧兽医局局长杨振海 2020 年 7 月 13 日对外表示,6 月以来,中国生猪价格连续 6 周上涨,除了季节性上涨因素,南方洪涝灾害也推高了部分地区的猪肉价格。

2020 年 2 月以来,随着中国加快恢复生猪产能,猪肉价格连续 3 个月下降。进入 6 月,猪肉价格开始上涨,7 月的第 2 周(7 月 6—12 日),全国集贸市场猪肉平均售价 53.15 元/千克(人民币,下同),已连续 6 周上涨,但比 2 月中旬高点仍低 6.49 元/千克。

当天,农业农村部召开生猪生产形势通气会,杨振海表示,近期猪肉价格有所上涨,主要是受消费恢复的拉动。

杨振海表示,每年 6—9 月猪肉价格都会周期性上涨,今年国内新冠疫情得到控制以来,全国餐饮业持续恢复,带动猪肉消费保持增长势头;受近期北京疫情影响,一些居民对冻猪肉消费产生顾虑,冻猪肉储备市场调节作用受到影响。此外,近期南方持续出现的强降雨天气一定程度上影响了生猪及猪肉调运,推高了部分地区的活猪价格,7 月上旬广东、福建等地的活猪价格已超过 39 元/千克。

"南方洪涝灾害是近期猪肉价格上涨一个很重要的推动因素,湖南、湖北、江西、广东、福建等降雨量较大的地区猪肉价格都排在全国前列。"农业农村部畜牧兽医局二级巡视员辛国昌表示,南方洪涝灾害对交通运输影响较大,很多地方猪肉产品运不进去。

展望后期,猪肉价格是否还会进一步上涨?杨振海表示,生产是源头,目前生猪存栏和仔猪供给量已连续5个月实现恢复性增长,预示7月后可出栏的商品肥猪将会逐步增加,猪肉市场供应将持续改善。今年第三季度之后猪肉供应紧张的局面将逐步缓解,下半年猪肉价格持续大幅上涨的可能性不大。

资料来源:中国新闻网,2020年7月13日。

以上案例反映出当灾害发生的时候,运输系统绝大部分都受到不同程度的影响甚至被摧毁,不但会导致无法向灾区及时供应物资,还会影响灾区以外的物资价格,因此建立起一套反灾害的应急运输系统具有重大战略意义。

2.1.2 运输原理

运输原理是指符合运输经济规律,依托现有运输技术,旨在降低运输成本,提高运输经济效益的途径和方法,是指导运输业科学发展与管理的最基本原理。

1. 规模原理

规模原理是指随着单位次数装运量的规模增大,货物的单位运输成本逐渐下降。这是因为目前市场上的运输价格计费多数以质量和体积计算,而运输工具的装载体积和额定装载质量是固定的,因此当以质量为计费单位时,选择的运输工具的装载体积是固定的,最大效益的状态当然是满负重运输,即完全满足所选择的运输工具的额定质量,但是绝大多数情况是很难达到的,甚至不可能做到。因此,随着装载质量不断趋于满负重,单位货物所分担的单位运输成本自然不断下降,这就是在体积一定的情况下的规模原理。

如果货物的体积是变化的,而且跟质量是不成比例的,那么,就会出现两种情况:第一种情况是货物体积庞大,但是质量较轻,俗称轻泡货,运输此种货物对于规模原理来说主要看此种轻泡货物的密度情况,在额定装载体积下,货物密度越大,单位运输成本越低,就越符合规模原理;第二种情况则相反,货物的体积小巧,但是质量较重,此种货物能实现满负重运输,所以是完全的规模原理,但缺点是浪费空间。

因此,最理想的状态应该是轻重结合,在符合额定质量的情况下,最大限度地填充运输工具空间;或者在额定体积下,最大限度地达到额定质量。因此,图2.1和图2.2分别表示在不同情况下的规模原理的影响因素。

此原理正是为了说明在运输市场上会出现超载现象的原因。近年来,国家对于解决此问题做出了很大的努力,取消某些路桥费项目,打击非法路桥乱收费现象,已经取得了很好的效果。

2. 距离原理

距离原理是指随着单位次数的运输距离的增加,相对应的运输费用呈现边际递减的现象,如图2.3所示。

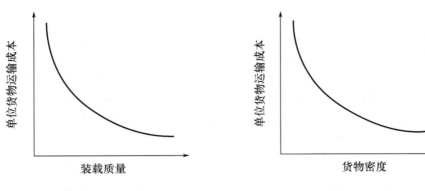

图 2.1 运输成本与装载质量的关系　　图 2.2 运输成本与货物密度的关系

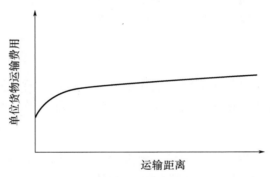

图 2.3 运输费用与运输距离的关系

从图 2.3 可以看出，货物的单位运输费用在最开始时是不为零的，原因是运输工具即使在不发生运输距离的情况下，仍然会产生各种费用，包括折旧费、路桥费、保险费等各种固定费用，而这些固定费用只能通过在运输过程中分摊到货物身上，而随着运输距离的增大，理论上增加的运输费应该是按距离比例而增加，即每增加一单位距离即增加相同的单位运费，但事实上，运输费用是随着运输距离的增加而呈现先迅速增加，然后缓慢增加，最后趋于一个固定费用，此所谓距离原理。例如，同样一批货物，使用相同的运输工具（假设为铁路运输），从东莞运输到广州的运费为 5 000 元，而从东莞运输到北京的运费为 30 000 元，但是如果把距离算上，得出东莞到广州的距离大约为 70km，那么平均每千米运输费用约为 70 元；而东莞到北京的距离大约为 2 000km，那么平均每千米的运输费用为 15 元，可以看出，运输费用随着距离的增加而呈现边际递减，同样，如果采用其他运输工具结果也一样。

因此，根据此原理，运输业中的长途运输平均费用要远低于短途运输的平均费用，所以，属于短途运输的配送业就要从其他方面去降低费用。例如，进行路线的优化、装载的合理搭配等措施，都是根据此原理来降低成本，提高整体配送业的效益。

3. 速度原理

速度原理是指在目前世界运输科技水平条件下，货物运输产生的经济效益随着速度的提高而提高，同时，运输成本也随着运输速度的提高而提高。此原理说明，所选择的运输工具或者运输方式在固定路径和固定距离下，运输速度的提高意味着货物在单位时间内的运输量的提高，并与速度的提高成正比；但是，根据目前的运输科技和国际运输条件，运输成本与运输速度也呈现出不同程度的正比例关系，即运输成本随着运输速度的提高而提高。在目前世界运输科技条件下，高速度运输方式都需要高额的固定成本和变动成本才能维持，因此使用高速度运输方式进行运输就必须分摊高额的运营成本。例如，目前速度最快的运输方式为航空运输，高昂的机场建设成本、飞机购买成本、飞机维护成本、航空人员的高额工资等成本都比其他运输方式要高出好几倍。因此，选择较快速度的运输方式就必须要承担高额的运输费，除非当世界运输科技有所突破，发明一种快速但是运营成本低廉的运输工具和运输方式，或者发明一种完全无能源负担的运输工具和运输方式，否则，按照目前的世界运输科技和能源价格，该原理是指导运输业的重要原理。

 案例链接

磁悬浮高铁试跑成功助力高铁提速换挡

在建成全球最大的300km时速高铁网络之后，中国的高铁又要冲击下一个目标了。今天上午，中车青岛四方机车车辆股份有限公司研发的时速600km的磁悬浮列车成功试跑，工程样机预计在今年年底下线。

自2002年上海开行磁悬浮列车以来，国内外游客的赞叹声络绎不绝。凭借速度快、能耗低、噪声低、安全舒适等优点，磁悬浮列车已从根本上克服了机械摩擦等短板问题，不仅在速度方面取得了新突破，在运营品质方面更是收获了良好的口碑。目前，我国高铁营业里程已突破35 000km，不管是技术装备方面，还是运营服务方面都达到了较为成熟的地步。然而现阶段，我国高铁商业运营速度最高为350km/h，按照现有轮轨技术，速度似乎达到了最高水平，想要实现更高速度的突破，唯有寄希望于磁悬浮技术。那么此次时速600km的磁悬浮列车成功试跑，正是一次成功的实践，不仅克服了提速的难题，更让我们对未来的磁悬浮式交通运输充满期待。

所谓磁悬浮列车就是高铁悬在铁轨上，运行起来，车轮不与轨道接触，只需克服空气阻力即可，可以形象地用"贴地飞行"来描述，这也是其运行速度空前提高、能耗大为减少、乘坐安全舒适的原因所在。这一先进的运输方式一旦投入商业运营，必将是中国高速铁路迈向创新之路的新突破。

之所以这么说，是因为磁悬浮列车相对于传统的轮轨列车有着绝对的优势，磁悬浮列车在铁轨上方悬浮运行，不存在轮轨摩擦而产生的磨损，从而使运行中无噪声，可实现更高质量的提质增效。正因如此，在实现交通强国的伟大征程中，磁浮技术必将为中国轨道交通的发展带来更大的机遇。这正符合党的二十大报告中提出的要加快建设"交通强国"的要求。就拿长三角来说，杭州与上海之间距离约为162km，以现有的高铁速度，会耗时半个小时，而时速600km的超级磁浮高铁投入运营后，时间将缩短为15min左右。超快的速度和极低的磨耗，都意味着这一关键技术必将取得实质性的进展，也必将开拓出更加广阔的市场。

如今，轨道交通的安全环保特点已深入人心，更是成为推动经济快速发展的主要交通运输方式。不可否认，在试跑成功的基础上加快高速磁浮项目迈向工程化、市场化发展，将有利于完善区域综合交通网络体系，吸引大量的旅客和高端商务客流，进一步提升中国高铁的世界影响力。不仅如此，磁悬浮轨道交通以其独特的运输特性也将会吸引一系列产业加入进来，形成以磁悬浮列车为中心，各种产业融合发展的新格局，使高新产业不断向更高的层次迈进。

磁悬浮列车节能、环保、便捷等独特优势完全契合当下的生态文明发展主题，它与"建设绿水青山"的理念一脉相承，也更能满足人们对美好出行需要。值得一提的是中国铁路已经历了引进、消化、吸收，到再创新的系统性磨炼，在完全自主知识产权的道路上已崭露头角。因此，我们也有理由更加坚信借助高速磁浮轨道交通这一关键技术，中国铁路必将再次扬帆起航，加快中国高铁"提速换挡"。

资料来源：经济日报-中国经济网，2020 年 06 月 23 日。

2.2 现代基本运输方式

从古至今，运输都是社会经济繁荣的关键之一，是人们生活生产的重要环节，因此选择适合的运输方式来满足不同人的运输需求，达到其运输的最高经济效益一直是运输业考虑的重点。古代由于科学技术的限制，运输方式比较单一而且落后，到了现代，随着科技的发展，产生了多种多样的运输方式，本节注重阐述现代最基本的 5 种运输方式的经济特征及服务特性。

2.2.1 铁路运输

1. 铁路历史

1825 年 9 月 27 日，世界上第一条现代意义的铁路（"木"路被"铁"路代替，蒸汽机车开始使用）在英国的斯托克顿（Stockton）和达灵顿（Darlington）之间开通，最初的速度为 4.5km/h，后来达到 24km/h。

1872 年，日本第一条铁路修建成功，即东京新桥到横滨樱木町之间的铁路。这也代表日本有了自己正式的列车，也意味着亚洲第一条铁路的诞生。

1876 年，英商怡和洋行以修普通马路为名，擅自修建了上海租界至吴淞的窄轨轻便铁路，即中国的第一条铁路——吴淞铁路，全长 14.5km。

2. 铁路运输的优缺点

铁路货运需求增加

铁路运输是指利用牵引机车拉动或者推动车厢在预先铺设的轨道上进行中长距离的运输方式。目前该运输方式是世界各国的主要交通运输方式之一，也是国际运输方式的重要一环。在我国，因铁路运输独特的运输特点，除了承担一般货物运输，更重要的是承担着我国特有的一年一度的"春运"的主要运输任务，因此，该运输方式在目前或者不久的将来依然是我国重要的运输方式之一。下面讨论铁路运输的特点。

（1）铁路运输的优点。

① 运载能力大。目前就该能力来说铁路运输在 5 种运输方式中仅次于海上运输，一列货物列车运载能力达 3 000～5 000t，适合中长距离且价值低廉的货物，而特殊的货物则可以使用重载列车，重载列车运载能力达 2 万多 t。

② 安全系数大。对目前 5 种运输方式来说，无论是运货还是载人，事故率一直都是运输业关注的焦点，在业界一直都有讨论航空运输与铁路运输的安全性问题，我们也无从分辨究竟哪种运输方式最安全，但是可以确定的是，在我国乃至世界，铁路运输的事故率对比其他运输方式都是非常低的，更重要的是由于运输条件的不同，铁路运输在载人运输方面的死亡率也是远远低于航空运输的，因此，铁路运输的安全系数大是其重要特点之一。

③ 抗气候能力强。气候一直都影响着运输业，在 5 种运输方式中，铁路运输相对于其他运输方式来说属于抵抗气候影响的最佳运输方式。原因是其独特的轨道式运输保证了其抗气候性，但是如果发生的是特大灾害，损坏了运输轨道，如洪水把轨道冲垮，铁路运输也无法继续进行，因此该优点也是相对的。

④ 运输速度较快。对比 5 种运输方式，铁路运输的运输速度仅次于航空运输，就算目前的高速列车、磁悬浮列车也暂时无法超越航空运输，但是对陆地运输来说是最快的运输方式，目前世界铁路运输的平均速度为 160～350km/h。

（2）铁路运输的缺点。

① 运输路径受限，不能实现"门到门"运输。铁路运输相对于其他运输最明显的特点就是其独特的轨道运输，即必须在预先铺设好的轨道上面或上方才能运行，即没有轨道铺设的路面或者地点是无法进行运行的，因此无法实现"门到门"运输。

② 货物的灭失率高。铁路运输相对于其他运输方式，货物灭失率一直居高不下，甚至是最高的。原因是多方面的，在我国，主要原因在于铁路运输的装卸搬运方式比较粗犷，甚至野蛮；同时货物灭失的责任追究所获赔偿甚低，甚至不用赔偿；货物运输量大，缺乏有效的监管体系等，都是造成货物灭失率高的原因。

③ 固定成本较高。由于铁路运输需要铺设轨道，其固定建设费用是其成本高的重要因素之一，到了后期所使用的高速铁路和磁悬浮轨道就更加昂贵；随着能源价格的飙升，铁路在运营方面的维护运营费用相对于其他运输方式也较高。

3. 铁路运输适合的主要作业

（1）根据规模原理和速度原理，铁路运输在大批量、中长距离运输过程中运输成本可以达到最低，同时由于其灭失率高的特点，不适合运输高价值货物，因此铁路运输适合运载中低价值货物，同时也适合某些抗灭失率高的散装货物，如煤炭、金属、谷物、矿石等。

（2）铁路运输是危险品运输的主要运输方式之一。由于危险品有致命污染的特点，运输这些物品应该远离人群，而铁路轨道的分布（除了站点在市区）基本都是远离人群的，远离人群率是众多地面运输方式中最高的，因此铁路运输为地面最佳的危险品运输方式。

（3）适合大批量、运费承担压力大的货物。由于铁路运输的特点，其运输费用相对于其他运输方式来说较低廉，因此适合大批量、运费承担压力大的货物。

4. 铁路运输的组织形式

铁路运输的组织形式一般按照货主的要求，根据货物的数量、物理和化学特性等因素划分为整车运输、零担运输和集装箱运输。

（1）整车运输，指凡一批货物的重量、性质、体积、形状需要以一辆或一辆以上货车装运的，均按整车条件运输，简称整车。作为大宗货物长距离运输，企业首选铁路的整车运输方式，因为这种运输方式成本低廉，铁路部门根据承包车厢的多寡会给出一定幅度的折扣。

（2）零担运输，指货主需要运送的货物不足一车，可作为零星货物交运，铁路部门将不同货主的货物按同一到站凑整一车后再发运的服务形式。由于社会交易物品种类和数量的差异，尤其电子商务的兴起，铁路零担运输的需求日益旺盛，但是零担运输需要等待凑整车，因而速度较慢，为克服这一缺点，已发展出定路线、定时间的零担班车。

（3）集装箱运输，指以集装箱作为铁路运输的基本单位进行的一种快捷、高效、安全的运输方式。由于集装箱的发明，大大地提高了运输的效率，同时铁路运输也发展利用集装箱的优点，配合使用集装箱，从而发展出了铁路集装箱运输。该运输模式可以与不同的运输方式进行快速的对接，有效地提高了运输方式间的交接效率。

5. 新型铁路运输方式

随着科技的发展，铁路科技也一日千里，目前世界的铁路运输科技诞生了以日本、德国、法国为首的磁悬浮列车技术和以我国为首的高速铁路技术，都是当今世界铁路运输的最高成就。

2.2.2 水路运输

水路运输是古老的运输方式之一，承载着人类发展的历史，郑和七下西洋、海上丝绸之路、哥伦布发现新大陆，都是靠水路运输实现。随着运输科技的发展，当今的水路运输也承担了世界经济发展的重担。水路运输按照运输方式划分，可分为内河（内海）运输和海洋运输。海洋运输又分为沿海运输和远洋运输。

1. 水路运输的优缺点

（1）优点。

① 运载量大。由于大型集装箱货轮、油轮等大型货轮的出现，水路运输的运载量远远超越了其他运输方式。一般的集装箱货轮的载重量为 5 000～50 000t，而随着运输科技的进一步发展，目前运载量最大的货轮为油轮，其最大载重量达 130 000t，加上自身重量达 600 000t，因此，海上运输的巨型油轮也被称为百万油轮。

② 费率低。由于巨型货轮的发展，其运载量越来越大，根据运输的规模原理，货物所分摊的成本也随之不断降低，同时，大型海上货轮一般都是进行长距离运输的，符合距离原理，因此其运输费率基本达到所有运输方式中的最低点。

③ 基础建设投资少。由于水路运输的特点在于其水体的承载性，因此不需要像其他运输方式那样要修建特定的运输载体，如轨道和公路等；但是，如果是在内河运输就需要定期进行航道的清淤，否则无法进行顺畅的航道运输；而海洋运输就可以省去该笔费用，只需承担码头的建设费用和码头设备投资费用等，因此，在各种运输方式中海洋运输可以说是基础建设投资最少的一种。

④ 能耗少。相对于其他运输方式而言，由于水路运输可以借助水的推动力、浮力和水上风力等物理特性，因此在同等运载量下其耗能是目前所有运输方式中最低的。

⑤ 占地资源少。由于水路运输在水体进行运输，基本不占用陆地的土地面积，因此在土体资源稀缺的当今占地资源少成为其一大优点。

（2）缺点。

① 速度慢（这里指的速度主要指货船速度）。水路运输的速度取决于货船本身的技术条件，包括船体的体积、推动引擎的马力等，同时还受水体的流向（顺流或者逆流）、风力等因素影响，因此，对于水路运输中的海洋运输速度取平均值，一般在 40km/h 左右，相对于其他运输方式是比较慢的。

② 受自然条件影响大。影响海洋运输最大的问题在于大海的变幻莫测，虽然现代运输科技打破了很多自然条件的限制，但是仍然无法战胜大自然，因此，海洋运输经常受到潮汐、暴风雨、礁石、龙卷风等因素的影响，同时还受到纬度季节的影响，某些国家常年或者有大部分时间处于冰冻季节，令货轮无法靠岸，因此航行时间需要安排得非常准确。

③ 安全性易受威胁。一般情况来说，海洋运输的安全性是非常高的，这里指的安全性受到威胁主要指海洋运输线路上的海盗问题，由于国际关系风云变幻，海盗近几年越来越猖獗，多国屡次打击无效，使海洋运输的安全性受到严重的威胁。

 新闻资料链接

韩国货船在马六甲海峡遭遇海盗

7月22日，一艘韩国货船在马六甲海峡附近遭遇海盗袭击，两名船员受伤。海盗在抢走现金、手机等财物后逃离现场。

马六甲海峡曾为海盗猖獗之地，在多国联合打击下，海峡的安全状况自2015年以来有显著改善。但本月早些时候，中国交通运输部发布通知，将驶往马六甲海峡的中国籍国际航行船舶保安等级提高为3级，即最高级。

据韩联社报道，22日凌晨4时25分，一艘万吨级韩籍货船在马六甲-新加坡海峡入口附近遭遇海盗袭击。新加坡海峡位于新加坡南面，是马六甲海峡的一段。

韩国海洋水产部官员表示，共有7名海盗登上货船并殴打船员，其中一人持枪、两人持刀。海盗抢走了船员的1.33万美元（约9万元人民币）现金、手机、衣物、鞋等私人物品，并在登船30分钟后逃离现场。

由于货船途经地区并非危险海域，船上没有配备有武装的特殊警备人员。

事发时，船上共有22人，包括4名韩国船员和18名印度尼西亚船员。船长和二副在遇袭中受伤。

遭遇海盗的货船载有数万吨玉米，从巴西出发，在新加坡加油后驶往韩国仁川，目前已经恢复正常航行。

亚洲地区反海盗及武装劫船合作协定信息共享中心（ReCAAP ISC）的记录显示，今年1月到6月，马六甲-新加坡海峡发生了8起船只被抢劫或偷窃事件。

资料来源：界面新闻，2019年7月15日。

2. 水路运输适用的主要作业

（1）适合大批量、对时间和保存条件要求不高的货物运输。由于水路运输速度较慢，时间较长，因此水路运输适合对时间和保存条件要求都不高的货物运输。

（2）适合原材料、半成品等散装货物和液气货物的运输，如矿石、石油、天然气、煤炭、谷物等。

（3）适合国际贸易运输，由于水路运输的运量大、距离远等特点，使其成为国际贸易运输的主要方式之一。

3. 水路运输的组织形式

班轮运输

（1）班轮运输，指船舶严格按照船期表在特定的航线上进行的海上货物运输形式。船期表是班轮运输的核心部分，其内容主要包括船名、航次编号、始发港、中途港和终点港的港名，到达和驶离各港的时间等详细内容，因此船期表编制的合理性是各大有运输需求的企业和班轮企业进行合作的关键。班轮运输分为定期班轮运输和不定期班轮运输。定期班轮运输是严格按照计划并公布的船期表进行海上运行的。而不定期班轮运输也是按照船期表进行运行的，但是与定期班轮运输的区别在于船舶的到港和离港时间有一定的弹性，同时中途挂靠港的数目和停留的时间也视情况而定。我们一般意义上说的班轮运输绝大部分指的是严格按照船期表进行的，即定期班轮运输。

班轮运输一般适合运输散件杂货，包括工业半成品、零部件、食品、工艺品等不满整船的高值、小批量货物，其运输具有以下特点。

① 四个固定，即固定船期、固定航线、固定停靠港口和相对固定的费率。

② 付费明了，托运人一次付费后，其余费用由承运人承担，如货物的装卸船和理货的费用。

③ 手续简便，托运人和承运人双方不需要签订海上运输合同，双方的权责利均以提单所记载的条款作为依据。

④ 班轮运输适合接收货物种类多样和数量零散，小批量或者单价低的货物运输。

（2）租船运输，指船舶所有人（船东）根据承租人所提出的运输要求向承租人提供符合其要求的一切船舶的相关运力或者劳动力等相关能力，租金和权责问题由双方协定的运输方式。租船运输的特点和种类如下。

① 租船运输的特点。

a. 无固定，即船期、航线、挂靠港口和租金不固定，都通过协商而定。

b. 租金浮动，租金率和运费率根据双方协商和市场行情决定。

c. 签订合同，双方的合作形式以租船合同的形式确定，一切权责利皆以双方协商所签订的合同为依据。

d. 租船运输适合大宗低值货物运输，如粮食、饲料、化肥、水泥、农药等。

② 租船运输的种类。

a. 航次租船，又称程租船，顾名思义该租船方式以航次决定，指船东按照承租人所指定的港口间进行一个航次或者多个航次租船的方式。船舶的营运调度、营运费用和相关人员由船东负责，计费模式以航次为计费单位，跟每个航次的时间无关，只跟完成任务的次数有关，因此，作为船东理所当然想缩短每次航运的时间，作为承运人在与船东签订合同时要订明货物的装卸速度、装卸时间、延滞费和速遣费等条款以保护自己的权益。该租船方式是国际现货（液体散货和干散货）市场上广泛使用的一种租船方式。

b. 航次期租船，该方式同样以完成航次作为租船的基础模式，但是却同时按照完成次数所使用的天数或者约定的日租金率计费。该方式主要在起始港和目的港之间的航线条件较为恶劣或者装货港和卸货港的基础设施较差，难以计算其完成任务时间的条件下使用。该方式有利于保护出租人即船东的利益。

c. 定期租船，又称期租船，指船舶出租人（简称出租人）按照合同规定在约定的时期内出租一艘或多艘船舶给予承租人并收取合同规定的租金的租船方式。出租人负责船长等相关人员的任命、相关人员费用和船舶运营费用（燃料费、港口费、装卸费等）的支出，而船舶的运营调度和船舶的固定费用（折旧费、维修保养费、保险费等）则由承租人负责。计费模式以租用的时间为计算单位，因此在签订合同时还要订明"自动递增条款"，该条款主要是保护出租人在出租时间段内租金因部分费用上涨而导致船舶所有人盈利减少或者损失的费用。

d. 光船租船，又称船壳租船，即出租人在合同约定的时期内提供船舶给承租人，而其他一切相关人员、设备和船舶运营费用等由承租人自己负责的租船方式。该方式的出租人只提供一艘空船，而承租人负责人员配置、调度等一切相关事宜，适合那些对船舶经营缺乏经验的出租人使用。

2.2.3 公路运输

公路运输是一种历史悠久的运输方式，从人类文明开始那刻起就承担着人类经济发展的重担。随着运输技术的发展，公路运输不但承担着社会经济发展的重要使命，同时也让社会交通运输系统面临着诸多棘手而又矛盾的问题，因此合理地发展和利用公路运输成为各国学者研究的共同话题。

1. 公路运输的优缺点

（1）优点。

① 机动、灵活，可以实现"门到门"的直达运输。在众多运输方式中，只有公路运输最容易实现"门到门"的运输，几乎不受轨道、航线、基础设施等限制，可以在多种地形条件下运输。

② 灭损率较低是公路运输最大的优点，相比其他运输方式来说，公路运输是灭损率较低的运输方式，这主要得益于现代公路网的发展和公路等级的提高。另外，汽车的技术性能不断提高也是灭损率低的重要原因。

③ 原始投资少，资金周转快。与其他运输方式相比，公路运输的运输设备购置费低，回报率高，因此，是5种运输方式中民营资本参与最多的运输方式，也是竞争最激烈的运输方式。

(2)缺点。

① 运输成本高,尤其是中长途运输。据统计,在同等运输量的情况下,公路运输的运营费用和管理费用等运输成本相对于铁路运输、水路运输和管道运输都较高,分别高出11~17倍、27~43倍和13~21倍,但比航空运输低6%~9%,因此公路运输适合中短途运输。

② 运量少。公路运输的运量少是其关键缺点。目前公路运输使用最广泛的大型运输方式为公路集装箱运输,运载量为20~30t,而目前世界上载重最大的通用公司生产的矿用车也只能载重350t左右,相对于铁路的上千吨和轮船的上万吨,显得十分渺小。

③ 受气候和路面情况影响大。公路运输一旦遇到如大雾、冰雪、狂风等恶劣天气,行驶将十分困难,甚至要停止运输。

④ 能耗高、污染严重。在同等运输量、同等运输距离的情况下,公路运输的能耗远远高于其他运输方式,因此其劳动生产率较低。另外,公路运输过程中产生的尾气和噪声也是造成城市污染的重要原因之一。

2. 公路运输适用的主要作业

(1)适合中短距离的运输。由于公路运输的特点,根据运输3大原理,唯有中短途运输(50km以内为短途运输,200km以内为中途运输)才能体现公路运输的经济效率。因此,公路运输尤其适合当代配送业的迅速发展。

(2)补充和配合衔接其他运输方式。公路运输由于其机动、灵活和"门到门"的特点,可以与其他运输方式很好地配合衔接,尤其当代发展的多式联运,更加凸显其作用。

(3)区域物流的重要承担者。由于中短途运输经济效率高、机动、灵活、直达等众多优点,因此公路运输也成为城市内和城市间人流和物流的主要承载者。

3. 公路运输的组织形式

(1)整车运输,指托运方一次托运货物在3t以上的货物运输。但是如果货物不足3t而同时由于其自身原因不能与其他货物拼装的,也可办理整车运输,费率按整车运输费率计算。整车运输适合大批量,集中度较高的货物运输。

(2)零担运输,指托运方一次托运的货物在3t以下的运输。零担运输灵活的特征适合小批量运输,因此,在电子商务高速发展的今天,零担运输成为电商商家送货的主要运输方式。

4. 公路运输存在的问题

公路运输发展到今天给人们的生活带来了极大的便利,也给人类社会经济发展带来了助推力,但同时也给人们带来了意想不到的问题,就是城市交通拥堵的问题。目前该问题是全球性的,交通拥堵给世界各国都带来了严重的影响。因此,世界各国出台了不同的政策去解决该问题,如按单双号或者按车牌颜色划分行驶时间、收取拥堵费、进城费、提高车辆的购置费和行驶成本等,但这些办法都治标不治本,只能解决一时的问题,不长久的解决之计。

因此，要从根本上解决城市交通拥堵的办法有两个：第一个是大力发展和推广公共交通运输系统，要发展公共交通运输系统的速度、到达性和舒适性，只有当公共交通运输系统的3个特性能与私人交通媲美，那么交通拥堵问题才可以迎刃而解；第二个是实行立体空间运输，当然目前有许多种方式，如高架立交桥运输、空轨运输等，但是真正的立体空间运输是公路运输载体可以在路面的不同层次上自由运行，类似某些科幻电影，因此，只有交通运输科技发展到这种程度才能解决该问题。

2.2.4 航空运输

航空运输是当代运输科技的最高成就，也承担了其他运输方式无法实现的运输任务，在国家经济和军事战略中都占有重要的位置，因此无论是民用还是军用，航空运输都成为当代运输领域中至关重要的一种运输方式。

1. 航空运输的优缺点

（1）优点。

① 速度快。这是航空运输的最大特点，也是其他运输方式无法比拟的。目前的航空运输中民用运输飞机的平均速度为800～1 000km/h，而军用战斗机的速度一般可以达到3 000km/h，目前速度最快的战斗机是由美国国家航空航天局研制的X-43A超声速实验飞机，速度高达11 265km/h。

② 灭损率低。航空运输的另外一个优点在于其对运输的货物具有非常强的保护程度，其灭损率也远远低于公路运输。航空运输具有严格的装卸搬运要求，其货物的在途时间较短，同时航空运输在飞行时具有极度平稳性等特点，这些都是其灭损率低的重要原因。

③ 机动性大、不受地形影响。航空运输的重要特点之一是其在空中运行，因此在运行过程中完全不受各种地形的影响，这个特点也使其成为紧急救援、执行紧急任务时的首选运输方式。

④ 安全性高。这点我们在铁路运输的介绍中提到，目前就安全性的比较来说，航空运输的事故率和总体死亡率稍低于铁路运输，尽管事故发生时的人员死亡率非常高，但其单位行程的总体死亡率远远低于其他运输方式，因此被誉为最安全的运输方式。

（2）缺点。

① 受气候条件影响大。由于航空运输的运行空间是在空中，因此气候的变化对于航空运输的影响较大，如大雾、台风、气旋等恶劣气候对其运输是致命的，所以气候是影响航空运输经济效率的重要因素。

② 载重量小。航空运输由于受到技术和气候等因素影响，其载重量是非常有限的，相对于铁路和水路运输是非常小的。

③ 运输费用高。载重量小和飞行速度快都是造成航空运输费用高的重要因素。

2. 航空运输适合的主要作业

（1）适合价值高、重量轻、体积小的货物运输。由于航空运输的载重量小，运输费用高，适合使用航空运输的货物必须能承担得起运费，同时不能超出航空运输的载重量，因此适合航空运输的货物多为高科技产品、奢侈品等。

（2）适合紧急和救援运输。由于航空运输的速度是目前所有运输方式中最快的，而且不受地形影响，因此非常适合某些需要紧急运输的货物，如鲜花、药品、鲜活产品等。同时，其运行特点也适合紧急救援运输。

（3）国际运输。目前国际经济合作中航空运输是主要的运输方式之一，主要承担国际的客流和物流运输，而海洋运输绝大多数是承担国际货物运输。

3. 航空运输的组织形式

国际航空运输协会

（1）班机运输，类似班轮运输，指固定航线、固定起始和停靠航站、费率不定的客货混载或者全货运载的运输方式。该方式由于其货物的到达时间比较准确，成为目前国际航空运输的主要使用方式。该方式适合鲜活产品、紧急运输产品等。

（2）包机运输分为整包机运输和部分包机运输。

① 整包机运输，即租用整架飞机或多架飞机，指航空公司根据市场供求情况跟承租人约定相关的租用条件和费率，将飞机租给承租人的运输方式。该方式适合大批量的紧急货物运输。

② 部分包机运输，即由多位承租人联合租用一架飞机或者航空公司将一架飞机的舱位分别租给多个承租人的运输方式。该方式适合小批量的不足一架飞机舱位的货物运输。

（3）集中托运，指由航空货代公司将各个具有共同到货地点单独发货人的货物集中到一起组成一整舱货物，然后进行统一理货、报关，最后统一送达目的地并分拨给各个实际收货人的运输方式。该方式不但节省费用、手续方便，更重要的是可以提早结汇，因此该运输方式是我国进出口货物的主要运输方式之一。

2.2.5 管道运输

管道运输是以管道作为运输载体输送气体、液体、粉状和流质体的运输方式。该方式可以追溯到公元前3世纪，当时人们创造了利用竹子连接成管道输送卤水的运输方式，可以说是世界管道运输的开端。现代化管道运输始于19世纪中叶，1865年美国宾夕法尼亚州建成第一条原油输送管道。然而它的进一步发展则是从20世纪开始的。随着石油工业的发展，管道的建设进入了一个新的阶段，各产油国竞相开始兴建大量石油及油气管道。进入20世纪60年代，管道运输更是承担着世界大部分的能源运输量。我国在近代也积极地发展管道运输并且取得了瞩目的成就。

1. 管道运输的优缺点

（1）优点。

① 运量大。由于管道运输输送的连续性，因此可以不间断地进行输送，其输送量取决于管道的口径。例如，一条管径为720mm的管道就可以每年输送原油2 000多万t，

而管径为1 200mm的管道则可以每年输送原油达上亿吨，其运输量是巨大的。

② 占用地面空间少。由于目前的管道运输基本属于埋地运输，仅有少部分管道铺设于地表，因此对于地面土地资源缺乏的今天，管道运输充分利用地下空间，占用地表空间基本为零，是其他运输方式无法比拟的，提高了经济效率。

③ 建设成本和运营费用低。管道运输相对于其他运输方式，最大特点在于其建设成本和运营费用仅用于管道的铺设、更新和定期维护，而不需要其他大型基础设施的建设，更加不需要豪华的轨道和路面，因此管道运输是目前运输成本较低的运输方式之一。

④ 不受气候和地形影响。相对于其他运输方式，管道运输可以说基本不受地形和气候影响，其他运输方式或多或少都受气候和地形影响，而管道运输由于其埋地特征，可以穿越江河、爬过高山、穿越岩洞等，同时由于埋地而被土地所保护只要不是地震或者其他特殊灾害导致管道破裂，大部分情况都可以正常运输。

⑤ 灭损率低。由于管道运输的埋地性和封闭性，使货物灭损率达到了最低，由于其货物的特殊性（多数为石油、天然气），配合管道运输的封闭特性，可以减少货物的挥发和泄漏，增强了货物的完整性。

⑥ 安全性高。管道运输的货物大多具有易燃易爆的特征，进行地下的管道运输能把危险事故所产生的人民生命和财产损失降到最低。

（2）缺点。

① 货物的局限性。管道运输虽然有很多优点，但是其最大的缺点在于其运输的货物非常有限，而且有针对性，只针对液体、气体和部分流质体，对于固体运输也只限于短距离的细小物体使用气动管道的冲压式运输，多数应用于医疗行业。

② 泄漏的检测难。管道运输最致命的问题应该是如何检测其泄漏，虽然管道运输在地下工作，受到地表保护，但是也可能由于自然或者人为的因素导致其泄漏，而长距离的管道运输，如我国的西气东输管道长达4 000km，其检测难度是相当大的，只能依靠分段管理来维护。

2. 管道运输适合的主要作业

管道运输主要是随着石油产业的发展而兴起的，因此目前主要应用于石油、天然气等液气物的输送，同时也广泛应用于居民生活中，如小区的管道煤气/天然气、管道自来水等。其他行业也在加紧研发对管道运输的使用，目前利用最广泛的是医疗行业，医院在各大楼间铺设气动管道，利用气压推动"胶囊"在管道中输送，而各种药物就放在"胶囊"里面，既可以快速传输药物，又可以达到卫生的标准。

 新闻资料链接

中俄原油管道二线工程正式投入商业运营

2018年1月1日，俄罗斯原油进入中俄原油管道二线，开始从漠河向大庆林源输送，标志着我国东北能源运输通道中俄油进口的第二通道正式投入商业运营。每年从该通道进口的俄油量将从原先的1 500万t增加到3 000万t，对于填补我国东北地区石油资源供应缺口，优化国内油品供输格局，进一步保障国家能源供应安全具有十分重大的意义。

据介绍，中俄原油管道二线是我国东北油气战略通道的重要工程，是中国石油集团公司落实国家"一带一路"倡议的重大举措，是中俄深化全面战略协作伙伴关系的典范项目。工程于2016年8月13日开工建设，全长941.8km，管径813mm。管道与2011年投产的中俄原油管道漠大线并行敷设。起点位于黑龙江省漠河县（现漠河市）漠河输油站，途经黑龙江、内蒙古两省区，终点位于黑龙江省大庆市林源输油站。

中俄原油管道二线工程受中国石油天然气集团有限公司委托，由中国石油管道公司建设和管理。中俄原油管道二线工程建设一年多来，参建单位大庆油田、中国石油天然气管道局、辽河油田先后投入人员5 000余人，设备3 000余台（套）。全体参建者穿越500km原始森林无人区和永冻土地带，历经零下50℃的极寒天气考验，爬冰卧雪、战天斗地，顽强拼搏、无私奉献，高水平、高标准、高质量、高速度地完成了建设任务，创造了高纬度极寒地区管道建设180天焊接800km的"中国速度"。国家市场监督管理总局工作人员对俄方来油取样化验，站控室对收输油作业密切监控，操作人员到厂区进行巡检，漠河输油站各程序单元对中俄原油二线工程投入商业运行运转良好。

资料来源：中国新闻网，2018年1月1日。

2.3　复合运输与国际运输

随着社会经济的发展，单一的运输模式已经不能满足社会需求，因此人们开始尝试将各种单一的运输方式有机地联合起来，就形成了目前社会和国际应用最广泛的复合运输。复合运输指的是使用两种或两种以上的运输方式共同完成一次或者多次运输任务的运输方式。复合运输主要指的是多式联运，而多式联运主要参与的是国际上的运输，因此多被称为国际多式联运。

2.3.1　多式联运

国际多式联运

多式联运是指根据托运人的实际运输要求，使用两种或两种以上的运输方式进行联合运输，同时在运输过程中实施一次协商、一份合同、一次付费、一票到底、一份保险，承租人全程负责的运输方式。

1. 多式联运的特征

（1）多式联运的货物运输方式主要使用的是集装箱运输。由于集装箱的众多优点，使它在多式联运尤其是国际多式联运中广泛使用。

（2）手续简便。多式联运是由两种或两种以上运输方式来共同完成运输任务的，即不需要与众多承运人协商、签订多份合同、填写多份单证和多次付费等，只需和多式联运承运人进行一次协商、一份合同、一次付费、一票到底、一份保险即可，大大节省了时间。

（3）全程负责。进行多式联运时如果在运输过程中发生各种意外，托运人不需要与各区段的承运人进行赔偿磋商，只需与多式联运总承运人进行商讨即可。

（4）节省成本、提高运输效率。由于多式联运大多进行的是国际运输，而多式联运的众多特点使其在节省中间环节上起到巨大作用,大大地节省了各方面的时间成本和各种行政成本,使国际运输的经济效率大大提高。

2. 多式联运的组合方式和种类

多式联运的组合方式是多种多样的,如公铁组合、铁管组合、公水组合、公管组合、航铁组合等两种方式组合,也有公铁海组合、航铁海组合、管公铁组合等三种方式组合,还有四种或五种运输方式的组合。以下介绍几种常见的多式联运组合。

(1)铁路运输和公路运输组合。

铁路运输虽然运量大、行驶速度快、长距离运输成本低,但是由于其可达性差的特点使其不能进行终端运输,而公路运输恰恰可以弥补其不足,因此现在社会主流的多式联运方式为公铁联运。

公铁联运使得两种运输方式的各自特点互相弥补,起到了"1+1>2"的作用,尤其使得当代的电子商务业得以全面发展,这主要依托的就是公铁快速联运。除此之外,公铁联运还有一种综合运输模式,称为驼背运输,指的是在铁路平板车上载运整辆卡车或拖车的运输方式。

公铁联运的运输方式非常灵活、方便,由于这种方式可以选择平板车装运集装箱(COFC,图2.4)、平板车装运载箱拖车(TOFC,图2.5)和平板车载运整车(图2.6)等几种方式,这几种方式可以达到货物无须卸载,直接进行长距离运输的目的,大大节省了装卸搬运的时间,同时铁路部门分享了公路部门的业务,而公路部门又可以提供铁路部门无法提供的"门到门"运输服务。可以说公铁联运方式实现了两种方式的双赢局面,也是目前国际上采用最多的一种多式联运方式。

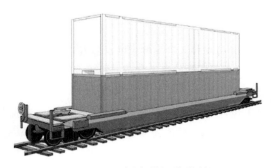

图 2.4 平板车装运集装箱

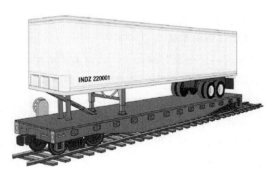

图 2.5 平板车装运载箱拖车

图 2.6 平板车载运整车

（2）海洋运输和管道运输的组合。

这种运输组合是随着石油业的发展而兴起的，主要是为了石油、天然气等重要气液化资源而产生的联合运输模式。由于石油、天然气这些资源集中在中东和俄罗斯地区，一般都需要通过远洋运输来实现全球分销，同时由于其易燃易爆等特性，使用管道运输是最安全和节省成本的，因此海洋运输和管道运输的组合自然而然成为国际上运输该资源产品的主要联运模式。

（3）海洋运输和铁路运输的组合。

这种运输组合非常适合国际上频繁的货物贸易，也是目前主流的国际联运模式。该模式是由铁路运输负责将货物运至码头然后通过海洋运输出口，或者由海洋运输负责将货物运输到码头，然后由铁路运输负责运至内陆的联运模式。该模式具有巨大的运能、较低的运输成本和较少的污染排放等独特优势，成为我国主要发展的一种外贸运输模式。但是该模式的成功运营不但取决于船舶公司和铁路部门的配合，关键还要取得港口部门和政府部门的大力支持。

 新闻资料链接

成都建设国际多式联运综合试验区

近日，四川省发展和改革委员会正式印发了《成都"一带一路"国际多式联运综合试验区总体方案》（以下简称《方案》），明确将以天府新区（成都片区）和成都天府国际空港、成都双流国际航空港、成都国际铁路港、成都国际公路港"一区四港"为核心，着力构建多式联运、综合交通、国际供应链、金融服务、开放环境"五大体系"，推动成都建设西部国际门户枢纽城市，加快建设内陆开放经济高地，引领带动四川省加快形成"四向拓展、全域开放"立体全面开放新格局，推动内陆与沿海沿边沿江协同开放。

在"一区四港"核心中，四川天府新区（成都片区）将发挥天府国际空港航空经济试验区、成都临空经济示范区作用，辐射带动成都经济技术开发区、成都国际铁路港经济技术开发区协同发展，推动临港（空）高端产业聚集和服务能力提升。

成都天府国际空港将创新面向全球的"中欧班列+国际客货机""高铁货运动车组+航空货机"的空铁国际国内联运模式。成都双流国际航空港将探索公路物流高效连接空港模式，推动公路短驳与航空联运常态化运行，提升区域性航空枢纽中心的集疏运能力。

成都国际铁路港将探索"铁水""公铁""空铁""铁海"联运模式，打造服务长江经济带发展、西部陆海新通道建设等国家战略的国家级物流枢纽和联通泛欧泛亚国际贸易通道的桥头堡。

成都国际公路港将依托龙泉驿、新都公路物流优势，构建连接泛欧泛亚的公铁联运物流枢纽和贸易投资网络，建成全国一流的公路联运港。这正符合党的二十大报告中关于"促进区域协调发展""推动成渝地区双城经济圈建设"的要求。

资料来源：《中国水运报》，2019年12月23日。

（4）海洋运输和航空运输的组合。

海空联运又称空桥运输。该联运的特点在于海洋运输和航空运输的货物在衔接时需要更换集装箱，因为海洋运输的集装箱规格不符合航空运输的集装箱规格，这是海空联运与路桥联运的区别。

海空联运的主要优点在于其比单纯的海洋运输要快捷，比单纯的航空运输要便宜。例如，从国内到非洲、欧洲，如果全程海运，需要至少 20 天，多时则需要 25～30 天，而海空联运到这些区域只需要 15 天左右，可以节省大量时间，并且从国内到非洲、欧洲，如果全程空运，费用会相当的高，而选择海空联运，则至少比全程空运费用低一半，因此，海空联运为那些需要紧急运输而同时不想支付高昂运费的货主提供了一种可靠的选择。

这种联运方式主要以海洋运输为主，以航空运输为最终交货点。目前该方式主要有远东—欧洲，远东—中南美，远东—中近东、非洲、澳洲三条主要航线。

2.3.2 国际运输

1. 概述

随着经济一体化进程的不断深化，国际运输的地位和重要性越发突出，而得益于集装箱的发明，国际运输加快了其全球化的进程。目前国际运输主要以海运为主，占全球货物贸易额的 50% 以上，航空运输占 21%，其余由跨国的公路、铁路和管道运输完成。

国际运输方式的选择主要取决于交易国家之间的地理条件和贸易距离。例如，中国和美国之间由于相隔了一个辽阔的太平洋，国际运输方式就大量采用海洋运输和航空运输；而像中国和俄罗斯国土相邻的两个国家的国际运输方式就大量采用铁路运输、公路运输和管道运输。作为国际运输的承运人需要熟悉各经营国家的法律和海关政策。国际运输由于是跨越两个或多个国家或者地区进行的运输，需要根据各途经国的海关政策要求进行报关，因此也就需要更多的单据；同时在进行国际运输过程中也要非常熟悉各途经国的法律，不然很容易受到途经国的处罚而拖延运输进程，承担不必要的赔偿，那就得不偿失了。

2. 自由贸易区和保税区

在国际运输过程中，为了加快推进国与国之间的加工转口贸易，减少不必要的税收手续，各国在其国内的某些特定区域设立保税区或者自由贸易区。所谓的自由贸易区是指进入该特定区域的产品可以先进行储存、加工，然后再出口，在此过程中不必缴纳任何关税，而如果转为进口该区域国时才补缴该缴纳的税款的区域。比自由贸易区的规模小，但是功能与自由贸易区相同的区域，同时由海关设置或者批准注册的，受到海关监管的特定区域或者仓库，称为保税区。

在国际运输中，自由贸易区或保税区的设立，为国际运输的物流管理者提供了非常有利的条件，具有以下优势。

（1）进口产品进入自由贸易区或保税区以后，可以进行储存、加工、展览、再包装、销毁等不同服务，随后转出自由贸易区或保税区而出口别国，在此过程中不必缴纳关税，也不必办理任何关税手续，使得运输者节省了大量时间和成本。

（2）如果在进入进口国时发现商品的标识或者包装有违反进口国规定的情况，可以在自由贸易区或保税区进行处理，避免进入进口国后受到不必要的处罚。

（3）如果产品发生不同程度的灭损或者失窃，进口商不必为灭损和失窃的产品支付关税。

（4）如果在国际贸易过程中，贸易双方发生贸易分歧而导致商品暂时无法进入进口国，卖方可以让产品进入自由贸易区或保税区，等找到买家下单时再继续进行贸易，如果买家为本国买家，此时再补缴关税，避免税金的占用；如果买家是国外买家，卖方直接转口就可以完全避免一切税务缴纳和单证手续，防止了税金的占用，保证了资金的流通性。

（5）如果进口商在自由贸易区或保税区进行产品加工或者拼装，进入进口国时只需缴纳原材料和零部件的关税。

（6）如果没有特别的规定，一般私人的有形物品可以免征国家和地方税。

（7）如果没有特别的规定，在自由贸易区或保税区的绝大部分商品可以无限期地停留。

自由贸易区或保税区的这些规定可以影响国际运输者在进行国际运输过程中的运输路线问题，如果某些国家没有自由贸易区或保税区，国际运输者就可能不会选择该国作为中转停留，因此也不会行驶该运输路线；而本来贸易双方协商好的运输路线也可能因贸易过程中的各种问题发生贸易纠纷而导致中断贸易合作，使得本该进入该进口国的国际路线改为转口别国的运输路线。因此，自由贸易区或保税区的设立，对国际运输的影响是巨大的。

3. 国际运输代理人及其服务

国际运输的一个主要特点是其拥有众多的不同形式的国际代理人，他们是国际运输的重要组成部分，分别有国际货代、进口商、出口商、各大运输公司（船公司、航空公司等）、海关代理人、银行等。因此，国际运输是一个庞大而复杂的运输系统，需要多方面的配合才能完成。

4. 国际港口与地理

在国际运输中，由于海运占国际运输份额的 70%，因此本节将重点介绍海上国际运输所涉及的主要港口、航线及费用。

（1）国际主要港口分布。

① 东北亚。

a. 韩国。基本港：BUSAN/PUSAN（釜山），2002 年第 16 届亚运会主办城市，东北亚重要港口，从中国往东的很多条航线都要经过釜山。其他：INCHON（仁川）国际空港、SEOUL（首尔），韩国首都。

b. 日本。六个基本港：关西的 KOBE（神户）、OSAKA（大阪）；关东的 NAGOYA（名古屋）、TOKYO（东京）、YOKOHAMA（横滨）、MOJI（门司）。

② 东南亚。

a. 越南。HO CHI MINH CITY（胡志明市）是越南南部的大港口，是为了纪念越南独立的英雄胡志明而命名的；HAIPHONG（海防）位于北部湾，是越南北部的重要港口。

b. 新加坡。SINGAPORE CITY（新加坡市）74% 左右的人口是华人。

c. 泰国。BANGKOK（曼谷）泰国的首都，将其泰文全称转为拉丁文字，长达142个字母，其意为"天使之城、伟大的都市、玉佛的宿处、坚不可摧的城市、被赠予九块宝石的世界大都会"等；LAEM CHABANG（林查班）是泰国另一个重要的港口城市。

d. 菲律宾。MANILA（马尼拉）历史悠久，16世纪已是著名商港，现在分为南港和北港，如今大部分的集装箱都是在南港卸货。

e. 马来西亚。重要的港口 PASIR GUDANG（巴西古丹）、PORT KELANG（巴生港）和 PENANG（槟城）位于西马来西亚，在东马来西亚则有 KUCHING（古晋）、SIBU（泗务）等港口；巴生港是马来西亚的重要港口，很多船公司都以此为中转枢纽。

f. 印度尼西亚。由太平洋和印度洋之间17 508个大小岛屿组成，素有"千岛之国"的美名。JAKARTA（雅加达）是印度尼西亚首都，在爪哇岛上，也是东南亚第一大城市；SEMARANG（三宝垄），三宝太监郑和下西洋时在此登陆因而得名。此外，重要港口还有 BELAWAN（勿拉湾）和 SURABAYA（泗水）。

g. 柬埔寨。PHNOM PENH（金边）。

h. 缅甸。YANGON/RANGOON（仰光）。

③ 南亚。

a. 印度是南亚第一大国，海岸线长5 560km，有很多港口，MUMBAI/BOMBAY（孟买）是印度最大的海港和重要的交通枢纽，也是印度的经济中心、工业基地，素有印度"西部门户"之称。其他的港口还有位于孟加拉湾的 KOLKATA（加尔各答）和 MADRAS（马德拉斯）。

b. 巴基斯坦。KARACHI（卡拉齐）是巴基斯坦第一大城市和最大的海港和军港。

c. 斯里兰卡。首都 COLOMBO（科伦坡），早在公元8世纪时，阿拉伯商人就已在此经商，12世纪时科伦坡已初具规模，素有"东方十字路口"之称。科伦坡在当地的辛哈里语中意为"海的天堂"。

d. 孟加拉国。首都 DHAKA（达卡），港口是 CHITTAGONG（吉大港）。

④ 中东地区（波斯湾和红海）。

a. 阿联酋。作为一个重要的海湾国家，DUBAI（迪拜）是阿联酋的重点港口，是中东地区的贸易集散中心，其辐射面已达北非、中东、南欧、南亚和西亚等地区，有大量的华人在迪拜经商；SHARJAH（沙加）是阿联酋另外一个港口。

b. 沙特阿拉伯是阿拉伯世界的第一大国，首都 RIYADH（利雅得），港口城市 DAMMAN（达曼）是波斯湾重要的港口，有铁路和利雅得相连；JEDDAH（吉达）位于红海，是沙特阿拉伯第二大城市，红海最重要的港口，有沙特的"外交首都"之称。

c. 波斯湾还有科威特的 KUWAIT（科威特城）、卡塔尔的 DOHA（多哈）、巴林的 BAHRAIN（巴林）、伊朗的 BANDAR ABBAS（阿巴斯港）等港口，红海还有约旦的 AQABA（亚喀巴）。

⑤ 地中海。

从红海经过苏伊士运河，就到了地中海。海运界通常把地中海划分为西地中海和东地中海。

a. 东地中海。马耳他的 MALTA（马耳他），希腊的 PIRAEUS（比雷埃夫斯），土耳其的 ISTANBUL（伊斯坦布尔）、IZMIR（伊兹密尔）和 MERSIN（梅尔辛），埃及的 ALEXANDRIA（亚历山大）和 PORT SAID（赛德港），塞浦路斯的 LIMASSOL（利马索尔），叙利亚的 LATTAKIA（拉塔基亚），黎巴嫩的 BEIRUT（贝鲁特），以及以色列的两个港口 ASHDOD（阿什杜德）和 HAIFA（海法）。

b. 西地中海。西班牙的 BARCELONA（巴塞罗那）和 VALENCIA（瓦伦西亚），法国的 MARSEILLES（马赛），意大利的 GENOA（热那亚）和 NAPLES（那不勒斯）。

⑥ 欧洲基本港。

欧洲基本港通常指以下港口：荷兰的 ROTTERDAM（鹿特丹），德国的 HAMBURG（汉堡）和 BREMEN（不来梅），比利时的 ANTWERP（安特卫普），英国的 FELIXSTOWE（费利克斯托）和 SOUTHAMPTON（南安普敦），法国的 LE HAVRE（勒阿弗尔）。

⑦ 黑海港口。

罗马尼亚的 CONSTANTA（康斯坦察），乌克兰的 ODESSA（敖德萨）和 ILLYCHEVSK（伊利乔夫斯克）。

⑧ 欧洲其他重要的港口。

a. 北欧。丹麦的 AARHUS（奥胡斯）、COPENHAGEN（哥本哈根），瑞典的首都 STOCKHOLM（斯德哥尔摩）、GOTHENBURG（哥德堡），挪威的首都 OSLO（奥斯陆），芬兰的首都 HELSINKI（赫尔辛基）、KOTKA（科特卡）。

b. 南欧。葡萄牙的 LISBON（里斯本）、PORTO（波尔图）、LEIXOES（雷克索斯），西班牙的 MADRID（马德里）、BILBAO（毕尔巴鄂）、ALICANTE（阿利坎特）、ALGECIRAS（阿尔赫西拉斯），意大利的 LA SPEZIA（拉斯佩齐亚）、VENICE（威尼斯）、LIVORNO（里窝那）。

c. 西欧。荷兰的 AMSTERDAM（阿姆斯特丹），比利时的 BRUSSELS（布鲁塞尔），德国的 BREMENHAVEN（不来梅哈芬），英国的 LONDON（伦敦）、MANCHESTER（曼彻斯特）、LIVERPOOL（利物浦）、THAMESPORT（泰晤士港），爱尔兰的 DUBLIN（都柏林）。

d. 东欧和中欧。波兰的 GDYNIA（格丁尼亚）、GDANSK（格但斯克）、WARSAW（华沙），匈牙利的 BUDAPEST（布达佩斯），罗马尼亚的 BUCHAREST（布加勒斯特），捷克共和国的 PRAGUE（布拉格），奥地利的 VIENNA（维也纳），保加利亚的 SOFIA（索菲亚）。

⑨ 非洲。

非洲有很多条件很好的深水良港，但是受其经济条件的制约，大部分的港口设施落后、管理混乱。非洲分为北非、西非、南非和东非 4 条不同的航线。

a. 北非。北非曾是法国的殖民地，和法国关系密切。重要的港口有：摩洛哥的 CASABLANCA（卡萨布兰卡），突尼斯的 TUNIS（突尼斯城），利比亚的 BENGHAZI（班加西）、TRIPOLI（的黎波里），阿及利亚的 ALGIERS（阿尔及尔）和 ORAN（奥兰）。

b. 西非。西非的基本港有：尼日利亚的 LAGOS/APAPA（拉各斯/阿帕帕），科特迪瓦的 ABIDJAN（阿比让），贝宁的 COTONOU（科托努），多哥的 LOME（洛美），加纳的 TEMA（特马），冈比亚的 BANJUL（班珠尔），喀麦隆的 DOUALA（杜阿拉），安哥拉的 LUANDA（卢旺达）。

c. 南非。非洲南部的重要港口和城市都在南非共和国，CAPE TOWN（开普敦）、DURBUN（德班）是基本港，其他重要的城市还有 JOHANNESBURG（约翰内斯堡）、PORT ELIZABETH（伊丽莎白港）。

d. 东非。我国明朝时郑和下西洋的船队就曾经到达过东非，重要港口有：坦桑尼亚的 DAR ES SALAAM（达累斯萨拉姆），肯尼亚的 MOMBASA（蒙巴萨），乌干达的 KAMPALA（坎帕拉），莫桑比克的 MAPUTO（马普托），毛里求斯的 PORT LOUIS（路易斯港），马达加斯加的 TAMATAVE/TOAMASINA（塔马塔夫/图阿马西纳）。

⑩ 美洲。

a. 加拿大。基本港只有一个：西岸的 VANCOUVER（温哥华）。另外，东岸的两个大城市也经常有人会询价：TORONTO（多伦多）和 MONTREAL（蒙特利尔）。

b. 美国西岸。LOS ANGELES（洛杉矶）、LONG BEACH（长滩）、OAKLAND（奥克兰）、SEATTLE（西雅图）、SAN FRANCISCO（旧金山）。

c. 美国东岸。到达美国东岸有两种方式，经美国西岸转运的小路桥和经巴拿马运河的全水运。港口有：NEW YORK（纽约）、BOSTON（波士顿）、PHILADELPHIA（费城）、BALTIMORE（巴尔的摩）、MIAMI（迈阿密）、SAVANNAH（萨瓦纳）、CHARLESTON（查尔斯顿）。

d. 从美国向南，到了中美洲和加勒比地区，这里的国家众多，港口也极多。中美洲大国墨西哥的 MANZANILLO（曼萨尼约）和 MEXICO CITY（墨西哥城），位于巴拿马运河口的 COLON FREE ZONE（科隆自由贸易区）是中美洲很重要的中转港，巴拿马的首都 PANAMA CITY（巴拿马城）。

e. 南美洲的航线分为东西两条，西岸的国家以智利为主，港口有：智利的 VALPARAISO（瓦尔帕莱索）、SAN ANTONIO（圣安东尼奥）、IQUIQUE（伊基克），秘鲁的 CALLAO（卡亚俄），厄瓜多尔的 GUAYAQUIL（瓜亚基尔）。东岸则是三个南美国家的城市：巴西的 SANTOS（桑托斯）、RIO DE JANEIRO（里约热内卢）、PARANAGUA（巴拉那瓜），阿根廷的 BUENOS AIRES（布宜诺斯艾利斯），乌拉圭的 MONTEVIDEO（蒙得维的亚）。

⑪ 澳洲地区。

a. 太平洋岛国斐济的首府 SUVA（苏瓦）。

b. 澳大利亚的基本港是：成功举办过 2000 年奥运会的 SYDNEY（悉尼），澳大利亚南端的 MELBOURNE（墨尔本），其他还有 BRISBANE（布里斯班）、ADELAIDE（阿德莱德）和 FREMENTLE（弗里曼特尔）。

c. 新西兰的基本港只有一个：AUCKLAND（奥克兰）。其他的如首都 WELLINGTON（惠灵顿）、LYTTELTON（利特尔顿）、NAPIER（纳皮尔）、TAURANGA（陶朗加）都是从奥克兰转运的。

（2）世界主要航线。

① 太平洋航线。

a. 远东—北美西海岸航线。该航线包括从中国、日本、俄罗斯远东海港到加拿大、美国、墨西哥等北美西海岸各港的贸易运输线。从中国的沿海各港口出发，偏南的经大隅海峡出东海；偏北的经对马海峡穿日本海后，或经清津海峡进入太平洋，或经宗谷海峡，穿过鄂霍次克海进入北太平洋。

b. 远东—加勒比、北美东海岸航线。该航线常经夏威夷群岛南北至巴拿马运河后到达。这条航线经常从北到南穿过夏威夷群岛，到达巴拿马运河。

c. 远东—南美西海岸航线。从中国北方沿海各港出发的船只多经琉球庵美大岛。硫黄列岛、威克岛、夏威夷群岛之南的莱恩群岛穿越赤道进入南太平洋，至南美西海岸各港。

d. 远东—东南亚航线。

② 西北欧航线。

a. 西北欧、北美东海岸—加勒比航线。

西北欧—加勒比航线多半出英吉利海峡后横渡北大西洋。它同北美东海岸各港出发的船舶一起，一般都经莫纳海峡、向风海峡进入加勒比海。除加勒比海沿岸各港外，还可经巴拿马运河到达美洲太平洋岸港口。

b. 西北欧、北美东海岸—地中海、苏伊士运河—亚太航线。

西北欧、北美东海—地中海—苏伊士航线属世界最繁忙的航段，它是北美、西北欧与亚太海湾地区间贸易往来的捷径。该航线一般途经亚速尔群岛、马德拉群岛上的航站。

c. 西北欧、地中海—南美东海岸航线。

该航线一般经西非大西洋岛屿——加纳利群岛、佛得角群岛上的航站。

d. 西北欧、北美东海—好望角、远东航线。

该航线一般是巨型油轮的油航线。佛得角群岛、加拿利群岛是过往船只停靠的主要航站。

e. 南美东海—好望角—远东航线。

这是一条以石油、矿石为主的运输线。该航线处在西风漂流海域，风浪较大。一般西航偏北行，东航偏南行。

③ 远东—西北欧航线。

远东至西北欧一共有六条航线，分别为欧洲二线 AEX1/2/3/4/5/6 航线，本节只列出两条航线供阅读。

④ 远东—地中海航线。

⑤ 远东—澳洲航线。

远东—澳洲航线一共有三条航线，分别为 AUS1/2/3 线。

⑥ 地中海—美东航线。

⑦ 远东—非洲航线。

5. 世界部分航线的海运费构成

（1）世界各大航线主要收费项目。

世界各大航线的海运费主要由 O/F（ocean freight，基本海运费用）；ORC（origin receiving charge，本地出口附加费/起运港码头附加费）；THC（terminal handling charge，集装箱码头装卸作业费）；DOC（文件费用）；DDC（destination delivery charge，目的港提货费）；T/R（telex release，电放费用）；AMS（Automated manifest system，24小时舱单系统/美国反恐舱单系统），去美国的或经美国中转至第三国货物要提供AMS，AMS是30美元一票，AMS截掉后如需要求更改数据，一般是40美元一票；BAF（bunker adjusted factor，燃油附加费）；CAF（currency adjustment factor，货币贬值附加费）；PSS（peak season surcharge，旺季附加费）等费用构成。这些费用会根据各国在不同的经济环境和政治环境下进行不定时的调整和变动。

（2）世界各大航线费用构成。

欧洲线：O/F+ORC+BAF+CAF+DOC
北美线：O/F+ORC+AMS+DOC（+DDC+BAF）
中南美线：O/F+ORC（THC）+DOC
东南亚线：O/F+THC+DOC（+T/R）
印巴线：O/F+THC+DOC
澳洲线：O/F+THC+DOC
红海线：O/F+THC+DOC
非洲线：O/F+THC+DOC

本章小结

本章主要介绍了运输的基础知识与原理、5种运输方式的特征与服务、复合运输与国际运输。运输的基础知识与原理主要介绍了运输业的主要特征和运输的3大原理；5种运输方式的特征与服务主要介绍了目前世界上主要的5种运输方式的优缺点及技术特性；复合运输部分主要介绍了多种复合运输各自的经济特点与服务，而国际运输部分主要介绍了国际运输的基本知识，包括保税知识和国际海运的地理知识。

思考题

1. 运输原理包括哪些？
2. 5种运输方式的特征有哪些？
3. 自由贸易区或保税区在国际运输中的优势是什么？
4. 国际多式联运的特征有哪些？

案例分析

TNT快运别具特色的运作模式

作为荷兰TPG公司（唯一一在欧洲各主要城市拥有网络的快件服务商）旗下两个品牌之一，TNT快运的业务收入占TPG公司三大主营业务的41.3%。TNT快运目前主要提供以下5种"门到门"的服务：当日快件、早9点快件、午时12点快件、午后17点快件和经济快件。另外，TNT快运还提供多种附加服务，如技术速递、夜间速递、保险速递等。多样化的服务能够满足不同层次、不同要求顾客的需要，多样化的服务使得快运网络更加稠密、通达不同的角落，促进了企业快运业务的增长。这5项服务均为标准化服务，服务的内容及要求都按照严格的标准及相关程序进行。就TNT快运的运作模式而言，其主要具有以下3个特点：统一营销、集中分级分拣、统一配送。

1. 统一营销

客户服务中心统一负责整个快运业务的销售、售后服务及财务结算等，实行统一业务受理、标准化服务、程序化管理、一个声音对外一站式的运作模式。TNT快运共有5个客户服务中心，其中4个负责国际快运业务、一个负责国内快运业务。根据客户的需要，客户服务中心提供不同的服务。小型客户业务量小，要求方便，专门为小型客户设立了每天24小时的免费电话。对大型客户，则有固定人员定期联系。所有的业务受理电话由TNT快运付费。

2. 集中分级分拣

TNT快运欧洲空运网络有多个空运快件主集散站，分布在比利时的列日、英国的利物浦和德国的科隆等地。并在列日机场租用机场和跑道，每周飞行500个航班，加上利用商业网络，构成250条空运航线，每周飞行13 000个飞行段，运送1 500t货物，与745个集散站相连。在欧洲路运网络中，卫星集散站到客户（门或货架）的配送85%由TNT快运承担，卫星集散站到主集散站、主集散站之间的长途、大吨位厢式货车运输的30%是TNT快运承担，70%是外包，由有运输协议的小型运输公司承担，但车辆和人员要使用TNT快运的标志和品牌。

集散站分为主集散站（main depot）和卫星集散站（satellite depot）。卫星集散站对货物进行粗检，按流向运到相应的主集散站，在主集散站进行集中分拣。重量小于30kg的货物由货物到达地的主集散站运到卫星集散站配送，大于31kg的货物由主集散站直接配送。

主集散站负责快运货物的分流向分拣（粗拣），卫星集散站负责快运货物的定向分拣（细拣），卫星集散站在进行货物收集（托运）业务时是粗略分拣，承担货物配送时是细拣。通过主集散站和卫星集散站的分级分拣，合理分工，加快了快运货物的分拣速度，便于货物按流向集中运输，降低了运输费用。

3. 统一配送

TNT快运服务网络覆盖面很广，按照服务功能和区域不同分为欧洲空运网络、欧洲路运网络、亚洲网络、商用网络、国内网络5个部分。货运量的65%靠路运，25%靠空运，10%靠商业航班。

快件货物运输根据不同的服务项目的要求，采用空运或陆运（汽车或大型货车）。一般早9点、午12点快运选择空运方式；当日快件则比较灵活，只要能按时到达，则采用较经济的运输工具，一般采用汽车运输。通常在800km范围内用汽车运输，超过800km用航空运输。

由于TNT快运网络十分发达，能运达200多个国家和地区，故快件的运送速度比邮件快。虽然快件和邮件由不同的网络运送，但有时邮件和快件会相互利用和协调，邮件也能通过快件网络运送。

TNT快运运输组织形式的统一销售、集中分级分拣、统一运输，特别是集中分级分拣，将不同的货运站进行功能设置，有些大型货运站完全服务于粗拣后站与站间的运输。这种接力式的分拣、运输，强化了集团公司间的合作，也提高了分拣和运输的整体效率。这种在集团公司内部进行专业化分工的组织形式非常有利于提高整个网络的运输效率，降低运营成本。统一营销、统一调度、统一分拣、统一配送、信息共享是今后快件运输发展的趋势，也是货物运输集团专业化、规模化、网络化的运作模式。

讨论题

1. 请说明 TNT 快运的运作模式及特点。
2. 分析 TNT 快运的运作模式有哪些优势。

【名人名言】

天下难事，必作于易；天下大事，必作于细。

——老子《道德经》

第 3 章 仓储管理与库存控制

【本章教学要点】

知识要点	掌握程度	相关知识
仓储管理概述	掌握	仓储管理的含义
	了解	仓储活动的意义
	了解	仓储管理的作用
仓库作业流程	掌握	入库作业
	掌握	保管作业
	掌握	出库作业
仓储管理模式与仓储合理化	掌握	仓储管理模式
	重点掌握	仓储管理模式的决策依据
	重点掌握	仓储合理化
库存管理与库存控制	理解	库存的基本概念
	掌握	库存成本的构成
	掌握	影响库存控制决策的因素
	掌握	库存管理与控制的方法

【重要知识点图谱】

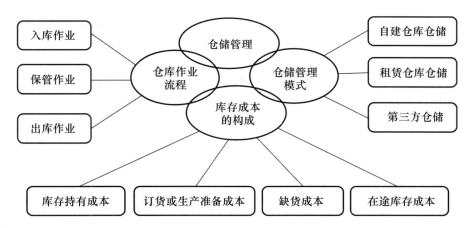

导入案例

惠尔以仓储管理为核心，实现"脱胎换骨"

如今，信息化管理已成为客户选择第三方物流服务时最基本的要求。上海惠尔物流有限公司（以下简称惠尔）借助信息化成功地由一家传统的运输公司转型为第三方物流公司，完成了"脱胎换骨"的转变。

2003年4月，惠尔决定转型。此前，惠尔是一家传统的运输公司，它的目标是转型为第三方物流公司，开展以储、运一体化为主要内容的物流服务。

与此同时，惠尔制订了"通过物流分发网络的快速扩张，大幅缩短客户响应时间，以及通过电子商务来拓展市场"的战略。

要实现这些美好的"蓝图"，惠尔的领导寄希望于物流信息管理系统。因为物流公司不是拼有多少车，而是拼服务，也就是看物流公司能否提供准确的报表反馈，以保证单据处理的及时性和准确性。

但是，惠尔的信息化需求究竟是什么？惠尔究竟要建一套什么样的物流信息管理系统？公司领导不知所措。正在此时，已近而立之年的孙大亮加盟惠尔，任惠尔信息技术部经理。孙大亮大学毕业后进了一家新加坡的物流公司，一干就是4年，对物流的各环节了如指掌。他提出："对于物流管理，仓库是核心，尽管利润点可能不在仓库。拿到仓库，运输就基本拿到了；拿到运输，但拿不到仓库的话，估计客户也很快会丢掉。所以，物流管理的核心是仓储管理，然后可上升到供应链管理。"

基于这种认识，惠尔的整体物流系统建设把仓储管理系统摆在了首位，同时兼顾运输管理系统、客户关系管理系统、电子商务系统等。

针对系统的设计目标，孙大亮指出："要创建一个基于网络的集成的物流管理信息系统，实现企业、客户及相关环节的信息资源的数据共享和数据交换。系统应该具有良好的稳定性和可扩展性，能够同外部系统集成，并且安全可靠。"

谈及惠尔物流信息管理系统的投资情况，孙大亮向记者透露："整个系统的投资总计100多万元，其中软件占60%。"据了解，与同行业相比，惠尔建这样一套物流信息管理系统，投资额度还达不到中等水平。针对这种情况，孙大亮表示："没有最贵的，只有最合适的。"

基于这种考虑，惠尔最终选择了招商迪辰软件系统有限公司（以下简称迪辰）来开发这套系统。针对与迪辰的合作，孙大亮补充道："其实，迪辰开发的物流信息管理系统并不比其他的物流系统便宜。之所以选择迪辰，是因为迪辰的物流信息管理系统拥有较好的 DAP 平台。DAP 平台是采用纯 Java 开发的 B/S 三层架构，能满足惠尔目前的需求及客户在线随时查询的需求。"

据悉，DAP 是迪辰开发的应用于物流及供应链管理领域的标准化的信息技术平台。DAP 平台具有行业针对性，可进行图形化操作及管理。

就在建设物流信息管理系统之际，惠尔已开始在全国设立分发中心。目前，惠尔在全国 14 个城市设立了分发中心，仓库总面积达 8 万平方米，其中设在上海的中央分发中心仓库面积达 4 万平方米。

惠尔各地的分发中心借助互联网，随时可与客户系统进行连接和数据交换。

点评

仓储管理除了能够给企业带来直接的经济效益，在整个物流系统中也起着核心的作用。

企业是否真的需要将储存作为物流系统的一个重要组成部分？如果产品的需求确定、已知，而且产品又能即刻供给以满足客户需求的话，那么，从理论上讲，既然不会有库存，也就不需要储存。然而，因为需求无法准确预测，所以用这种方法去经营企业既不实际也不经济。即使产品的供需趋于一致，也需要生产即刻作出反应，要求运输完全可靠，且不存在运送时间。对于一个企业来讲，在任何合理成本范围内，这都是不可能的。因此，企业要用库存来更好地平衡供需，降低总成本。而要保有库存，就会对储存产生需求，并在很大程度上对物料搬运产生同样的需求。因此，与其说储存是一种必要的活动，不如说是一种很经济的便利活动。

储存具有经济上的合理性，因为它们能平衡运输、生产和采购成本。也就是说，通过储备一定量的库存，企业常常可以通过调整经济生产批量和生产次序来降低生产成本。利用这种办法，企业就可以避免因需求模式不确定和产品多样性造成的产出水平的大幅度波动。同时，储备库存也可以通过更大、更经济的运输批量来降低运输成本。总之，仓储管理的目的就是利用恰到好处的存储活动来实现储存、生产和运输之间良好的经济平衡。

3.1 仓储管理概述

3.1.1 仓储管理的含义

1. 仓储的含义

"仓"也称仓库，为存放物品的建筑物和场地，可以为房屋建筑、大型容器、洞穴或者特定的场地等，具有存放和保护物品的功能；"储"表示收存以备使用，有收存、保管、交付使用的意思，当适用于有形物品时也称为储存。"仓储"则为利用仓库存放储存未及时使用的物品的行为。简言之，仓储就是在特定的场所储存物品的行为。

仓储是通过仓库对物资进行储存和保管。它是指在原产地、消费地，或者在这两地之间存储商品（原材料、部件、在制品、产成品），并向管理者提供有关存储商品的状态、条件和处理情况等信息。它是整个物流系统中的一个重要环节，与运输相对应，仓储是以改变"物"的时间状态为目的的活动，通过克服产需之间的时间差异来获得更好的效用。

仓储随着物资储存的产生而产生，又随着生产力的发展而发展，是商品流通的重要环节之一，也是物流活动的重要支柱。在社会分工和专业化生产的条件下，为保持社会再生产过程的顺利进行，必须储存一定量的物资，以满足一定时期内社会生产和消费的需要。仓储的性质可归纳如下：仓储是物资产品的生产过程的持续，物资的仓储也创造着产品的价值；仓储既包含静态的物品贮存，也包含动态的物品存取、保管、控制的过程；仓储活动发生在仓库等特定场所；仓储的对象既可以是生产资料，也可以是生活资料，但必须是实物动产。

2. 仓库的含义

要想进行仓储，就必然要有仓库。仓库是保管、存储物品的建筑物和场所的总称。仓库曾经被认为只具备仓储的职能，而现在库存的"流速"已成为评价仓库职能的重要指标，仓库是"河流"而不再是"水库"或"蓄水池"。对仓储管理的要求已发生了从静态管理向动态管理的根本性转变，对仓储管理的基础工作也提出了更高的要求。因此，从现代物流系统的角度来看，仓库是从事储存、包装、分拣、流通加工、配送等物流作业活动的物流节点设施。

菜鸟·无人仓

案例链接

伊士曼化工公司管理整个供应链

环抱于田纳西州东部的群山之中的伊士曼化工公司，需要管理来自850家供应商的1 500种不同的原材料。为确保尽可能地减少存货闲置浪费，伊士曼公司设计出所谓的"流水存货计划"。该公司的物料管理副总裁说："我们试图使整个供应链的运营像一个管道，当客户的订单进来之后，我们从生产终端取走一磅产品，同时，我们已经将从供应商那里得到的另一磅物料放入另外一端进行加工生产了。我们希望形成一种连续不断的流动过程。"

流水存货管理是将来自该公司的全球商务整合信息系统的零碎信息进行整合处理。该系统对于客户需求和整个供应链的存货水平提供可视化的服务。一旦客户订单消耗了库存，系统就会计算出应该给供应链补入何种类型的原材料，补入多少？这就使得供应链中现有原材料和应该补进的原材料数量达到了平衡。而且一个执行经理有责任对整个供应链的存货进行跟踪监控和管理。

这是供应链工作的整体观点吗？在20年前，该公司平均持有1 800万磅的超二甲苯的存货，这是一种用来生产塑料饮料瓶的物料。现在，即使是生产上对该物料的需求量增加3倍，该公司也只需要持有1 400万磅存货就够了。该公司还将木纸浆的存货从3个月的供应量减少到9天的供应量。它还希望进一步减少到4天的供应量。总之，伊士曼化工公司的存货已经由10年前占销售额的11.5%减少到8%。

根据国家标准《物流术语》，仓库（warehouse）是用于、储存、保管物品的建筑物和场所的总称。

仓库作为物流服务的据点，在物流作业中发挥着重要的作用。它不仅具有储存、保管等传统功能，而且还具有拣选、配货、检验、分类、信息传递等功能，并具有多品种小批量、多批次小批量等配送功能，以及附加标签、重新包装等流通加工功能。一般来讲，仓库具有以下功能。

（1）储存和保管的功能。

储存和保管是仓库最基本的功能，仓库具有一定的空间，用于储存物品，根据物品的特性，仓库内还配有相应的设备，以保持储存物品的完好性，如储存精密仪器的仓库需要防潮、防尘、恒温等，应设置空调、恒温控制等设备。

（2）配送和加工的功能。

现代仓库的功能已由保管型向流通型转变，即仓库由原来的储存、保管货物的中心向流通、销售的中心转变。仓库不仅具有仓储、保管货物的设备，而且还增加了分袋、配套、捆装、流通加工、移动等设施。这样，既扩大了仓库的经营范围，提高了物资的综合利用率，又方便了消费者，提高了服务质量。

（3）调节货物运输能力的功能。

各种运输工具的运输能力差别较大，船舶的运输能力很大，运量一般都在万吨以上。火车的运输能力比船舶要小，每节车厢能装 10～60t，一列火车的运量多达几千吨。汽车的运输能力相对较小，一般在 10t 以下。它们之间运输能力的差异，也是通过仓库调节和衔接的。

（4）信息传递的功能。

信息传递的功能总是伴随着以上 3 个功能而发生的。在处理有关仓库管理的各项事务时，需要及时且准确的仓库信息，如仓库利用水平、进出货频率、仓库的地理位置、仓库的运输情况、顾客需求状况及仓库人员的配置等，这对一个仓库管理系统能否取得成功至关重要。

3. 仓储管理的含义

现代化阶段，仓储管理是指运用现代化的经济技术方法对仓库和仓库中储存的物资进行管理。仓储管理的具体内容包括仓库的选址与布置、仓库机械设备的选择与配置、仓库的业务管理、仓库的库存管理、仓库成本管理、仓库的安全管理及仓储管理绩效评价等问题。

3.1.2 仓储活动的意义

商品的仓储活动是由商品生产和商品消费之间的矛盾所决定的。商品在从生产领域向消费领域转移的过程中，一般都要经过商品的仓储阶段，这主要是由于商品生产和消费在时间、空间，以及品种和数量等方面不同步引起的，也正是在这些不同步中，仓储活动发挥了重要的作用。

1. 搞好仓储活动是社会再生产过程顺利进行的必要条件

商品由生产地向消费地转移，是依靠仓储活动来实现的。可见，仓储活动的目的是解决生产与消费在空间、时间，以及品种、数量等方面的矛盾。仓储活动起着连接生产与消费的纽带和桥梁的作用，可以克服众多的相互分离又相互联系的生产者之间、生产者与消费者之间地理上的分离，衔接商品生产与消费在时间上的不一致，以及调节商品生产与消费在方式上的差异，使社会简单再生产和扩大再生产能建立在一定的商品资源的基础上，保证社会再生产顺利进行。具体来讲，仓储活动主要从以下几个方面保证社会再生产顺利进行。

（1）克服生产与消费地理上的分离。

从空间方面来说，商品生产与消费的矛盾主要表现在生产与消费地理上的分离。在自给自足的自然经济里，生产者同时就是其自身产品的消费者，其产品仅供本人和家庭消费。随着商品生产的发展，商品的生产者逐渐与消费者分离。生产的产品不再是为了本人的消费，而是为了满足其他人的消费需要。随着交换范围的扩大，生产与消费在空间上的矛盾也逐渐扩大，这是由社会生产的客观规律所决定的。

（2）衔接生产与消费时间上的背离。

商品的生产与消费之间有一定的时间间隔。在绝大多数情况下，当天生产的商品不会马上就全部卖掉，这就需要商品的仓储活动。有的商品是季节生产、常年消费；有的商品是常年生产、季节消费；也有的商品是季节生产、季节消费或常年生产、常年消费。无论何种情况，在产品从生产过程进入消费过程之间，都存在着一定的时间间隔。在这段时间间隔内，形成了商品流通的暂时停滞。商品在流通领域中的暂时停滞过程就形成了商品的仓储。同时，商品仓储又是商品流通的必要条件，为保证商品流通过程得以继续进行，就必须有商品的仓储活动。为了使商品更加符合消费者的需求，许多商品在最终销售以前，要进行挑选、整理、分装、组配等工作。这样便有一定量的商品停留在这段时间内，也会形成商品储存。此外，在商品运输过程中，车、船等不同运输工具需要衔接，由于在时间上不可能完全一致，因此也会产生在途商品对车站、码头流转性仓库的储存需求。

（3）调节生产与消费方式上的差别。

生产与消费的矛盾还表现在品种与数量方面。从生产的角度看，一方面，专业化生产将生产的产品品种限制在比较窄的范围之内，专业化程度越高，一个工厂生产的产品品种就越少，而消费者往往需要更广泛的品种和更多样化的商品；另一方面，生产越集中，生产的规模越大，生产出来的产品品种就越少。这样，在生产方面，每个工厂生产出来的产品品种比较单一，但数量却很大；而从消费的角度看，每个消费者需要广泛的品种和较少的数量。因此，整个流通过程就要求在众多企业所提供的品种上不断加以组合，在数量上不断加以分散。

商品的仓储活动不是简单地把生产和消费直接联系起来，而是需要通过一个复杂的组织过程，在品种和数量上不断地进行调整。只有经过一系列调整之后，才能使遍及全国各地的零售商店向消费者提供品种、规格、花色齐全的商品。

总之，商品生产和消费在空间、时间、品种、数量等方面都存在着矛盾。这些矛盾既不能够在生产领域得到解决，也不可能在消费领域得到解决，只能在流通领域，通过连接生产和消费的商品仓储活动得以解决。商品仓储活动在推动生产发展，满足市场供应中具有重要意义。

2. 搞好仓储活动是保持物资原有使用价值和合理使用物资的重要手段

任何一种物资，在它生产出来以后至消费之前，由于其本身的性质、所处的条件，以及自然的、社会的、经济的、技术的因素,都可能使物资使用价值在数量上减少、质量上降低,如果不提供必要的条件,就不可避免地使物资受到损害。因此,必须进行科学的管理,加强对物资的养护,搞好仓储活动,以保护好处于暂时停滞状态的物资的使用价值。同时,在物资仓储过程中,努力做到流向合理,加快物资流转速度,注意物资的合理分配、合理供料,不断提高工作效率,使有限的物资能够及时发挥最大的效用。

3. 搞好仓储活动是节约流通费用、降低物流成本、提高经济效益的有效途径

仓储活动是物质产品在社会再生产过程中必然出现的一种状态。这对整个社会再生产,对国民经济各部门、各行业的生产经营活动的顺利进行,都起着巨大的作用。然而,在仓储活动中,为了保证物资的使用价值在时空上的顺利转移,必然要消耗一定的物化劳动和活劳动。尽管这些合理费用的支出是必要的,但是由于它不能创造使用价值,因此,在保证物资使用价值得到有效的保护、社会再生产顺利进行的前提下,这种费用支出越少越好。那么,搞好物资的仓储活动,就可以减少物资在仓储过程中的物资损耗和劳动消耗,就可以加速物资的流通和资金的周转,从而节省费用,降低物流成本,开拓第三利润源,提高物流的社会效益和企业的经济效益。

 案例链接

联合慈善公司的物流管理

联合慈善公司的全国办公室为许多著名的慈善机构、组织的筹款活动准备资料。公司将资料印好,并分发到各地的活动站,合同签订以后,通常是将整个公司的劳动力和印刷设备完全投入进来,为某一项活动准备资料,常常加班加点。印刷完毕后,由 UPS 直接将资料从印刷厂送到各地的分拨点。

公司的总裁具有良好的物流管理意识,他认为如果在全美各地租用仓库可能会降低总成本。虽然租仓库存储费用会增加,但是可以先将资料以整车运到各个仓库,然后由 UPS 从大约 35 个仓库做短距离运输,送到当地分拨点。因为当地分拨点可以从仓库提货,而不必直接向印刷厂订货,因而不会常常改变生产计划,所以生产成本也可能会下降。

该总裁随后做出了如下粗略的成本估算见表 3-1(针对需要印刷 500 万册资料的典型活动)。

表 3-1 粗略的成本估算   单位:美元

成本项目	从工厂直接运输	通过 35 个仓库运输	成本变化
生产成本	500 000	425 000	-75 000
运输成本:			
至仓库	0	50 000	+50 000
至当地	250 000	100 000	-150 000
储存成本	0	75 000	+75 000
总计	750 000	650 000	-100 000

运输费用的降低在抵消增加的存储费用后还有结余。看起来,利用仓库节约成本是一种非常有吸引力的方法。

4. 仓储活动是物资供销管理工作的重要组成部分

仓储活动在物资供销管理工作中有着特殊的地位和重要的作用。从物资供销管理工作的全过程来看，它包括供需预测、计划分配、市场采购、订购衔接、货运组织、储存保管、维护保养、配送发料、用料管理、销售发运、货款结算、用户服务等主要环节。各主要环节之间相互依存、相互影响，关系极为密切。与其中许多环节相比，仓储活动所消耗和占用的人力、物力、财力多，受自然的、社会的各种因素影响很大，组织管理工作有很强的经济性，既涉及经济、管理、物理、化学、机械、建筑、气象等方面的知识，又涉及物流流通的专业知识和专业技能，它与物资管理经济管理专业的其他课程有着密切的联系。因此，仓储活动直接影响到物资管理工作的质量，也直接关系到物资从实物形态上确定分配供销的经济关系的实现。

3.1.3 仓储活动的作用

1. 仓储在物流系统中的作用

物流系统是指在一定的时间和空间里，由所需转移的物资、包装设备、装卸搬运机械、运输工具、仓储设施、人员和通信联系等若干相互制约的动态要素所构成的具有特定功能的有机整体。具体来讲，物流系统包括包装、运输、储存、装卸搬运、流通加工、配送、信息处理等活动。而仓储是物流系统的一部分，其作用表现在以下几方面。

（1）运输整合和配载。

基于运输费率符合随运量的增加而降低的规模经济现象，尽可能大批量地运输是节省运费的有效手段。将连续不断产出的产品集中成大批量提交运输，或者将众多供应商所提供的产品整合成一票运输等运输整合需要通过仓储来进行。在运输整合中还可以对商品进行成组、托盘化等作业，使运输作业效率提高。

（2）分拣和产品整合。

仓储可以用来配合组织生产，进行产品整合，企业可以根据客户要求，在仓库中根据商品流向、时间的不同进行分拣、配套、组合、打包，分别配载到不同的运输工具，然后运给各地客户。

（3）流通加工。

流通加工是将产品加工工序从生产环节转移到流通环节。仓储中物品处于停滞状态，在仓储中进行流通加工，既不影响商品的流通速度，又能满足用户的需要。

（4）调节供应和需求。

由于生产和消费之间或多或少存在时间或空间上的差异，仓储可以提高产品的时间效用，调整均衡生产和集中消费或均衡消费和集中生产在时间上的矛盾。

图3.1～图3.4可以充分说明仓储在物流系统中的作用。其中，CL（car load）为整货车运输，TL（truck load）为整卡车运输，LTL（less truck load）为零担运输。

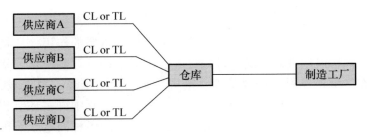

图 3.1 制造支持

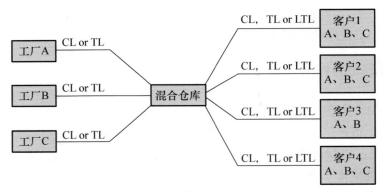

图 3.2 产品混合

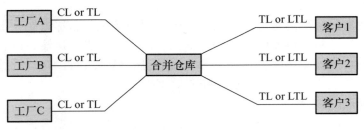

图 3.3 合并

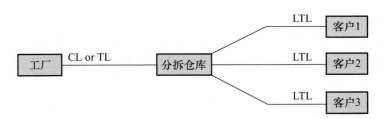

图 3.4 分拆

　　为了支持生产运营管理，仓库经常充当来自供应商的原材料的入厂统一接收点（图 3.1），企业从不同的供应商处订购原材料、零部件，供应商以整卡车或者整货车将它们运到离工厂较近的仓库，最后这些物品再由仓库运到制造工厂。

　　从出货的方面来说，仓库可用于产品混合、出库联合和/或分拆。产品混合

（图 3.2）常涉及从不同地点的工厂（如工厂 A、工厂 B、工厂 C）运输产品（如产品 A、产品 B、产品 C）到一个仓库中心（混合仓库），各工厂生产公司产品的一部分，产品通常是大批量地运往仓库中心，而客户对不同产品的订单可以集中在一起运输。

当仓库用于出库联合（图 3.3）时，它就是从几个制造地以整卡车运输或整货车运输运往一个仓库中心（合并仓库）。该仓库合并或集中来自不同工厂的产品，再运给客户。

分拆仓库（图 3.4）是从制造工厂中接收大量产品运输的设施。几个客户订单结合起来，一次性从工厂运输到分拆仓库。当仓库接到货物后，将它分解成小的零担运输，并将它们送到由该仓库服务的客户手中。

因此，仓储在物流系统中起着举足轻重的作用，与企业其他经营活动相结合，实现尽可能低成本下的客户满意的服务水平。

 案例链接

假设客户在正常情况下，从 4 家制造商那里接收多种产品，批量分别为 10 000 磅、8 000 磅、15 000 磅和 7 000 磅。如果所有的货物都可以零担运输方式送到客户那里，总的分拨成本将为每批 966 美元，见表 3-2。在分拨仓库将货物集中起来进行运输，则总分拨成本降至每批 778 美元，见表 3-3。在该案例中，即使将仓库成本包括进来，也还有 188 美元的成本节约。

表 3-2　不集中运输的总分拨成本

制造商	货运量/磅	以零担费率运送至客户/（美元/担）	成本/美元
A	10 000	2.00	200
B	8 000	1.80	133
C	15 000	3.40	510
D	7 000	1.60	112
总计	40 000	—	966

表 3-3　集中运输的分拨成本

制造商	货运量/磅	以零担费用运送至分拨中心/（美元/担）	零担总运费/美元	分拨仓库费用/美元	从分拨仓库至客户的整车费用/（美元/担）	整车总费用/美元	成本/美元
A	10 000	0.75	75	10	1.00	100	185
B	8 000	0.60	48	8	1.00	80	136
C	15 000	1.20	180	15	1.00	150	345
D	7 000	0.50	35	7	1.00	70	112
总计	40 000	—	—	—	—	—	778

注：这里使用分拨仓库一词主要是为了与储存仓库相区别。二者的差异在于仓库对储存活动的重视程度和货物储存时间的长短。储存仓库指仓库内的大部分空间用于半永久性或长期存储，相反，分拨仓库的绝大部分空间则只是暂时储存货物，更重视使产品更快速、更通畅。

2. 仓储在物流成本管理中的作用

物流成本是指商品在实物运动过程中所耗费的人力、财力和物力的总和。具体可分为仓储成本、运输成本、配送成本等。物流成本管理是以成本为手段的物流管理。

仓储是物流系统中的重要环节，在仓储活动中，储存商品会增加仓库建设、仓库管理、仓库工作人员工资与福利等项费用的开支，同时，储存的商品占用一定资金，又使企业产生一定的机会损失。近年来，为分摊风险，对储存商品投保而缴纳保险费的比例逐渐增加，此外，商品在储存过程中，由于受各种因素的影响，会使其质量发生变化，甚至失去使用价值。这样，无疑会使商品产生跌价损失。上述各种仓储费用的支出，使得仓储成本不断增加。

人们常常把仓储称作第三利润源的重要源泉之一，仓储费用的增加，必然会冲减利润，从而导致企业经济效益的降低。因此，采取各种有效的方法，合理地安排仓储，减少装卸搬运环节，提高作业效率，最大限度地发挥仓储设施的效用、确保商品质量完好和数量准确，是加强仓储费用管理，降低仓储成本的有效途径，也是物流成本管理的重要方面。

3. 仓储是实现物流增值服务功能的重要环节

仓储的增值服务功能

增值服务是在基本服务（如货运组织调度、配送中心管理、仓储运输管理、配送中心设计、信息流管理及物流系统规划设计等）的基础上，增加的便利性服务或支持性服务。

大多数物流增值服务是在仓储这一环节中进行的。流通加工业务就是在仓储环节通过提供商品的个性化服务，来更好地满足用户的要求。通过仓储的增值服务，进行产品的整合，实现时间价值。

3.2 仓库作业流程

3.2.1 入库作业

货物的入库作业是仓储业务的开始，包括货物的入库前准备、接运、卸货、搬运、清点、验收、整理、堆码、办理入库手续等一系列的操作过程。它是根据货主提供的货物储存计划和入库凭证安排的，仓库需按照规定的程序进行收货的业务。在收货过程中，仓库要做到手续简便、操作便捷、点数准确、保证质量。按其业务程序可以分为入库前准备、接运、验收和办理入库手续4个环节。

1. 入库前准备

做好入库前的准备工作是保证货物准确、迅速入库的重要环节，也是防止出现差错、缩短入库时间的有效措施，入库前的准备工作，主要包括人员准备、资料准备、器具准备、货位准备、设备准备等。

2. 接运

接运是货物入库时发生的一项交接工作。它的主要任务是根据到货通知，及时、准确地向有关部门提取入库货物，并为入库保管做好一切准备。接运工作手续要清楚、责任要分明，要避免把一些在入库前发生的货损或错误带入仓库，从而造成责任难分和保管工作中的困难。接运可在车站、码头、仓库或专用线进行，可以简单分为到货和提货两种形式。到货形式下，仓库不需组织库外运输。提货形式下，仓库要组织库外运输，除了要选择运输路线、确定派车方案，更要注意物品在回库途中的安全。

3. 验收

货物入库验收要求做到及时、准确、负责，也就是要求在尽可能短的时间内，准确地验收货物的质量、数量和包装，以认真负责的态度去对待验收。

货物验收包括以下程序。

第一步，接收并核对单据。

货物验收必须是在各种业务证件和资料齐全的条件下进行，保管员在接收到库的货物时，应先接收的主要单据、凭证包括：存货人提供的入库通知单、仓储合同；存货人提供的质量证明书或合格证、装箱单、发货明细表等；如果在接运时已有质量残损或差错，应具有承运人填写的商务记录或普通记录，以及提货员、接货员的交接记录。只有当上述单据、凭证齐全，并经核对无误后方能验收。

第二步，检验实物（商品）。

（1）数量检验。商品运到后，收货人员要按商品入库单清点商品数量。商品数量的计量分计数和计重两种。计数可采取大数点收、逐件计总，或集中堆码点数等方法；计重的商品若需要验收净重，可根据商品包装的具体情况，采用扣除平均皮重或除皮核实两种方法。

（2）质量检验。质量检验是为了鉴定商品的质量指标是否符合规定，分理化检验和感官检验两种方法。理化检验一般由技术检验部门进行取样测定；感官检验一般由仓库保管员在验收商品时凭感官检查商品的包装、外观等。

（3）包装检验。包装对安全运输和储存关系甚大，是仓库验收中必须重点检查的一项内容，尤其是包装有具体规定的，如木箱板的厚度，打包铁皮的箍数，纸箱、麻袋等的质量要求等，仓库必须按规定进行验收。商品的检验方法有全验和抽验两种：全验主要是数量的全验，在批量小、规格尺寸和包装不整齐及严格验收时采用；抽验往往在大批量、规格尺寸和包装尺寸整齐、商品质量信誉较高及验收条件有限的情况下采用。现在的商品检验方式一般由双方通过签订协议或合同加以规定。

4. 办理入库手续

货物验收完毕后，就需要办理交换、登账、立卡、建档等一系列入库手续。

（1）交接。交接手续是指仓库对收到的货物向送货人进行确认，表示已接收货物。手续办理完毕，意味着划清运输、送货部门和仓库的责任。完整的交接手续包括：接收货物、接收文件和签署单证。

（2）登账。货物入库，仓库应建立详细反映货物仓储的明细账，登记货物入库、出库、结存的详细情况，用以记录库存货物动态和出库过程。

（3）立卡。在人工管理的仓库中，货物入库或上架后，应将货物名称、规格、数量或出入状态等内容填在料卡上，称为立卡。

（4）建档。仓库应为入库的货物建立存货档案，以便管理货物和保持客户联系，也为将来可能发生的争议保留凭据。同时有助于总结和积累仓库保管经验，研究仓库管理规律。

3.2.2 保管作业

1. 维护保养

物流部门要研究影响商品质量变化的因素，制订科学的商品维护保养制度和方法，防止库存商品质量下降，并要随时掌握商品质量变化情况，及时采取适当措施。

（1）仓库商品质量变化的类型。

① 物理变化，主要包括三态变化、串味、渗漏、玷污和干裂。此外商品在外力作用下，还会发生机械变化，使商品破碎、变形、结块、脱散和划伤等。

② 化学变化，主要包括氧化、分解、锈蚀、风化、燃烧与爆炸和老化等。

③ 生物学变化，主要包括霉变、虫蛀与鼠咬、呼吸作用和后熟作用等。

（2）仓库商品质量变化原因。

商品在储存期间，体内不断发生各种各样的运动变化，这些变化都会影响商品的质量。商品养护就是根据商品储存期间的质量变化规律，采取各种措施防止或减弱商品的质量变化，保证商品质量，降低商品损耗，防止商品损失，以利于商品使用的价值实现。

在商品储存期间，发生质量变化的因素有两个方面：一是商品本身的自然属性，包括商品的成分、结构及性质，它是影响商品质量变化的内因；二是储存环境，即指大气的温度、湿度、日光、氧气、微生物、虫鼠等，它是影响商品质量变化的外因。

（3）商品养护的基本措施。

针对导致商品质量变化的原因，为了更好地做好商品养护工作，在实际储存过程中，应采取以下切实有效的措施。

① 掌握商品的性能，适当安排储存场所。

② 严格入库验收。

③ 合理堆垛苫垫。

④ 加强仓库温湿度管理。

⑤ 坚持在库检查。

⑥ 开展科学实验研究。

知识链接

茶叶保管的气象条件及其影响

茶叶是一种有益于人体健康的饮料，而如何保管好茶叶，保持其原有的风味，并不是每个喝茶者都知晓的。要使茶叶保持其原有的风味，在保管过程中，主要是防止湿度、温度和光照等环境因素对茶叶质量产生的不良影响,以及防止茶叶串上异味、怪味。尤其在高温高湿的夏季,更应加倍注意。

首先,最重要的是控制湿度。茶叶最适宜在其本身含水量5%以下的条件下密封贮存。当其含水量在8%左右时,贮存6个月就会有陈茶气味;当其含水量在10%时,就很容易出现霉变气味;当其含水量超过12%时,因茶叶中含有蛋白质、维生素等多种营养成分,霉菌很容易大量滋生,霉变气味会加强、加浓,有时茶叶甚至发霉结块,根本无法饮用。若茶叶中含水量过高,可用干净的器具温火炒干或烘干后,再贮存。

其次,要控制温度。茶叶适宜在低温环境下存放。因为温度较高,会促使茶叶吸湿变质。茶叶在0℃~5℃的温度条件下,能长时间保持其原有的色泽与香味;在10℃左右时,其色泽变化缓慢,且无质变气味;在15℃以上时,其色泽变化加快,开始出现老化现象,并伴有陈茶气味。

再次,应遮阴避光。茶叶在无光线照射的环境中存放效果最好。在有光的环境中,特别是光线直接照射时,茶叶不但色泽变化加快,而且还会加速陈化变质,使其出现一种令人作呕的"日晒气""尘土味";尤其是高级绿茶,对光线的照射特别敏感,其中所含的叶绿素、维生素等很容易见光分解损失,若经10天光照就会完全变成棕红色。

最后,要单独存放,避免串味。因为茶叶中含有萜烯类物质,具有很强的吸附异味的能力。所以,贮存茶叶应避免放在用樟木、杉木等具有较大异味的木材制作的箱、柜内;不能与香皂、花露水等异味较大的化妆品及卫生球、油漆、海产品等一起存放,否则,很容易串味。倘若与具有腥臭气味的海产品在一起存放,饮用后,会使人感到恶心。另外,红茶、绿茶、花茶分类密封存贮,可达到令人满意的效果。

2. 盘点和检查

货物的盘点与检查是及时掌握库存货物的变化情况,避免发生短缺和长期积压,维护货物质量,保证卡、账、物相符的重要手段。盘点检查的内容包括查规格、点数量、查质量、查有无超过保管期或长期积压情况、查保管条件、查安全等。

(1)盘点的目的。

盘点作业的基本目的有以下3点。

① 查清实际的库存数量,并通过盈亏分析使账面数与实际库存数量保持一致,从而知道企业日常经营业务。

② 掌握损益。一般来讲,库存金额与库存量及单价成正比,搞清库存的盈亏原因,以便把握真实的经营绩效,并及时采取防漏措施。

③ 发现库存管理中存在的问题。

(2)盘点作业流程。

仓库盘点操作流程

① 盘点准备。主要包括人员准备、环境整理、准备好盘点工具、告知顾客、盘点前培训和盘点工作分派等内容。

② 确定盘点时间。一般情况下,盘点的时间选择在财务决算前或业务不太频繁、存货较少的销售淡季,由于每一次盘点都要消耗大量的人力、物力、财力,因此对于货物周转频率不高的企业,可以半年或一年进行一次货物盘点。

③ 确定盘点方法。一种是账面盘点,就是将每种货物分别设立"存货账卡",将每天出入库货物的数量及单价记录在计算机或账簿上,最后汇总出账面上的库存数量及库存金额。另一种是现货盘点,即实地去仓库清点货物的数量,再依据单价计算出库存金额。

（4）清理储存场所。主要清理工作包括：尚未办理入库手续的货物，不在盘点之列，应予以标明；已办理出库手续的货物，应运到相应的配送区域，不在盘点之列；账卡、单据、资料均应整理后统一结清；整理货物堆垛、货架等，使其整齐有序，以便于清点计数。

（5）盘点作业。分为初点作业、复点作业和抽点作业。初点作业主要是第一次的盘点工作。复点作业是在初点作业基础上进行，按照初点盘点表依次检查，把差异填入差异栏。抽点作业可参照复点作业，抽点商品可选择卖场内死角或不易清点的商品，或单价高、金额大的货物，对初点与复点差异较大的货物要加以实地确认。

（6）盘点后处理。处理工作包括核对盘点单据、追查发生盈亏原因、编表与分析、盘点盈亏处理等内容。

3.2.3 出库作业

1. 商品出库的基本要求

商品出库必须符合有关规定和要求，其基本要求包括以下几点。
（1）出库凭证、手续必须符合要求。
（2）严格遵守仓库有关出库的各项规章制度。
（3）贯彻先进先出，推陈出新的原则。
（4）组织好商品发放工作。
（5）提高服务质量，满足用户要求，保证商品安全出库。

2. 商品出库的基本方法

（1）出库前准备。为了使商品出库迅速、物流速度加快，仓库在出库前应安排好出库的时间和批次。同时做好出库场地、机械设备、装卸工具及人员的安排。

（2）核对出库凭证。仓库发放商品必须有正式的出库凭证。物流保管人员接到发货通知后，经仔细核对，检查无误后方可备货。

（3）备货。物流保管人员按照出库凭证上的要求进行备货。规定发货批次者，按规定批次备货；未定批次的，按先进先出的原则备货。

（4）复核。为防止差错，备好货后必须再度与出库凭证核对出库商品的名称、规格、数量等，以保证出库的准确性。

（5）点交。商品复核无误后即可出库。发货时应把商品直接点交给提货人，办清交接手续。若是代运，则需向负责包装和运输的部门点交清楚。

3. 商品出库的程序

出库作业程序是保证出库工作顺利进行的基本保证，为防止出库工作失误，在进行出库作业时必须严格履行规定的出库业务工作程序，使出库有序进行。商品出库的程序包括出库前准备、审核出库凭证、出库信息处理、拣货、分货、包装、刷唛、点交和登账工作。

（1）出库前准备。通常情况下，仓库调度在商品出库的前一天，接到送来的提货单后，应按去向、船名、关单等分理和复核提货单，及时正确地编制好有关班组的出库任务单、配车吨位、机械设备等，分别送给机械班和保管员或收、发、理货员，以便做好出库准备工作。

（2）审核出库凭证。审核出库凭证的合法性、真实性；手续是否齐全，内容是否完整；核对出库商品的品名、型号、规格、单价、数量；核对收货单位、到站、开户行和账号是否齐全和准确。

（3）出库信息处理。出库凭证经审核确实无误后，对出库凭证信息进行处理。

（4）拣货。拣货是依据客户的订货要求或仓储配送中心的送货计划，尽可能迅速地将商品从其储存位置或其他区域拣取出来的作业过程。拣取过程可以分为人工拣货、机械拣货、半自动拣货与全自动拣货。

（5）分货，也称配货作业。根据订单或配送路线等的不同组合方式进行货物分类工作，即分货。分货方式主要有人工分货和自动分类机分货两种。

（6）出货检查。为了保证出库商品不出差错，配好货后企业应立即进行出货检查。将商品一个个点数并逐一核对出货单，进而查验出商品的数量、品质及状态情况。

（7）包装。出库商品包装主要分为个装、内装和外装3种类型。包装根据商品外形特点、重量和尺寸，选用适宜的包装材料，以便于装卸搬运。

（8）刷唛。包装完毕后，要在外包装上写清收货单位、收货人、到站、本批商品的总包装件数、发货单位等。字迹要清晰，书写要准确。

（9）点交。出库商品无论是要货单位自提，还是交付运输部门发送，发货人员必须向收货人或运输人员按车逐件交代清楚，划清责任。

（10）登账。点交后，保管员应在出库单上填写实发数、发货日期等内容并签名。然后将出库单同有关证件及时交给货主，以便货主办理结算手续。保管员根据留存一联出库凭证登记实物储存的细账，做好随发随记，日清月结，做到账面金额与实际库存和卡片相符。

3.3 仓储管理模式与仓储合理化

3.3.1 仓储管理模式

仓储管理模式是库存保管的方法和措施的总和。企业、部门或地区拥有一定数量的库存是客观事实，库存控制和保管是企业生产经营过程和部门管理的重要环节，仓储成本是企业物流总成本的重要组成部分，因此选择适当的仓储管理模式，既可以保证企业的资源供应，又可有效地控制仓储成本。

仓储管理模式可以按仓储活动的运作方分类，也可以按库存所有权分类。

1. 按仓储活动的运作方分类

仓储管理模式可以按仓储活动的运作方划分为自建仓库仓储、租赁仓库仓储和第三方仓储。

（1）自建仓库仓储。

自建仓库仓储就是企业自己修建仓库进行仓储，这种模式具有以下优缺点。

① 可以更大程度地控制仓储。由于企业对仓库拥有所有权，所以企业作为货主能够对仓储实施更大程度的控制，而且有助于与其他系统进行协调。

② 管理更具灵活性。这里的灵活性并不是指能迅速增加或减少仓储空间，而是指由于企业是仓库的所有者，因此可以按照企业要求和产品的特点对仓库进行设计与布局。

③ 长期仓储时成本低。如果仓库能得到长期的充分利用，就可以降低单位货物的仓储成本，从某种程度来说这也是一种规模经济。

④ 可以为企业树立良好形象。当企业将产品储存在自有自建的仓库中时，会给客户留下一种企业长期持续经营的良好印象，客户会认为企业经营十分稳定、可靠，是产品的持续供应者，有助于提升企业的竞争优势。

⑤ 仓库固定的容量和成本使得企业的一部分资金被长期占用。不管企业对仓储空间的需求如何，仓库的容量是固定的，不能随着需求的增加或减少而扩大或减小。当企业对仓储空间的需求减少时，仍须承担仓库中未利用部分的成本；而当企业对仓储空间有额外需求时，仓库却又无法满足。另外，自有仓库还存在位置和结构上的局限性。如果企业只能使用自有仓库，则会由于数量限制而失去战略性优化选址的灵活性；市场的大小、市场的位置和客户的偏好经常变化，如果企业在仓库结构和服务上不能适应这种变化，就会失去许多商业机会。

（2）租赁仓库仓储。

租赁仓库仓储就是委托营业型仓库进行仓储管理，这种模式具有以下优缺点。

① 从财务角度看，租赁仓库仓储最突出的优点是企业不需要资本投资。任何一项资本投资都要在详细的可行性研究基础上才能实施，但租赁仓库仓储可以使企业避免资本投资和财务风险。企业可以不对仓储设施和设备作任何投资，只需支付相对较少的租金即可得到仓储服务。

② 可以满足企业在库存高峰时大量额外的库存需求。如果企业经营的产品具有季节性，那么采用租赁仓库仓储的方式将满足企业在销售淡季所需要的仓储空间；而自建仓库仓储则会受到仓库容量的限制，并且在某些时期仓库可能闲置。大多数企业由于产品的季节性、促销活动或其他原因而导致存货水平变化，利用租赁仓库仓储，则没有仓库容量的限制，从而能够满足企业在不同时期对仓储空间的需求，尤其是库存高峰时大量额外库存的需求。同时，仓储的成本将直接随着储存货物数量的变化而变动，从而便于管理者掌握成本。

③ 减少管理的难度。工人的培训和管理是任何一类仓库都会面临的一个重要问题，尤其是对于产品需要特殊搬运或具有季节性的企业来说，很难维持一个有经验的仓库员工队伍，而使用公共仓储则可以解决这一困难。

④ 营业型仓库的规模经济可以降低货主的仓储成本。由于营业型仓库为众多企业保管大量库存，因此，与企业自建的仓库相比，通常可以大大提高仓库的利用率，从而降低库存物品的单位储存成本；规模经济还使营业型仓库能够采用更加有效的物料搬运设备，从而提供更好的服务；营业型仓库的规模经济还有利于拼箱作业和大批量运输，

降低货主的运输成本。

⑤ 使用租赁仓库仓储时,企业的经营活动可以更加灵活。如果企业自己拥有仓库,那么当市场、运输方式、产品销售或企业财务状况发生变化,或者企业搬迁时需要改变仓库的位置时,原来的仓库就有可能变成企业的负担。如果企业租赁营业型仓库进行仓储,租赁合同通常是有期限的,企业能在已知的期限内灵活地改变仓库的位置;另外,企业还不必因仓库业务量的变化而增减员工,还可以根据仓库对整个分销系统的贡献及成本和服务质量等因素,临时签订或终止租赁合同。

⑥ 便于企业掌握保管和搬运成本。由于每月可以得到仓储费用单据,因此可清楚地掌握保管和搬运的成本,有助于预测和控制不同仓储水平的成本。而当企业自己拥有仓库时,很难确定其可变成本和固定成本的变化情况。

⑦ 增加了企业的包装成本。由于营业型仓库中存储了不同企业的各种不同种类的货物,而各种不同性质的货物有可能互相影响,因此,企业租赁仓库进行仓储时必须增强货物的保护性包装,从而增加了包装成本。

⑧ 增加了企业控制库存的难度和风险。企业与仓库经营者都有履行合同的义务,但盗窃等对货物的损坏给货主造成的损失将远大于得到的赔偿,因此在控制库存方面,租赁仓库进行仓储将比使用自建仓库承担更大的风险。另外,在租赁仓库中泄露有关商业机密的风险也比在自建仓库中大。

 案例链接

哈雷戴维森走进了公共仓库

计划、建造并运营一个新的配送中心对任何企业和组织来讲,都意味着是一项巨额投资。许多公司都把经营公共仓库作为取得专业化管理技能、提高运行效率的一个可行的选择,这是因为公共仓库可以通过以下几个方面为企业提供竞争优势:①降低企业的管理费用,这样企业节约的资金就可以投资到其他领域;②允许企业把精力集中在其真正的核心优势方面;③利用公共仓库,可以使刚刚起步运行的国外公司和生产商轻松地进入本国市场;④进一步巩固企业的运作底线,达到最优的物流运作效率。

例如,早在19世纪80年代,美国的哈雷戴维森贸易有限公司(简称哈雷戴维森)就认为公共仓库是一个很好的物流选择,并开始利用它提高其设施的生产率。

运作环节的进一步理顺、生产时间的降低、即时制的库存控制大大提高了哈雷戴维森公司的竞争地位。后来,哈雷戴维森控制了重型摩托车(850cm^3 或更大排量)市场60%的份额——这对于1982年的市场份额仅为20%的哈雷戴维森来说,确实是一个巨大的飞跃。销售量的大幅提升使得公司开始考虑把存放在宾夕法尼亚州约克市工厂中的预售库存产品转移到其他地区,以此来提高公司的整体生产能力。预售的库存产品(已经卖给客户或经销商的产品,但是还没送出或客户还没提取)存储时间长达几个月,这种库存的数量通常有500～1000辆。

每辆摩托车都是根据客户的特殊需要进行设计的,并且需要标有详细的客户要求和递送要求的识别标签。公共仓库有责任确保把优质的摩托车产品准确地送到客户手里,这就意味着对于每辆摩托车的存储都要有系统地管理,使得这辆摩托车和它的识别标签很容易就可以获得。

哈雷戴维森公司的总经理汤姆说:"我们把预售的库存转移到了公共仓库,进一步拥有了我们所需要的额外的能力,最重要的是,拥有了我们所需要的对专业化的库存进行管理的能力。"把库存转移到公共仓库也有利于哈雷戴维森公司对劳动成本保持更为严格的控制。汤姆说:"即使在销售减缓的时期,自有仓库仍然需要保留作业人员,以应付销售高峰再次来临时突发的大量工作。公共仓库的优点是其本身固有的,你完全可以在你的公司需要的时候,只支付你所需要的、实际使用的空间费用。"

(3)第三方仓储。

在物流发达的国家,越来越多的企业转向利用第三方仓储(third party warehousing)或称合同仓储(contract warehousing)进行仓储管理。

第三方仓储是指企业将仓储管理等物流活动转包给外部公司,由外部公司为企业提供综合物流服务。

第三方仓储不同于一般的租赁仓库仓储,它能够提供专业化的高效、经济和准确的分销服务。企业若想得到高水平的服务,可利用第三方仓储,因为这些仓库的设计水平更高,并且符合特殊商品的高标准、专业化的搬运要求。如果企业只需要一般水平的搬运服务,则应选择租赁仓库仓储。从本质上看,第三方仓储是生产企业和专业仓储企业之间建立的伙伴关系。正是由于这种伙伴关系,第三方仓储公司与传统仓储公司相比,能为货主提供特殊要求的空间、人力、设备和特殊服务。

合同仓储公司可以为货主提供存储、卸货、拼箱、订货分类、现货库存、在途混合、存货控制、运输安排和货主要求的其他专门物流服务。由此可见,合同仓储不只提供存储服务,而且可为货主提供一整套物流服务。

与自建仓库仓储和租赁仓库仓储相比较,第三方仓储具有以下特点。

① 有利于企业有效利用资源。利用第三方仓储比企业自建仓库仓储更能有效处理季节性产业普遍存在的产品的淡、旺季存储问题,能够有效地利用设备与空间。另外,由于第三方仓储公司的管理具有专业性,管理专家拥有更具创新性的分销理念和降低成本的方法,因此有利于物流系统发挥功能、提高效率。

② 有利于企业扩大市场。由于第三方仓储企业具有战略性选址的设施与服务,因此,货主在不同位置的仓库得到的仓储管理和一系列物流服务都是相同的。许多企业将其自建仓库数量减少到有限几个,而将各地区的物流转包给第三方仓储公司。通过这种自建仓库仓储和第三方仓储相结合的网络,企业在保持对集中的仓储设施直接控制的同时,能利用第三方仓储来降低直接人力成本、扩大市场的地理范围。

③ 有利于企业进行新市场的测试。货主企业在促销现有产品或推出新产品时,可以利用短期第三方仓储来考察产品的市场需求。当企业试图进入一个新的市场区域时,要花很长时间建立一套分销设施;然而,通过第三方仓储网络,企业可利用这一地区的现有设施为客户服务。

④ 有利于企业降低运输成本。由于第三方仓储公司要处理不同货主的大量产品,因此经过拼箱作业后可实现大规模运输,这样大大降低了运输成本。

尽管第三方仓储具有以上优势,但也存在一些劣势,其中对物流活动失去直接控制是企业最担心的问题。由于企业对第三方仓储的运作过程和雇佣员工等控制较少,因此这一因素成为产品价值较高的企业利用第三方仓储的最大障碍。

2. 按库存所有权分类

仓储管理模式可以按库存所有权划分为寄售和供应商管理库存等。

企业生产和销售系统中的库存通常是为了避免出现某种差错而设立的，但是库存也常常会掩盖许多差错，使成本居高不下。好的库存策略不应该是为了应付某种情况，而应该是为了准时供货，企业库存管理的目标是零库存。所谓零库存，是指以仓库形式存储的某种或某些物品的存储数量很低，甚至可以为"零"，即不保有库存。

当然，要做到完全意义上的零库存非常困难，而且在许多情况下也是不必要的，企业只要建立一个准时制的库存系统就可以了。

零库存技术（zero inventory technology）是指在生产与流通领域按照准时制组织物资供应，使整个过程库存最小化的技术的总称。

准时制库存（just-in-time inventory）是维持系统完整运行所需的最小库存。有了准时制库存，所需商品就能按时、按量到位。

企业实现准时制库存的方式多种多样，但都是基于与供应商或客户的可靠联盟来实现的。

（1）寄售。

寄售（consignment）是企业实现"零库存资金占用"的一种有效方式，即供应商将商品直接存放在用户的仓库中，并拥有库存商品的所有权，用户只有在领用这些商品后才与供应商进行货款结算。这种仓储管理模式的实质是，供应商实现的是产成品库存实物零库存，而产成品库存资金占用不为"零"；用户实现的是库存原材料或存货商品资金占用为"零"，而实物不为"零"。

从供应商方面来看，寄售的优点体现在有利于节省供应商在商品库存方面的仓库建设投资和日常仓储管理方面的投入，大大降低商品的仓储成本；从用户方面来看，寄售的优点有利于保证原材料或存货商品的及时供应而又不占用资金，可以大大节约采购成本。

（2）供应商管理库存。

供应商管理库存（vendor managed inventory，VMI）是指按照双方达成的协议，由供应链的上游企业根据下游企业的物料需求计划、销售信息和库存量，主动对下游企业的库存进行管理和控制的库存管理方式。

什么是VMI

供应商管理库存是一种在供应链环境下的库存运作模式，本质上，它是将多级供应链问题变成单级库存管理问题，相对于按照用户发出订单进行补货的传统做法，VMI是以实际或预测的消费需求和库存量，作为市场需求预测和库存补货的解决方法，即由销售资料得到消费需求信息，供货商可以更有效地计划、更快速地反映市场变化和消费需求。供应商管理库存通常可以理解为企业的原材料库存由供应商进行管理，当企业需要时再运送过来，这种模式与JIT系统和有效客户响应（efficient consumer response，ECR）系统有着诸多共同之处。

供应商管理库存是以供应商为中心，以双方最低成本为目标，在一个共同的框架协议下把下游企业的库存决策权代理给上游供应商，由供应商行使库存决策的权利，并通过对该框架协议经常性地监督和修改以实现持续改进。供应商收集分销中心、仓库和POS数据，实现需求和供应相结合，下游企业只需要帮助供应商制订计划，从而使下游企业实现零库存，供应商的库存也大幅度减少。VMI是一种很好的供应链库存管理策略，它能够突破传统的条块分割的管理模式，以系统的、集成的管理思想进行库存管理，使供应链系统能够获得同步化的运作。

VMI 能够在一定程度上消除"牛鞭效应"。VMI 要求整个供应链上的各个企业共享生产、销售、需求等信息,可以加强供应链上下游企业之间的合作,减少由于信息不对称或不完全带来的风险,优化供应链。需求信息能够真实、快速地传递,信息的透明度增加,可以缓解下游企业的库存压力,避免"牛鞭效应"。

VMI 的实施要求企业有较完善的管理信息系统,可以使用 EDI 技术来实现。它是指将贸易伙伴之间的单证、票据等商业文件,用国际公认的标准格式,通过计算机通信网络实现数据交换与处理的电子化手段。在 VMI 运作过程中,供应商、零售商、制造商和客户通过网络,在各自的信息系统之间自动交换和处理商业单证,这样就可以统一整个供应链上所交换的需求数据,并将处理后的信息全部集成到供应商处,以便供应商能更准确、及时地掌握消费者的需求及需求的变化情况,以做出快速的库存和补货决策,从而大大弱化了"牛鞭效应"。

 知识链接

牛鞭效应

宝洁公司在研究"尿不湿"的市场需求时发现,该产品的零售数量是相当稳定的,波动性并不大。但在考察分销中心向它订货的情况时,吃惊地发现波动性明显增大了,其分销中心说,他们是根据汇总的销售商的订货需求量向其订货的。宝洁公司进一步研究后发现,零售商往往根据对历史销量及现实销售情况的预测,确定一个较客观的订货量,但为了保证这个订货量是及时可得的,并且能够适应顾客需求增量的变化,零售商通常会将预测订货量进行一定放大后向批发商订货,批发商出于同样的考虑,也会在汇总零售商订货量的基础上再进行一定的放大后向销售中心订货。这样,虽然顾客需求量并没有大的波动,但经过零售商和批发商的订货放大后,订货量就一级一级地放大了。在考察其供应商(如 3M 公司)的订货情况时,宝洁公司惊奇地发现订货量的变化更大,而且越往供应链上游其订货量的偏差越大。这就是营销活动中的需求变异放大现象,人们通俗地称之为"牛鞭效应"。

"牛鞭效应"是营销活动中普遍存在的现象,因为当供应链上的各级供应商只根据来自其相邻的下级销售商的需求信息进行供应决策时,需求信息的不真实性会沿着供应链逆流而上,产生逐级放大的现象,到达最源头的供应商(如总销售商,或者该产品的生产商)时,其获得的需求信息和实际消费市场中的顾客需求信息发生了很大的偏差,需求变异系数比分销商和零售商的需求变异系数大得多。由于这种需求放大变异效应的影响,上游供应商往往维持比其下游需求更高的库存水平,以应付销售商订货的不确定性,从而人为地增大了供应链中的上游供应商的生产、供应、库存管理和市场营销风险,甚至导致生产、供应、营销的混乱。

3.3.2 仓储管理模式的决策依据

自建仓库仓储、租赁仓库仓储和第三方仓储各有优势,企业决策的依据是物流的总成本最低。

1. 自建仓库仓储与公共仓储的成本比较(图 3.5)

租赁仓库仓储和第三方仓储的成本只包含可变成本,随着存储总量的增加,租赁的空间就会增加，由于营业型仓库一般按企业库存所占用的空间来收费，这样成本就与总周转量成正比，其成本函数是线性的。而自建仓库仓储的成本结构中存在固定成本。同时，由于营业型仓库的经营具有营利性质，因此自建仓库仓储的可变成本的增长速率通常低于租赁仓库仓储和第三方仓储的成本的增长速率。当总周转量达到一定规模时，两条成本线相交，即成本相等。这表明在周转量较低时，选择租赁仓库仓储或第三方仓储较好；随着周转量的增加，由于可以把固定成本均摊到大量存货中，因此自建仓库仓储更经济。

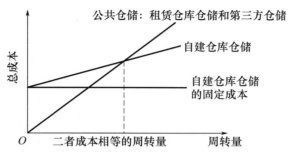

图 3.5　自建仓库仓储与公共仓储的成本比较

2. 仓储管理模式的适用条件

一个企业是采用自建仓库仓储、租赁仓库仓储还是第三方仓储的仓储管理模式，主要由货物周转总量、需求稳定性、市场密度三大因素决定，见表 3-4。

表 3-4　仓储管理模式的适用条件

仓储模式	货物周转总量		需求稳定性		市场密度	
	大	小	是	否	集中	分散
自建仓库仓储	√	×	√	×	√	×
租赁仓库仓储	√	√	√	√	√	√
第三方仓储	√	√	√	√	√	√

由于自建仓库的固定成本相对较高，而且与使用程度无关，因此必须靠大量存货来分摊这些成本，使自建仓库仓储的平均成本低于公共仓储的平均成本。因此，当货物周转总量较高时，自建仓库仓储更经济。相反，当货物周转总量相对较低时，选择租赁仓库仓储或利用第三方仓储更为明智。

需求稳定性是自建仓库的一个关键因素。许多厂商具有多种产品线，使仓库具有稳定的周转量，因此自建仓储的运作更为经济。反之，采用租赁仓库仓储和利用第三方仓储会使生产和经营更具灵活性。

当市场密度较大或许多供应商相对集中时，自建仓库将提高企业对供应链稳定性和成本的控制能力；相反，当供应商和用户较为分散而使市场密度较低时，在不同地方使用几个公共仓库要比单靠一个自建仓库服务一个很大的地区更经济。

从表 3-4 可以看到，自建仓库仓储的前提非常苛刻，租赁仓库仓储和第三方仓储具有更大的灵活性，而且符合物流社会化的发展趋势。在许多时候，仓库可以根据各个区域市场的具体情况，分别采用不同的仓储管理模式。

3. 仓储合理化

（1）仓储合理化的概念。

仓储合理化是指用最经济的办法实现仓储的功能。仓储的功能是对需要的满足，实现被储物的"时间价值"，这就"必须有一定储量"。合理仓储的实质是在保证仓储功能实现的前提下尽量少投入，是一个投入产出的关系问题。

仓储过多就会造成物品的积压，增加资金占用，使仓储保管费用增加，导致物品在库损失，造成巨大的浪费。如果仓储过少，又会造成市场脱销，影响社会消费，最终也会影响国民经济的发展。

（2）仓储合理化的主要内容。

① 仓库选址。物品仓储离不开仓库，仓库建设要求布局合理。仓库设置的位置，对于物品流通速度和流通费用有着直接的影响。仓库的布局要与工农业生产的布局相适应，应尽可能地与供货单位相靠近，这就是所谓"近场近储"的原则。否则，就会造成工厂远距离送货的矛盾。物品供应外地的，仓库选址要考虑邻近的交通运输条件，力求接近车站码头，以便物品发运，这就是所谓"近运近储"的原则。如果仓储的物品主要供应本地区，则宜建于中心位置，与各销售单位呈辐射状。总之，在布局时应以物流距离最短为原则，尽可能避免物品运输的迂回倒流，选择建设大型仓库的地址，最好具备铺设铁路专用线或兴建水运码头的条件。考虑到集装箱运输的发展，还应具有大型集装箱运输车进出的条件，附近的道路和桥梁要有相应的通过能力。

② 仓储数量。物品仓储要有合理的数量。在保证功能实现的前提下有一个合理的数量范围，即在新的物品运到之前有一个正常的能保证供应的库存量。影响仓储数量的因素很多，首先是社会需求量，社会需求量越大，库存储备量就越多；其次是运输条件，运输条件好，运输时间短，则仓储数量可以相应减少；最后是物流管理水平和技术装备条件，如进货渠道、中间环节、仓库技术作业等，这些因素都将直接或间接地影响物品的仓储数量。

目前科学的管理方法已能在各种约束条件下，对合理的数量范围做出决策，但是较为实用的还是在消耗稳定、资源及运输可控的约束条件下所形成的仓储数量控制方法。

③ 仓储结构。仓储结构就是指对不同品种、规格、型号的物品，根据消费的要求，在库存数量上，确定彼此之间合理的比例关系，它反映了库存物品的齐备性、配套性、全面性和供应的保证性。尤其是相关性很强的各种物资之间的比例关系更能反映仓储合理与否。由于这些物资之间的相关性很强，只要有一种物资耗尽，即使其他种物资仍有一定数量，也无法投入使用。

所以，不合理的仓储结构的影响面并不仅局限于某一种物资上，而是具有扩展性的。结构标志的重要性也可由此确定。仓储结构主要是根据消费的需要和市场需求变化等因素来确定的。

④ 仓储时间。仓储时间就是每类物品要有恰当的储备保管天数。合理的仓储时间要求储备天数不能太长也不能太短，储备天数过长就会延长资金占用的时间，储备天数过短就不能保证市场供应。

仓储时间主要根据流通销售速度来确定，其他如运输时间、验收时间等也是应考虑的影响因素。此外，某些物品的仓储时间还受该物品的性质和特点的影响，如仓储时间过长，物品就会发生物理、化学、生理变化，从而变质或损坏。

⑤ 仓储网络分布。仓储网络分布指不同地区仓储的数量比例关系。仓储网络分布可用于判断仓储数量与当地需求比，对需求的保障程度，也可以由此判断对整个物流的影响。仓储网点布局直接影响仓库供货范围，对生产领域和流通领域都有较大的影响。生产系统中仓储网点少，储存量相对集中，库存占用资金较少，但要求送货服务质量水平很高，否则，可能延误生产过程的需求。流通系统中的批发企业仓储网点相对集中，要考虑相对加大储存量，利用仓储网点合理布局、储存调节市场，以起到"蓄水池"的作用。零售企业一般附设小型仓库，储存量较小，应当提升商品周转速度。采用集中配送货物的连锁店，可将库存降至最低水平，甚至是"零库存"。

⑥ 费用。仓租费、维护费、保管费、损失费、资金占用利息支出等，都能作为判断仓储合理与否的标准。

⑦ 质量标志。保证被储存物的质量，是完成储存功能的根本要求，只有这样，商品的使用价值才能通过物流之后得以最终实现。在储存中增加了多少时间价值或是得到了多少利润，都是以保证质量为前提的。所以，储存合理化的主要标志中，为首的应当是反映使用价值的质量。现代物流系统已经拥有很有效的维护物资质量、保证物资价值的技术手段和管理手段，也正在探索物流系统的全面质量管理方案，即通过物流过程的控制，通过工作质量来保证储存物的质量。

（3）仓储合理化的实施要点。

① 对储存物品和设施进行 ABC 管理。通过 ABC 分析，分别找出各种物资的合理库存量和保存方法，实施重点管理，合理优化成本。

② 适当集中库存。利用储存规模优势，以适度集中储存取代分散的小规模库存，追求规模效益。

③ 提高单位产出。通过采用单元集装存储，建立快速分拣系统等方法，增加仓库的吞吐能力，加速资金的周转速度。

④ 采用有效的"先进先出"方式。对同种类物品采用"先进先出"管理方式，保证储存期限不至于过长。

⑤ 提高仓储密度和仓容利用率。通过采取高垛、密集货架、窄巷道式通道等方法，合理布局，减少土地占用，提高单位存储面积利用率，以降低成本。

⑥ 采用有效的储存定位系统。通过采用四号（序号、架号、层号、位号）定位方法和先进的物品存储定位技术，节约物品的寻找、存放、取出时间，同时减少差错。

⑦ 采用有效的监测清点方法。通过先进的识别、监控系统，及时掌握储存情况，实现管理的现代化。

⑧ 采用现代储存保养技术，改善保管条件、提高服务质量。

⑨ 采用集装箱、集装袋、托盘等储运一体化方式。实行供应链管理，节省多余的出、入库等储存作业。

3.4 库存管理与库存控制

3.4.1 库存的基本概念

1. 库存的含义及类型

库存是指社会物资流动过程中,为了保证整个过程的连续性和均衡性,而在不同领域储备的物资。或者说,库存是指企业在生产经营中为现在和将来的生产或者销售而储备的资源。广义的库存还包括处于制造加工状态和运输状态的物品。需要注意的是:物品所停滞的位置不仅是在仓库中,同时也在生产线上、车间里、车站、运输途中等非仓库的任何位置;物流停滞状态可能由任何原因引起,而不一定是某种特殊的停滞。这些原因主要是能动的各种形态的储备、被动的各种形态的仓储、完全积压等。

库存从属性上看具有二重性:一方面,库存是生产和生活的前提条件;另一方面,库存又是生产和生活的负担,是一种资金的占用,要支付多种费用,不仅要负担常规的货物保管费用,还要承担库存损失和库存风险。因此,库存不能消灭。

一般来说,库存主要分为以下几种类型。

(1)安全库存。

安全库存是一种额外持有的库存,它作为一种缓冲器,用来预测由于自然界和环境干扰而造成的缺货,用来补偿在订货提前期内实际需求量超过期望需求量或实际提前期所产生的需求。通常,安全库存是为了防止其他情况(如产品被消费者接受后,购买次数与数量的增加;产品受价格、质量、服务、竞争、产品更替等因素)而制订的应对策略。安全库存是一个变数,主要作用是指导预测,并随市场状况和企业战略调整而变。

(2)在途库存。

在途库存是指从一个地方到另一个地方处于运输途中的库存。因此缩短运输的距离就能有效地降低在途库存量。从供应商到企业的这段距离应该尽可能地缩短,首先需要根据产品的特性(价格、体积、质量等)选择合适的运输方式,对这段时间的管理会大大影响企业的在途库存量。一般来说,价格高而且体积、质量较小的产品优先考虑空运,反之,海运为常用的运输方式。但是合适的运输方式是要通过仔细比较运输时间的长短对库存乃至库存成本的影响以及对运输费用的影响而做出的选择,否则不能达到整体优化的目的。例如,通用汽车公司的供应商会随着公司在上海设厂而纷纷将工厂移至上海,其目的是缩短供应时间、降低库存成本。

案例链接

联合加工公司如何利用在途库存

联合加工公司从美国南部和西部的农场收获并加工各种蔬菜和水果。美国东部和中西部地区对某些产品(如草莓和西瓜)的需求在当地生长期到来之前就很旺盛。因此联合加工公司必须在北部地区收获季节来临之前收获作物,并在销售旺季到来之前形成供应能力。通常,蔬果在用卡车运往销售地之前，在产地进行储存。而改用运送时间较长的铁路运输方式，公司多数情况下可在作物收获以后立即装运，这样产品抵达市场时需求旺季刚好开始。铁路起到了仓库的作用，其结果是储存成本和运输成本都大大降低了。

（3）周转库存。

周转库存是指为生产和销售而暂时存放的库存。这种库存是为了缓冲需求之间在时间上的矛盾，保障供需各方面都能顺利进行，它可用订货批量的一半（如仅考虑订货批量）来描述。

2. 库存的必要性分析

很多原因可以解释为什么供应渠道必须要有库存，但近年来，也有很多人对库存的必要性提出了质疑，认为库存是一种资源的浪费。下面将从库存的作用和弊端两方面论述库存的必要性。

（1）库存的作用。

① 库存产生于生产管理的过程，其主要的功能是维持企业生产和销售的正常进行。对于生产型企业来说，企业生产常常以市场预测为基础，并根据销售订单制订生产计划，安排采购。然而由于市场变化存在许多不确定性因素，致使采购计划存在一定的风险，供应商有可能拖后或者延迟交货，最终影响企业的正常生产，造成生产不稳定。为了保证生产的高速、有效运转，企业必然会增加材料的库存量。而对于销售型企业来说，企业并不知道市场真正的需求是什么，只能对市场需求进行预测，从而保有一定量的库存，以应付市场的销售和变化。但是随着供应链管理的形成，这种库存在逐渐地减少和消失。

现代市场变化莫测，物品涨价、政策变更的情况时有发生，另外，由于季节、人为等原因也容易造成物品短缺或者积压，合理的库存战略能够保障供需来源，避免由于紧急情况而出现的停产，从而使企业的生产和销售保持连续性和高效性。现代企业，特别是能源工业、化工工业及半导体集成电路工业，为了保证高生产效率，往往要求24小时不间断生产，而客户的需求却是间断的，因此，保持一定量的库存是十分必要的。

② 库存能够平衡企业物流和降低企业成本。在现代的企业生产中，从原材料的采集，到产品生产、在制品、制成品及产品销售的一系列物流环节中，为了满足供应链高效率的要求，平衡库存材料、在制品及成品所占用的企业流通资金，库存起到了重要的平衡作用。例如，减少订货量会增加企业的订货费用；保持一定量的在制品库存与材料，会减少生产交换次数，提高工作效率。但这两方面都需要寻找库存平衡和资金平衡的最佳控制点。

（2）库存的弊端。

库存的弊端主要表现在以下几个方面。

① 库存占用企业大量的资金，通常情况下会达到企业总资产的20%～40%。因此，库存管理稍有不当很容易造成大量资金的沉淀，并且，库存本身并不能对企业产品的直接价值做贡献。

② 库存增加了企业的产品成本与管理成本。库存材料的成本增加直接导致了产品

的成本增加，相关库存设备、管理人员的增加也加大了企业的管理成本，而这些增加的成本可以有更好的用途，如可以用于提高企业生产率和竞争力。

③ 库存掩盖了企业众多管理问题，如计划不周、采购不力、生产不均衡、产品质量不稳定及市场销售不力等。例如，当质量出现问题时，人们倾向于清理保有的库存，以保护所投入的资本，而纠正质量问题的努力可能会延缓下来。

总之，应该尽量克服库存的不良影响，使之更有利于企业的生产和经营。目前，零库存已经成为一种潮流。但是，值得注意的是，零库存只能针对某个具体企业而言，是在有充分社会储备保障前提下的一种特殊形式，它是一个微观概念而不是宏观概念。在整个社会再生产的全过程中，零库存只能是一种理想，而不可能成为现实。

3.4.2 库存成本的构成

库存成本是指与取得拥有存货有关的一切成本的总和。它是物流作业成本中的一个主要组成部分。对于一般的制造企业，库存成本占物流总成本的比例接近37%。对于批发商、配送商和零售商来说，既然存货占有相对较大的资产比例，那么，他们所承担的库存成本与制造商相比，在物流总成本中将占有更高的百分比。库存成本的构成主要包括3个方面，即库存持有成本、订货或生产准备成本和缺货成本。库存成本中还有一个不显眼的因素是在途存货成本。

1. 库存持有成本

库存持有成本是指为保持库存而发生的成本，它可以分为固定成本和变动成本。固定成本与库存数量的多少无关，如仓库折旧、仓库职工的固定月工资等；变动成本与库存数量的多少有关，如库存占用资金的应计利息、破损和变质损失、安全费用等。库存持有成本主要包括以下4项成本：资金占用成本、仓储空间成本、库存服务成本和库存风险成本，如图3.6所示。

（1）资金占用成本，也称利息成本或机会成本，是库存资本的隐含价值。资金占用成本反映失去的盈利能力，如果资金投入其他方面，就会要求取得投资回报，因此资金占用成本就是这种尚未获得回报的费用。资金占用成本是库存持有成本的一个最大组成部分，通常用持有库存的货币价值的百分比来表示，也有用确定企业新投资最低回报率来计算资金占用成本的。

（2）仓储空间成本。这项成本包括与产品运入、运出仓库有关的搬运成本及储存成本，如租赁、取暖、照明等费用，即搬运成本与实物储存成本。这项成本将随情况的不同而有很大变化。例如，原材料经常是直接从火车卸货并露天存储，而产成品则要求更安全的搬运设备及更复杂的储存设备。储存空间成本仅随库存水平的提高或降低而增加或减少。如果利用公共仓库，有关搬运及储存的所有成本将直接随库存数量的变化而变化，在做库存决策时，这些成本都要考虑。如果利用自建仓库，大部分储存空间成本是固定的（如仓库、货场等建筑物的折旧）。

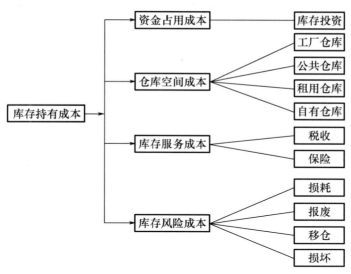

图 3.6 库存持有成本标准模型

（3）库存服务成本。这项成本主要指保险及税金。许多国家将库存列入应税的财产，高水平库存导致高税费。保险及税金将随产品的不同而有很大区别，产品丢失或损坏的风险高，就需要较高的风险金。因此，在计算存货储存成本时，必须考虑库存服务成本。

（4）库存风险成本。这项成本是库存持有成本的另一个主要组成部分，反映了一种非常现实的可能性，即由企业无法控制的原因造成的库存贬值。

2. 订货或生产准备成本

订货或生产准备成本是指企业向外部的供应商发出采购订单的成本或指企业内部的生产准备成本。

（1）订货成本。订货成本是指企业为了实现一次订货而进行的各种活动的费用，包括处理订货的办公费、差旅费、邮资、电话费、文书费等各项支出。订货成本中有一部分是与订货次数无关的，如常设采购机构的基本开支等，这种成本称为订货的固定成本；另一部分与订货的次数有关，如差旅费、邮资等，称为订货的变动成本。

（2）生产准备成本。当库存的某些产品不由外部供应而是企业自己生产时，企业为生产一批货物而进行改线准备的成本称为生产准备成本。其中更换模具、夹具需要的工时或添置某些专用设备等属于固定成本，与生产产品的数量有关的费用，如材料费、加工费等属于变动成本。

（3）库存持有成本与订货成本的关系。订货成本和持有成本随着订货次数或订货规模的变化而呈反方向变化，起初随着订货批量的增加，订货成本的下降比持有成本的增加要快，即订货成本的边际节约额比持有成本的边际增加额要多，使得总成本下降。当订货批量增加到某一点时，订货成本的边际节约额与持有成本的边际增加额相等，这时总成本最小。此后，随着订货批量的不断增加，订货成本的边际节约额比持有成本的边际增加额要小，导致总成本不断增加。

总之，随着订货规模（或生产数量）的增加，库存持有成本增加，而订货（或生产准备）成本降低，总成本曲线呈 U 形，存货成本与订货规模的关系如图 3.7 所示。

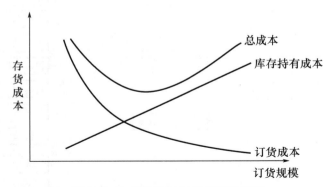

图 3.7　存货成本与订货规模的关系

3. 缺货成本

企业为了平缓需求方面的不确定性和延缓提前期,必须保留一定的保险库存。保险库存太大意味着存在多余的库存,而保险库存不足则意味着缺货或失销。缺货对企业的影响较大,由于存货供应中断,可能造成停工、丧失销售机会等。

缺货成本是因供货中断而产生的各种损失,分析缺货成本的目的主要是确定在既定服务水平下,进行安全库存数量的决策。缺货成本由以下 3 部分构成。

(1)延期交货成本。延期交货有两种方式:第一种,缺货商品在下次规则订货中补充;第二种,利用快速延期交货。如果使用第一种方式,企业实际上没有经济损失,但是频繁的延期交货可能导致商誉的损失,从而失去客户。如果采用第二种方式,就会发生特殊订单处理和运输费用。延期交货的特殊订单处理费用相对于一般的订单费用要高,由于延期交货的商品通常是小规模运输,运输成本较高。而且,延期交货的商品可能需要长距离运输,如从距收货地区较远的另一地区的仓库供货。此外,延期交货还可能需要利用快速、昂贵的运输方式。因此,延期交货成本可以根据额外订单成本和额外运输费用来计算。

(2)失销成本。如果顾客不允许延期交货,则会产生失销成本。许多公司都有生产替代商品的竞争者,当一个供应商没有客户所需要的产品时,客户就会从其他供应商处购买,从而形成失销。其直接损失是这种产品的利润损失,可以通过计算产品的利润,再乘以客户的订货数量来计算直接损失。除了直接损失,还存在由于负责这笔业务的销售人员的人力、精力的浪费造成的损失,称为机会损失。失销损失很难确定,因为机会损失难以计量,订货数量也难以确定,如许多客户习惯电话订货,在这种情况下,客户只是询问是否有货,而未指出要订购多少,也就不知道直接损失,一次缺货对未来销售的影响也是很难估计的。

(3)失去客户的成本。由于缺货,客户可能永远转向另一供应商,导致失去客户。失去了客户,企业也就失去了未来的一系列收入,这种缺货造成的损失很难估计,需要用管理科学的技术及市场营销研究方法来分析和计算。除了利润的损失,缺货还会造成信誉损失。

缺货成本可以计算具体某次的,也可以计算各次平均的。某次缺货成本的计算,需要首先确定该次缺货的类型是延期交货成本、失销成本还是失去客户的成本,然后将该次缺货造成的各种损失成本相加即可。计算平均一次的缺货成本,应在市场调查的基础上,先计算3种类型的缺货成本,然后确定3种缺货成本类型的比例,再利用加权平均法计算平均一次的缺货成本。

4. 在途存货成本

库存成本中还有一个长期以来被忽视的地方,那就是已订购而未到货的成本,即在途存货成本。这项成本不像前面讨论的3项成本那么明显,然而在某些情况下,企业必须考虑这项目的地交货价出售产品,这意味着企业负责将产品运达客户,因此,当客户收到订货产品时,产品的所有权转移。从财务观点来看,产品仍是卖方的库存。因为这种在途库存直到交给客户之前仍然属企业所有,运货所需的时间属于库存成本的一部分,然而快速交货意味着更高的运输成本。因此企业要对运输成本与在途存货成本进行权衡抉择。

 案例链接

库存总量控制的两个案例

斯塔基斯特公司(StarKist company)针对金枪鱼产品实行的库存总量控制方法非常独特。因为企业承诺要尽其所能购买、加工所有的金枪鱼,所以分拨系统可能会充斥着过剩的金枪鱼产品。要控制过量库存,企业就要刺激销售。而因为该产品深受市场欢迎,所以客户们总是乐于购买数量更多的金枪鱼,从而减少企业库存。

美国红十字会血液服务中心提前一年为血液采集进行计划。献血者受到高度赞扬,而且使用采集量超过预期或超过当时的血液需求量,红十字会也不会拒绝献血行为。如果某种血型的血液库存很高,很可能会过期,红十字会或者将其制成其他血液制品,或者调低对医院的销售价格。由于医院也会从除红十字会以外的多个渠道采购血液,所以价格折扣的方法很有效果。

3.4.3 影响库存控制决策的因素

在众多的影响库存控制决策的因素中,以下几个因素是不可忽视的。

1. 需求特性

(1)确定性需求和非确定性需求。

需求可分为确定性需求和非确定性需求。确定性需求指生产系统对物资的需求是可以预先确定的,反之则称为非确定性需求。确定性需求的生产系统的库存控制工作比较容易,管理者只需采用确定性的模型订货,保证进货的速度与需求消耗速度保持同步,便能维持合理的库存水平。而非确定性需求的生产系统的库存控制工作则比较复杂,由于需求情况频繁变动以及众多的不确定性因素的影响,无法准确地预计,因此,管理者要采用随机性模型控制库存,并且考虑正常需求的同时,还要考虑保持一定的安全存量作为额外的库存储备。

(2)规律性变化需求和随机性变化需求。

需求也可分为规律性变化需求和随机性变化需求两大类。如果生产系统的物资需求变化是有规律可循的，管理者在进行库存控制时，可以根据需求的变化规律进行库存，需求旺季增加库存，淡季则减少库存，使得系统的整体库存处于合理水平。如果生产系统对物资的需求是随机的，难以准确地预测，则需在设定正常性库存的基础上，进一步建立额外的安全库存，以防突然出现的需求变化。

（3）独立性需求和相关性需求。

需求还可分为独立性需求和相关性需求两大类。如果某种物资的需求独立于对其他物资的需求，则称为独立性需求，如对汽车的需求独立于对计算机的需求，即独立性需求。而汽车的需求却与汽车轮胎的生产是有关的，即相关性需求。相关性需求是某种物资的需求依赖于对其他物资的需求，即各种产品的生产所耗用的各种物资间存在着关联关系，因此在进行企业的生产计划编制时，应该考虑采用相关性需求技术。

2. 订货提前期

订货提前期是影响库存控制决策的另一个重要因素。订货提前期是指从发出订货指令到订购物资进入仓库所需要的时间。显然订货提前期的时间值越大，库房的储存量就越大。因此，在考虑订货的决策时，物资的订货提前期是必须考虑的因素。

3. 物资单价

物资的价格越高，库存资金数额也就越多，对这样的物资是不应该掉以轻心的，一些企业会增加采购次数缩减库存量，这也是库存控制的手段之一。

4. 订货费用与保管费用

进行库存前需订购货物，每次订货都会发生一定的交易费用，如检验费用、手续费用、谈判费用、差旅费用等，这些费用与订货次数呈正比，因此若订货费用增加，应考虑减少订货次数。有了库存就必须进行保管，也就需要保管费用，显然保管费用数额与库存量呈正相关关系，所以对于保管费用高的产品物资应该把库存控制在适当的水平。

5. 服务水平

库存是为了满足用户需求而储存资源的，满足的程度用服务水平来衡量，服务水平是指满足用户需求的百分比，当整个生产系统能够满足全部用户的订货需求，则称服务水平为100%，当能满足95%的需求，则称服务水平为95%，也称此时的生产系统的缺货率为5%。

生产系统如果要提高系统的服务水平，由于用户需求通常无法准确预测，故常采用增加库存储备的方法来提高系统的服务水平。库存增加后，当用户的需求发生变化时，企业生产一时无法满足用户需求，则可以通过动用企业库存使用户需求得到满足。库存量的增加，意味着企业要占用更多的资金，产生更高的成本，因此对企业而言，盲目地提高服务水平并不一定会给企业带来期望的经济效益，将服务水平定在一个合理的水平上。若定得太高，企业必须为此付出的代价是投入更多的资金，从而导致成本上升。

3.4.4 库存管理与控制的方法

库存管理也称库存控制，是指对制造业或服务业生产、经营全过程的各种物品、产成品及其他资源进行管理和控制，使其储备保持经济合理的水平，是企业根据外界对库存的要求与订购的特点，对库存进行预测、计划和执行的一种行为，并对这种行为进行控制。它的重点在于确定如何订货、订购多少、何时订货等问题。传统的观念认为仓库里的商品越多，表明企业的生意越兴隆，现在则认为零库存才是最好的库存管理。库存多，占用资金多，利息负担加重。但是，如果过分减少库存，则会增加短缺成本，造成货源短缺。

当库存管理控制不当时会导致库存的不足或过剩，前者将会错过销售的机会，甚至失去客户，商誉下降；后者则会增加库存的持有成本。

目前，在库存管理中常用的方法有两种：一种是传统的库存管理方法，另一种是现代的库存管理方法。对于传统的库存管理方法，主要有定量与定期订货法、ABC库存控制法和经济订货批量法等。对于现代库存控制方法，主要有MRP与MRP Ⅱ库存控制方法、ERP和JIT库存控制方法等。

1. 定量与定期订货法

（1）定量订货法。

定量订货法也称订购点法，它要求对库存物资进行动态盘点，即对发生收发变化的物资随时盘点，当物资储备量降到规定的订购点时，就提出订购，如果发现储备量高于订购点，则暂时置之不理。这种方法的特征如下：设置一个固定的订购点，每次订购的数量是固定不变的，但是订购时间或者进货时间不定，如图3.8所示。

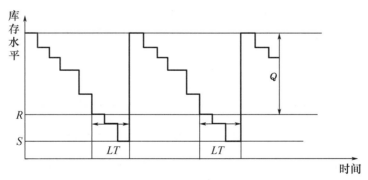

注：R为订购点、S为安全库存量、LT为订货提前期、Q为订货批量。

图3.8 定量订货法示意图

订购点即提出订购时的物资储备量，它等于从提出订购到物资进库并能够投入使用这段时间的物资需要量再加上安全库存量，从提出订购到物资验收入库并可以投入使用这段时间称为订货提前期。但在实际中，每次的订货提前期由于订购、运输等一些不可控制的原因，往往会发生变化，取其平均数，称为平均提前时间。它包括办理订购手续需要的时间、供货单位发运物资需要的时间、在途运输的时间、到货验收的时间、使用前的准备时间等。

订购点可以用以下公式计算

$$订购点 = 订货提前期需要量 + 安全库存量$$
$$= 平均订货提前期 \times 平均日需用量 + 安全库存量$$

其中，安全库存量可按下面的公式进行计算

$$安全库存量 = （预计日最大消耗量 - 平均日需用量） \times 平均订货提前期$$

定量订货法具有以下优点。

① 能够经常地掌握库存储备状态，及时提出订购，不易出现缺货现象。

② 保险储备量少。

③ 订购量固定，故能够采用经济订货批量模型，以便于包装运输和保管作业的开展。

定量订货法具有以下缺点。

① 必须不断检查仓库的库存量。

② 订购时间不定，很难编制作业计划。

定量订货法还有一种简化的方法，即分存控制法（又称双堆法）。它不用随时盘点，而是将储备物资分为两堆：一堆为订购点量，另一堆为余量。当余量发放完后，就提出订购，以补充库存。

（2）定期订货法。

定期订货法是采用定期盘点，按照固定时间间隔来检查储备量并提出订购，订购量根据盘点时的实际储备量和下一个进货周期的预计需求量而定。这种库存控制方法的储备量变化情况如图 3.9 所示。

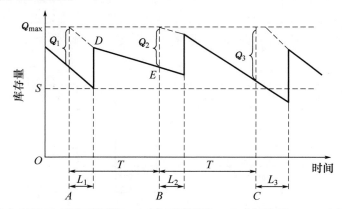

注：S 为安全库存量、T 为订货周期、L 为订货提前期、Q 为订货量、Q_{max} 为最高库存量。

图 3.9 定期订货法示意图

定期订货法的特征是盘点时间和订购时间固定。其订购量可按下面的公式进行计算

$$订购量 = 订购周期需求量 + 安全库存量 - 现有库存量 - 已订未到量$$

其中，现有库存量为提出订购时盘点的实际储存量；已订未到量为已经订购，预计在本订购周期内会到达的期货数量。

有的企业在使用定期订货法的时候，为了方便，设置最高储备量，每次的订购量都以达到最高储备量为上限。

定期订货法具有以下优点。

① 由于是定期订购，可以将多种物品合并订购，这样可以降低订购和运输等费用。

② 由于是多种物品一起订购，可以编制较为实用的采购计划。

定期订货法具有以下缺点。

① 不利于实用经济订购批量模型，因此有时储备定额不是最佳的。

② 要花费一定的时间来进行盘点。

定期订货法一般适用于发料频繁、难以进行连续储备登记核算的物资，以及需要量可以进行预测的物资和有保管期限的物资。

（3）定量订货法与定期订货法的区别。

① 提出订购请求时点的标准不同。定量订货法提出订购请求的时点标准是当库存量下降到预定的订购点时，即提出订购请求；而定期订货法提出订购请求的时点标准是按预先规定的订购间隔周期，到了该订购的时点即提出请求订购。

② 请求订购的商品批量不同。定量订货法每次请购商品的批量相同，都是事先确定的经济批量；而定期订货法每到规定的请求订购期，订购的商品批量都不相同，可根据库存的实际情况计算后确定。

③ 库存商品管理控制的程度不同。定量订货法要求仓库作业人员对库存商品进行严格的控制、精心的管理，经常检查详细记录、认真盘点；而用定期订货法时，对库存商品只要求进行一般的管理，简单的记录，不需要经常检查和盘点。

④ 适用的商品范围不同。定量订货法适用于品种数量少、平均占用资金大、需重点管理的 A 类商品；而定期订货法适用于品种数量大、平均占用资金少、只需一般管理的 B 类、C 类商品。

2. ABC 库存控制法的应用

一般来说，企业的库存物资种类繁多，而各个品种的价格又有所不同，且库存数量也不等。有的物资品种不多但价值很高，有的物资品种数量多但价值却不高。由于企业的资源有限，因此，对所有库存品种均给予相同程度的重视和管理不太可能，也有些脱离实际。为了使有限的时间、资金、人力、物力等企业资源得到更有效的利用，要对库存物资进行分类，根据关键的少数和次要的多数的原理，按物资重要程度的不同，分别进行不同的管理，这就是 ABC 库存控制法的基本思想。

安科公司的 ABC 库存管理

ABC 库存控制法的基本原理如下：将库存物品按品种和占用资金的多少分为特别重要的库存 A 类、一般重要的库存 B 类和不重要的库存 C 类，其核心是"抓住重点，分清主次"。一般来说，A 类物资种类占全部库存物资种类总数的 10% 左右，而其需求量却占全部物资总需求量的 70% 左右；B 类物资种类占全部库存物资种类总数的 20% 左右，其需求量为总需求量的 20% 左右；C 类物资种类占全部库存物资种类总数的 70% 左右，而需求量只占总需求量的 10% 左右。

（1）对 A 类存货的控制，要计算每个项目的经济订货量和订购点，尽可能适当增加订购次数，以减少存货积压，也就是减少其昂贵的存储费用和大量的资金占用；同时，还可以为该类存货分别设置永续盘存卡片，以加强日常控制。

（2）对 B 类存货的控制，也要事先为每个项目计算经济订货量和订购点，同时也可以分享设置永续盘存卡片来反映库存动态，但要求不必像 A 类那样严格，只要定期进行概括性的检查就可以了,以节省存储和管理成本。

（3）对于 C 类存货的控制,由于它们为数众多,而且单价又很低,存货成本也较低,因此,可以适当增加每次订货数量、减少全年的订货次数,对这类物资日常的控制,一般可以采用一些较为简化的方法。

 知识链接

二八定律

1897 年,意大利经济学者帕累托（V. Pareto）偶然注意到 19 世纪英国人的财富和收益模式。在调查取样中,他发现大部分的财富流向了少数人的手里,同时,他还发现了一件非常重要的事情,即某一个族群的人口数量占总人口数量的百分比和他们所享有的总收入之间有一种微妙的关系。他在不同时期、不同国家都见过这种现象。不论是早期的英国,还是其他国家,甚至从更早期的资料中,他也发现这种微妙关系一再出现,而且在数学上呈现出一种稳定的关系。

最终,帕累托从大量具体的事实中发现:社会上 20% 的人占有 80% 的社会财富,即财富在人口中的分配是不平衡的。同时,人们还发现生活中也存在许多不平衡的现象。因此,二八定律成了这种不平衡关系的简称,不管结果是不是恰好为 80% 和 20%（从统计学上来说,精确的 80% 和 20% 不太可能出现）。习惯上,二八定律讨论的是顶端的 20%,而非底部的 80%。

二八定律不仅在经济学、管理学领域应用广泛,而且对我们的自身发展也有重要启示,让我们学会避免将时间和精力花在琐事上,要学会抓主要矛盾。一个人的时间和精力是非常有限的,要想真正"做好每一件事情"几乎是不可能的,要学会合理分配我们的时间和精力。要想面面俱到还不如重点突破,把 80% 的精力花在能出关键效益的 20% 的方面,这 20% 的方面产生的效益又能带动其余 80% 的发展。

3. 经济订货批量法

物流领域存在很多效益背反现象,如相对简单的包装虽然能够减少包装成本,但是可能会增加搬运成本。存储业务也存在类似问题,如企业每次订货数量的大小直接关系到库存量的水平,同时也就关系到库存总成本的大小,然而订货数量的减少却会使订购次数增加,用于订货的成本相应增加。因此,企业希望有一些科学的方法对库存做出正确的决策。在此介绍一种数学模型,利用这种模型可以求解出科学的订货数量,使保管仓储成本与订货成本的和最小。

（1）经济订货批量的含义。

经济订货批量（economic order quantity,EOQ）就是通过平衡订货成本和保管仓储成本,即通过费用分析求得最低库存总费用,以确定一个最佳的订货批量。EOQ 模型在库存控制领域被广泛使用,它可以根据需求和订货、到货间隔时间等条件是否处于确定状态分为确定条件下的模型和概率条件下的模型。由于概率统计条件下的 EOQ 模型较为复杂,因此本书只介绍确定条件下的 EOQ 模型,在实际应用中可以比较方便地找到有关概率统计条件下的 EOQ 模型的计算方法。

（2）EOQ 模型的假设条件。

EOQ 模型最早由哈里斯（F. W. Harris）于 1915 年提出,该模型有如下假设。

① 需求率已知,为常量。

② 一次订货量无最大或最小限制。

③ 采购、运输均无价格折扣。
④ 订货提前期已知，为常量。
⑤ 订货费与订货批量无关。
⑥ 维持库存费时库存量的线性函数。
⑦ 补充率为无限大，全部订货一次交付。
⑧ 不允许缺货。
⑨ 采用固定量系统。

（3）EOQ 模型。

最优的库存控制应该既能满足生存需要，保证生产正常进行，又最经济。经济订货批量（EOQ）即总库存成本最小时的每次订货数量。EOQ 模型如图 3.10 所示。

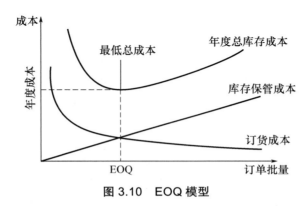

图 3.10　EOQ 模型

通常，年总库存成本的计算公式为

年总库存成本 = 年采购成本 + 年订货成本 + 年保管成本 + 缺货成本

假设在不允许缺货的条件下，年总库存成本 = 年采购成本 + 年订货成本 + 年保管成本，即

$$TC = DP = \frac{DC}{Q} = \frac{QH}{2}$$

式中：

TC——年总库存成本；

D——年需求总量；

P——单位商品的购置成本；

C——每次订货成本，单位为元/次；

H——单位商品年保管成本，单位为元/年，$H=PF$，F 为年仓储保管费率；

Q——批量或订货量。

经济订货批量就是使总库存成本达到最低时的订货数量，它是通过平衡订货成本和保管成本两方面得到的。其计算公式为

$$EOQ = \sqrt{\frac{2CD}{H}} = \sqrt{\frac{2CD}{PF}}$$

此时：

$$TC = DP + H(EOQ)$$

$$N = \sqrt{\frac{DH}{2C}} = \frac{D}{EOQ}$$

式中：N——每年订货次数，平均订货间隔周期 $T=360/N$。

【例3.1】甲仓库 A 商品的年需求量为 30 000 个，单位商品的购买价格为 20 元，每次订货成本为 240 元，单位商品的年保管费为 10 元。求该商品的经济订货批量、最低年总库存成本，每年订货次数及平均订货间隔周期。

解：

$$\text{经济订货批量 EOQ} = \sqrt{\frac{2 \times 240 \times 30\,000}{10}} = 1\,200 \text{（个）}$$

最低年总库存成本 $TC=30\,000 \times 20 + 10 \times 1\,200 = 612\,000$（元）

每年订货次数 $N=30\,000/1\,200=25$（次）

平均订货间隔周期 $T=365/25=14.6$（天）

3.4.5 MRP 与 MRP Ⅱ 库存控制方法的应用

物料需求计划（material requirements planning，MRP）是根据市场需求预测和顾客订单制订的产品生产计划，制作出构成产品的物料结构表，结合库存信息，通过计算机计算出来的各种物料的需求量和需求时间，来确定物料的生产进度和订货日程的一种作业管理方法。

MRP 最初是由生产库存物料控制发展而来的，之后扩展到营销、财务和人事管理等方面，形成了制造资源计划（manufacturing resources planning，MRP Ⅱ）。MRP 是一种以计算机为基础的生产计划和库存管理控制系统。它利用计算机数据处理的优势，大大提高了物料管理的能力，实现了对企业各种资源的准确计算，提高了库存管理的科学性。

1. MRP 库存控制方法。

（1）MRP 的发展过程。

MRP 是一个基于计算机的信息系统，是为相关需求存货的生产和采购数量及时间安排而设计的。从预定日期开始，把产成品特定数量的生产计划分解成零部件与原材料需求，用生产提前期、安全库存及其他信息决定订货或生产的数量和事件。因此，因最终产品的需求而产生了计划期产品的底层组件的需求，使订货、制作与装配过程都以确定的时间安排，以及时完成最终产品，并使存货保持在合理的水平上。

（2）MRP 的输入与输出。

MRP 的基本内容是编制零部件的生产计划和采购计划。要正确编制生产计划和采购计划，必须要有主生产进度计划和产品结构记录及库存信息。因此，MRP 的主要输入内容包括 3 个方面：一是物料清单，它表明了某产成品的主要组成部分；二是一份总进度计划，表明产成品的需要数量和时间；三是一份存货记录文件，表明持有多少存货，还需要订货多少等。计划者对这些信息进行加工,以确定计划期间各个时点的净需求。该过程的输出包括订货计划时间安排、订货免除或变更、业绩控制报告、计划报告等。MRP 的输入和输出流程,如图 3.11 所示。

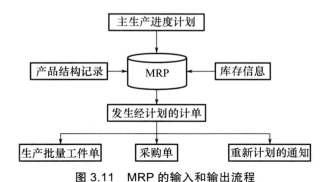

图 3.11　MRP 的输入和输出流程

MRP 系统的 3 项主要输入是主生产进度计划、产品结构记录、库存信息。如果没有这些基本输入,MRP 便不能发挥作用。主生产进度计划概括了全部最终物资生产计划的要点。产品结构记录包含每种最终物资需要用的所有材料、零部件和部件的资料。库存信息包含各种库存物资的现存量及已订未到的情况。

MRP 的输入流程,如图 3.12 所示。

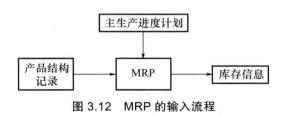

图 3.12　MRP 的输入流程

① 主生产进度计划。主生产进度计划表明每种物资需要的数量和时间。它是 MRP 的主要输入信息。主生产进度计划是根据最终物资预测和用户的订单编制的,它必须是一项现实的生产计划。

主生产进度计划不同于预测,它们不同的原因如下:预测可能超过工厂的产能;预测可能希望提高或者降低库存水平;预测的数量将是波动的。企业可能希望均衡生产组织,而用库存来加以调节。

② 产品结构记录。产品结构记录也叫物料清单,它包含生产最终物资所需的每种物资和装配件的物料。要实现主生产进度计划的产品需求量,必须弄清主产品的结构和所要用到的物料品种及数量,非独立需求的所有零配件的组成、装配及数量要求。每种物料的资料(如零部件的代号、品名规格),每种装配件及更高层次装配件的数量,每种最终物资的数量都必须准备好。产品结构记录包含每种最终物资在其实际制造过程各个阶段所需要物料的清单。

③ 库存信息。库存信息是指企业所有产品、零部件、在制品、原材料等的存货记录。它主要包括以下几个方面。

a. 现有库存量:指企业仓库中实际存放的可用库存材料数量。

b. 预计入库量：指根据正在执行的采购订单或生产订单，在未来某个时间段物料将要入库或者将要完成的数量。

c. 已分配量：指已被出库分配但仍然留在仓库中的物料库存量。

这3项原始资料是MRP系统的主要输入资料。企业根据这3项原始资料，求出各项物料、各个时间段内的净需求量和计划交付量。

2. MRP Ⅱ 与库存管理

20世纪80年代初，物料需求计划扩展成了一个范围更为广阔的对制造企业资源进行计划与安排的方法，这种扩展方法被称为MRP Ⅱ，MRP Ⅱ不是MRP的升级版，而是在MRP的基础上发展起来的一种生存组织方式。在闭环MRP阶段，企业的生产由主生产进度计划、物料清单和产品结构文件构成。在外界发生变化时，MRP系统会将其作为信息反馈到系统的输入端，对企业的计划进行修改，并对企业生产进行控制。虽然闭环MRP系统可以准确地计算出物料需求量和事件，可是它无法计算出各种物料的价值而进行成本核算，无法进行财务信息处理。闭环MRP只实现了物流信息处理，为实现物流和资金流的结合，在闭环MRP的基础上，形成了MRP Ⅱ，这种集信息流和资金流于一体的企业生产经营信息系统就是制造资源计划。

在多数时候，生产、销售与财务的运作都是基于相互之间不充分拥有信息或对企业其他部门工作的表面关注。为使效率提高，企业所有职能部门都有必要关乎其共同目标。制造资源计划的一个主要目标就是把基本职能与诸如人事、工程、采购等其他职能在计划过程中聚集在一起。它的思想是把企业作为一个有机的整体，从整体最优的角度出发，运用科学的方法，借助计算机实现各种制造资源和产供销各环节的有效计划、成本确定及控制。MRP Ⅱ的流程图如图3.13所示。

在MRP Ⅱ流程图中，包含了决策层、计划层、执行控制层等基础数据和相关信息。其中，经营规划是起点，它根据市场需求和企业现有条件确定企业在生产中的产量、品种、利润等指标，结合企业资源，决定销售计划、综合生产计划、物料和人工等资源需求计划，得出具体的主生产计划，与粗能力计划平衡，得出物料需求计划和能力需求计划。如果可行，则制订出生产各物料的数量和时间安排，以及物料采购的安排工作。最后一个环节是业绩评价，以及反馈到决策层中进行经营规划的修改。

3.4.6　ERP在仓储管理中的应用

WMS与ERP仓储管理模块的区别

随着全球经济一体化的逐步形成，社会消费水平、消费结构和消费市场呈现出多样化、个性化、系统化和国际化的特征。以面向企业内部信息集成为主，强调单纯的离散制造环境和单纯的流程环境的MRP和MRP Ⅱ系统已不能满足企业多元化、跨地区、多供应和销售渠道全球化的经营要求。随着网络通信技术的迅速发展和广泛应用，为了实现柔性制造、敏捷生产，快速占领市场，取得高回报率，制造企业必须转换经营管理模式，从"面向生产经营"的管理方式转向"面向顾客化生产"，注重产品的研究开发、质量控制、市场营销和售后服务等环节，把经营过程的所有参与者（如供应商、客户、制造工厂、分销商网络）纳入一个紧密的供应链中，这就促成了 ERP 在企业经营各方面的形成、发展与运用。

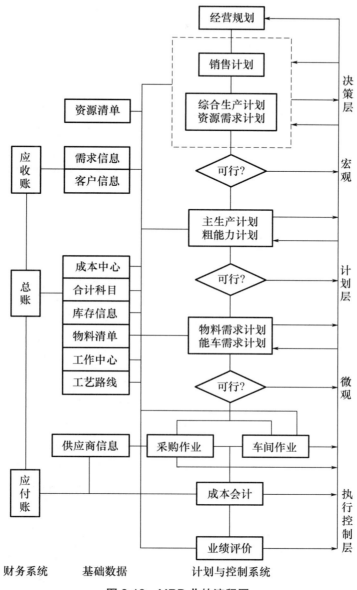

图 3.13 MRP Ⅱ 的流程图

1. ERP 概述

（1）ERP 的定义。

ERP 系统是指建立在信息技术基础上，以系统化的管理思想为企业决策层及员工提供决策运行手段的管理平台。它是从 MRP 发展而来的新一代集成化管理信息系统，它扩展了 MRP 的功能。ERP 是在 MRP Ⅱ 的基础上通过前馈的信息流、资金流，把客户需求和企业内部的生产活动，以及制造商的制造资源结合在一起，体现完全按照用户需求制造的一种供应链管理思想的功能网链结构模式。

它跳出了传统企业边界，从供应链范围去优化企业的资源。ERP 系统集中信息技术与先进的管理思想于一身，成为现代企业的运行模式，满足了时代对企业合理调配资源、最大化地创造社会财富的要求，成为企业在信息时代生存、发展的基石。它对于改善企业业务流程、提高企业核心竞争力的作用是显而易见的。

（2）ERP 系统的管理思想。

ERP 的核心目的就是实现对整个供应链的有效管理，主要体现在以下 3 个方面。

① 体现对整个供应链资源进行管理的思想。在知识经济时代仅靠自己企业的资源不可能有效地参与市场竞争，还必须把经营过程中的有关各方如供应商、制造工厂、分销网络、客户等纳入一个紧密的供应链中，才能有效地安排企业的产、供、销活动，满足企业利用全社会一切市场资源快速、高效地进行生产经营的需求，以期进一步提高效率和在市场上获得竞争优势。换句话说，现代企业竞争不是单一企业与单一企业间的竞争，而是一个企业供应链与另一个企业供应链之间的竞争。ERP 系统实现了对整个企业供应链的管理，适应了企业在知识经济时代市场竞争的需要。

② 体现精益生产、同步工程和敏捷制造（agile manufacturing）的思想。ERP 系统支持对混合型生产方式的管理，其管理思想表现在两个方面。其一是精益生产（lean production，LP）的思想，它是由美国麻省理工学院提出的一种企业经营战略体系。即企业按大批量生产方式组织生产时，把客户、销售代理商、供应商、协作单位纳入生产体系，企业同其销售代表、客户和供应商的关系已不再是简单的业务往来关系，而是利益共享的合作伙伴关系，这种合作伙伴关系组成了一个企业的供应链，这是精益生产的核心思想。其二是敏捷制造的思想，当市场发生变化，企业遇有特定的市场和产品需求时，企业的基本合作伙伴不一定能满足新产品开发、生产的要求，这时，企业会组织一个由特定的供应商和销售渠道组成的短期或一次性供应链，形成"虚拟工程"，把供应和协作单位看成企业的一个组成部分，运用"同步工程"，组织生产，用最短的时间将新产品打入市场，时刻保持产品的高质量、多样化和灵活性。

③ 体现事先计划与事中控制的思想。ERP 的计划体系主要包括主生产计划、物料需求计划、能力计划、采购计划、销售执行计划、利润计划、财务预算和人力资源计划等，而且这些计划功能与价值控制功能已完全集成到整个供应链系统中。

此外，计划、事务处理、控制与决策功能都在整个供应链的业务处理流程中实现，要求在每个流程业务处理过程中最大程度地发挥每个人的工作潜能与责任心；流程与流程之间则强调人与人之间的合作精神，以便在有机组织中充分发挥每个人的主观能动性与潜能。实现企业管理从"高耸式"组织结构向"扁平式"组织结构的转变，提高企业对市场动态变化的响应速度。

总之，借助信息技术的飞速发展与应用，ERP 系统得以将很多先进的管理思想变成现实中可实施应用的计算机软件系统。

3.4.7 JIT 概述

1. JIT 的定义

20 世纪下半叶，整个汽车市场进入了一个市场需求多样化的新阶段，而且对质量的要求也越来越高，随之给制造业提出的新课题是：如何有效地组织多品种、小批量生产，否则的话，生产过剩所引起的不只是设备、人员、库存费用等一系列的浪费，而且会影响到企业的竞争能力甚至生存。

在这种历史背景下，1953 年，日本丰田汽车公司的副总裁大野耐一综合了单件生产和批量生产的特点和优点，创造了一种在多品种、小批量混合生产条件下的高质量、低消耗的生产方式，即 JIT 生产方式。

JIT 生产方式在推广应用过程中，经过不断发展完善，为日本汽车工业的腾飞做出了贡献，提高了生产效率。这一生产方式亦为世界工业界所瞩目，被视为当今制造业中最理想且最具有生命力的新型生产方式之一。

2. JIT 生产方式的基本思想

JIT 生产方式的基本思想是"只在需要的时候，按需要的量，生产所需要的产品"，也就是追求一种无库存，或库存达到最小的生产系统。JIT 的基本思想是生产的计划、控制及库存的管理。

JIT 生产方式

JIT 生产方式以准时生产为出发点，首先暴露出生产过量和其他方面的浪费，然后对设备、人员等进行淘汰、调整，达到降低成本、简化计划和提高控制的目的。在生产现场控制技术方面，JIT 的基本原则是在正确的时间，生产正确数量的零部件或产品。它将传统生产过程中前道工序向后道工序送货，改为后道工序根据看板向前道工序取货，看板系统是 JIT 生产现场控制技术的核心，但 JIT 不仅是看板管理。

JIT 以订单驱动，通过看板，采用拉动方式把供、产、销紧密地衔接起来，使物资储备、成本库存和在制品大为减少，提高了生产效率。

3. JIT 生产方式的特征

JIT 作为一种现代管理技术，能够为企业降低成本，改进企业的经营水平，主要特征体现在以下两个方面。

（1）以消除非增值环节来降低成本。

JIT 生产方式力图通过另一种方法来增加企业利润，就是彻底消除浪费。即排除不能给企业带来附加价值的各种因素，如生产过剩、在制品积压、废品率高、人员利用率低、生产周期长等。

（2）强调持续地强化与深化。

JIT 强调在现有基础上持续地强化与深化，不断地进行质量改进工作，逐步实现不良品为零、库存为零、浪费为零的目标。

案例链接

海尔物流中的 3 个 JIT

在物流技术和计算机信息管理的支持下,海尔物流通过 3 个 JIT,即 JIT 采购、JIT 配送和 JIT 分拨物流来实现同步流程。目前通过海尔的 BBP 采购平台,所有的供应商均在网上接收订单,并通过网上查询计划和库存,及时补货,实现 JIT 采购;货物入库后,物流部门可根据次日的生产计划并利用 EPR 系统进行配料,同样根据看板管理 4 小时送料到位,实现 JIT 配送;生产部门按照 B2B、B2C 订单的需求完成订单后,满足用户个性化需求的定制产品通过海尔全球配送网络送到用户手中。

在企业外部,海尔 CRM 和 BBP 电子商务平台的应用架起了与全球用户资源网、全球供应链资源网沟通的桥梁,实现了与用户的零距离。在企业内部,计算机自动控制的各种先进物流设备不但降低了人工成本、提高了劳动效率,还直接提升了物流过程的精细化水平,达到了质量零缺陷的目的。

本章小结

本章主要介绍了仓储管理的含义、意义、作用和仓储管理信息系统,并从入库作业、保管作业和出库作业 3 个阶段介绍了仓库的作业流程。不同的企业,在仓储管理模式的选择上有所不同,本章介绍了仓储管理的模式,分析了企业仓储管理模式的决策依据,并提出了仓储合理化的方法。库存对于企业的仓储管理至关重要,本章介绍了库存和库存管理的含义,分析了库存成本的结构和影响企业库存控制决策的因素,并详细地介绍了库存控制的各种方法如 ABC、EOQ、JIT、MRP、MRP Ⅱ、ERP 等。

思考题

1. 仓储管理的作业体现在哪几个方面?
2. 库存的消极作用是如何表现的?
3. 库存管理都有哪些方法?

案例分析

美国机械公司是一家以机械制造为主的企业,该公司长期以来一直以满足顾客需求为宗旨。为了保证供货,该公司在美国本土建立了 500 多个仓库。但是仓库管理成本一直居高不下,每年大约花费 2 000 万美元。所以该公司聘请了一家调查公司做了一项细致调查,结果为:以目前情况,如果减少 202 个仓库,则会使总仓库管理成本下降 200 万~300 万美元,但是由于可能会造成供货跟不上的情况,销售收入可能会下降 18%。

讨论题

1. 如果你是该公司的总裁，你是否会根据调查公司的结果减少仓库的数量？为什么？
2. 如果不减少仓库，你又如何决策？

第 3 章
在线题库

第4章 包　　装

【本章教学要点】

知识要点	掌握程度	相关知识
包装概述	掌握	包装的概念
	掌握	包装的分类
	了解	包装标志
	理解	包装标准化
包装材料与制品	掌握	纸包装材料与制品
	掌握	塑料包装材料与制品
	掌握	金属包装材料与制品
	掌握	木制包装材料与制品
物流包装技术	掌握	防霉腐包装技术
	掌握	缓冲防震包装技术
	了解	防伪包装技术

包 装 第4章

【重要知识点图谱】

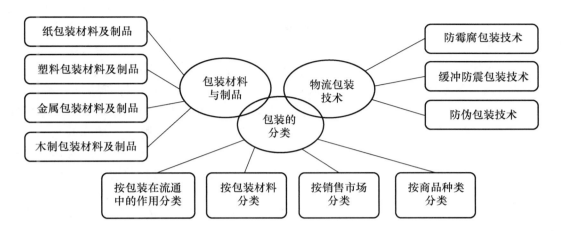

导入案例

利乐的启示

早在 20 世纪 50 年代,利乐是最先为液态牛奶提供包装的公司。自此以后,它就成为世界上牛奶、果汁、饮料和许多其他产品包装系统的大型供货商之一。利乐包装(又称利乐包)在保护功能和满足情感需求之间找到了很好的平衡点。与塑料瓶、玻璃瓶相比,砖型和枕型的利乐包,容积率相对较大,而且这种包装形状更易于装箱、运输和存储。如果从技术角度来看,利乐包是由纸、铝、塑料组成的六层复合纸包装,能够有效阻隔空气和光线等容易让牛奶和饮料变质的因素。因此,小小利乐包,让牛奶和饮料的消费更加方便和安全,而且保质期更长,实现了较高的包装效率。2004 年 9 月,在纽约现代艺术馆的"朴素经典之作"展览上,利乐包被誉为"充满设计灵感的,让生活变得更简单、更方便、更安全"的适度包装的杰作。小小利乐包,凝聚着不少科技和智慧,简约而不奢华,给我们的生活带来了不小的变化。我国北方大草原的优质牛奶,就是依靠利乐无菌包,才得以方便地送到千里之外的千家万户,目前利乐的客户包括伊利、光明、蒙牛、娃哈哈、汇源等国内几大乳业及果汁饮料行业巨头,并在全国建立了 800 多条生产线。

利乐包装的生产过程

点评

包装使生活更加便利,增加了产品的市场价值。

4.1 包装概述

4.1.1 包装的概念

包装的萌芽应该追溯到人类最原始的时代。一些包存食物的容器就可看作一种包装，如原始人类所使用的贝壳、竹筒、葫芦瓢、树叶、野兽皮等。但是，在人们的心目中，物品的容器和包装这个概念既有联系，又有区别。通常并不把物品的容器看作包装。人们认为，包装通常与商品联系在一起，是商品的附属品，是为了实现商品价值和使用价值所采取的一种必不可少的手段。所以，包装的产生应从人类社会开始商品交换时算起。事实也是如此，包装的发展也是与商品流通的发展紧密联系在一起的。

商品包装是根据商品特性，使用适宜的包装材料或包装容器，将商品包装或盛装，保持商品的完好状态，以达到保护商品、方便运输、促进销售的目的。在我国国家标准《包装术语 第1部分：基础》（GB/T 4122.1—2008）中，对包装下了明确的定义：为在流通过程中保护产品，方便贮运，促进销售，按一定的技术方法而采用的容器、材料及辅助物等的总名称。也指为了达到上述目的而采用的容器、材料及辅助物的过程中施加一定方法等的操作活动。

商品包装包括两层含义：一是指为了使商品方便运输、贮存，促进销售，便于使用，对商品实行的包裹、存放的容器和辅助材料，通常称为包装材料或包装用品，如箱、纸、桶、盒、绳、钉等；二是指对商品进行包裹、存装、打包、装潢的整体操作过程，是包装商品的具体业务，如装箱、扎件、灌瓶等。产品经过包装所形成的总体称为包装体。包装体则是一般意义上包装的延伸，它包括从包装产出到产品组合，分发包装产品，处理废物及回收利用，体现了与包装有关的许多部门之间的系统联系。

 知识链接

包装材料的发展变化

我国早在汉代便开始用纸包裹物品，到了唐代已十分普及，用于包裹食品和中药材，其中包装茶叶的包装纸称为"茶衫子"。后来包装纸发展成多层裱糊的纸盒、纸筐、纸缸、纸篮等纸包装容器。制造金属包装容器的主要材料镀锡铁皮是捷克人在1200年发明的，但直到1620年才被德国人用来制造金属桶，作为盛装干燥食品的运输容器。在20世纪，金属桶已经成为石油化工产品和危险品的主要包装容器。塑料是20世纪初发明的人工合成材料，开辟了材料科学的一个新时代，很快塑料被应用于包装领域，20世纪30年代美国研制成功塑料瓶吹制设备，20世纪50年代随着聚乙烯的发展而普及。

4.1.2 包装的分类

商品包装的分类是把商品包装作为一定范围的集合整体，按照一定的分类标志或特征，逐次归纳为若干概念更小、特征更趋一致的局部集合体，直至划分为最小的单元。商品包装分类是根据一定目的，满足某种需要而进行的。商品包装在生产、流通和消费领域中的作用不同，不同部门和行业对包装分类的要求也不同，分类的目的也不一样。包装工业部门、包装使用部门、商业部门、运输部门根据自己行业的特点和要求，采用不同的分类标志和分类方法对包装进行分类。一般来说，包装工业部门多按包装技法、包装适用范围、包装材料等进行分类；包装使用部门多按包装的防护性能和适用性进行分类；商业部门多按商品经营范围和包装机理分类；运输部门则按不同的运输方式、方法进行分类。由于包装种类繁多，选用分类标志不同，分类方法也多种多样。根据选用的分类标志，常见的商品包装分类方法有以下几种。

1. 按包装在流通中的作用分类

商品包装按其在商品流通中的作用可以分为运输包装和销售包装。

（1）运输包装。

运输包装是用来安全运输、保护商品的较大单元的包装形式，又称外包装或大包装，如纸箱、木箱、桶、集合包装、托盘包装等。运输包装一般体积较大，外形尺寸标准化程度高，坚固耐用，广泛采用集合包装，表面印有明显的识别标志，主要功能是保护商品，方便运输、装卸和储存。

（2）销售包装。

销售包装是指一个商品为一个销售单元的包装形式，或若干个单体商品组成一个小的整体的包装，也称商业包装或小包装。销售包装的特点是包装件小，并且要求美观、安全、卫生、新颖、易于携带，对印刷装潢的要求较高。销售包装一般随商品销售给顾客，起着保护商品、宣传和促进商品销售的作用。同时，也起着保护优质品牌商品、以防假冒的作用。

2. 按包装材料分类

商品包装按包装材料分类可以分为纸、木材、金属、塑料、玻璃和陶瓷、纤维制品、复合材料等包装。

（1）纸制包装。

纸制包装是以纸与纸板为原料制成的包装。它包括纸箱、瓦楞纸箱、纸盒、纸袋、纸管、纸桶等。在现代商品包装中，纸制包装仍占有很重要的地位。从环境保护和资源回收利用的观点来看，纸制包装有广阔的发展前景。

（2）木制包装。

木制包装是以木材、木材制品和人造板材（如胶合板、纤维板等）制成的包装。这类包装主要有木箱、木桶、胶合板箱、纤维板箱和桶等。

（3）金属包装。

金属包装是以黑铁皮、白铁皮、马口铁、铝箔、铝合金等制成的各种包装。这类包装主要有金属桶、金属盒、马口铁及铝罐头盒、油罐、钢瓶等。

（4）塑料包装。

塑料包装是以人工合成树脂为主要原料的高分子材料制成的包装。常用的塑料包装材料有聚乙烯、聚氯乙烯、聚丙烯、聚苯乙烯、聚酯等。塑料包装主要有全塑箱、钙塑箱、塑料桶、塑料盒、塑料瓶、塑料袋、塑料编织袋等。从环境保护的观点来看，应注意塑料薄膜袋、泡沫塑料盒造成的白色污染问题。

（5）玻璃和陶瓷包装。

玻璃和陶瓷包装是以硅酸盐材料玻璃与陶瓷制成的包装。这类包装主要有玻璃瓶、玻璃罐、陶瓷罐、陶瓷瓶、陶瓷坛、陶瓷缸等。

（6）纤维制品包装。

纤维制品包装是以棉、麻、丝、毛等天然纤维和以人造纤维、合成纤维的织品制成的包装。这类包装主要有麻袋、布袋、编织袋等。

（7）复合材料包装。

复合材料包装是以两种或两种以上材料黏合制成的包装，亦称复合包装。这类包装主要有纸与塑料、塑料与铝箔和纸、塑料与铝箔、塑料与木材、塑料与玻璃等材料制成的包装。

 知识链接

复合包装材料可广泛应用于食品包装领域，如铝箔/蜡/薄纸（用于口香糖包装）、铝箔/薄纸/蜡（用于巧克力包装）、铝箔/防油胶黏剂/羊皮纸（用于牛油、奶酪包装）等。一般而言，复合包装材料皆具有防水、抗油、耐热等特征，其用处甚广。大体上可用于：①固体食物，如方便面、奶糖、麦片、巧克力、紫菜、茶叶、干果（如葡萄干）、膨化食品等的包装；②液体食物，如牛奶、甜酒、果汁、酱油、醋等的包装；③保鲜食物，如生鱼、鲜肉、禽蛋等的包装。

3. 按销售市场分类

商品包装按销售市场不同可以分为内销商品包装和出口商品包装。内销商品包装和出口商品包装所起的作用基本相同，但因国内外物流环境和销售市场不相同，它们之间会存在差别。内销商品包装必须与国内物流环境和国内销售市场相适应，要符合我国的国情；出口商品包装则必须与国外物流环境和国外销售市场相适应，满足出口所在国的不同要求。

4. 按商品种类分类

商品包装按商品种类不同可以分为建材商品包装、农牧水产品商品包装、食品和饮料商品包装、轻工日用品商品包装、纺织品和服装商品包装、化工商品包装、医药商品包装、机电商品包装、电子商品包装、兵器包装等。

各类商品的价值高低、用途特点、保护要求都不相同，它们所需要的运输包装和销售包装都会有明显的差异。

4.1.3 包装标志

为了便于商品的流通、销售、选购和使用，在商品包装上通常印有某种特定的文字或图形，用以表示商品的性能、储运注意事项、质量水平等含义，这些具有特定含义的图形和文字称为商品包装标志。它的主要作用是便于识别商品，便于准确迅速地运输货物、避免差错、加速流转等。

1. 运输包装标志

运输包装标志主要是便于商品在运输和保管中的辨认识别，防止错发错运，及时、准确地将商品运到指定的地点或收货单位；便于商品装卸、堆码，保证商品质量安全，加速商品周转。

运输包装标志分为运输包装收发货标志、包装储运图示标志、危险货物包装标志3

大类。

(1) 运输包装收发货标志。运输包装收发货标志又称识别标志，也称唛头。它是在外包装上的商品分类图示标志及其他标志和文字说明的总称。通常是由简单的图形和一些字母、数字及简单的文字组成。收发货标志一般包括下列内容。

① 商品的分类图示标志。

② 自行合理选用的标志。

③ 供货号，指供应该批货物的供货清单号码。

④ 货号，指商品顺序编号，以便出入库、收发货登记、核定商品价格。

⑤ 品名规格，指商品名称或代号，还指单一商品的规格、型号、尺寸、花色等。

⑦ 数量，指包装容器内含商品的数量。

⑧ 重量，如毛重、净重等。

⑧ 生产日期。

⑨ 生产厂名、厂址。

⑩ 体积，指长×宽×高或货物容积。

⑪ 收货人（单位）及发货人（单位）。

⑫ 件号，指商品在本批货物中的编号。

(2) 包装储运图示标志。包装储运图示标志又称指示标志或注意标志。它是根据商品的不同性能和特殊要求，采用图案或简易文字来表示的用以提示人们在装卸、运输和储存过程中应注意的事项的标志。例如，对一些易碎、易潮、易残损或变质的商品，在装卸、运输和保管中提出的要求和注意事项，如小心轻放、由此吊起、切勿倒置、禁用手钩、怕热、重心点、堆码限度等。

包装储运图示标志

包装储运图示标志可采用印刷、粘贴、拴挂、钉附或喷涂等方法，标打在包装端面或侧面的明显处。桶形包装标志应标打在桶身或桶盖处，集装箱包装标志应标打在4个侧面。标志的文字书写应与底边平行。出口货物的标志应按外贸的有关规定办理。粘贴标志应保证在货物储运期间内不脱落。运输包装件需要标打何种标志，应根据货物的性质正确使用。标志由生产单位在货物出厂前标打，出厂后如改换包装，标志由改变包装单位标打。

(3) 危险货物包装标志。危险货物包装标志又称危险品标志，是用来标明对人体和财产安全有严重威胁的货物的专用标志，由图形、文字和数字组成。《危险货物分类和品名编号》(GB 6944—2012) 把危险货物分为9类：爆炸品、气体、易燃液体、易燃固体、氧化剂和有机过氧化物、毒性物质和感染性物品、放射性物质、腐蚀品、杂品。不同类别的危险货物，应使用不同的危险货物标志。

危险货物标志是警告性标志，必须严格遵照国内和国际的规定办理，稍有疏忽，就会造成意外事故。因此，要保证标志清晰，并在货物储运保存期内不脱落。

2. 销售包装标志

商品的销售包装标志一般指附属于商品销售包装的一切文字、符号、图形及其他说明。主要包括下列内容。

（1）销售包装的一般标志。
（2）销售包装的基本内容。

一般商品销售包装标志的基本内容包括商品名称、生产厂名和厂址、产地、商标、规格、数量或净含量、商品标准或代号、商品条码等。对已获质量认证或在质量评比中获奖的商品，应分别标明相应的标志。

4.1.4 包装标准化

1. 包装标准化的概念

在生产技术活动中，对所有制作的运输包装和销售包装的品种、规格、尺寸、参数、工艺、成分、性能等所做的统一规定，称为产品包装标准。产品包装标准是包装设计、生产、制造和检验包装产品质量的技术依据。目前，我国的产品包装标准主要包括建材、机械、电工、轻工、医疗器械、仪器仪表、中西药、食品、农畜水产、邮电、军工等14大类。

商品包装标准化的主要内容是使商品包装适用、牢固、美观，达到定型化、规格化和系列化。对同类或同种商品包装，需执行"七个统一"，即统一材料、统一规格、统一容量、统一标记、统一结构、统一封装方法和统一捆扎方法。

2. 包装标准化的作用

包装标准化工作是提高产品包装质量、减少消耗和降低成本的重要手段，主要作用表现在以下几个方面。

（1）包装标准化有利于包装工业的发展。

包装标准化是有计划发展包装工业的重要手段，是保证国民经济各部门生产活动高度统一、协调发展的有力措施。商品质量与包装设计、包装材料或容量、包装工艺、包装机械等有着密切关系。由于商品种类繁多，形状各异，为了保证商品质量，减少事故的发生，根据各方面的需要，制定出行业标准及互相衔接标准，逐步形成包装标准化体系，有利于商品运输、装卸和储存；有利于各部门、各生产单位有机地联系起来，协调相互关系，促进包装工业的发展。

（2）包装标准化有利于提高生产效率，保证商品安全可靠。

根据不同商品的特点，制订出相应的标准，使商品包装在尺寸、重量、结构、用材等方面都有统一的标准。使商品在运转过程中免受损失。同时也为商品储存养护提供了良好条件，使商品质量得到保证。特别是运输危险货物和有危险的商品时，如果包装比较适宜、妥当，就可以减少发热、撞击，运输安全也得到了保证。

（3）包装标准化有利于合理利用资源、减少材料损耗、降低商品包装成本。

包装标准化可使包装设计科学合理，包装型号规格统一。过去纸箱规格参差不齐，质量不好，实行包装标准化以来，纸箱统一简化为27种规格，降低半成品损耗千分之五。

 知识链接

新比利时酿酒公司的包装标准化

西欧名酒 Fat Tire 啤酒的生产者——新比利时酿酒公司曾去除 12 瓶装运输包装里的卡纸隔断。在之前的水平上,12 瓶装包装去除卡纸隔断后,新比利时酿酒公司每年可以降低大约 150t 的卡纸用量,减少大约 174t 的二氧化碳排放量。另外,这一转变也为该公司节省至少每年 280 000 美元的生产成本。

(4) 包装标准化有利于包装的回收复用,减少包装、运输、储存费用。

商品包装标准的统一,使各厂各地的包装容器可以互通互用,便于就地组织包装回收复用,节省了回收空包装容器在地区间的往返运费,降低了包装储存费用。

(5) 包装标准化便于识别和计量。

标准化包装简化了包装容器的规格,统一包装的容量。明确规定了标志与标志书写的部位,便于从事商品流通的工作人员识别和分类。同时,整齐划一的包装,每箱中或者每个容器中的重量一样、数量相同,对于商品使用计量非常方便。

(6) 包装标准化对提高我国商品在国际市场上的竞争力,发展对外贸易有重要意义。

当前,包装标准化已成为发展国际贸易的重要组成部分,包装标准化已成为国际交往中互相遵循的技术准则。国际贸易要求加速实行商品包装标准化、通用化、系列化。

3. 包装标准化的内容

(1) 包装材料标准化。

商品包装材料应尽量选择标准材料,少用或不用非标准材料,以保证材料质量和材料来源的稳定。要经常了解新材料的发展情况,结合企业生产的需要,有选择地采用。

包装材料主要有纸张、塑料、金属、木材、玻璃、纤维制品等。对这几大类包装材料的强度、伸长每平方米重量、耐破程度、水分等技术指标应作标准规定,以保证包装材料制成包装容器后能够承受流通过程中各损害商品的外力和其他条件。

(2) 包装容器标准化。

包装容器的外形尺寸与运输车辆的内部尺寸和包装商品所占的有效仓库容积有关,因此应对包装外形尺寸作严格规定。运输包装的内尺寸和商品中包装的外尺寸也有类似的关系,因此对运输包装的内尺寸和商品中包装的外尺寸,也应作严格规定。为了节约包装材料和便于搬运、堆码,一般情况下,包装容器的长与宽之比为 3∶2,高与长相等。

(3) 包装工艺标准化。

凡是包装箱、桶等,必须规定内装商品数量、排列顺序、合适的衬垫材料,并防止包装箱、桶内空隙太大,导致商品游动。例如,木箱包装箱,必须规定箱板的木质、箱板的厚度、装箱钉子的规格、相邻钉子距离、包角的技术要求及钉子不得钉在夹缝里等;纸箱必须规定如何封口、腰箍的材料、腰箍的松紧及牢固度等;布包则要规定针距

及捆绳的松紧度等。回收复用的木箱、纸箱及其他包装箱也都必须制定标准。

（4）装卸作业标准化。

在车站、港口、码头、仓库等处装卸货物时，都要制定装卸作业标准。要搞好文明操作。机械化装卸要根据商品包装特点选用合适的机具，如集装袋、托盘等。工业、商业、交通运输部门交接货物时，要实行验收责任制，以做到责任分明。

（5）集合包装标准化。

集合包装既适合机械化装卸，又能保护商品安全。我国集合包装近几年有较快的发展，并制定了部分国家标准，其中，20t以上的集装箱采用国际标准。托盘的标准应和集装箱的标准规定的尺寸相匹配。

4.2 包装材料与制品

4.2.1 纸包装材料与制品

1. 纸包装的优势

（1）可回收利用。世界许多国家都立法要求包装容器回收处理再循环利用，而回收利用最方便的包装物是纸包装。

（2）纸资源丰富。造纸术是我国四大发明之一，我国是造纸之乡，我国盛产麦秆、稻草、芦苇等，有着丰富的造纸原材料，这为纸包装的发展提供了坚实的物质基础。

（3）价格比较低廉。纸包装相对木材、陶瓷、玻璃及塑料包装制品的成本要低，因而采用纸包装的产品价格也相对较低，它比较符合我国国情，也符合广大用户和消费者的需求。

（4）有利于保护商品。纸包装制品相对于传统的竹篓、柳条筐等包装其密封性能较好，我国一些水果产区用纸箱代替竹篓、柳筐包装后破损下降，损耗减少。

（5）有利于宣传和美化商品。外包装可印上吸引消费者购买的宣传图。

（6）纸包装相对其他包装物重量轻，便于携带。

2. 常用的纸包装材料的分类

（1）功能性防护包装纸。

① 牛皮纸。牛皮纸因其似牛皮那样坚韧结实而得名。牛皮纸是高级的包装纸，用途十分广泛，但是，牛皮纸大多数应用于包装工业品，同时，还应用于其他的行业。牛皮纸在外观上分单面光、双面光、有条纹和无条纹等。

 知识链接

牛皮纸的规格

牛皮纸的定量有 $40g/m^2$、$50g/m^2$、$60g/m^2$、$70g/m^2$、$80g/m^2$、$90g/m^2$、$100g/m^2$、$120g/m^2$，其中又以 $60g/m^2$、$70g/m^2$、$80g/m^2$ 的牛皮纸应用最广，随着牛皮纸的定量增加，其纸张变厚，耐破度增加，撕裂度也在增加，其防护性能也更好。

② 纸袋纸,又称水泥袋纸。它是一种工业包装用纸,供制造水泥袋、化肥袋、农药袋等使用。常用 4～6 层的纸袋缝制水泥包装纸。纸袋纸要求物理强度大、坚韧、具有良好的防水性能,装卸时不易破损等,由于水泥的储存要有一定的透气度,因此要求纸袋纸具有一定的透气性,这一点与一般牛皮纸不同。

知识链接

纸袋纸的透气性很重要

纸袋纸要求有一定的透气性,是因为这样水泥自动装袋时空气就容易排出,而不会从袋口反喷,从而减少飞尘。并且在装卸时,袋内空气受到强烈的震动,如果空气无法逸出,纸袋纸就容易破裂。

③ 鸡皮纸。鸡皮纸是一种单面光的平板薄型包装纸,供印刷商标,包装日用百货、食品使用。鸡皮纸一般定量为 $40g/m^2$,一面光泽好,有较高的耐破度和耐折度,有一定的抗水性。其特点是浆细、纸质均匀、拉力强、纸包扎不易破碎、色泽较牛皮纸浅。

④ 玻璃纸。和一般的纸有所不同,玻璃纸是透明的,就像玻璃一样。其之所以透明,是因为它同一般的纸张和纸板不同,它不是用纤维交织起来的,而是将纤维原材料经过一系列的复杂加工后,制成胶状的液体,形成薄膜,因此它的有些形态和性质与塑料膜相似。玻璃纸主要应用于医药、食品、纺织品、化妆品、精密仪器等美化包装。其主要特点是透明性好、光泽性高、印刷适性好等。

⑤ 羊皮纸。最早的羊皮纸是由动物羊皮制成的,现在的羊皮纸则主要由植物制成。羊皮纸是一种透明的高级包装纸,又称硫酸纸。它是羊皮原纸经硫酸处理之后所得的一种变性加工纸。它是一种高强度的纸,一般用破布浆或化学木浆制成,制造过程中不加任何填料、胶料,因而羊皮纸的吸水性好,组织均匀。由于羊皮纸经过了硫酸处理,因此羊皮纸的强度很好,被广泛地应用于机械零部件、仪表、化学药品等工业产品和食品、医药品、消毒材料等内包装用纸。

知识链接

仿羊皮纸的特点

仿羊皮纸外观类似羊皮纸,具有较高的防油性能,但没经过硫酸处理。其性能特点有:纸页结构均匀、紧密、两面平滑;纸页呈半透明状;紧度高,机械强度较高。仿羊皮纸还具有防潮、防油的特征,主要用于工业和食品及杂货行业的防油纸。羊皮纸与仿羊皮纸的区别有两个方面。①沸水煮:将试样纸置于沸水中停留 3～5min,取出用力拉断。植物羊皮纸试样的长度和伸长率不变,并要用很大的力才能拉断,拉断的地方几乎是平滑的线,没有凸出的纤维。仿羊皮纸则像一般湿纸一样,强度严重损失,拉断线不平滑。②氯化钡:用氯化钡沉淀硫酸痕迹的方法来区分,仿羊皮纸不含硫酸根。

(2)包装装潢用纸。

① 铜版纸。铜版纸是一种涂料纸,主要是在原纸上涂一层白色涂料而成,它是一

种高级包装装潢及印刷用纸。铜版纸的主要原料是铜板原纸与涂料，中高级铜版纸采用特制的原纸进行加工，一般铜版纸采用优质的新闻纸或胶版纸进行加工。因为铜版纸具有较高的平滑度和白度、质地密实、缩性小、耐水性好、印刷性好、印刷图案清晰、色彩鲜艳等特点，所以广泛地应用于商品包装中的高级商标纸，如各种罐头、饮料瓶、酒瓶等贴标，以及多种彩色包装，如高级糖果、食品、巧克力、香烟、香皂等生活用品的包装。铜版纸还可以做高级纸盒、纸箱的贴面。

② 胶版纸。胶版纸是一种高级彩色印刷品用纸，其主要在胶印机上使用。它具有质地平滑、组织细密均匀、伸缩率小、抗水性好、印刷图案清晰等特点，但不如铜版纸的组织紧密，光洁性也较铜版纸差。胶版纸作为包装装潢用纸，其用途类似于铜版纸，但因质量较铜版纸差，所以仅用作商品包装中的一般彩色商标、彩色包装及纸箱挂面。

③ 不干胶纸。不干胶纸基本上是由基面基材、胶粘剂、底纸 3 个要素组成的，它主要用来印刷各种商品商标、标签、条码等。

3. 常用的纸板包装材料的分类

（1）瓦楞原纸。瓦楞原纸的纤维组织均匀，厚薄一致，无突出纸面的硬块，纸质坚韧，具有一定耐压、抗张、抗戳穿、耐折叠的性能。瓦楞原纸所含水分应控制在 8%～12%，若水分过高，加工纸箱时，就会出现纸身软、挺力差、压力不起楞、不吃胶、不粘合等现象；若水分过低，纸质发脆，压楞时易出现原纸破裂现象。瓦楞原纸按原料不同，可分为半化学木浆、草浆和废纸浆瓦楞原纸 3 种。它们是在高温下，经机器滚压成为波纹形的楞纸，与箱纸板粘合成单楞或双楞的纸板，可制作瓦楞纸箱、盒、衬垫和格架。瓦楞原纸是一种低重量的薄板纸。国产瓦楞原纸分卷筒纸与平板纸两种。

（2）瓦楞纸板。瓦楞纸板是在包装工业中应用广泛的一种纸板，特别是商品包装，可以用来代替木板箱和金属箱。用瓦楞纸板制作的纸箱和纸盒包装，如图 4.1 所示。瓦楞纸板由瓦楞原纸加工而成。先将瓦楞原纸压成瓦楞状，再用粘合剂将两面粘上箱纸板，使纸板中间呈空心结构。其结构设计是很科学的，瓦楞的波纹宛如一个个连接的小小拱形门，相互并列成一排，相互支撑，形成三角结构体，强而有力，从平面上也能承受一定重量的压力，富有弹性、缓冲力强，能起到防震和保护商品的作用。

图 4.1 用瓦楞纸板制作的纸箱和纸盒包装

根据瓦楞形状的不同可以把瓦楞纸板分为 V 形、U 形、UV 形瓦楞纸板 3 种，如图 4.2 所示。目前广泛使用的是 UV 形瓦楞纸板，因为它的抗压强度较高。根据实验的结果，V 形瓦楞在加压的初期歪斜度较少，但超过最高点后，便被迅速地破坏；而 U 形瓦楞吸收的能量较高，当压力消失后，仍能恢复原状，富有弹性，但抗压强度不高。取上述两种波形的优点，就产生 V 形和 U 形相结合的 UV 形瓦楞。

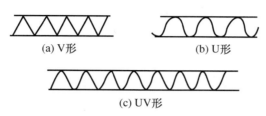

图 4.2 瓦楞纸板的 3 种形状

根据瓦楞楞型、规格的不同可以把瓦楞纸板划分为 A、C、B、E、F 5 种类型，生产瓦楞纸箱（盒）用的以 A、B、C 3 种类型居多。瓦楞类型及特征见表 4-1。

表 4-1 瓦楞类型及特征

类型	瓦楞高度/mm	瓦楞宽度/mm	楞数/（个/300mm）	压楞系数
A	4.5～5.0	8.0～9.5	34±3	1.58
C	3.5～4.0	6.8～7.9	41±3	1.50
B	2.5～3.0	5.5～6.5	50±4	1.38
E	1.1～2.0	3.0～3.5	93±6	1.30
F	0.6～0.9	1.9～2.6	136±20	—

注：压楞系数为参考值，设备、齿形不同，其值出入很大。

根据瓦楞纸板的层数与结构可以把瓦楞纸板分为二层瓦楞纸板、三层瓦楞纸板、五层瓦楞纸板和七层瓦楞纸板等，如图 4.3 所示。

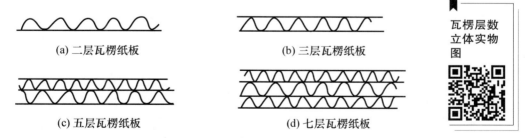

图 4.3 不同层数的瓦楞纸板

二层瓦楞纸板：用一张垫纸板、一张瓦楞纸黏合而成，作为包装衬垫用。

三层瓦楞纸板：用两张纸板，中间裱瓦楞纸，三层黏合而成，用于生产中包装或外包装用小型纸箱，又称双面瓦楞纸板。

五层瓦楞纸板：用面、里及芯三张纸板，中间裱两层瓦楞纸黏合而成，用于一般纸箱，又称复双面瓦楞纸板。

七层瓦楞纸板：用面、里及芯四张纸板，纸板间各裱一层，共裱三层瓦楞纸黏合而成，用于大型或负载特重的纸箱，又称复复双面瓦楞纸板。

（3）箱纸板。我国箱纸板分为一号、二号、三号3种类型，用于和瓦楞原纸裱合后制成瓦楞纸盒或瓦楞纸箱，供日用百货等商品外包装和个别配套的小包装用。箱纸板的颜色为原料本色，表面平整，适于印刷上油。

4. 纸包装的市场需求趋势

市场需要低克重、高强度、绿色化的纸包装。"低克重"有利于节约资源、降低成本；"高强度"能有效保护商品，减少破损；"绿色化"符合环保要求。

市场需要多功能化的纸包装。纸包装的多功能化是指纸包装在完成包装使命后，仍具有其他使用功能。这是解决包装废弃物的重要途径之一，也是发挥纸包装材料优点，使纸包装得以可持续发展的重要保证。例如，目前许多国家和地区用黏合箱替代装订箱等。

为适应市场多样化，又保持竞争价格的需要，纸包装行业普遍采用高生产率集中制版、分散制盒（箱）的组织结构，为适应这种模式，包装尺寸的标准化、系列化也越来越受到人们的重视。

5. 纸包装制品装备的发展战略

与纸包装制品在我国有着非常大的市场潜力相一致，纸包装制品装备也有很大的发展空间。由于我国各地区间的经济发展水平有一定的差异，对纸包装制品装备水平的需求，也是不同的，因此各机械制造商应根据自己的市场定位发展不同档次的装备，发展自动、高速、多功能化的纸包装制品的设备，要重视计算机控制技术的引入。随着市场竞争的激烈展开，各个企业必定对装备的速度提出更高要求，为适应这种要求，必定需要大力采用计算机控制技术，除了在单机上实现机电一体化，还要在生产线上采用计算机控制，如在纸包装制品生产线上采用计算机辅助过程控制和数据处理系统。

4.2.2 塑料包装材料与制品

1. 塑料包装材料在国民经济中的地位

海南持续推进禁塑工作，生物降解塑料将大范围使用

塑料是塑料、橡胶、合成纤维三大合成高分子材料中应用量最大、应用面最广的一种材料，已深入国民经济的各个领域，目前，世界塑料年产量已逾 1.6×10^8 t。然而，在各个不同领域中，对塑料制品的消费量还存在较大的差异，目前塑料制品应用最多的领域是包装塑料行业，其中包装塑料制品雄居首位，占塑料制品总量的70%，比塑料建材总量高出近10个百分点，较其他方面的应用更具有明显的优势。就包装材料而言，塑料包装材料已远远超过玻璃、金属、木材等传统的包装材料，仅次于纸制品而居第二位；就发展速度而言，塑料包装材料已超过其他各

种包装材料而居首位。不言而喻,塑料包装材料在整个国民经济中占据十分重要的地位。然而,塑料和其他传统的包装材料相比,毕竟还是一个应用时间很短的后起之秀,它的许多潜在的优点尚待开发利用。作为一种新型材料,它在性能上的许多不足与局限,亦有待人们很好地认识,以便在使用中予以避免。因此,需要人们在从事塑料科研、生产与应用的同时,客观地对塑料包装材料进行介绍与评价,从而推动塑料包装材料的进一步发展。

2. 塑料包装材料的主要品种

各种商品所使用的包装材料通常为一次性使用,当商品从生产单位流通到消费者手中或者到商品开封使用后,包装材料即完成了它的使命,作为废弃材料回收或者处置。因此,对于包装材料,一是要求其性能好,能适应保护、宣传商品的需要;二是要求其成本尽可能地低。当今所谓的通用塑料,如聚乙烯与聚丙烯,它们具有性能优良、生产量大、价格低廉等共同特点,是塑料包装材料的首选物料;其次是生产规模较大、性能更佳,但价格较高的通用型工程塑料,如热塑性聚酯;至于价格昂贵的特种工程塑料,虽然在某些性能上有独到的优点,但由于经济上的原因,一般不作包装材料用。

(1) 通用塑料。

通用塑料中的热塑性塑料具有性能均衡、成型加工方便、回料及废弃物料回炉方便、制品价格较低等优点,大量用于塑料包装材料。其主要品种有聚乙烯及乙烯共聚物,这类塑料包括高密度聚乙烯、低密度聚乙烯、线性低密度聚乙烯、乙烯－乙酸乙烯共聚物等。

聚乙烯类塑料是典型的聚烯烃类化合物,无毒、无味、卫生性能可靠,耐酸、碱、盐及多种化学物质,性能稳定;物理及力学性能均衡,防湿防潮性突出,根据其成型加工性能特点,可方便地制成板材、薄膜、容器、扁丝等各种包装用塑料制品,而且价格低廉,因此在包装中的应用极为广泛。作为包装材料,其主要缺点是阻氧性较差。

在几种聚乙烯中,高密度聚乙烯是聚乙烯中力学强度最好的品种,对水蒸气的阻隔能力是各种塑料中最好的一种,却是柔软性和透明性最差的品种。当需要柔软及透明性佳的制品时,则应选用低密度聚乙烯。线性低密度聚乙烯的力学强度介于高密度聚乙烯与低密度聚乙烯之间,其最大优点是抗穿刺强度高,抗撕裂强度高,耐应力开裂性能也十分突出;此外,它的热封合性能亦优于高密度聚乙烯和普通低密度聚乙烯,是薄膜用的一种良好的基材,但其主要缺点之一是成型加工性能稍逊。

乙烯－乙酸乙烯共聚物也是包装中应用较多的一种乙烯类聚合物,其价格略高于聚乙烯,但在塑料中仍属比较便宜的品种,随着乙酸乙烯含量的增加,其耐寒性、柔软性、热封合性改善,透明性提高,但当乙酸乙烯含量超过10%时,则可能呈现酸味,不宜直接接触食品。

聚丙烯及丙烯共聚物,聚丙烯和聚乙烯一样,是典型的聚烯烃类高聚物,因而有很多相似的性能,如化学稳定性好、无毒、无味、卫生性能可靠等,和聚乙烯相比,聚丙烯的主要优点是耐热性好,使用温度可达120℃,因而以聚丙烯为热封层的复合袋可用于蒸煮灭菌。此外，聚丙烯的强度明显高于聚乙烯，聚丙烯性能上的最大缺陷是耐低温性能差，聚丙烯均聚物在 0 ℃已表现出较大的脆性，丙烯与少量乙烯的共聚物可以明显地改善聚丙烯的耐寒性，但耐热性也会相应下降。

作为包装材料使用，和聚乙烯十分相似，聚丙烯有良好的防湿、防潮性，但对氧气、二氧化碳、氮气等非极性气体的阻隔性较差，当商品需要隔氧储存时，需采用所谓阻隔性包装材料包装，或者采用聚丙烯/聚乙烯与阻隔性包装材料的复合制品为包装材料。

聚氯乙烯也是一种综合性能好、价格低的通用塑料，而且它的助剂多，可以通过对配方的调节较大幅度地改变制品的性能，如可以少加或不加增长塑剂，制得硬质聚氯乙烯制品。硬质聚氯乙烯制品有良好的刚性并兼有较好的抗水防潮性能和阻隔氧气，二氧化碳及氮气透过性能，其耐油性、透明性也明显优于聚烯烃类塑料。但用于包装后的废弃物回收利用及焚烧处理均较为困难，回炉应用加工过程中比较容易分解，焚烧处理时，会产生危害环境的氯化氢之类的物质，且要消耗能量，因此，聚氯乙烯在包装方面的应用受到一定限制，且随着人们环保意识的不断提高，它在包装方面的应用有逐步被其他材料代替的趋势。

 知识链接

我国对塑料包装材料的规定

根据专项监督抽查结果，为确保人民群众身体健康，我国国家市场监督管理总局发出公告。一是聚氯乙烯保鲜膜禁用 DEHA。禁止含有 DEHA 等不符合强制性国家标准规定的或氯乙烯单体含量超标的聚氯乙烯食品保鲜膜进口、出口；禁止企业在生产聚氯乙烯保鲜膜时使用 DEHA；禁止企业经销含有 DEHA 或氯乙烯单体含量超标的聚氯乙烯食品保鲜膜，禁止使用聚氯乙烯保鲜膜直接包装肉食、熟食及油脂食品。二是加强对食品保鲜膜产品的进出口及生产、销售和使用环节的监管。三是完善食品保鲜膜产品标准。四是将聚氯乙烯食品保鲜膜列入进出口商品法检目录。

（2）工程塑料。

在包装领域中，应用较多的工程塑料是热塑性聚酯与聚酰胺，这两种塑料有许多相似之处，最初它们均被作为合成纤维的原材料而被研究和开发，后来因强度高、易成型而步入塑料领域，成为工程塑料的主要品种之一，然后逐步用于包装基材。热塑性聚酯与聚酰胺性能上的主要特点是耐油、耐高低温，阻隔氧气、二氧化碳及氮气等性能良好，无毒卫生性能也好，因此是阻隔性薄膜的常用基材，用它们制成的复合薄膜可用于蒸煮包装、真空包装、除氧包装等。作为复合薄膜基材的尼龙，除上面的特性外，主要特点是抗穿刺性能特别突出，用于带骨食品等包装十分有利，但它比较容易受空气中水分的影响，在潮湿环境中，阻氧性下降。

特别是随着热塑性聚酯生产技术的提高，生产规模的扩大，其价格明显下降。同时由于人们环保意识的增强，废弃物容易通过物理或化学方法再循环的热塑性聚酯制品身价倍增，在中空容器及薄膜制品方面，得到了飞速的发展。

在包装中应用的工程塑料除热塑性聚酯与聚酰胺外，还有聚碳酸酯。聚碳酸酯的主要特点是耐高温、高透明度、高强度，特别适用于可回收利用（重复灌装）的中空容器。目前较为实用的产品主要有奶瓶及净化水用桶。由于其价位较高，在其他方面的应用尚不多见。

（3）其他较常见的包装用塑料。

其他包装用塑料还有聚偏二氯乙烯（PVDC）、乙烯-乙烯醇共聚物（EVOH）、聚丙烯腈（PAN）树脂及聚乙烯醇（PVA）等，这些塑料均以对氧、二氧化碳及氮气等非极性气体的高阻隔性而著称。此外，它们的另一特性是耐油性比较突出。

除上述特点外，聚偏二氯乙烯还具有高度防湿防潮性，是食品类商品的一种极为理想的包装材料，而且可以采用聚偏二氯乙烯的溶液或者乳液，在薄膜（或中空容器）表面形成极薄的防护层，即能发挥明显的阻氧防潮效果。因此，尽管聚偏二氯乙烯有价格较贵、成型加工比较困难、废弃物焚烧处理会产生氯化氢等有害物质的缺点，但目前聚偏二氯乙烯在包装方面的应用仍相当普遍。乙烯-乙烯醇共聚物是阻隔性最佳的塑料之一，而且还是高阻隔性塑料中成型最好的品种，加之废弃物焚烧时不会产生危害环境的有毒物质，因此，被普遍认为是颇具发展前景的优良的塑料包装材料。但因其价格昂贵，应用受到较大的限制，目前仅用于高档的复合瓶、多层复合薄膜及复合片材的阻隔层。聚丙烯腈树脂及聚乙烯醇均因为成型加工困难，推广应用受到限制，使用不多。聚丙烯腈树脂可用于制造阻隔性能良好的双向拉伸瓶，而聚乙烯醇则主要用于制造薄膜类塑料包装材料。聚乙烯醇双向拉伸薄膜主要用于高阻隔性复合薄膜的基材；聚乙烯醇非拉伸薄膜则主要用于单膜制袋，供服装的高级包装袋使用，可提供高透明性、高光泽性及鲜明而牢固的印刷图案。此外，它还具有优良的抗静电性，没有普通塑料薄膜袋因静电而吸尘的通病，使得所包装的商品具有极佳的展示效果。

3. 塑料包装材料的主要形态

（1）塑料薄膜。

塑料薄膜通常指厚度为 0.25mm 以下的平整而柔软的塑料制品，是塑料包装材料中使用最为广泛的一个品种，其品种繁多，除普通塑料包装袋用的塑料薄膜外，还有许多专用品种，如液体包装薄膜、收缩薄膜、缠绕膜、冰箱保鲜膜、果蔬保鲜膜、表面保护膜、扭结膜等。塑料薄膜主要用于制作各种包装袋，此外，比较常见的还有缠绕包装、扭结包装、表面保护等包装形式。

（2）塑料容器。

塑料容器是与塑料薄膜一样被广泛应用的另一大类塑料包装材料。塑料容器包括中空容器、周转箱、杯、盘等。

① 中空容器。它主要用于包装液态物质，有时也用于包装一些固态物质。其中，典型的产品是吹塑容器与滚塑容器。最小的塑料中空容器的容积仅几毫升，而特大型滚塑容器可达几十立方米，使用最多的塑料中空容器是容量为几百毫升的塑料瓶，如图4.4所示。

可口可乐塑料瓶生产过程

② 周转箱。它主要用于商品或生产过程中的零部件储运、周转的箱式容器。与一般塑料包装材料不同，周转箱一般会多次重复使用，而非一次性使用。

③ 杯、盘之类的容器。这类小型容器由片材经热成型而制得，其特点是厚度比较均匀、制造方便、成本低廉，是食品常用的包装材料。

图 4.4　容量为几百毫升的塑料瓶

（3）塑料纺织袋。

塑料纺织袋是塑料包装材料中的重要品种，起初它是作为麻袋的代用品而开发的，现在其应用范围已远超出了麻袋的代用品。塑料纺织袋主要用于包装固态商品，如水泥、食品、盐及多种化工原料。塑料纺织袋常带有塑料涂布层或者与内衬袋配合使用，以获得良好的防潮效果。塑料纺织袋最常用的规格是 10～25kg 容量的中、小型包装袋，还有可容纳 500～1 000kg 物料的集装袋。这种大型集装袋已在化工物资及羊毛等商品的包装中得到广泛应用。塑料纺织袋主要采用聚乙烯制得，也有采用高密度聚乙烯或线性低密度聚乙烯为原料的产品。过去塑料纺织袋所固有的易光老化及堆码时易打滑两大缺点，可通过配入紫外线吸收剂以及与纸线复合而得到克服，使用效果明显改善。

（4）泡沫塑料及其他塑料包装材料。

泡沫塑料制品是塑料制品的一个重要分支，其性能上的主要特点是减震、防震与隔热保温。泡沫塑料制品在包装方面的应用除上述发泡周转箱外，还可用于各种家用电器、电工仪表及化学试剂等商品的防震包装，制品的形态有箱、盒、衬垫块等。

塑料包装材料的品种繁多，可谓不胜枚举，比较重要的还有塑料打包带、结扎绳、塑料网等。

4. 塑料包装材料的发展趋势

塑料包装材料的发展趋势大体上可归纳为提高使用功能、降低生产成本及适应环境保护要求等方面。

（1）提高塑料包装材料的使用功能。

在提高塑料包装材料的使用功能方面，人们做了大量的工作，包括提高通用包装材料的性能和开发功能性包装材料等，并获得了可喜的成果。在提高通用塑料性能方面，采用茂类金属化合物催化剂，可以大幅度提高聚乙烯的强度，从而可以将聚乙烯薄膜做得更薄，并达到原来较厚的聚乙烯薄膜的使用效果，从而节约聚乙烯物料的消耗量，实现降低包装成本、减少废弃塑料包装材料量、减轻环保压力的多重功效。人们在塑料制品生产技术方面也做了许多工作，其中通过将聚对苯二甲酸乙二醇酯（PET）瓶的成型工艺进行改进，大大提高了其耐热性，使最高灌温度由60℃提高到85℃，扩大了PET瓶的应用领域。在改善通用塑料包装材料使用功能的同时，一批具有新型功能的塑料包装材料也已崭露头角。

 包装故事

几家公司改善塑料包装的实践

英国CMB公司开发了一种除氧容器，当氧气进入容器壁中时，容器壁与氧气发生化学反应而将氧消耗掉，防止氧气与容器中的物品接触，从而保护物品免受氧化。无独有偶，另一家公司也开发了一种反应型塑料包装材料，该公司将酶加入塑料中，据称可除去牛奶中的胆固醇，还能除去液态食品中的氧。具有一系列优异特性的含氧化硅涂层的塑料薄膜更是备受人们的关注，这种薄膜的主要特点是具有高透明性和对水蒸气及氧气的高阻隔性，且可透过微波，所包装的物可直接放进微波炉中加热；使用后的废弃物易回收处理，不会对环境造成负担等。因此，尽管该产品尚处于开发应用初始阶段，还存在价格昂贵、涂层性脆、运输过程中阻隔性损失较大等问题，但目前众多公司十分看好这一领域，纷纷加盟含氧化硅涂层的塑料包装材料的研究。美国Flex公司使用电子束沉积技术，将氧化硅涂布到PET、邻苯基苯酚（OPP）薄膜上，涂布厚度为0.1μm，该公司的氧化硅涂布薄膜称为Transpak，除具有高度透明性外，还能透过微波，并且对水蒸气及氧气均有高度的阻隔性。美国的Eastpak公司，采用等离子增强化学蒸气积附工艺，将氧化硅涂布到PET薄膜及瓶上，商品名为QLF，瓶上涂膜层厚为0.02～0.03μm，阻氧性较普通PET瓶提高了4倍。日本东京凸版印刷公司采用真空积附法，生产涂布氧化硅涂层的PET薄膜。日本的东洋油墨公司也采用真空积附法生产含氧化硅涂布层的薄膜类产品。

如果在降低成本方面取得重大突破，估计在塑料薄膜及塑料瓶上涂布氧化硅的产品将在包装中得到广泛的应用。

（2）降低塑料包装材料的生产成本。

降低塑料包装材料的生产成本是提高其竞争能力的重要措施，主要途径包括：①采用优质材料，在确保使用功能的前提下，减少原材料损耗；②提高塑料包装材料的生产技术水平，降低生产费用。

在应用优质新型材料方面，采用强度高的线性低密度聚乙烯（LLDPE）代替低密度聚乙烯（LDPE）生产塑料包装薄膜，曾在塑料界引起一次较大的变革。以茂金属催化剂生产的新型聚乙烯和聚丙烯与传统的聚乙烯和聚丙烯有显著的区别，并给塑料制品生产厂及应用单位带来经济上的实惠。在提高塑料包装材料生产技术，降低生产费用方面，开发与应用，为大规模生产装置的投产奠定了坚实的基础，塑料制品生产装置的大型化，无论对降低产品能耗还是减少劳动力耗用量，均创造了十分有利的条件，因此，塑料薄膜、片材等生产装置的大型化已成为一种十分明显的趋势。近年来，我国已相继建立了一些万吨级双向拉伸聚丙烯（BOPP）薄膜生产线，估计生产装置大型化的这种趋势将进一步扩大。

（3）适应环境保护要求。

塑料包装材料的广泛应用，在促进工农业生产，满足人民生活需要上均起到了积极的作用。然而，由于过去人们环保意识不强，废弃塑料包装被乱抛乱扔，大量散布于自然界中，一直被认为是塑料一大优点的稳定性好的特性却成了欲使塑料迅速分解，回归自然的一大障碍。大量塑料包装材料积存于自然界中，严重影响生态平衡，给人类的生存环境造成极大危害之后，引起了各国的广泛重视。对此，工业发达国家提出了适应环境保护的"三R一D"的主张，值得我们在今后发展塑料包装材料中借鉴。

4.2.3 金属包装材料与制品

1. 金属包装发展概况

英国薯片品牌用桉树叶制造薯片包装袋，100%可降解

1809年，一名法国人发明了食品罐法，但他当时用的是玻璃罐。1814年，一位英国商人发明马口铁容器，开创了金属包装的历史。今天，马口铁容器已经广泛用于食品、饮料、化工、油脂、医药等行业的包装。

20世纪初，人们又发明了用钢桶来取代木桶，开始时钢桶的形状像木桶一样两头小中间大，像个鼓，但以后逐渐演变为圆柱形。如今钢桶已经成为世界贸易中使用最广泛的运输包装容器之一。

在20世纪50年代，美国实现了铝制二片罐的工业化生产，后来又发明了铝质易开盖。易开盖和铝罐以及马口铁罐的巧妙结合，把金属容器的发展推向一个新的高峰。如今，用于饮料包装的金属容器占据了最重要的位置。发展最快的是美国，在20世纪70年代末期，美国的饮料（包括啤酒）罐的产量已超过1 000亿罐/年，也就是说，每个美国人每天起码要开启一个金属罐。

在我国，金属包装是包装工业的重要组成部分，其产值约占我国包装工业总产值的10%，主要为食品、罐头、饮料、油脂、化工、药品及化妆品等行业提供包装服务。从20世纪80年代后期到90年代中期是我国金属容器兴旺发展的时期。近年来，随着技术发展和行业管理的加强，市场秩序得到进一步改善，并将逐步进入稳定有序的良性发展时期。作为包装的使用材料，目前我国的金属材料数量仅次于塑料材料。金属包装材料具有极优良的综合性能，且资源丰富，特别是在复合材料领域找到了用武之地，成为复合材料中主要的阻隔材料层，如以铝箔为基材的复合材料和镀金属的复合薄膜都是金属复合材料，应用范围非常广泛。

我国金属包装的应用

我国金属包装的最大"用户"是食品，其次是化工产品，此外，化妆品和药品也占一定的比例。随着我国国民经济持续发展，人民消费水平持续增长，上游相关行业的快速发展将推动金属包装行业走出低谷。当前饮料行业发展迅猛，各种品牌层出不穷，虽然采用塑料瓶、玻璃瓶、复合纸包等包装占有一定份额，但二片罐、三片罐仍占优势，如金属罐包装的啤酒市场份额不断增长。油脂化工、石油制品、医药、化妆品等行业对金属桶罐的需求将成倍增长。

2. 金属包装容器的特点

（1）机械性能好。金属容器相对于其他包装容器，如塑料、玻璃、纸类容器等的强度均大，且刚性好，不易破裂，不仅可用于小型销售包装，而且是大型运输包装的主要容器。

（2）阻隔性优异。金属薄板具有比其他任何材料均优异的阻隔性，且阻气性、防潮性、遮光性、保香性均好，加之密封，能可靠地保护产品。

（3）易于实现自动化生产。金属容器的生产历史悠久、工艺成熟，有与之相配套的一整套生产设备，生产效率高，能满足各种产品的包装需要。

（4）装潢精美。金属材料印刷性能好，图案商标鲜艳美观，所制得的包装容器引人注目，是一种优良的销售包装。

（5）形状多样。金属容器可根据不同需要制成各种形状，如圆形、椭圆形、方形、马蹄形、梯形等，既满足了不同产品的包装需要，又使包装容器更具多样化，促进了销售。

3. 金属包装主要产品的分类

（1）二片罐和三片罐。

二片罐是采用适当的冲压工艺，使圆形板坯经若干次冲压后成型的。冲压成型后的杯形或其他形状的罐身，其侧壁完整、光洁、无接缝；底部和侧壁为一个整体，没有传统三片式组合罐的侧壁与底部的卷封接缝。正是由于上述结构特点，二片冲压罐很容易加工成各种圆形或异形的容器，即使是圆柱体结构的二片罐，也可以很方便地在柱体（罐身）的上缘部分和下缘部分进行适当的加工修饰，既可以使二片罐结构强度得到改善，也可以使圆柱体容器的造型更加美观。二片罐所用材料为铝合金、镀锡薄钢板和镀铬薄钢板，目前主要用于啤酒和含气饮料的包装，如图4.5所示。

易拉罐的制作过程

三片罐由罐身、罐底和罐盖三部分组成。罐身的上缘和下缘分别为罐盖与罐身、罐身与罐底的结合部，为使罐身上缘与一定规格的罐盖相封合，可设计成缩口结构。三片罐所用的材料主要是镀锡薄钢板和镀铬薄钢板，主要用于肉罐头、水果蔬菜罐头、深冲罐等，如图4.6所示。

图 4.5　二片罐

图 4.6　三片罐

知识链接

二片罐的优缺点

二片罐相对于三片罐来说，具有下列优点。①密封性好。罐身由冲拔工艺直接成型，不渗漏，可免去检漏工序。②确保产品质量。两片罐不用焊接密封，避免焊锡罐的铅污染，且耐高温杀菌，可保证产品卫生。③美观大方。罐身无接缝，造型美观，且罐身可连续进行装潢印刷，效果好。④生产效率高。二片罐只有两个部件，且罐身制造工艺简单，对简化工艺过程、提高生产能力大有好处。⑤节省原材料。二片罐的罐身成型时受到拉伸变形，壁厚较三片罐的薄。另外，二片罐的罐身是整体成型，无罐身纵缝及与罐底接缝，也节省了材料。但是，二片罐对材料性能、制罐技术、制罐设备等的要求较高，装填物料的种类较少。

（2）气雾罐。

气雾罐是指由阀门、容器、内装物（包括产品、抛射剂等）组成的完整压力包装容器，当阀门打开时，内装物以预定的压力、按控制的方式释放。我国气雾罐技术在卫生杀虫、化工、化妆品及广大农村领域应用广泛，又新开发了在食品、空气清新剂、医药领域的应用。金属气雾罐主要用马口铁、无锡薄钢板、不锈钢板及铝等材料制成。

（3）各类瓶盖。

金属瓶盖包括铝制易拉盖、防盗盖和马口铁旋开盖、皇冠盖。随着酒类和各种饮料工业的迅猛发展，瓶盖厂引进大量的瓶盖生产线，目前我国拥有进口冲压生产线 200 多条。例如，皇冠盖，不同型号的设备产能速度分别为每小时 11 万只、14 万只、27 万只等。

（4）杂罐。

杂罐主要指盛装固体食品、文具、医药、玩具、礼品等所用的标准罐以外的各种异型罐，是中高档出口产品的重要包装形式。由于杂罐属于设计和创意性产品，工艺复杂，做工精致，易于被消费类品牌用户采用，附加值较高。长期以来，杂罐类企业的效益一直较好。最近几年，我国杂罐销售收入不断增长，发展势头良好。

（5）化工桶。

化工桶主要是指 1～18L 以下的小桶。主要用作原料性食品、化工涂料和油漆、润滑油等的中转包装。近年来，随着汽车工业、建筑业、房地产业的快速发展，以及跨国企业的大量引入,带动金属包装的发展,其产量增长旺盛。

(6)罐头空罐。

据不完全统计,罐头每年用掉马口铁罐约40亿只,在出口及内销不断增长的情况下大有发展前途。

(7)钢桶。

钢桶指用较厚的钢板(大于0.5mm)制成的容量较大(大于20L)的容器。钢桶之所以得到了广泛的应用,是因为它具有良好的机械性能,耐压、耐冲击、耐碰撞;有良好的密封性,不易泄漏;对环境有良好的适应性,耐热、耐寒;装取内容物方便,储运方便;根据内容物的不同,某些钢桶有较好的耐腐蚀性;有的钢桶可多次重复使用等。钢桶适于储运液体、浆料、粉料或固体的食品及轻化工原料,包括易燃、易爆、有毒的原料。

随着我国化工、石油、涂料等行业的飞速发展,对钢桶的需求量大增,许多钢桶厂相继进行技术改造,我国钢桶年产量早已过亿,不仅产量居世界前列,而且技术和设备都达到了世界先进水平。

4.2.4 木制包装材料与制品

1. 木制包装材料的特点

木制包装材料包括天然木材(俗称木材)和人造板材两类。天然木材主要有各种松木、杉木、杨木、桦木、榆木等;人造板材主要包括胶合板、木丝板、刨花板、纤维板等。木制包装材料主要用于制造各类包装容器,如木箱(图4.7)、木桶、木盒(图4.8)、纤维板箱、胶合板箱等;也可用于制造托盘及较重设备底座等。

图 4.7 木箱

图 4.8 木盒

木制包装材料在包装领域内占有很重要的地位,工业越不发达,其所占比例越大。按价值计算,发达国家的木制包装约占包装总额的10%,我国约占20%,某些发展中国家能占50%以上。它之所以如此重要,是因为它有许多突出的优点。

(1)机械强度好。它的抗拉、抗压、抗弯强度均较好,可以根据包装物品的不同来选择不同的木材,以适应不同的包装要求。

(2)加工性能好。木制包装不需要有复杂的设备和技术,用简单的工具就能制成,并可根据需要来改变尺寸和大小。

（3）有良好的冲击韧性和缓冲性能。这对重型或精密物品尤为重要。

（4）耐腐蚀、不生锈，适用范围广。几乎一切物品均可用木制材料包装。

（5）原料来源广泛。树木遍布世界各地，数量可观，便于就地取材。

（6）握钉性能好。这使它易于制成容器，在其内便于安装挂钩、螺栓，以固定物品，而容器外面也便于加固。

（7）可回收重复利用。木制包装可多次重复使用，或将其改作他用，可降低成本，也不污染环境。

（8）用人造板材制作的包装容器，外表较美观，并具有耐久性和一定的防潮、防湿性。

木制包装材料的主要缺点是外观较差、容易吸潮，其包装容器难以实现机械化生产。

2. 木制包装的应用现状

近年来，我国经济发展很快，每年几乎都以9%的速度递增，同时各种资源也消耗很大，木材便是其中之一。众所周知，我国木材资源匮乏。按历年木材消耗状况进行趋势分析的数据表明，我国2015年木材消耗量达 $5.891 \times 10^8 m^3$，从2016年开始，已连续4年木材消耗量超过 $6 \times 10^8 m^3$，2019年达到 $6.313 \times 10^8 m^3$，按照需求预测数据计算未来每年木材供求之间的缺口巨大。

 知识链接

我国的木制包装消耗现状

每年我国需要进口大量木材来弥补供求之间的巨大缺口。然而，在我国每年消耗的 $3 \times 10^8 m^3$ 中，几乎用掉近1/10的木材进行各种产品包装。例如，纸质包装，我国每年消耗纸包装制品约 $2 \times 10^7 t$，其中以木浆为主要原料的占40%左右，将近 $8 \times 10^6 t$，消耗纯商品材料超过 $2 \times 10^7 m^3$，如果将这些木材竖起来，那就是一片广袤的森林。

木制包装乱象之一，当属一年一度的月饼盒"大战"。据有关部门统计，我国某年用于月饼盒包装费用达25亿元之多，月饼盒包装费用竟占到月饼生产总成本的1/3以上，浪费木材资源达 $8 \times 10^4 m^3$，这已经严重脱离我国的包装标准，属于严重的过度包装现象。

实木包装一直是我国大中型设备精密仪器及某些玻璃陶瓷类产品的主要运输包装材料，这些实木在被消费者拆卸下来以后多数是被抛弃的。

我国木制包装存在的主要问题有：①国家缺乏整体的宏观调控和具体的法律法规来约束企业和消费者；②缺乏具体有效的资源利用和回收措施；③企业目光短浅，追求当前利益的现象极其严重；④消费者绿色环保意识不足。

3. 解决木制包装存在问题的方法和措施

（1）国家实施法律调控。

从绿色包装在世界范围内的推广来看,对绿色包装进行法律调控是必不可少和卓有成效的,而我国现有法律对绿色包装的法律调控很不完善,可以借鉴国外的经验。

国外许多国家,都制定了限制过度包装、鼓励发展绿色包装的法律法规,最早推崇包装材料回收的德国于1972年制定了《废弃物处理法》,1994年又推出了《循环经济及废弃物法》。丹麦率先实行了"绿色税"制度。

我国有关部门要制定措施加强管理,从源头抓起,使商品的本身内容与包装的外在形式成为一个恰如其分的结合体,而不是华而不实的宣传物。通过法律法规约束商品的过度包装行为,提倡合理包装,严禁过度包装,鼓励发展绿色包装,加强包装废弃物的回收利用等。要有专项制度和具体的有针对性的法律措施,避免过度包装所造成的巨大资源浪费,应极力维护我国仅有的绿色资源,使其能够持续发展造福子孙后代。我国已发布《限制商品过度包装要求 食品和化妆品》(GB 23350—2021),于2023年9月实施。

(2)建立和健全我国木制包装废弃物回收体系。

在荷兰、美国等发达国家,它们将木制包装专门作为一类废物来回收,其中多数国家回收后,重新回炉化为纸浆。荷兰等国家在回收后,经严格消毒加工处理,60%以上的非食品包装又重复使用;美国对于木制包装的生产和使用是有严格规定的,凡是使用木制包装的商品,一律向批发商收取包装处理费;凡是包装体积超过商品体积的,属于欺诈行为。

对我国而言,首先应该建立相应的法律法规,强化国家宏观管理,对生产企业进行必要的干预和调控。现行的《包装与环境 第1部分:通则》(GB/T 16716.1—2018)是我国包装标准化工作中一项十分重要的基础性标准。虽然我国现阶段难以给出欧盟法规或德国法令中提出的回收率和量化值,但明确提出"谁污染谁治理、谁的包装谁负责废弃物的回收和处理"的原则及责任者要履行责任的后果。对可回收利用的产品包装物和容器做出具体的规定,明确相关方的具体责任,并最大限度地指出包装废弃物回收指标及相关具体回收利用规定及回收目标。

(3)企业要有正确的经营观念。

无论是木制还是其他材料的包装,都在很大程度上存在着过度包装现象。过度包装之所以在一些企业大行其道,根本原因在于利益驱动,如华美的包装可以提高产品的附加值,可以起到一定的促销作用。这种短视行为极其不利于企业的健康发展。企业必须对过度包装的危害有清醒的认识,从而主动转变经营观念,从过度包装的误区中走出来。

(4)要引导消费者树立正确的消费观念。

① 引导消费者理性消费。所谓理性消费,是指商品质量、服务的好坏和价格的真实度,才是消费者选购商品的首要条件。现实生活中,许多人在消费过程中很大程度上是被商品华美的包装所吸引,商品本身的价值反而被忽略了。因此,消费者必须学会理性消费,要学会正确判断商品的价值,不要被假大浮华的包装迷惑。要健全法制,严格市场准入制度;要打击欺诈宣传和过度包装,维护消费者的权益。

② 要引导消费者树立绿色包装的消费观念,增强环保意识和社会责任感。据环卫部门的统计数据表明:在近 3×10^6 t 垃圾中,各种商品的包装物约有 8.3×10^5 t,过度包

装物已成为不可忽视的环境污染源，同时也形成了极大的资源浪费。要解决这个问题，迫切需要消费者树立绿色包装的消费观念，增强环保意识和社会责任感。所谓绿色包装的消费观念，其核心内容是消费者在购买商品时，要考虑商品包装是否注重环保，是否节约资源，是否有利于回收和再利用。要彻底解决过度包装问题，消费者自身的问题必须解决。

4.3 物流包装技术

4.3.1 防霉腐包装技术

德国舒伯特包装机械

在商品包装储运过程中，防止商品发生霉腐（霉变和腐败）是十分重要的。商品霉腐是由霉菌（或其他霉腐微生物）作用产生的，由有机物构成的商品，如生物性物品和制品或含有生物成分的物品，它们在日常环境下容易受霉菌作用而发生霉腐，使商品质量受到影响和损害。霉菌危害的范围非常广泛，有机物之外的材料在一定条件下也会遭到霉菌的侵蚀，如玻璃、金属、陶瓷等均可能受到霉菌的侵蚀，这主要是霉菌在黏附其上的有机物上生长，其代谢产物对此类物质产生作用的结果。由于商品种类繁多，规格、数量不一，在流通的多个环节中都有被霉腐微生物污染的机会，只要有适宜霉菌生长的环境，霉菌就会从商品和外界环境中不断地汲取营养和排出废物，在大量生长繁殖的同时，商品也就逐渐遭到分解破坏，也就是商品发生霉腐。因此，为了保护商品安全地通过储存、流通、销售等各个环节，必须对易霉腐商品采用防霉腐包装技术，以防止商品发生霉变。防霉腐包装技术就是指在包装时，采取一定的技术措施使商品处在能够抑制霉腐微生物生长的特定条件下，从而延长商品保质期的包装技术。归纳起来，目前常用的防霉腐包装技术主要有以下几种类型。

1. 化学药剂防霉腐包装

化学药剂防霉腐包装技术主要是使用防霉防腐化学药剂将待包装物品、包装材料进行适当处理的包装技术。这些化学药剂统称为防霉防腐剂，一般有两大类：一类是用于工业品的防霉防腐剂，另一类是用于食品的防霉防腐剂。应用防霉腐剂，有的是将药剂添加到原材料中生产出防霉腐包装材料，有的是直接加在某个包装工序中，有的是将药物制成溶液，喷洒或涂抹在商品表面，有的用药液浸泡包装材料、包装容器后再用于包装。但是，这些处理都会使有些商品的质量与外观受到不同程度的影响。利用防霉防腐剂的杀菌机理主要是使菌体蛋白质凝固、沉淀、变性。有的是用防霉防腐剂与菌体酶系统结合，影响菌体代谢；有的是用防霉防腐剂降低菌体表面张力，增加细胞膜的通透性，而发生细胞破裂或溶解。

使用防霉防腐剂时应选择具有高效、低毒、使用简便、价廉、易购等特点的防霉防腐剂。要特别注意防霉防腐剂的使用范围，尤其是食品、药品等生活用品的防霉腐包装一定要保证药剂符合安全卫生的标准。同时，还要求该防霉防腐剂不影响商品的性能和质量，有较好的稳定性、耐热性与持久性，对金属等包装材料无腐蚀作用。通常可作为防霉防腐剂的有酚类（如苯酚）、氯酚类（如五氯酚）、有机汞盐（如油酸苯基汞）、有机铜类（如环烷酸铜皂）、有机锡盐（如三乙基氯化锡）及无机盐（如硫酸铜、氯化汞、氟化钠）等。

 知识链接

防霉防腐剂

　　防霉防腐剂有两大类：一类是用于工业制品的防霉防腐剂，如多菌灵、百菌清、灭菌丹等；另一类是用于食品的防霉防腐剂，如苯甲酸及其钠盐、脱氢醋酸、托布津等。

　　2. 气相防霉腐包装

　　气相防霉腐包装是利用气相防霉防腐剂的挥发气体直接与霉腐微生物接触，杀死这些微生物或抑制其生长，以达到商品防霉腐的效果。气相防霉腐是气相分子直接作用于商品上，对商品外观和质量不会产生不良影响，但要求包装材料和包装容器具有气率小、密封性能好的特点。

　　常用的气相防霉防腐剂有多聚甲醛、环氧乙烷等防霉防腐剂。多聚甲醛是甲醛的聚合物，在常温下可徐徐升华解聚成有刺激气味的气体，能使菌体蛋白质凝固，以杀死或抑制霉腐微生物。使用时将其包成小包或压成片剂，与商品一起放入包装容器内加以密封，让其自然升华扩散。但是，多聚甲醛升华出来的甲醛气体在高温高湿条件下可能与空气中的水蒸气结合形成甲酸，对金属有腐蚀性，因此不能用于金属包装的商品。另外甲醛气体对人的眼睛黏膜有刺激作用，对眼睛有损害，所以操作人员应注意做好防护。环氧乙烷作为防霉防腐剂，能与菌体蛋白质、酚分子的羧基、氨基、羟基中的游离氢原子结合，生成羟乙基，使细菌代谢功能出现障碍而死亡。环氧乙烷分子穿透力比甲醛大，因此杀菌力也比甲醛强，环氧乙烷可在低温下使用，比较适宜于怕热、怕潮的商品防腐包装。但环氧乙烷能使蛋白质液化，会破坏粮食中的维生素和氨基酸，还会残留有毒物质氯乙醇，因此不宜用作粮食和食品的防霉腐，只可用于日用工业品的防霉腐。

　　3. 气调防霉腐包装

　　气调防霉腐包装是将各类商品用不同的保护气体置换包装内的空气以达到防霉腐的效果。气调防霉腐包装主要用于各类食品的保鲜，以延长食品货架期，提升食品价值。气调防霉腐包装常用的气体有二氧化碳、氮气、氧气等。二氧化碳具有抑制大多数细菌和霉菌生长繁殖的作用。氮气一般不与食品发生化学作用，也不被食品吸收，但能减少包装内的含氧量，极大地抑制细菌、霉菌等微生物的生长繁殖，减缓食品的氧化变质及腐败。氧气具有抑制大多数厌氧细菌的生长繁殖，维持新鲜果蔬生鲜状态的呼吸代谢的作用。气调防霉腐是生态防霉腐的形式之一。霉腐微生物与生物性商品的呼吸代谢都离不开空气、水分、温度这3个因素。只要有效地控制其中一个因素，就能达到防止商品发生霉腐的目的。如只要控制和调节空气中氧的浓度，人为地造成一个低氧环境，霉腐微生物生长繁殖和生物性商品自身呼吸就会受到控制。气调防霉腐包装就是在密封包装的条件下，通过对包装盒或包装袋的空气进行置换，改变盒（袋）内食品的外部环境，抑制细菌（微生物）的生长繁衍，减缓新鲜果蔬新陈代谢的速度，从而延长食品的保鲜期或货架期。如通过改变包装内空气组成成分，以降低氧气的浓度，造成低氧环境来抑制霉腐微生物的生命活动与生物性商品的呼吸强度，从而达到对被包装商品防霉腐的目的。

气调防霉腐包装是充入对人体无毒性、对霉腐微生物有抑制作用的气体。目前主要是充二氧化碳和氮气进行降氧。二氧化碳在空气中的正常含量是 0.03%。微量的二氧化碳对微生物有刺激生长的作用；当空气中二氧化碳的浓度达到 10%～14% 时，对微生物有抑制作用；如果空气中二氧化碳的浓度超过 40% 时，对微生物有明显的抑制和杀死作用。进行降氧防霉包装，可先将包装容器内抽真空到一定程度再充入氮气或二氧化碳，也可在包装容器内加入脱氧剂来消耗包装内的氧气，从而降低氧气的浓度。但无论如何，包装材料都必须采用对气体或水蒸气有一定阻透性的气密性材料，才能保持包装内的气体浓度。气调防霉腐包装技术的关键是密封和降氧，包装容器的密封是保证气调防霉腐的关键。降氧是气调防霉腐的重要环节，目前人工降氧的方法主要有机械降氧和化学降氧两种。机械降氧主要有真空充氮法和充二氧化碳法。化学降氧是采用脱氧剂来使包装内的氧气浓度下降。气调包装材料大多是低阻隔材料，具有较大的气体透过性。因此，要对产品进行气调包装，就必须根据产品的特性进行包装材料透气性的合理选择。大部分气调保鲜包装的包装材料都要求采用对气体高阻隔的复合包装材料，以保持包装内保护气体的组分。如货架期要求不长，一般阻隔性的 PA/PE 或 PET/PE 就可满足；货架期要求长的最好采用高阻隔性 PVDC 或 EVOH 复合的包装材料。新鲜果蔬的包装薄膜起着气体交换膜的作用，通过薄膜与大气进行气体交换来维持包装内的气体成分。常用透气性的 PE、PP、PVC 薄膜，但这种薄膜还不能满足高呼吸速度的热带水果、菌菇类等的包装要求，需要高透气性的薄膜。因此，要注意研究开发新的气调防霉腐包装材料。

 知识链接

含二氧化碳的塑料包装

美国研制开发的用二氧化碳制造塑料包装材料，即使用特殊的催化剂，将二氧化碳和环氧乙烷（或环氧丙烷）等量混合，制成新的塑料包装材料，其特点是：具有玻璃般的透明度和不通气性；类似聚碳酸酯和聚酰胺树脂；在 240℃ 下不会完全分解成气体；有生物分解性能，不会污染环境与土壤等。我国也已研究成功利用纳米技术，高效催化二氧化碳合成可降解塑料。即利用二氧化碳制取塑料的催化剂粉碎到纳米级，实现催化分子与二氧化碳聚合，使每克催化剂催化 130g 左右的二氧化碳，合成含 42% 二氧化碳的新包装材料。

4. 低温防霉腐包装

低温防霉腐包装技术是通过一定的技术控制商品本身的温度，使其低于霉腐微生物生长繁殖的最低界限，从而抑制商品的呼吸和代谢分解，同时也抑制微生物繁殖的代谢和生长繁殖，从而达到防霉腐的目的。低温冷藏防霉腐所需的温度与时间应按具体商品而定，在低温环境下，霉腐微生物的活动不仅会受到极大的抑制，甚至还会死亡。

一般来说，环境温度越低，持续时间越长，霉腐微生物的死亡率越高，防霉腐的效果越好。

按冷藏温度的高低和时间的长短，低温防霉腐可分为冷藏和冷冻两种。冷藏防霉腐包装的温度一般为 3～5 ℃。在此温度下，霉腐微生物的酶几乎失去了活性，新陈代谢的各种生理生化反应缓慢，甚至停止，因此霉腐微生物的生长繁殖受到极大的抑制，但并未死亡。冷藏一般适于含水量大又不耐冰冻的易腐商品，如水果、蔬菜、鲜蛋等。冷冻是适于耐冰冻含水量大的易腐商品，温度通常控制在 -12 ℃ 以下的冻结储藏，在此温度下，霉腐微生物多数死亡。在冷冻期间，商品的品质基本上不受损害，商品上的霉腐微生物由于细胞内水变成冰晶，冰晶损坏细胞质膜而引起死伤。冷冻一般适合于肉类、鱼类等的防霉腐包装，但低温冷冻防霉包装时应注意选用耐低温包装材料。

5. 干燥（低湿）防霉腐包装

水分是霉菌生长的必要条件。微生物生活环境缺乏水分即造成干燥，在没有合适水分的干燥条件下，霉菌就无法生长繁殖，商品也不会腐烂。干燥防霉腐包装技术是通过降低密封包装内的水分与商品本身的含水量，使霉腐微生物得不到生长繁殖所需水分来达到防霉腐的效果。因此，控制商品和包装内水分可有效抑制霉菌生长繁殖，因为干燥可使微生物细胞蛋白质变性并使盐类浓度增高，从而使微生物生长受到抑制或促使其死亡。一般控制包装内的相对湿度在 60% 以下，即可有效地防止霉腐。霉菌菌丝抗干燥能力很弱，特别是幼龄菌种抗干燥能力较弱。可通过在密封的包装内置放一定量的干燥剂来吸收包装内的水分，使内装商品的含水量降到允许含水量以下。一般高速失水不易使微生物死亡，缓慢干燥霉菌菌体死亡最多，且在干燥初期死亡最快。菌体在低温干燥下不易死亡，而干燥后置于室温环境下最易死亡。因此，进行干燥防霉腐包装时，需要选用气密性好和透湿度低的包装材料进行密封包装，并在其内放置适量的干燥剂（如硅胶）和湿度指示纸，以吸收水分和指示相对湿度。

6. 电离辐射防霉腐包装技术

电离辐射是指能量通过空间传递，照射到物质上，射线使被照射的物质产生电离作用。电离辐射的直接作用是当辐射通过微生物时能使微生物内部成分分解而引起诱变或死亡。其间接作用是使水分子离解成为游离基，游离基与液体中溶解的氧作用产生强氧化基团。此基团使微生物酶蛋白的 —SH 基氧化，酶失去活性，因而使其诱变或死亡。辐射可导致害虫、虫卵、微生物体内的蛋白质、核酸及促进生化反应的酶受到破坏、失去活力，进而终止食品等被侵蚀和生长老化的过程，维持品质稳定。电离辐射一般是放射性同位素放出的 α、β、γ 射线，它们都能使微生物细胞结构与代谢的某些环节受损。α 射线在照射时被空气吸收，几乎不能到达目的物上。β 射线穿透力弱，只限于物体表面杀菌。γ 射线穿透作用强，可用于食品内部杀菌。射线可杀菌杀虫，不会引起物体升温，故可称其为冷杀菌。但有的食品经照射后品质可能变劣或得以改善。电离辐射防霉腐包装目前主要应用 β 射线与 γ 射线。用于辐射包装的射线具有穿透力强、杀伤力大的特点，通过这种射线的辐射，寄生在食品中的病原菌、微生物及昆虫等都被杀死。同时，食品经辐照处理后还能抑制食品自身的新陈代谢过程，因而可以防止食品的变质。包装的商品经过电离辐射后即完成了消毒灭菌的作用，经照射后，如果不再污染，配合冷藏的条件，则小剂量辐射能延长保存期数周到数月，而大剂量辐射可彻底灭菌，长期保存。但要注意，辐射射线的剂量过大也可能会加速包装材料的老化和分解，因此也要注意控制剂量。

7. 微波辐射防霉腐包装

微波指波长在 0.001～1m（频率为 300～300 000MHz）的电磁波。而用于灭菌的微波频率一般为 2 450MHz。微波能以光速向前直进，遇到物体阻挡，能引起反射、穿透、吸收等现象。微波能使物质中的水分子产生高速震动，相互碰撞、摩擦而发热，使微生物受热致死以起到灭菌作用。微波杀菌主要有热效应和非热效应两个方面的因素，即微生物在高频电磁场的作用下吸收微波能量后，一方面转变为热量升高温度而杀菌；另一方面菌体的水分和脂肪等物质受到微波的作用，生物体内的极性分子在微波场内产生强烈的旋转效应。这种强烈的旋转使微生物的营养细胞失去活性或破坏微生物细胞内的酶系统，造成微生物的死亡。微波产生的热能在内部，所以微波热能利用率高、加热时间短、加热均匀。微波灭菌具有穿透力强、节约能源、灭菌快、效率高、操作简单、适用范围广，且微波灭菌便于控制，加热均匀，食品的营养成分及色、香、味在灭菌后仍接近食物的天然品质等特点，可用于液态、固态物品的灭菌，包装好的物品置于微波场中，在极短时间内即可完成灭菌过程。但在使用中应注意防止微波泄漏。目前微波灭菌主要用于肉、鱼、豆制品、牛乳、水果及啤酒等的灭菌。

8. 远红外线辐射防霉腐包装

远红外线是频率高于 3000 000MHz 的电磁波，其杀菌的机理与微波相似，主要是利用远红外线的光辐射和产生的高温使菌体迅速脱水干燥而死亡。利用远红外线可以直接照射食品，也可在食品装入塑料袋后以远红外线照射灭菌。红外线的利用始于 20 世纪初，1935 年美国福特汽车公司的格罗维尼（Grovery）首先取得将红外线用于加热和干燥的专利。食品中的很多成分及微生物在 3～10μm 的远红外区有强烈的吸收。

 知识链接

远红外加热灭菌的应用

远红外加热灭菌不需要传媒，热量直接由物体表面渗透到物体内部。因此，不仅可用于一般的粉状和块状食品的灭菌，还可用于坚果类食品（如咖啡豆、花生和谷物）的灭菌与灭霉以及袋装食品的直接灭菌。

9. 紫外线辐射防霉腐包装

紫外线也是一种具有杀菌作用的射线，为日光杀菌的主要因素。其杀菌机理是紫外线辐射能使微生物细胞内核蛋白分子构造发生变化而引起死亡。紫外线的波长为 100～400nm，其中波长为 200～300nm 的紫外线具有杀菌作用，而杀菌力最强的波长为 250～260nm，因此多以 253.7nm 作为紫外线灭菌的波长。紫外线灭菌是一种使用简便的灭菌方法，且无药剂残留，效率高、速度快，并可被不同的表面反射，但由于紫外线穿透力很弱,所以只能杀死商品表面的霉腐微生物。此外,对于含有脂肪或蛋白质的食品经紫外线照射后会产生臭味或发生变色,因此这些商品不宜使用紫外线杀菌。紫外线一般是用来处理包装材料和容器、工作环境及非食品业的包装商品的杀菌,另外比较适于紫外线杀菌且效果比较理想的是液体(如饮料、牛奶等)的灭菌。使用时,可使液体以薄层状通过紫外线照射区即可杀灭物品表面和容器表面的霉腐微生物。

 知识链接

紫外线灭菌

要注意,紫外线必须照射到商品才能灭菌,照射不到则不能灭菌。且紫外线是直线传播,其强度与距离平方成比例地减弱,灭菌效果与照射强度、时间、距离和空气温度有关,因此需要根据紫外线灯管的功率确定照射距离和时间。此外,紫外线灭菌还与材料表面状态有关,对于表面光滑无灰尘的包装材料,采用紫外线可杀灭表面上的细菌;对于压凸的铝箔表面,灭菌时间比光滑表面长 3 倍;对不规则形状的包装容器表面,则灭菌照射时间要比光滑表面长 5 倍。同时,采用紫外线灭菌时还需考虑材料的特性,特别是复合材料的内层,如 PVC、PVDC、LDPE 等材料受紫外线照射后会使其热封强度降低约 50%。

10. 高压电场脉冲防霉腐包装

高压电场脉冲灭菌是将食品置于两个电极间产生的瞬间高压电场中,由于高压电脉冲能破坏细菌的细胞膜,改变其通透性,从而杀死细胞。

高压脉冲电场的获得有两种方法。一种是利用 LC 振荡电路原理,先用高压电源对一组电容器进行充电,将电容器与一个电感线圈及处理室的电极相连,电容器放电时产生的高频指数脉冲衰减波即加在两个电极上形成高压脉冲电场。由于 LC 电路放电极快,在几十至几百微秒内即可以将电场能量释放完毕,利用自动控制装置,对 LC 振荡器电路进行连续充电与放电,可以在几十毫秒内完成灭菌的过程。另一种是利用特定的高频高压变压器来得到持续的高压脉冲电场。灭菌用的高压脉冲电场强度一般为 $15kV/cm \sim 100kV/cm$,脉冲频率为 $1kHz \sim 100kHz$,放电频率为 $1kHz \sim 20kHz$。高压电场脉冲灭菌一般在常温下进行,处理时间为几十毫秒,这种方法有两个特点:一是由于灭菌时间短,处理过程中的能量消耗远小于热处理法;二是由于在常温、常压下进行,处理后的食品与新鲜食品相比在物理性质、化学性质、营养成分上改变很小,风味、滋味无感觉出来的差异。而且灭菌效果明显,可达到商业无菌的要求,尤其适用于热敏性食品。

4.3.2 防震包装技术

防震包装的主要方法有 4 种:全面防震包装法、部分防震包装法、悬浮式防震包装法、联合方式的防震包装法。

1. 全面防震包装法

所谓全面防震包装法,是指内装物与外包装之间全部用防震材料填满来进行防震的包装方法,根据所用防震材料不同又可分为以下几种。

（1）压缩包装法。

压缩包装法用弹性材料把易碎物品填塞起来或进行加固，这样可以吸收震动或冲击的能量，并将其引导到内装物强度最高的部分。所谓弹性材料一般为丝状、薄片和粒状，以便对形状复杂的产品也能很好地填塞，起到分散外力，有效保护内装物品的作用。

（2）浮动包装法。

浮动包装法和压缩包装法基本相同，不同之处在于所用弹性材料为小块衬垫，这些材料可以产生位移和流动，这样可以有效地填充直接受力的部分的间隙，分散内装物所受的冲击力。

（3）裹包包装法。

裹包包装法采用各种类型的片材把单件内装物裹包起来放入外包装箱盒内。这种方法多用于小件物品的防震包装上。

（4）模盒包装法。

模盒包装法利用模型将聚苯乙烯树脂等材料做成和制品形状一样的模盒，用其来包装制品以达到防震的作用。这种方法多用于小型、轻质制品的包装。

（5）就地发泡包装法。

聚氨酯发泡做的包装材料

就地发泡包装法是以内装物和外包装箱为准，在其间填充发泡材料的一种防震包装技术。这种方法很简单，主要设备包括盛有异氰酸酯和盛有多元醇树脂的容器及喷枪，使用时首先需把盛有两种材料的容器内的温度和压力按规定调好，然后将两种材料混合，用单管道通向喷枪，由喷头喷出。喷出的化合物在10秒后即开始发泡膨胀，不到40秒即可发泡膨胀到原体积的100～140倍，形成的泡沫体为聚氨酯，经过一分钟，变成硬性和半硬性的泡沫体。这些泡沫体能将任何形状的物品包住。发泡的具体操作流程如下。

① 用喷枪将聚氨酯喷入外包装箱底部，待其发泡膨胀成面包状。
② 在继续发泡的泡沫体上迅速覆盖一层 2μm 聚乙烯薄膜。
③ 将待包装物品放进泡沫体上成巢形。
④ 在物品上再迅速覆盖一层 2μm 聚乙烯薄膜。
⑤ 再继续喷入聚氨酯进行发泡。
⑥ 外包装装盖封口。

2. 部分防震包装法

对于整体性好的产品和有内包装容器的产品，仅在产品或内包装的拐角或局部使用防震材料进行衬垫即可，这种方法称为部分防震包装法。所用防震材料主要有泡沫塑料的防震垫、充气塑料薄膜防震垫和橡胶弹簧等。

这种方法主要是根据内装物特点，使用较少的防震材料，在最适合的部位进行衬垫，力求取得好的防震效果，并降低包装成本。该法适用于大批量物品的包装，目前广泛用于电视机、收录机、洗衣机、仪器仪表等的包装上。

3. 悬浮式防震包装法

对于某些贵重易损的物品，为了有效地保证在流通过程中不受损害，往往采用坚固的外包装容器，把物品用带子、绳子、吊环、弹簧等吊在外包装中，不与四壁接触。这些支撑件起着弹性阻尼器的作用。

4. 联合方式的防震包装法

在实际缓冲包装中常将两种或两种以上的防震方法配合作用，如既加铺垫，又填充无定形缓冲材料，使产品得到更充分的保护。

有时可把异种材质的缓冲材料组合起来使用，如可将厚度相等的异种材料并联使用，也可将面积相等的异种材料串联结合使用。

4.3.3 防伪包装技术

假冒伪劣产品，可以说对市场危害很大，它不仅大幅度降低了被假冒企业的直接经济效益，更危害了消费者的切身利益。随着科学技术的发展，伪造手段的升级与广泛性已向防伪技术提出了更高的要求。

所谓防伪包装技术，主要是以商品为对象，既是防伪部分的组成部分，又是包装技术的组成部分。因此，防伪包装既有防伪技术的一般功能特点，同时又具有适合商品包装的自身特点。

目前，防伪包装手段可谓名目众多，仅防伪标志类已有一百多种，但从总体分析，防伪包装技术集中于以下几个方面：防伪标识、特种材料工艺、印刷工艺、包装结构和其他方法。目前以下几种技术手段居主流地位。

1. 激光全息图像

利用全息印刷技术做出防伪标识，附于包装物表面是当前最为流行的防伪手段。激光全息图像由于综合了激光、精密机械和物理化学等学科的最新成果，技术含量高。对一些小批量伪造者而言，全套制造技术的掌握和制造设备的购置是难以做到的。因此此种技术的效果是显著的。但是，模压全息防伪标识并没有完全达到其应有的功能，甚至出现了伪造标志。

接踵而至的是经激光全息技术处理的具有防伪功能的新型包装材料和更高技术层次的全息图像标识技术。具有更好防伪功能的全息图像技术有高质量全色真三维全息技术、复杂动态全息图技术、加密全息技术、数字全息技术、特殊全息图载体技术（如全息图特殊压印材料）。

2. 激光防伪包装材料

经过激光处理的材料具有防伪和装潢两方面的功能，改变了以一块激光全息图像标识的局部防伪方式，达到整体防伪效果。整个包装都经激光处理，加上厂家名称、商标等，呈大面积主体化防伪，制假者无从着手。再加上激光包装材料在光线照射下呈现七彩颜色及印刷图纹，外观亮丽，奇异的光学效果增添了包装新、奇、美的效果。

经过激光处理的包装材料共有4大类。

（1）软包装袋：用高新技术制出激光薄膜，然后和普通塑料薄膜复合，加上印刷形成激光材料软包装袋，又称镭射软包装袋。

（2）硬包装盒：一种是先用高新技术制出激光薄膜，然后和硬纸板复合，加上印刷形成硬盒；另一种是先在一般硬纸盒上印刷，然后和经激光处理的上光膜复合，形成上光式硬盒。

（3）镭射纸：镭射纸是直接作用在纸上的。镭射纸生产工艺难度较大，成本也较高。但其优点是：易印刷、易处理，无环保问题。某些产品必须用纸包装（如烟盒等）。为了增强防伪效果，厂商可用镭射防伪标签（又称激光防伪标签），即使用专用的全息图案标识作为纸基底纹，再加上产品图形，做出独特的专用包装纸。

（4）高档电化铝产品：一种经激光处理的烫印箔，用它专门制成的标志可呈多维立体显示。可借助计算机设计出动态画面，也可预留出"光点"加密，使主体图案在不同视角下显示不同图案。这种烫印箔结合到包装物表面后，与包装浑然一体，达到防伪和美观的双重效果。

3. 隐形标识系统

美国生物码（BioCode）公司成功地开发了一种全新的隐形标识系统——将抗体作为制造防伪标识的新材料。

隐形标识系统包括两个物体：加入产品中的标志化合物；用于识别标志存在与否，必要时做定量分析的抗体。标志化合物可选日用化学品，但必须是持久的、惰性的和易与产品混合的，并符合卫生、法规要求的。这些标志通常以百分之几的微量混入产品中。抗体是特定的生物识别分子，每一种抗体只认识或结合一种特定化合物。标志物识别操作分为两种：现场测定和实验室测试。既可测试标志物存在与否及精确含量，又可测出被替代或被稀释的产品。

表面隐形技术有以下好处：特定的图形和位置适用于特定的用户；真正隐形；既可采用加了标志物的印刷标签，又可安装一套定制的喷墨系统，高度安全（因为无特定抗体时标志物看不见，而特定抗体受严格管制）；标识图像可擦掉并可重新显示。相比于全息图标识，隐形防伪商标更具生命力。

4. 激光编码

激光编码主要用于包装的生产日期、产品批号的打印，防伪并非其首要功能。由于激光编码机造价昂贵，只在大批量生产或其他印刷方法不能实现的场合使用，使它能在防伪包装方面发挥作用。

激光编码封口技术是一种较好的容器防伪技术。产品封口加盖后，在盖与容器接缝处进行激光印字，使字形的上半部分印在盖上，下半部分印在容器上。

此技术的防伪作用在于：包装容器不能复用。新盖与旧容器相配，字迹很难对齐；激光器价格昂贵，且在生产线上编码打字。一般制假者难以投巨资购买此设备；厂家可任意更换印字模板，不同日期用不同模板，更换细节仅有少数人知晓，外人较难破解。

从防伪效果看，激光编码技术不比激光全息图像技术差。激光全息标识是由印刷厂印刷，使用标识的厂家不能确保该母版不从印刷环节外流或非法复制。激光编码机价格贵，且必须在线使用，加上字形模板更换变型的隐秘性，使那些分散的中小型工厂难以制假。

5. 凹版印刷防伪

凹版印刷以按原稿图文刻制的凹坑载墨，线条的粗细及油墨的浓淡层次在刻板时可加以控制，不易被模仿和伪造，尤其是墨坑的深浅。仿照印好的图文进行逼真雕刻的可能非常小。由于具有防伪效果，凹版印刷已越来越多地推广到企业商标和包装装潢印刷等方面。

凹版印刷防伪的优点在于：手工雕刻凹版可实施秘诀防伪方式。对于印量少，允许制版费用高的承印物采用手工雕刻制版特别有效。追求短期利益的制假者，未必愿意冒此投资风险。制版和印刷异地进行，尽可能分离制版和印刷两个工作环节，使知晓整个商标（或有价证券）的印刷工作的核心内容的人越少越好。当然还需要注意防止印版和印刷物被盗；可与防伪油墨技术相结合，采用独特的专用油墨，其成分、颗粒细度、添加物皆向外界保密。使印刷品既有独特效果，又能实现防伪的功能。

本章小结

本章主要介绍了包装物流系统、包装材料与制品、包装技术的相关知识。包装物流系统主要介绍了包装的概念、包装的分类、包装的标志及包装的标准化。包装材料与制品主要介绍了纸质包装材料与制品的特点和发展现状，塑料包装材料与制品的特点和发展现状，木制包装材料和金属包装材料的特点、应用范围和发展现状。包装技术主要介绍了主要的几种包装技术：防霉腐包装技术、防锈包装技术、防震包装技术及防伪包装技术。

思考题

1. 按包装在流通中的作用分类，可以分为哪几种？
2. 试描述聚氯乙烯薄膜的特点。
3. 简述木制包装材料的优缺点。
4. 简述防霉腐包装技术的主要方法。
5. 简述就地发泡包装法的操作过程。

案例分析

罗林洛克啤酒的独特包装策略

随着竞争的加剧和消费的下降，美国啤酒的竞争变得越来越残酷。像安海斯-布希公司和米勒公司这样的啤酒业巨头正在占据越来越大的市场份额，从而把一些小的地区性啤酒商排挤出了市场。出产于宾夕法尼亚州西部小镇的罗林洛克啤酒在20世纪80年代后期勇敢地进行了反击。营销专家夏佩尔（J.

Chapelle）通过他神奇的经营活动使罗林洛克啤酒摆脱了困境，走向了飞速发展之路。而在夏佩尔的经营策略中，包装策略发挥了关键作用。包装在重新树立罗林洛克啤酒的形象时，扮演了重要角色。夏佩尔为了克服广告预算的不足，决定让包装发挥更大的作用。他解释道："我们不得不把包装变成品牌的广告。"他为罗林洛克啤酒设计了一种绿色长颈瓶，并漆上显眼的艺术装饰，使包装在众多的啤酒品牌中很引人注目。夏佩尔说："有些人以为瓶子是手绘的，它跟别的瓶子都不一样，独特而有趣。人们愿意把它摆在桌子上。"事实上，许多消费者坚信装在这种瓶子里的啤酒更好喝。他也重新设计了啤酒的包装箱。"我们想突出它的绿色长颈瓶，与罗林洛克啤酒是用山泉水酿制的这个事实。"夏佩尔解释道，"包装上印有放在山泉里的这些瓶子。照片的质量很高，色彩鲜艳、图像清晰。消费者很容易从 9m 外认出罗林洛克啤酒。"

正因为罗林洛克啤酒的包装"美观大方，突出特色"，才使许多消费者坚信装在这种大瓶子里的啤酒更好喝。从而促进了产品的销售，确立了竞争优势。

讨论题

罗林洛克啤酒是如何利用包装促进销售的？

第 4 章
在线题库

第 5 章　装卸搬运

【本章教学要点】

知识要点	掌握程度	相关知识
装卸搬运概述	掌握	装卸搬运的概念
	了解	装卸搬运的地位
	理解	装卸搬运的组成
装卸搬运机械	了解	装卸搬运机械的含义
	了解	装卸搬运机械的作用及采取的措施
	了解	装卸搬运机械的分类
装卸搬运合理化原则及途径	掌握	装卸搬运的合理化原则
	掌握	装卸搬运的合理化途径

【重要知识点图谱】

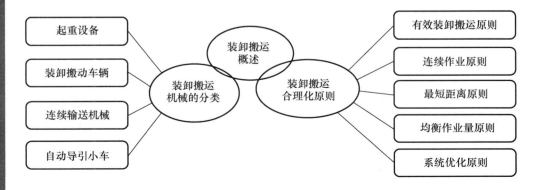

 导入案例

六不改善法

日本物流界从工业工程的观点出发,总结出改善物流作业效率的"六不改善法",具体内容如下。

(1)不让等——闲置时间为零,即通过正确安排装卸搬运作业流程和作业量使作业人员和机械连续工作,不发生闲置现象。

(2)不让碰——与物资接触为零,即通过利用机械化、自动化装卸搬运设备进行装卸、搬运、分拣等作业,使作业人员在从事这些作业时尽量不直接接触物资,以减轻劳动强度。

(3)不让动——缩短移动距离和次数,即通过优化仓库内的物资放置位置和采用自动化装卸搬运工具,减少物资和人员的移动距离和次数。

(4)不让想——操作简便,即按照专业化、简单化和标准化原则进行分解作业活动和作业流程,并应用计算机等现代化手段,使装卸搬运作业操作简便化。

(5)不让找——整理整顿,即通过作业现场管理,使作业现场的工具和物资放置在一目了然的地方。

(6)不让写——无纸化,即通过应用条形码技术、信息技术等,使作业记录自动化。

点评

装卸搬运在物流系统中起着桥梁和纽带的作用,其效率的高低直接影响着物流系统的运行效率。

5.1 装卸搬运概述

5.1.1 装卸搬运的概念

按照国家标准《物流术语》,装卸是指:在运输工具间或运输工具与存放场地(仓库)间,以人力或机械方式对物品进行载上载入或卸下卸出的作业过程。搬运是指:在同一场所内,以人力或机械方式对物品进行空间移动的作业过程。

装卸是改变"物"的存放、支撑状态的活动,主要指物体上下方向的移动。而搬运是改变"物"的空间位置的活动,主要指物体横向或斜向的移动。通常装卸和搬运是合在一起用的,装卸搬运主要具有以下特点。

1. 装卸搬运是附属性、伴生性的活动

装卸搬运是物流每一项活动开始及结束时必然发生的活动,因而常被人们忽视,总是被看作其他操作时不可缺少的组成部分。例如,一般所说的汽车运输,实际就包含了相随的装卸搬运;仓库中泛指的保管活动,也含有装卸搬运活动。

2. 装卸搬运是支持、保障性的活动

装卸搬运也是保障生产过程和流通过程各环节得以顺利进行的条件。装卸搬运质量的优劣、效率的高低都会对生产和流通其他各环节产生很大的影响,装卸搬运的支持作用下降必将导致生产过程不能正常进行,流通过程不畅通。例如,有关学者统计,在中等批量的生产车间里,零部件在机床上的时间仅占其生产时间的5%左右,而其余大部分时间是消耗在原材料、工具、零部件的搬运或等待上。又如,车、船等的装卸不当,会导致运输途中货损增加,甚至造成翻车、翻船等重大事故;卸货不当,会造成下一步物流活动的困难,迫使劳动强度、作业工作量大幅度增加。物流活动需要在有效的装卸搬运支持下实现水平的提高。

3. 装卸搬运是衔接性的活动

在任何其他物流活动互相过渡时,都是以装卸搬运来衔接的,因而,装卸搬运往往成为整个物流的"瓶颈",是物流各功能之间能否形成有机联系和紧密衔接的关键,而这又是一个系统的关键。建立一个有效的物流系统,关键看这一衔接是否有效。比较先进的系统物流方式——联合运输方式,就是着力于解决这种衔接而出现的。

4. 装卸搬运对象复杂

在物流过程中,货物是多种多样的,它们在性质上(物理、化学性质)、形态上、重量上、体积上及包装方法上都有很大区别。即使是同一种货物在装卸搬运前的不同处理方法,也可能会产生完全不同的装卸搬运作业。单件装卸和集装化装卸,水泥的袋装装卸搬运和散装装卸搬运都存在着很大差别。从装卸搬运的结果来看,有些货物经装卸搬运要进入储存,有些货物经装卸搬运后将进行运输。不同的储存方法、不同的运输方式,在装卸搬运设备运用、装卸搬运方式的选择上都提出了不同的要求。

5. 装卸搬运作业不均衡

在生产领域,由于生产活动要有连续性和比例性、力求均衡,故企业内装卸搬运相对也比较均衡。然而,物资一旦进入流通领域,由于受到物资产需衔接、市场机制的制约,物流量便会出现较大的波动性。商流是物流的前提,某种货物的畅销和滞销、远销和近销,销售批量的大与小,围绕货物实物流量便会发生巨大变化。一方面,从物流领域内部观察,运输路线上的"限制扣""跑在中间、窝在两头"的现象广泛存在,装卸搬运量也会出现忽高忽低的现象。另一方面,各种运输方式由于运量上的差别,运速的不同,使得港口、码头、车站等不同物流结点也会出现集中到货或停滞等待的不均衡装卸搬运。

5.1.2 装卸搬运的地位

装卸活动的基本动作包括装车(船)、卸车(船)、堆垛、入库、出库,以及连接上述各项动作的短程输送,是随运输和保管等活动而产生的必要活动。

在物流过程中,装卸活动是不断出现和反复进行的,它的出现频率高于其他各项物流活动。每次装卸活动都要花费很长时间,所以它往往成为决定物流速度的关键因素。装卸活动所消耗的人力也很多,所以装卸费用在物流成本中所占的比重也较高,以我国为例,铁路运输的始发和到达的装卸费用大致占运费的20%。进行装卸操作时往往需要接触货物，因此装卸作业是在物流过程中造成货物破损、散失、损耗、混合等损失的主要环节。例如，袋装水泥纸袋破损和水泥散失主要发生在装卸过程中，玻璃、机械、器皿、煤炭等产品在装卸时最容易造成损失。

由此可见，装卸活动是影响物流效率、决定物流技术经济效果的重要环节。装卸搬运是物流各个作业环节连接成一体的接口，是运输、保管、包装等物流作业得以顺利实现的根本保证。装卸经常是与搬运伴随发生的，装卸和搬运的质量好坏、效率高低是整个物流过程的关键所在。

例如，产品或制品、半成品在生产线上的移动本身就是一个装卸搬运的过程；包装后有装卸车、出入库等搬运作业；物品的整个运输、保管和包装各个环节中，不知要装卸搬运多少次。如果装卸搬运工具、设施、设备不先进，装卸搬运效率低，商品流转时间就会延长，商品就会破损，自然就会增加物流成本，影响整个物流过程的质量。

尽管装卸搬运本身不创造价值，但它们会影响商品的使用价值，而且这个环节必不可少，这个过程无法省略。目前我国装卸搬运作业水平比较低，机械化、自动化程度与发达国家相比还有很大差距；野蛮装卸造成包装破损、丢失现象时有发生；货物破损率一直很高，这部分费用居高不下。因此，重视装卸搬运环节显得非常必要。装卸搬运是运输、保管和包装各子系统的连接点，该连接点的质量直接关系到整个物流系统的质量和效率；而且它们又是缩短物品移动时间、节约物流费用的重要组成部分。如果装卸搬运环节出了问题，物流的其他环节就会停顿。

 案例链接

几组运输装卸相关数据

1. 据我国相关资料统计，火车货运以 500km 为分界点，运距超过 500km，运输在途时间多于装卸时间；运距低于 500km，装卸时间则超过实际运输时间。

2. 美国与日本之间的远洋船运，一次往返需 25 天，其中运输时间 13 天，装卸时间 12 天。

3. 根据我国对生产物流的统计，机械工厂每生产 1t 成品，需进行 252 次/t 的装卸搬运，其成本为加工成本的 15.5%。

5.1.3 装卸搬运的组成

装卸搬运活动是随运输和保管而产生的必要物流活动，通常是由堆垛拆垛作业、分拣配货作业、搬运移送作业及其他作业组成。

1. 堆垛拆垛作业

堆垛（装上、装入）作业是指把货物移动或举升到装运设备或固定设备的指定位置，再按所要求的状态放置的作业。而拆垛（卸下、卸出）作业则是其逆向作业，如用叉车"叉上叉下"作业，将货物托起并放置在指定位置场所，如卡车车厢、集装箱内、货架或地面上等。或利用各种形式的吊车进行"吊上吊下"作业，如将货物从轮船货仓、火车车厢、卡车车厢吊出或吊进等。

2.分拣配货作业

分拣是在堆垛作业前后或配送作业之前把货物按品种、出入先后、货流进行分类，再放到指定地点的作业。而配货则是指把货物从所在的位置按品种、下一步作业种类、发货对象进行分类的作业。

3.搬运移送作业

搬运移送作业是为了进行装卸、分拣、配送活动而发生的移动物资的作业，包括水平、垂直、斜行搬运移送，以及几种组合的搬运移送。

4.其他作业

其他作业包括贴标签、拴卡片、分类、理货等作业。

5.1.4 装卸搬运的作业方式

装卸搬运是附属于货物的运输和保管的物流作业活动，在货物运输过程中，伴随着货车等运输设备的装货、卸货等作业活动；在货物保管过程中伴随着向仓库和货场的储存设施的入库、出库等作业活动。一般来说，从不同角度，装卸搬运可以按如下标准进行分类。

1.按物流设施属性分类

（1）自用物流设施装卸。

自用物流设施装卸是指生产或流通企业在自用仓库、配送中心运用自备装卸搬运设备进行的作业。

（2）公用物流设施装卸。

公用物流设施装卸指在社会公用的仓库、车站、港口、机场，利用公用物流设施进行装卸搬运的作业，可分别称为仓库装卸、车站装卸、铁路装卸、港口装卸和航空港装卸。

2.按装卸搬运的物流设施、设备、对象分类

（1）仓库装卸。

仓库装卸是指在仓库、配送中心所进行的装卸搬运，多为配合货物入库、出库、盘点等作业而进行，以码放、上架、下架、拣货、移送等操作为主。

（2）汽车装卸。

汽车装卸是指对汽车进行装卸搬运的作业。其特点是每车装卸批量不大，而且可以利用汽车的灵活性，让汽车尽可能靠近作业场地，减少搬运活动，直接进行物流设施与汽车之间的货物过渡。

（3）铁路装卸。

铁路装卸是指在铁路车站将货物装入或卸出火车车皮的作业。其特点是如果采取集装箱作业，就可以一次性完成一个车皮的装卸，减少整装零卸或零装整卸的情况。当然，如果货物批量较小，也尽可能整合成1/2集

高效的铁路半挂车装卸系统，30辆车上下只要半个多小时

装箱或 1/4 集装箱，这样有利于提高铁路装卸搬运的效率。铁路装卸往往包括汽车在铁路仓库和理货场的作业，以及汽车在列车边、铁路站台边的装卸作业。

（4）港口装卸。

港口装卸是指在港口进行的各种装卸作业，包括码头前沿的装卸船作业，也包括采用小船在码头和大船之间的"过驳"作业，还包括港口仓库、理货场的搬运作业，以及列车、汽车在港口的装卸作业。

（5）飞机装卸。

飞机装卸是指在机场对飞机进行的装卸作业。

3. 按装卸搬运的作业内容分类

（1）码放作业。

码放作业是指将货物从运输工具上堆码到保管场所，或由保管场所堆码到运输工具或仓库等保管设施的指定场所，再按要求码放整齐、规则有序。

（2）分拣作业。

分拣作业是指在码放或配货作业之前，将货物按品种进行分类整理，然后送到指定位置的作业。

（3）配货作业。

配货作业是指向运输工具装货之前或出库装货之前，按照客户的要求，把货物按品种、数量、作业先后顺序、发货对象等进行分类、组配、集中，并分别送到指定位置的作业。

（4）搬送作业。

搬送作业是指为了进行装卸、分拣、配送活动而发生的货物移动的作业，包括水平、垂直、斜向搬送和组合搬送。

4. 按装卸作业的对象分类

（1）单件作业法。

单件作业法指将货物包成单件，逐件进行装卸搬运的方法。这是人工装卸搬运的主要方法。在装卸搬运机械广泛使用的今天，单件作业依然需要，一是单件作业安全性高，不易损坏货物，一些精装的、特制的货物仍然需要人工装卸搬运；二是有些搬运场合不适宜机械作业，也需要人工单件作业。

（2）集装作业法。

集装作业法是指先将货物集零为整（集装化）后，再对集装件（箱、袋、托盘等）进行装卸搬运的方法。集装作业法有以下几种。

① 集装箱作业法。集装箱作业在港口是以跨车、轮胎龙门起重机、轨道龙门起重机为主进行垂直装卸，以拖挂车、叉车为主进行水平装卸的。在铁路则是以轨道龙门起重机为主进行垂直装卸，以叉车、平移装卸机为主进行水平装卸的。

② 托盘作业法。托盘作业法是以叉车作为主要机械作业的，即物流业提倡的叉车托盘化。水平装卸托盘，除了用叉车，还可以采用各种搬运车辆和滚子式输送机；垂直装卸托盘，还可采用升降机、载货电梯等；在自动化仓库中，还可采用桥式堆垛机和巷道堆垛机完成库内货架的存取装卸。

③ 其他集装件作业法。货捆单元化的货物，可以使用叉车、门式起重机和桥式起重机进行装卸搬运作业。带有与各种框架集装化货物相配套的专用吊具的门式起重机和叉车等是配套的装卸搬运机械。集装袋和其他网袋集装化物资，由于体积小、自重轻、回送方便、可重复使用，是备受欢迎的一种作业方式。

（3）散装作业法。

散装作业法是指对大批量粉状、粒状货物进行无包装散装、散卸的装卸方法。建材、煤炭、矿石等大宗货物历来采用散装作业的方式。粮谷、食糖、原盐、水泥、化肥、化工原料等随着作业量增大，为提高装卸搬运效率，降低成本也采用散装散卸。

散装散卸方法基本上可分为倾翻法、重力法、气力输送法、机械法4种。

① 倾翻法。将运载工具的载货部分倾翻，使货物卸出的方法，主要用于铁路敞车和自卸汽车的卸货，敞车被送入翻车机，夹紧固定后，敞车和翻车机一起翻转，货物倒入翻车机下面的受料槽。带有可旋转车钩的敞车和一次翻两节车的大型翻车机配合作业，可以实现列车不解体卸车，卸车效率可达 5 000t/h。汽车一般依靠液压油缸顶起货厢实现卸载。

② 重力法。利用货物的势能来完成装卸作业的方法。主要适用于铁路运输业，汽车也可用这种方法装载，重力法装车设备有筒仓、溜槽、隧洞3类。筒仓、溜槽装铁路车辆时效率可达 5 000～6 000t/h。以直径 6.5m 左右的钢管埋入矿石堆或煤堆，制成装车隧洞，洞顶有风动闸门，列车徐行通过隧洞，风动闸门开启，货物流入车内，每小时可装 10 000～12 000t。一次可装 5～7 辆车的长隧洞斗车效率高达 15 000t/h。重力卸车主要是指底开门车或漏斗车在高轴线或卸车坑道上自动开启车门，煤或矿石依靠重力自行流出的卸车方法。列车边走边卸，整列的卸车效率可达 10 000t/h。

③ 气力输送法。利用风机在管道内形成气流，依靠气流的动能或压差来输送货物的方法。这种方法的装置结构紧凑、设备简单、劳动条件好、货物损耗少，但消耗功率较大，噪声较高。近年发展起来的依靠压差的推送式气力输送，正在克服上述缺点。气力输送法主要用于装卸粮谷和水泥等。

④ 机械法。利用各种机械，使其工作机械直接作用于货物，通过舀、抓、铲等作业方式，从而达到装卸目的的方法。常用的机械有：胶带输送机，堆取料机，装船机，链斗装车机，单斗和多斗装载机，挖掘机，斗式、带式和螺旋卸船机和卸车机，各种抓斗等。港口装船推荐采用移动式装船机，卸船以抓斗为主，目前正在积极研制连续卸船机。堆场作业采用旋臂堆料机、斗轮机及门式斗轮堆取料机等。

5. 按装卸作业手段分类

（1）人工作业法。

人工作业法是指完全依靠人力，使用无动力器械来完成装卸搬运的方法。

（2）机械化作业法。

机械化作业法是指以各种装卸搬运机械来完成货物装卸搬运的方法。机械化作业法是目前装卸搬运作业的主流方法。

（3）综合机械化作业法。

综合机械化作业法要求作业机械设备和作业设施、作业环境的完美配合，要求对装卸搬运系统进行全面的组织、管理、协调，并采用自动化控制手段（如计算机控制、信息化管理等），以完成高效率、高水平的装卸搬运作业。这是装卸搬运作业的发展方向。

按不同的分类方法，还可以将装卸搬运分为间歇作业法、连续作业法、垂直作业法、水平作业法等，在这里就不一一介绍了。

5.2 装卸搬运机械

对于组织物流作业的各个部门的技术管理人员来说，熟悉装卸搬运机械的基本知识，掌握合理选择、配备、运用装卸搬运机械的基本方法，充分发挥装卸搬运机械的效能，不断提高装卸搬运的机械化程度，是不可缺少的重要工作。

5.2.1 装卸搬运机械的含义

装卸搬运机械是指用来搬移、升降、装卸和短距离输送物料或货物的机械，它是物流机械设备中重要的机械设备。装卸搬运机械不仅用于完成船舶与车辆货物的装卸，而且用于完成库场货物的堆码、拆垛、运输，以及舱内、车内、库内货物的起重输送和搬运。

装卸搬运机械是实现装卸搬运作业机械化的基础。装卸搬运是在货物运输、储存等过程中随同发生的作业，贯穿于物流作业的始末，装卸搬运工作的好坏直接影响到物流的效率和效益。在装卸搬运作业中，力图不进行重复装、搬、卸操作，这些都靠装卸搬运机械有效地衔接。可见，合理配置和应用装卸搬运机械，安全、迅速、优质地完成货物装卸、搬运、码垛等作业任务，是实现装卸搬运机械化、提高物流现代化的一项重要内容。

5.2.2 装卸搬运机械的作用

1. 装卸搬运机械的作用

装卸搬运机械是装卸搬运作业的重要技术设备。大力推广和应用装卸搬运机械，不断更新装卸搬运设备和实现现代化管理，对于加快现代化物流进程，促进国民经济发展，均有着十分重要的作用。

（1）提高装卸效率，节约劳动力，减轻装卸工人的劳动强度，改善劳动条件。

（2）缩短作业时间，加速车辆周转，加快货物的送达和发出。

（3）提高装卸质量，保证货物的完整和运输安全。特别是长、大、笨重货物的装卸，依靠人力，一方面难以完成，另一方面保证不了装卸质量，容易发生货物损坏或偏载，危及行车安全。采用机械作业，则可以避免这种情况发生。

（4）降低装卸搬运作业成本。装卸搬运机械的应用，势必会提高装卸搬运作业的效率。而效率的提高会使每吨货物分摊到的作业费用相应减少，从而使作业成本降低。

（5）充分利用货位，加速货位周转，减少货物堆码的场地面积。采用机械作业，堆码高度大，装卸搬运速度快，可以及时腾空货位。因此，可以减少占用场地面积。

2．实现装卸搬运机械化可采取的措施

随着物流现代化的不断发展，装卸搬运机械将会得到更为广泛的应用。从装卸搬运机械发展趋势来看，发展多类型的装卸搬运机械和专用装卸搬运机械是今后装卸搬运机械的发展方向。为了科学使用好、管理好装卸搬运机械，实现装卸搬运机械作业，可采取如下措施。

（1）全面规划、合理布局，按需配置装卸搬运机械设备。

（2）建立一套行之有效的装卸搬运机械运用、维修和管理制度，并通过采用新技术、新材料、新设备，逐步实现装卸搬运机械的系列化、标准化、通用化。

（3）建立装卸搬运技术人员队伍，配备维修力量。

（4）积极发展集装化、增大装卸搬运机械作业范围，提高物流作业过程中机械化作业的比重。

（5）做好各种装卸搬运机械的配套工作，实现一机多能。

5.2.3　装卸搬运机械的分类

装卸搬运机械所装卸搬运的货物，来源广、种类多，外形和特点各不相同，如箱装货物、袋装货物、桶装货物、散货、易燃易爆品及剧毒品等。为了适应各类货物的装卸搬运和满足装卸搬运过程中各个不同流通作业环节的不同要求，各种装卸搬运机械应运而生。目前，装卸搬运机械的机型和种类已达数千种，而且各国仍在不断研制新机种、新机型。装卸搬运机械种类很多，分类方法也很多，为了运用和管理方便，常将装卸搬运机械分为起重设备、装卸搬运设备、连续输送设备、自动导引小车等。

1．起重设备

起重设备是靠人力或动力使物资做前后、上下、左右等间歇、周期性运动的转载机械，主要用于起重、运输、装卸、机器安装等作业。

（1）轻小型起重机。

轻小型起重机指仅有一个升降运动的起重机，如滑车、手动或电动葫芦等。其中，电动葫芦配有小车，也可以沿轨道运行。

（2）桥式类型起重机。

桥式类型起重机是可在矩形场地及空间进行作业的起重机。它有一个横跨空间的横梁或桥架支撑起重机构、运行机构，完成起重作业。它的主要类型有悬梁式起重机、桥式起重机（图5.1）等。

（3）门式起重机和装卸桥。

门式起重机和装卸桥是可在矩形场地和空间进行作业的起重机。它与

一分钟了解门式起重机

桥式类型起重机不同的是有两个高支腿的门架。起重小车既可在跨度内，也可在悬臂端完成起重作业。

（4）臂架类型（旋转式）起重机。

臂架类型（旋转式）起重机是可在环形场地及其空间作业的起重机。它主要由可以旋转和变幅的臂架支撑，完成起重作业，常用的类型有门座式起重机、塔式起重机、汽车式起重机、轮胎式起重机（图5.2）等。

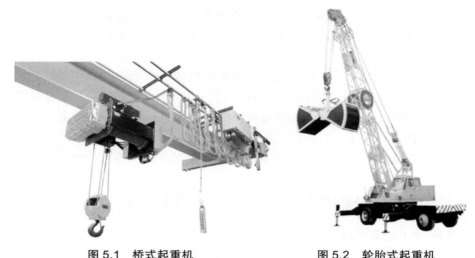

图5.1　桥式起重机　　　　　图5.2　轮胎式起重机

（5）堆垛起重机。

堆垛起重机是可以在自动化仓库高层货架之间或高层码垛货场完成取送、堆垛、分拣等作业的起重机。其突出的特点是在可以升降的载货台上装有可以伸缩的货叉机构，能方便地在指定货格或位置上放、取单元化货物。

2. 装卸搬运车辆

装卸搬运车辆是依靠机械本身的运行和装卸机构的功能，实现物资的水平搬运和装卸、码垛（小部分车辆无装卸功能）的车辆。

集装箱叉车

（1）叉车。

叉车又名叉车装卸机，它以货叉作为主要的取物装置，依靠液压起升结构实现货物的托取、码垛等作业，由轮胎运行机构实现货物的水平运输。按功能分类的叉车类型如下。

① 平衡重式叉车（图5.3）。这种叉车依靠车体及车载平衡，其特点是自重大、轮距大、行走稳定、转弯半径大。

② 前移式叉车。前移式叉车前部设有跨脚插腿，跨脚前端装有车轮，和车体的两轮形成四轮支撑，作业时，重心在四个轮的支撑面中，比较稳定。架或货叉可以前后移动，以便于取货及装卸。

③ 侧向叉车（图5.4）。叉车门架及货叉在车体一侧，主要特点是：在出库作业时，车体顺通道进入后，货叉面向货架或货垛，在装卸作业时不必再转弯，这样，可在窄通

道中作业，节约通道的占地面积，提高仓容率；有利于装搬条形长物，叉上长物，长物与车体平行，作业方便，可放于侧面台板上运行。

④ 手动式叉车。这种叉车无动力源，由工人推动叉车，通过手动油压柄起降货叉，灵活机动，操作方便简单，价格便宜。在某些不需要大型机械的地方，可以有效地应用。

⑤ 电动式人力叉车。这种叉车类似于手动式叉车，也是一种轻便型叉车。这种类型的叉车也有不同的结构，如既可以是电动行驶、操纵货叉，人步行随机操作，也可以是人力移动机器，电力操纵货叉。

电动式叉车
（正确操作）

图5.3 平衡重式叉车

图5.4 侧向叉车

⑥ 多方向堆垛叉车。这种叉车在行进方向两侧或一侧作业，或货叉能旋转180°，向前、左、右3个方向做叉货作业。

（2）搬运车。

搬运车是一种用于载货，主要在物流据点内，进行水平搬运的车辆。小车上的载荷平台有固定式和升降式。升降式搬运车的载荷平台很低，可以伸入货架或托盘底部，托起货架或托盘后进行搬运。

（3）牵引车和挂车。

牵引车是具有机动运行和牵引装置，但本身不能载货的车辆；而挂车是无动力的车辆，必须由牵引车拖车运行。当牵引车和挂车配合使用时，构成牵引列车，在较长的距离内搬运货物，具有较好的经济性和较高的效率。

3. 连续输送机械

连续输送机械是一种可以将物资在一定的输送线路上，从装载起点到卸载终点以恒定的或变化的速度进行输送，形成连续或脉动物流的机械，它分为有以下几种类型。

（1）带式输送机。

带式输送机（图5.5）是一种把输送带既作为牵引构件，又作为承载

伸缩臂输送机

移动装卸输送带

构件的连续运输机。一般进行水平或较小倾角的物资输送。整个输送带都支承在托辊上，并且绕过驱动滚筒和张紧滚筒。在连续装载条件下可以连续装载散装物资或包装好的成件物品。

图 5.5　带式输送机

（2）辊式输送机。

辊式输送机是由许多定向排列的辊柱组成的，辊柱可在动力驱动下在原处不停地转动，以带动上置货物移动，也可在无动力情况下，以人力或货物的重力在辊柱上移动。辊式输送机的主要特点是承载能力很强，由于辊子滚转，使货物移动的摩擦力很小，因此搬运大、重物件较为容易，常用于搬移包装货物、托盘集装货物。由于辊子之间有空隙，所以小散件及粒状、块状物料的搬运不能采用这种输送机。

（3）滚轮式输送机。

滚轮式输送机和辊式输送机类似，不同之处在于，滚轮式输送机安装的不是辊子而是一个个小轮子，其分布如同算盘一样，所以也称算盘式输送机。滚轮式输送机是无动力驱动的，适合于人力和重力搬运，主要用于仓库、配送中心等设施内。

（4）斗式提升机。

斗式提升机用于在竖直方向和很大倾角时，运送散粒或碎块物资，也能运送成件的物品。它的主要构造是：固接着一系列料斗的牵引构件（胶带、链条）环绕在提升起的头轮与底轮之间闭合运转，利用料斗的装载和倾卸实现竖直方向上的物资输送。

（5）悬挂输送机械。

悬挂输送机械将装载物资的吊具通过滑架悬挂在架空轨道上，滑架受牵引构件（链条等）牵引，沿着架空轨道悬空输送。它可以输送装入容器的成件物品，也可用于企业成品和半成品的运输。

4. 自动导引车

自动导引车（automated guided vehicle，AGV）集声、光、电、计算机技术于一体，在自动化物流系统中应用较多。根据 CSCMP 的定义，AGV 是指装备有电磁或光学自动导引装置，能够沿规定的导引路径行驶，具有小车编程与停车选择装置、安全保护及各种移载功能的运输小车。AGV 是现代物流系统的关键设备，它是以电池为动力，装有非接触导向装置、独立寻址系统的无人驾驶自动运输车。自动导引车系统（AGV

System，AGVS）由若干辆沿导引路径行驶且独立运行的 AGV 组成。AGVS 在计算机的交通管制下有条不紊地进行运输，并通过物流系统软件而集成于整个工厂的生产监控与管理系统中。

5.3 装卸搬运合理化原则及途径

5.3.1 装卸搬运的合理化原则

实践表明，合理的装卸搬运工艺应该符合一些基本的原则。分析这些原则有助于人们理解为什么这样的工艺比那样的工艺更趋于合理。合理化原则的分析无疑将激励人们对现行生产方法进行不间断的深入研究、思考，其结果将促使人力和设备的更好结合和利用。装卸搬运的合理化原则一般分为 5 个方面。

1. 有效装卸搬运原则

有效装卸搬运原则是指尽可能减少或避免不必要的装卸和搬运，一定供应任务的情况下，使装卸搬运作业量最小，所消耗的活劳动和物化劳动最少。

2. 连续作业原则

物资仓库的各项作业内容应尽可能互相衔接、互相协调，保持作业的连续性，如卸车—检斤—入库—堆垛，连续进行，一次完成。因为间歇式作业会增加装卸次数，延长作业时间，提高作业费用。

3. 最短距离原则

最短距离原则是指任何两点之间物资的搬运应取最短距离。同时在搬运作业量一定的情况下，使发生的搬运总距离最短，尽量避免搬运作业中的对流、迂回、重复和不必要的远距离搬运。

4. 均衡作业量原则

物资仓库装卸搬运的作业量不均衡会给人员、设备的配备和作业的调度指挥带来很大困难。因此，应通过加强科学管理和有效的组织调度工作，使作业趋于均衡。

5. 系统优化原则

物资装卸搬运应同时考虑作业质量、效率、安全、经济等各个方面，应综合考虑人员配备、设备购置、劳动组织、生产调度、作业方案等多种因素，使整个装卸搬运系统达到最优。

5.3.2 装卸搬运的合理化途径

装卸作业合理化是装卸搬运管理的一个难点，也是最富创造性的、重要的管理活动。要实现装卸搬运的合理化，必须先进行物料流转的分析。通过物料流转分析，首先可以明确知道装卸物料的种类和数量，装卸作业所服务的职能对装卸作业的频率、连续性、机动性等方面的要求，装卸作业的起讫点及空间限制，不同作业的次序，等等。然后可以根据分析结果运用物资流转图等，以及线性规划、排队论等数学方法，综合比较可以选用的不同方法和设施，求出最佳的决策方法。

1. 装卸搬运作业合理化的一般标准

（1）装卸搬运次数要少，尽可能不搬运物资。

（2）尽量减少人工搬运，尽可能以物料的移动来代替人的移动，装载单位的尺寸及重量尽可能大，尽可能利用物料的重力作用。

（3）尽量使装卸搬运距离最短，尤其是对于体积较大、重量较大、搬运频繁的物品。

（4）各作业环节衔接顺畅。通过减少交接时间，尽可能使人员、设备的等待、闲置时间最短，尽可能利用流水线作业。

（5）库存物资的搬运活性指数［搬运某种状态下的物品所需要进行的四项作业（集中、搬起、升起、运走）中已经不需要进行的作业数目］较高、可移动性强。

（6）尽可能利用租赁设备、搬运公司的服务来代替自购设备。

2. 实现装卸搬运合理化的一般途径

（1）防止和消除无效作业。

所谓无效作业，是指在装卸搬运作业活动中超出必要的装卸、搬运量的作业。显然，防止和消除无效作业对装卸搬运作业的经济效益有重要作用。为了有效地防止和消除无效作业，可从以下几个方面入手。

① 尽量减少装卸次数。要使装卸次数降到最少，就要避免没有物流效果的装卸作业。

② 提高被装卸物料的纯度。物料的纯度是指物料中含有水分、杂质及与物料本身使用无关的物质的多少。物料的纯度越高，则装卸作业的有效程度越高；反之，无效作业就会增加。

③ 包装要适宜。包装是物流中不可缺少的辅助作业手段。包装的轻型化、简单化、实用化会不同程度地减少作用于包装上的无效劳动。

④ 缩短搬运作业的距离。物料在装卸、搬运当中，要实现水平和垂直两个方向的位移，选择最短的路线完成这一活动，就可避免偏离这一最短路线以上的无效劳动。

（2）提高装卸搬运的灵活性。

所谓装卸搬运的灵活性，是指在装卸作业中的物料进行装卸作业的难易程度。所以，在堆放货物时，事先要考虑物料装卸作业的灵活性。

根据物料所处的状态（图 5.6），即物料装卸搬运的难易程度，可分为不同的级别也称搬运活性指数。

0 级——物料杂乱地堆在地面上的状态。

1 级——物料装箱或经捆扎后的状态。

2 级——箱子或被捆扎后的物料，下面放有枕木或其他衬垫后，便于叉车或其他机械作业的状态。

3级——物料被放于台车上或用起重机吊钩钩住，处于即刻移动的状态。

4级——被装卸、搬运的物料，已经被起动、直接作业的状态。

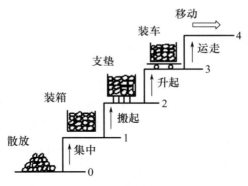

图5.6 装卸搬运时物料所处的状态

从理论上讲，搬运活性指数越高越好，但也必须考虑到实施的可能性。例如，物料在储存阶段中，搬运活性指数为4的输送带和搬运活性指数为3的车辆，在一般的仓库中很少被采用，这是因为大批量的物料不可能存放在输送带和车辆上。

 知识链接

平均活性指数

为了说明和分析物料搬运的灵活程度，通常采用计算平均活性指数的方法。这种方法是对某一物流过程物料所具备的活性情况累加后，计算其平均值，用 δ 表示。δ 值的大小是确定改变搬运方式的信号。例如：

当 $\delta<0.5$ 时，指所分析的搬运系统半数以上处于搬运活性指数为0的状态，即大部分处于散装情况，其改进方式可采用料箱、推车等方式存放物料；

当 $0.5 \leq \delta<1.3$ 时，大部分物料处于集装状态，其改进方式可采用叉车和动力搬动车；

当 $1.3 \leq \delta<2.3$ 时，装卸搬运系统大多处于搬运活性指数为2的状态，可采用单元化物料的连续装卸和运输；

当 $\delta \geq 2.3$ 时，说明大部分物料处于搬运活性指数为3的状态，其改进方法可选用拖车、机车车头拖挂的装卸搬运方式。

（3）合理规划装卸搬运线路，缩短装卸搬运距离。

缩短装卸搬运距离是装卸搬运合理化的主要目标。其效果是节省劳动消耗、缩短搬运时间、减少搬运中的损耗。影响搬运距离的主要因素是工厂和物流据点的平面布局与作业组织工作水平。

① 工厂、物流据点的平面布局对搬运距离的影响。如果车间、库房、堆场、铁路专用线、主要通路的位置和相互关系处理得好，物流顺畅、便捷，就会缩短总的搬运距离；否则就会加长搬运距离。

② 作业组织工作水平对搬运距离的影响。在平面布局一定的情况下，作业组织工

作水平的高低是决定搬运距离的主要因素。如果对库房、堆场的分配合理，对货物在库房内、堆场内布局合理，对收货、发货时专用线通道及货位的确定合理，都能缩短搬运距离；否则，就会加长搬运距离。

（4）集装单元化原则。

集装单元化原则是指将货物集中扩大成一个作业单元进行装卸搬运的原则。集装单元化是实现装卸搬运、合理降低物流费用的重要手段。为了提高装卸搬运和堆存效率，提高机械化、自动化程度和管理水平，应根据装卸搬运设备能力，尽可能扩大货物的物流单元（如采用集装箱、托盘等），这对装卸搬运作业的改善是至关重要的。集装单元化不仅有利于实现装卸搬运机械化、标准化，提高装卸搬运效率，而且可以保障货物质量，防止货物在装卸搬运过程中损坏或丢失，数量的确认也变得更加容易。例如，目前在装卸搬运中广泛使用托盘，通过叉车与托盘的结合，可以大大提高装卸搬运的效率，而发展较快的集装箱单元更是一种标准化的大单元转载货物的容器。集装箱装卸、运输是实现散杂货物装卸、运输合理化、效率化的重要手段，已经成为国际上普遍使用的一种重要的装卸、运输方式。

（5）合理选择装卸搬运机械、方式和方法。

① 装卸搬运机械化是提高装卸搬运效率的重要环节。

首先，装卸搬运机械的选择必须根据装卸搬运货物的性质来决定，对以箱、袋或集装包装的货物可以采用叉车、吊车、货车装卸；对散装粉粒状货物可以利用传送带装卸；对散装液体货物可以直接向装运设备或储存设备装取。

其次，通过各种集装技术，形成机械设备最合理的搬运量，使所选择的装卸机械能充分发挥自己的效能，达到最优效率，实现规模装卸搬运。追求规模效益的方法，主要是通过各种集装，实现间歇装卸时一次操作的最合理装卸量，从而使单位装卸成本降低；同时，通过散装实现连续装卸的规模效益。

知识链接

根据货物特性来选择装卸搬运设备时，主要从以下几个方面来考虑。

（1）货物的体积、比重影响对起重机额定起重量的选择。

（2）货物包装的牢固性影响装卸方法和货物的高度。

（3）货物的冻结性和凝固性影响着设备的使用效率。

（4）货物的易燃、易爆和扬尘性要求装卸搬运机械化系统要有防燃、防爆、防尘的设施，否则整个系统就不能使用。

（5）货物品种的多样性要求装卸搬运机械化系统具有通用性和灵活性，否则机械使用效率极低。

② 在装卸搬运过程中，必须根据货物的种类、性质、形状、重量来确定装卸搬运方式。在装卸时，对货物的处理大体有"分块处理""散装处理"和"单元组合处理"3种方式。

例如，在货物的装卸搬运过程中，可按普通包装对货物进行逐个装卸，即"分块处理"；对粉粒状货物不加小包装而进行原样装卸，即"散装处理"；对包装的货物以托盘、集装箱、集装袋等为单位组合后再进行装卸，即"单元组合处理"。实现单元组合，可以充分利用机械进行操作，提高装卸搬运作业的有效程度。

③ 合理分解装卸搬运活动，对于改进装卸搬运各项作业、提高装卸搬运效率有着重要的意义。所以，应尽量采用现代化管理方法和手段，如排队论、网络技术、人–机系统等，以改善作业方法，从而实现装卸搬运作业的连贯、顺畅、均衡和装卸搬运的合理化及高效化。

（6）实现装卸搬运作业省力化。

我国在实现装卸搬运省力化方面积累了很多经验，主要包括以下几个方面。

① 利用物体本身的重力。任何被移动的物体都会产生一定的重力，重力对物料的移动是一个不利因素，但要将不利因素转化为有利因素，可将重力转变为促使物料移动的动力。例如，对火车、汽车进行卸车时，利用力学原理，使用滑板、滑槽等，靠货物在斜面上产生的水平分力，使之从高处降到低处，并产生一定的水平位移，完成货物的卸车作业。为了减少斜面的摩擦阻力，应选用摩擦系数小的光滑斜面，或变滑动摩擦为滚动摩擦，采用安装了滚轮、辊柱或滚动轴承的斜面，并通过调节斜面的倾角来控制货物的下滑速度。这种方法不需要复杂的设备，不消耗能源，可大大减轻作业人员的劳动强度，达到省力的目的。

② 缩短垂直位移。货物装卸车辆，主要是产生以垂直为主的位移。为了达到省力的目的，应设法尽量缩小货物在垂直方向上所产生的位移。例如，可使存放货物的地面与运输车辆的车底，保持在同一水平面上，这样就可以减少相对于车辆高度的一段垂直位移，装卸人员可直接进入车内进行作业。为达到上述目的，可设库边站台或开挖地沟，使车底与库边站台地面和库内地面平齐。

③ 减轻搬运阻力。在物料搬运过程中，必须克服由于物体的重力所产生的阻力。为了达到省力的目的，就要设法将这种阻力减至最小。例如，如果用人力手工搬运、肩扛搬运货物，都是完全由人的体力去克服货物的全部重力；如果使用人力拖动车辆搬运，则只需要人力去克服车辆行走时的滚动摩擦阻力；如果在车轴上安装轴承，还会更加省力。所以在一定范围内使用小型人力搬运车是省力的一个重要途径。

④ 进行劳动动作分析。劳动动作分析的基本思想是，对从事某一项作业的若干作业人员，在作业时所发生的手、脚及其他身体部位的各种动作，把必要的和有效的动作很好地组合起来，编排成标准动作系列，并与之相配合设计制造相应的工具，提供必要的作业场所和作业环境。在制定动作标准时，应遵循使人体的基本动作最经济的原则，主要包括：尽可能减少不必要的动作、动作距离要尽可能短、动作轨迹应尽可能圆滑、动作引起的疲劳应尽可能少、作业尽可能有节奏和旋律等。上述原则也适用于对装卸搬运动作的分析。

本章小结

本章主要介绍了装卸搬运的含义、地位、组成，以及装卸搬运机械的含义、作用、分类，重点介绍了装卸搬运合理化的原则及途径，使学生能够深入理解装卸搬运在物流中的地位及作用，并熟悉装卸搬运合理化的具体方法。

思考题

1. 简述装卸搬运的概念和特点。
2. 简要说明实现装卸搬运合理化的途径。
3. 简要介绍搬运活性指数的 5 个等级。

案 例 分 析

云南双鹤的物流管理

云南双鹤医药有限公司（简称云南双鹤）是一家以市场为核心、现代医药科技为先导、金融支持为框架的新型公司，是西南地区经营药品品种较多、较全的医药专业公司。虽然云南双鹤已形成规模化的产品生产和网络化的市场销售，但其流通过程中物流管理严重滞后，造成物流成本居高不下，不能形成价格优势。这严重阻碍了物流服务的开拓与发展，成为公司业务发展的"瓶颈"。装卸搬运活动是保证物流各环节活动正常进行的关键，而云南双鹤忽视了这一点。其搬运设备的现代化程度低，只有几个小型货架和手推车，大多数作业仍处于人工作业为主的原始状态，工作效率低，且容易损坏物品。另外仓库设计不合理，造成长距离的搬运。并且库内作业流程混乱，形成重复搬运，大约有 70% 的无效搬运，这种过多的搬运次数，既容易对商品造成损坏，又浪费时间。

讨论题

1. 分析装卸搬运环节对企业发展的作用。
2. 针对医药企业的特点，请对云南双鹤搬运系统的改造提出建议。

第 5 章
在线题库

第 6 章　流通加工

【本章教学要点】

知识要点	掌握程度	相关知识
流通加工概述	掌握	流通加工的概念
	了解	流通加工产生的原因
	理解	流通加工与生产加工的区别
流通加工的类型与方式	理解	流通加工的类型
	理解	流通加工的方式
流通加工合理化	掌握	实现流通加工合理化的途径
	掌握	不合理流通加工的几种主要形式

【重要知识点图谱】

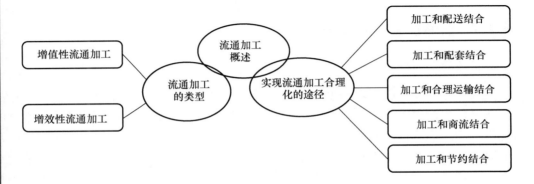

导入案例

阿迪达斯设立流通加工的超级市场，顾客络绎不绝

阿迪达斯公司在美国有一家超级市场，设立了组合式鞋店，摆放的不是做好的鞋，而是做鞋用的半成品，款式、花色多样，有6种鞋跟、8种鞋底，均为塑料制造的，鞋面的颜色以黑、白为主，搭配的颜色有80种，款式有百余种，顾客进来可任意挑选自己喜欢的各个部位，交给店员当场进行组合。只要10分钟，一双崭新的鞋便完成了。这家鞋店昼夜营业，店员技术熟练，鞋子的售价与成批制造的价格差不多，有的还稍便宜些。这里的顾客络绎不绝，销售额比邻近的鞋店多10倍。

点评

流通加工也能够给企业带来最直接的经济效益。

6.1 流通加工概述

6.1.1 流通加工的概念

根据国家标准《物流术语》，流通加工（distribution processing）的定义是根据顾客的需要，在流通过程中对产品实施的简单加工作业活动的总称。

流通加工是在物品进入流通领域后，按客户的要求进行的加工活动，即在物品从生产者向消费者流动的过程中，为了促进销售、维护商品质量和提高物流效率，对物品进行一定程度的加工。流通加工通过改变或完善流通对象的形态来实现"桥梁和纽带"的作用，因此流通加工是流通中的一种特殊形式。随着经济的增长、国民收入的增多，消费者的需求逐渐多样化，促使流通领域开展流通加工。

目前，在世界许多国家和地区的物流中心或仓库经营中都大量存在流通加工业务，在日本、美国等物流发达的国家，流通加工业务更为普遍。

6.1.2 流通加工产生的原因

1. 流通加工的出现与现代生产方式有关

现代生产发展趋势之一就是生产规模大型化、专业化，依靠单品种、大批量的生产方法降低生产成本获取规模经济效益，这样就出现了生产相对集中的趋势。生产的集中化进一步引起产需之间的分离，产需分离的表现首先被人们认识的是空间、时间及人的分离，即生产和消费不在同一个地点，而是有一定的空间距离；其次生产及消费在时间上不能同步，而是存在着一定的"时间差"；再次生产者和消费者不是处于一个封闭的圈内，某些生产者生产的产品供给成千上万人消费，而某些消费者消费的产品又来自许多生产者。弥补上述分离的手段则是运输、储存及交换。

近年来，人们进一步认识到，现代生产引起的产需分离并不局限于上述 3 个方面，这种分离是深刻而广泛的。还有一种重大的分离就是生产及需求在产品功能上的分离。尽管"用户第一"等口号成了许多生产者的主导思想，但是，生产毕竟有生产的规律，尤其在强调大生产的工业化社会。大生产的特点之一就是"少品种、大批量、专业化"，产品的功能（规格、品种、性能）往往不能和消费需要密切衔接。弥补这一分离的方法，就是流通加工。所以，流通加工的诞生实际是现代生产发展的一种必然结果。

2. 流通加工不仅是大工业的产物，也是网络经济时代服务社会的产物

流通加工的出现与现代社会消费的个性化有关。消费的个性化和产品的标准化之间存在着一定的矛盾，使产需分离变得更加严重，原本可以通过采取增加一道生产工序或消费单位加工改制的方法来进行弥补，但在个性化问题凸显之后，采取上述弥补措施将会使生产及生产管理的复杂性及难度增加，按个性化生产的产品难以组织高效率、大批量的流通。所以，消费个性化的新形势及新观念的出现，就为流通加工开辟了新的道路。

3. 流通加工的出现还与人们对流通作用的观念转变有关

在社会再生产全过程中，生产过程是典型的加工制造过程，是形成产品价值及使用价值的主要过程，再生产型的消费究其本质来看也是和生产过程一样，通过加工制造消费了某些初级产品而生产出深加工产品。历史上在生产不太复杂、生产规模不大时，所有的加工制造几乎全部集中于生产及再生产过程中，而流通过程只是实现商品价值及使用价值的转移而已。

在社会生产向大规模生产、专业化生产转变之后，社会生产越来越复杂，生产的标准化和消费的个性化出现，生产过程中的加工制造常常满足不了消费的要求。而由于流通的复杂化，生产过程中的加工制造也常常不能满足流通的要求。于是，加工活动开始部分地由生产及再生产过程向流通过程转移，在流通过程中形成了某些加工活动，这就是流通加工。

流通加工的出现使流通过程明显地具有了某种"生产性"，改变了长期以来形成的"价值及使用价值转移"的旧观念，这就从理论上明确了：流通过程从价值观念来看是可以主动创造价值及使用价值的，而不单是被动地"保持"和"转移"的过程。因此，人们必须研究流通过程中孕育着多少创造价值的潜在能力，这就有可能通过努力在流通过程中进一步提高商品价值及其使用价值，同时，却以很小的代价实现这一目标。这样，就引起了流通过程从观念到方法的巨大变化，流通加工则是为了适应这种变化而诞生的。

4. 效益观念的树立也是促使流通加工形式得以发展的重要原因

20 世纪 60 年代后，效益问题逐渐引起人们的重视，过去人们盲目追求高技术，引起了燃料、材料投入的大幅度上升，结果新技术、新设备虽然采用了，但往往得不偿失。20 世纪 70 年代初，第一次石油危机的发生证实了效益的重要性，使人们牢牢树立了效益观念，流通加工可以以少量的投入获得很好的效果，是一种高效益的加工方式，自然获得了很大的发展。所以，流通加工可能不需要采用什么先进技术，但这种方式是现代观念的反映，在现代的社会再生产过程中起着重要的作用。

6.1.3 流通加工与生产加工的区别

流通加工与生产加工在加工方法、加工组织、加工生产管理方面不存在本质的差别。但是在加工对象、加工深度上的区别较大。

1. 流通加工与生产加工在加工对象上的区别

流通加工的对象是进入流通领域的商品,具有商品的性质。而生产过程的加工对象一般是某种最终产品形成过程中的原材料、零部件和半成品等。

2. 流通加工与生产加工在加工深度上的区别

流通加工一般属于简单加工,加工内容是浅层次的,如板材的裁剪、玻璃的开片等。而生产加工的复杂程度及其加工的深度要远远高于流通加工。但应当说明,随着流通加工产业的进一步发展,处在流通中的商品需要进行深度加工时,流通加工具有不断向深加工发展的趋势。

3. 流通加工与生产加工的负责人的区别

流通加工的组织者是从事流通工作的人,是以流通需要、消费者的要求为目的进行的加工活动。而生产加工以生产企业为负责人和组织者,是以产品设计和加工技术要求为目标进行的加工活动。

4. 流通加工与生产加工在附加价值上的区别

从价值观点来看,生产加工在于创造商品价值和使用价值;而流通加工则在于完善物资的使用价值,一般在并不对加工对象做大改变的情况下提高商品价值。

6.2 流通加工的类型与方式

6.2.1 流通加工的类型

1. 增值性流通加工

(1) 为弥补生产领域加工不足的深加工。

生产环节的各种加工活动往往不能完全满足消费者的需要,如生产资料产品的品种成千上万,规格型号极其复杂,要完全做到产品统一标准化极其困难。而流通企业往往对生产领域的物品供应情况和消费领域的商品需求量最为了解,这为其从事流通加工创造了条件。因此,要弥补生产环节加工活动的不足,流通加工是一种理想的形式。

(2) 为满足需求多样化进行的服务性加工。

从需求角度看,需求存在着多样化和变化大两个特点,为满足这种要求,经常是用户自己设置加工环节。例如,生产型用户的再生产活动往往从原材料初级处理开始。就这种用户来讲,现代生产的要求,尽量减少流程,尽量集中力量从事较复杂的、技术性较强的劳动,而不愿意将大量初级加工包揽下来。这种初级加工带有服务性,由流通加工来完成，生产型用户便可以缩短自己的生产流程，使生产技术密集程度提高。

对一般消费者而言，则可省去烦琐的预处置工作，而集中精力从事较高的、能直接满足需求的劳动。

（3）为提高原材料利用率的流通加工。

流通加工利用其综合性强、用户多的特点，可以实行合理规划、合理套裁、集中下料的办法，这就能有效提高原材料的利用率，减少损失浪费。

（4）为提高加工效率的流通加工。

许多生产企业的初级加工由于数量有限，加工效率不高，很难投入先进科学技术。流通加工以集中加工的形式，解决了单个企业加工效率不高的问题，以一家流通加工企业代替了若干生产企业的初级加工工序，促使生产水平有了进一步提升。

（5）以提高经济效益、追求企业利润为目的的流通加工。

流通加工的一系列优点，可以形成一种"利润中心"的经营形态，这种类型的流通加工是经营的一环，在满足生产和消费要求的基础上取得利润，同时在市场和利润引导下使流通加工的作用在各个领域中能有效发挥。

2. 增效性流通加工

（1）为保护产品所进行的流通加工。

在物流过程中，直到用户投入使用前都存在对产品的保护问题，以防止产品在运输、储存、装卸、搬运和包装等过程中遭到损失，使使用价值能够顺利实现。和前两种加工不同，为保护产品所进行的加工并不改变进入流通领域的"物"的外形及性质，这种加工主要采取稳固、改装、冷冻、保鲜和涂油等方式。

（2）提高物流效率，方便物流的加工。

有一些产品由于本身的形态难以进行物流操作。例如，鲜鱼的装卸、储存操作困难；体积过大的设备搬运、装卸困难；气体运输、装卸困难；等等。对这类产品进行加工，可以使物流的各环节易于操作，如鲜鱼冷冻、过大设备解体、气体液化等。这种流通加工往往会改变"物"的物流状态，但并不改变其化学特性，最终仍能恢复产品原来的物流状态。

（3）为促进销售的流通加工。

流通加工可以从若干方面起到促进销售的作用。例如，将过大包装或散装物分装成适合一次销售的小包装的分装加工；将原以保护产品为主的运输包装改换成以促进销售为主的装饰性包装，以起到吸引消费者、指导消费的作用；将零配件组装成用具、车辆以便于直接销售；将蔬菜、肉类洗净切块以满足消费者要求等。这种流通加工可能不改变"物"的本体，只进行简单改装的加工，也有许多是组装、分块等深加工。

（4）衔接不同运输方式，使物流合理化的流通加工。

在干线运输及支线运输的节点，设置流通加工环节，可以有效解决大批量、低成本、长距离干线运输与多品种、少批量、多批次末端运输和集货运输之间的衔接问题。在流通加工点与大生产企业间形成大批量、定点运输的渠道，又以流通加工中心为核心，组织对多用户的配送，也可在流通加工点将运输包装转换为销售包装，从而有效衔接不同目的地的运输方式。

（5）生产-流通一体化的流通加工形式。

依靠生产企业与流通企业的联合，或者生产企业涉足流通，或者流通企业涉足生产，形成对生产和流通加工的合理分工、合理规划、合理组织，统筹进行生产与流通加工的安排，这就是生产-流通一体化的流通加工形式。这种形式可以促进产品结构及产业结构的调整，充分发挥企业集团的经济技术优势，是目前流通加工领域的新形式。

6.2.2 流通加工的方式

流通加工可以包括物流的所有产品，下面分别介绍几种主要的加工方法。

1. 生鲜食品流通加工

（1）冷冻加工。

为解决鲜肉和鲜鱼、虾等水产品的保鲜及搬运装卸问题，采取低温冻结方式的加工。这种方式也用于某些流体商品、药品等。

（2）分选加工。

农副产品规格、质量离散情况较大，为获得一定规格的产品，采取人工或机械分选的方式加工称为分选加工，该加工方法广泛用于果类、瓜类、谷物、棉毛原料等。

（3）精制加工。

农、牧、副、渔等产品精制加工是在产地或销售地设置加工点，去除无用部分，甚至可以进行切分、洗净、分装等加工。这种加工不但大大方便了购买者，而且还可以对加工的淘汰物进行综合利用。例如，鱼类的精制加工所剔除的内脏可以制成某些药物或饲料，鱼鳞可以制成高级黏合剂，头尾可以制成鱼粉等；蔬菜的加工剩余物可制成饲料、肥料等。

（4）分装加工。

许多生鲜食品零售起点较小，而为保证高效输送，出厂包装较大，也有一些是采用集装运输方式运达销售地区。为便于销售，在销售地区按所要求的零售起点进行新的包装，即包装改小、散装改小包装、运输包装改销售包装，这种方式称分装加工，糖、盐、茶的销售小包装均属此类。

 知识链接

鲜鱼产品的加工流通

鱼从被捕获到卖给消费者的过程中，控制加工流通过程中的温度至关重要。这是因为，在鱼被捕获或宰杀后的鲜度下降过程中，无论是自身生化反应引起的鲜度下降，还是微生物引起的腐败和致病危险，都会随着温度的降低而减慢或消除。当温度降低到2℃左右，致病菌一般就不能生长繁殖了，可以保证不发生致病菌引起的食物中毒，并且腐败菌的繁殖速度也会大大降低，保鲜期得以延长。温度进一步降低，对生鲜鱼品的保鲜和安全就更为有利。但是温度降低到鱼肉的结冰点-2℃以下，鱼肉开始结冰，对养殖鱼等非耐冻性白肉鱼来说，经过冷冻，鱼肉蛋白质容易发生冷冻变性，导致鱼肉组织保水性明显降低，鱼肉的质感、风味变差。所以随着生活水平的提高，冻鱼不如冷藏鲜鱼受欢迎。-2℃～2℃是鲜鱼最好的冷却链流通温度范围，但是这个温度范围过于狭窄，在实际流通过程中是很难操作的。尤其鲜鱼流通量逐渐变得很大，–2℃～2℃流通很难有可操作性。考虑各种类型的冷藏鱼腐败菌和致病菌在低温下的生长情况，可以将冷却链流通温度放宽到0～8℃，这是一个有效而又经济的温度范围。

2. 木材流通加工

（1）磨制木屑、压缩输送。

磨制木屑、压缩输送是一种可以方便流通加工的输送方式。木材是容重轻的货物，在运输时占用相当大的容积，往往使车、船满装但不能满载，同时，装车、捆扎也比较困难。从林区外送的原木中有相当一部分是造纸材料，美国采取在林木生产地就地将原木磨成木屑，然后采取压缩方法，使之成为容重较大、容易装运的形状，最后运至靠近消费地的造纸厂。根据美国的经验，采用这种方法比直接运送原木节约一半的费用。

（2）集中开木下料。

在流通加工点将原木裁成各种规格的锯材，同时将碎木、碎屑集中加工成各种规格的材料，甚至还可进行打眼、凿孔等初级加工。过去用户直接使用原木，不但加工复杂、加工场地大、加工设备多，更严重的是资源浪费大，木材平均利用率不到50%，实施集中下料，按用户要求供应规格材料，可以使原木利用率提高到95%，出材率提高到72%左右，有相当大的经济效果。

木材加工已从原来锯成板、方材为主的加工，发展为如今的宝丽板、密度板等深加工形式。

3. 平板玻璃流通加工

平板玻璃的"集中套裁、开片供应"是重要的流通加工方式。这种方式是在城镇中设立若干个玻璃套裁中心，负责按用户提供的规格，统一套裁开片，为用户供应成品，用户可以直接安装使用。在此基础上，可以逐步形成从工厂到套裁中心的稳定的、高效率的、大规模的平板玻璃"干线输送"，以及从套裁中心到用户小批量、多客源的"二次输送"物流模式。

采用专用设备进行集中裁制，可以使平板玻璃的利用率由不套裁时的62%～65%提高到90%以上，并且使废玻璃易于集中处理；同时还可以促进平板玻璃包装方式的改革，节约包装材料，防止流通中大量破损。

4. 煤炭等的流通加工

（1）除矸加工。

除矸加工是一种以提高煤炭纯度为目的的加工形式。一般煤炭中混入的矸石有一定的发热量，混入一些矸石是允许的，也是较经济的。但是，有时则不允许煤炭中混入矸石，在运力十分紧张的地区，要求充分利用动力，多运"纯物质"，少运矸石，在这种情况下，可以采用除矸的流通加工排除矸石。

（2）管道输送的流通加工。

煤炭的运输方式主要采用容器载运方法，运输中损失浪费较大，又容易发生火灾。管道运输是近代兴起的一种先进的运输方式，一些发达国家已经开始投入运行，有些企业内部也采用这一方式进行燃料输送。

（3）动力配煤加工。

为使用地区设置集中加工点,将各种煤及其他发热物质,按不同配方进行掺配加工,生产出各种不同发热量的燃料,称为动力配煤加工。这种加工方式可以按需要发热量生产和供应燃料,防止热能浪费、大材小用的情况,也防止发热量过小,不能满足使用要求的情况出现。工业用煤经过配煤加工,还可以起到计量控制、稳定生产过程的作用,在经济和技术上都有价值。借助计算机的高科技手段,运用数学模型对煤炭进行合理、科学配方,提高了配煤加工水平。

（4）天然气的液化加工。

由于气体输送、保存都比较困难,天然气大多采用管道运输,在实际的输送中,也要受管道、输送距离等的制约。所以,在产出地将天然气或石油气等压缩到临界压力之上,使之由气体变成液体,就可以用容器装运,使用时机动性也较强,这是目前采用较多的加工方式。

5. 水泥熟料输送的流通加工

在需要长途运入水泥的地区,变运入成品水泥为运进熟料这种半成品,在该地区的流通加工据点（粉碎工厂）粉碎,并根据当地资源和需要的情况掺入混合材料,制成不同品种及标号的水泥供应给当地用户,这是水泥流通加工的一种重要形式。在国外,采用这种物流形式已有一定的比重。

在需要经过长距离输送供应的情况下,以熟料形态代替传统的粉状水泥有很多优点。

（1）可以大大降低运费、节省运力。

运输普通水泥和矿渣水泥平均约有30%的运力消耗在矿渣及其他各种加入物上。在我国水泥需求量较大的地区,工业基础大都较好,当地又有大量的工业废渣。如果在使用地区对熟料进行粉碎,可以根据当地的资源条件选择混合材料的种类,这样就节约了消耗在混合材料上的运力,节省了运费。同时,水泥输送的吨位也大大减少,有利于缓解铁路运输的紧张状态。

（2）可按照当地的实际需要大量掺和混合材料。

生产廉价的低标号水泥,发展低标号水泥的品种,就能在现有生产能力的基础上更大程度地满足需要。我国大、中型水泥厂生产的水泥,平均标号逐年提高,但是目前我国使用水泥的部门需要大量较低标号的水泥,然而,大部分施工部门没有在现场加工混合材料来降低水泥标号的技术力量和设备,因此,不得已使用标号较高的水泥,这是很大的浪费。如果以熟料为长距离输送的形态,在使用地区加工粉碎,就可以按实际需要生产各种标号的水泥,尤其可以大量生产低标号水泥,减少水泥长距离输送的数量。

（3）容易以较低的成本实现大批量、高效率的输送。

从国家的整体利益来看,在铁路运输中运力利用率比较低的输送方式显然不是发展方向。如果采用输送熟料的流通加工形式,可以充分利用站、场、仓库现有的装卸设备,也可以利用普通车装运,比散装水泥方式拥有更好的技术经济效果,更适合我国的国情。

（4）可以大大降低水泥的输送损失。

水泥的水硬性是在充分磨细之后才表现出来的，而未磨细的熟料抗潮湿的稳定性很强。所以，输送熟料也可以防止由于受潮而造成的损失。此外，颗粒状的熟料也不像粉状水泥那样易于散失。

（5）能更好地衔接产需，方便用户。

从物资管理的角度看，如果长距离输送是定点直达的渠道，这对于加强计划性、简化手续、保证供应等方面都有利。采用长途输送熟料的方式，水泥厂就可以和有限的熟料粉碎工厂之间形成固定的直达渠道，取得更好的经济效益。水泥的用户也可以不出本地区而直接向当地熟料粉碎厂订货，这样更容易沟通产需关系，具有明显的优越性。

6. 机械产品及零配件的流通加工

（1）组装加工。

多年以来，车辆及机电设备储运困难较大，主要原因是不易进行包装，如进行防护包装，包装成本过大，并且运输装载困难，装载效率低，流通损失较大。但是这些货物有一个共同特点，即装配较简单，装配技术要求不高，主要功能已在生产中形成，装配后不需要进行负载检测及调试。所以，为解决运输问题，降低储运成本，采用半成品（部件）高容量包装出厂，在消费地拆箱组装的方式，组装一般由流通部门进行，组装之后随即进行销售。这种流通加工方式近年来已在我国广泛采用。

（2）石棉橡胶板的开张成型加工。

石棉橡胶板是机械装备、热力装备、化工装备中经常使用的一种密封材料，单张厚度8mm左右，单张尺寸有的达1.5m×4m，不但难以运输，而且在储运过程中极易发生折角等损失，尤其是用户单张购买时，更容易发生货损。此外，许多用户所需的垫塞圈，规格比较单一，不可能安排不同尺寸垫圈的套裁，利用率也很低。石棉橡胶板开张成型加工是按照用户所需垫塞物体尺寸裁制成型后，进行供应，不但方便用户使用储运，而且可以安排套裁，提高利用率，减少边角余料损失，降低成本。这种流通加工套裁的地点一般设在使用地区，由供应部门组织。

7. 钢板剪板及下料的流通加工

热连轧钢板和钢带、热轧厚钢板等板材最大交货长度可达7～12m，有的是成卷交货。对于钢板的用户来说，大中型企业由于消耗量大，可设专门的剪板及下料加工设备，但是，对于使用量不大的企业和多数中小型企业来说，单独设置剪板下料设备，有设备闲置时间长、人员浪费大、不容易采用先进的方法等缺点，钢板的剪板及下料加工，可以有效地解决上述弊病。剪板加工是在固定地点设置剪板机，下料加工是设置各种切割设备，将大规格钢板裁小或切裁成毛坯，降低销售起点，便利用户。

钢板剪板及下料的流通加工有以下几个优点。

（1）由于可以选择加工方式，加工后钢板的品相组织较少发生变化，可保证原来的交货状态，因而有利于进行高质量加工。

（2）加工精度高，可减少废料、边角料，也可减少再进行精加工的切削量，既可提高再加工效率，又有利于减少消耗。

（3）由于集中加工可保证批量及生产的连续性，可以专门研究此项技术并采用先进设备，从而大幅度提高效率和降低成本。

（4）用户能简化生产环节，提高生产水平。

8.混凝土的搅拌加工

改变以粉状水泥供给用户，由用户在建筑工地现场搅拌混凝土的习惯方法，而将粉状水泥输送到使用地区的流通加工据点（集中搅拌混凝土工厂或称生混凝土工厂），在那里搅拌成生混凝土，然后供给各个工地或小型构件厂使用。这是水泥流通加工的另一种重要方式。它具有很好的技术经济效果，因此，受到许多工业发达国家的重视。这种流通加工的形式有以下优点。

（1）把水泥的使用从小规模的分散形态，改变为大规模的集中加工形态，可充分应用现代化的科学技术，组织现代化的大生产；可以发挥现代设备和现代管理方法的优势，大幅度提高生产效率和混凝土质量。

（2）集中搅拌可以采取准确的计量手段和最佳的工艺；可以综合考虑添加剂、混合材料的影响，根据不同需要，大量使用混合材料，拌制不同性能的混凝土；又能有效控制骨料质量和混凝土的离散程度，可以在提高混凝土质量、节约水泥、提高生产率等方面获益，具有大规模生产的一切优点。

（3）在相等的生产能力下，集中搅拌的设备在吨位、投资、管理费用、人力及电力消耗等方面比分散搅拌大幅降低。由于生产量大，可以采取措施回收使用废水，防止各分散搅拌点排放洗机废水的污染，有利于环境保护。由于设备固定，还可以避免因经常拆建所造成的设备损坏，延长设备的使用寿命。

（4）采用集中搅拌的流通加工方式，可以使水泥的物流更加合理。在集中搅拌站（厂）与水泥厂（或水泥库）之间，可以形成固定的供应渠道，这些渠道的数目大大少于分散使用水泥的渠道数目，在这些有限的供应渠道之间，就容易采用高效率、大批量的输送形态，有利于提高水泥的散装率。在集中搅拌场所内，还可以附设熟料粉碎设备，直接使用熟料，实现熟料粉碎及拌制生混凝土两种流通加工形式的结合。

另外，采用集中搅拌混凝土的方式，也有利于新技术的推广应用，大大简化了工地材料的管理，节约了施工用地等。

案例链接

钢材运输的困境

某钢材仓库占地220亩（1亩=666.67m²），拥有4条铁路专用线，10～30t起重龙门吊车10台，年吞吐钢材近1×10^6t。过去钢卷进出仓库运输都要用一种专用钢架固定，以防钢卷滚动。因此，客户在购买钢卷时，必须租用钢架，这样既要支付钢架租金，又要支付返还钢架的运费。

尽管后来一些钢厂开始使用不需返还的草支垫加固运输，但过大的钢卷使有些客户无法一次购买使用，如果建议这些客户购买钢厂成品平板，其成本又增加很多。因为钢厂成品平板一般以2m倍尺交货，即长度分别为2m、4m、6m等规格，而一些客户使用的板面长度要求为非标准尺寸，如3.15m、

4.65 m，甚至 9.8 m，而且有的工艺要求不能焊接，这样的平板不是长度不够就是边角余料大。

思考

你能为这家钢材仓库及其客户想出个两全其美的办法吗？

6.3 流通加工合理化

流通加工合理化（rationalization of distribution processing）的含义是实现流通加工的最优配置，在满足社会需求这一前提的同时，合理组织流通加工生产，并综合考虑运输与加工、加工与配送、加工与商流的有机结合，以实现最佳的加工效益。

6.3.1 实现流通加工合理化的途径

为了避免各种不合理现象，对是否设置流通加工环节，在什么地点设置，选择什么类型的加工，采用哪些技术装备等都需要作出正确抉择。目前，国内一些企业在进行流通加工合理化的管理过程中已经积累了一些经验。实现流通加工合理化主要应考虑以下几个方面。

1. 加工和配送结合

加工与配送结合是将流通加工设置在配送点中，一方面按配送的需求进行加工，另一方面加工又是配送业务流程中分货、拣货、配货中的一环，加工后的产品直接投入配货作业，而无须单独在配送点之外设置一个加工的中间环节，使流通加工有别于独立的生产，将流通加工与中转流通巧妙结合在一起。同时，由于配送之前有加工，可使配送服务水平大大提高，这是当前对流通加工作合理选择的重要形式，其在生活资料领域已经广泛地采用，在煤炭、水泥等产品的流通中也已显现出较大的优势。

2. 加工和配套结合

对在配套要求较高的流通中，配套的主体来自各个生产单位，但是，完全配套有时无法全部依靠现有的生产单位，进行适当流通加工可以有效地促成更广泛领域内社会资源的配套，更有效地发挥流通的桥梁与纽带作用。

3. 加工和合理运输结合

流通加工能有效衔接干线运输与支线运输，促进两种运输形式的合理化。支线运输转干线运输或者干线运输转支线运输是本来就必须停顿的环节，在停顿过程中，按下一步干线或支线运输的合理要求进行适当加工，可大大提高运输及转载水平。

4. 加工和商流结合

通过加工有效促进销售，使商流合理化，也是流通加工合理化的努力方向之一。加工和配送的结合，通过加工，提高了配送水平，强化了销售，是加工与商流相结合的一个成功的例证。此外，通过简单地改变包装加工，形成方便的购买量，通过组装加工解除用户使用前进行组装、调试的难处，都可有效促进商流。

5. 加工和节约结合

节约能源、节约设备、节约人力和减少耗费是流通加工合理化的重要方面，也是目前我国设置流通加工的重要目标。对于流通加工合理化的最终判断，首先要看其能否实现物流为用户服务的本质要求，其次还要看其能否实现社会和企业两方面的效益，以及是否取得了最优效益。

对流通加工企业而言，与一般生产企业一个主要的不同之处是流通加工企业更应树立社会效益第一的观念。如果只是追求企业的自身效益，不适当地进行加工，甚至与生产企业争利，就违背了流通加工的初衷，或者其本身已不属于流通加工的范畴了。

6.3.2 不合理流通加工的几种主要形式

流通加工是在流通领域中对生产的辅助性加工，从某种意义上讲，它有效地补充和完善了生产产品的使用价值。但是，设计不当，会对生产加工和流通加工产生负面效应，所以应尽量避免不合理的流通加工。不合理的流通加工主要表现在以下4个方面。

1. 流通加工地点设置不合理

流通加工地点设置及布局状况是否合理是决定整个流通加工是否有效的重要因素。一般而言，为衔接单品种、大批量生产与多样化需求的流通加工，加工地设置在需求地区，才能实现大批量的干线运输与多品种末端配送的物流优势。如果将流通加工地设置在生产地区，其不合理之处在于以下几点。

（1）多样化需求的产品多品种、小批量由产地向需求地的长距离运输会出现不合理。

（2）在生产地增加了一个加工环节，同时增加了近距离运输、装卸、储存等一系列物流活动。

所以，在这种情况下，不如由原生产单位完成这种加工而无须设置专门的流通加工环节。一般而言，为方便物流的流通加工环节，应设置在进入社会物流之前，如果将其设置在物流之后，即设置在消费地，则不但不能解决物流问题，又在流通中增加了一个中转环节，因而也是不合理的。即使是产地或需求地设置流通加工的选择是正确的，还有流通加工在小地域范围的正确选址问题，如果处理不善，仍然会出现不合理。这种不合理主要表现在交通不便，流通加工与生产企业或用户之间距离较远，流通加工点的投资过高（如受选址的地价影响），加工点周围社会、环境条件不良等。

2. 流通加工作用不大，形成多余环节

有的流通加工过于简单，或对生产及消费的作用都不大，甚至有时流通加工盲目，同样未能解决品种、规格、质量、包装等问题，相反却增加了环节与成本，这也是流通加工设置（无论设置在何地）不合理却容易被忽视的一种形式。

3. 流通加工方式选择不当

流通加工方式包括流通加工对象、流通加工工艺、流通加工技术、流通加工程度等。流通加工方式的正确选择实际上是指与生产加工的合理分工。本来应由生产加工完成的，却错误地由流通加工完成，本来应由流通加工完成的，却错误地由生产加工完成，都会造成不合理性。

流通加工不是对生产加工的代替，而是一种补充和完善。一般而言，如果工艺复杂、技术装备要求较高，或加工可以由生产过程延续或较易解决者都不宜再设置流通加工，尤其不宜与生产过程争夺技术要求较高、效益较高的最终生产环节。如果流通加工方式选择不当，就会出现与生产过程夺利的恶果。

4. 流通加工成本过高，效益不好

流通加工之所以能够有生命力，其重要优势之一是有较大的产出投入比，因而在物流中起到补充完善的作用。如果流通加工成本过高，则不能实现以较低投入实现更高使用价值的目的。除了一些必需的、从政策要求出发即使亏损也应进行的加工，其余成本过高、效益不好的流通加工都是不合理的。

本 章 小 结

本章主要介绍了流通加工的概念、产生的原因及其与生产加工的区别，以及流通加工的类型和方式，重点介绍了流通加工合理化的途径。在实现流通加工时，要深入理解流通加工在物流中的地位及作用，并熟悉流通加工合理化的具体方法。

思考题

1. 结合你对流通加工的理解，说明流通加工在物流中的作用？
2. 分析流通加工与生产加工的区别？
3. 不合理的流通加工有哪些形式？应如何实现流通加工的合理化？

案 例 分 析

如何提高鲜活农产品的附加值

为了提高鲜活农产品的附加值，日本建立了一批加工厂、冷藏库、运输中心、地方批发市场、超级市场等，利用农协、渔协的组织系统及拥有的保鲜、加工、冷藏、运输、信息网络等现代化优势，将农民生产的农产品集中起来统一销售。如在容易变质腐烂的水产品上，大量运用冷冻设施和低温运输系统，实现了水产品长期保鲜。同时采用鲜活农产品采后从预冷、整理、储藏、冷冻到运输等规范配套的供应链一体化的流通方式，采后的商品化处理量几乎达到100%，加工转化后产值可增加2～3倍甚至更多。

讨论题

通过这个案例,你对流通加工的作用有什么新的认识?

第7章 配送与配送中心

【本章教学要点】

知识要点	掌握程度	相关知识
配送与配送中心概述	熟悉	配送的概念、特征与类型
	熟悉	配送中心的概念、功能与分类
配送中心规划与设计	了解	配送中心规划与设计的内容与原则
	了解	配送中心的选址
	了解	配送中心的系统规划
配送中心作业管理	了解	进货作业
	掌握	储存作业
	掌握	订单处理作业
	掌握	补货作业
	掌握	拣货作业
	了解	出货作业
	了解	送货作业
	了解	退货作业
配送合理化	理解	不合理配送的表现形式
	理解	合理配送的评价标准
	掌握	配送合理化的措施

【重要知识点图谱】

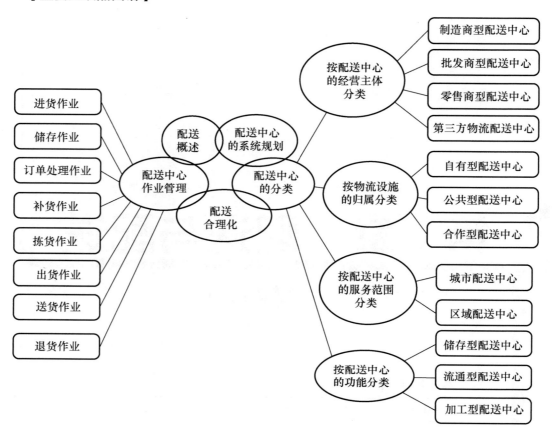

 导入案例

交通强国建设试点典型案例：无锡市"绿色配送"让城市更绿色 配送更高效

一、基本概况

2019年12月，交通运输部、公安部、商务部联合公布第二批城市绿色货运配送示范工程创建城市名单，无锡被认定为第二批城市绿色货运配送示范工程创建城市。目前，无锡市已基本形成"6+11+200"三级城市绿色货运配送网络节点，共同配送、统一配送、集中配送等先进模式持续推广。

二、主要经验及做法

（一）完善协同体制机制，强化资金保障。2020年无锡市政府印发了《无锡市创建绿色货运配送示范城市工作方案》，实化、细化各部门任务分工。创新市级推广补贴政策，出台《无锡市城市绿色货运配送重点建设项目奖补方案》专项扶持资金。

（二）多角度培育市场主体，形成闭环管理。2021年无锡市出台了《无锡市城市绿色货运配送试点企业认定考核管理办法》，定期对试点企业进行考核和更新，考核合格的试点企业享受省市相关资金扶持政策及通行路权停靠政策。

（三）完善节点布局，统一标识提升服务品质。打造6个干支衔接型货运枢纽（物流园区）、11

个公共配送中心，构建"6+11+200"的三级城市绿色货运配送网络节点体系，形成"干线运输＋干支衔接＋城市配送"三层分隔物流通道保护环。纳入三级体系节点统一悬挂"玉飞凤"绿色配送标牌，树立全市绿色配送服务形象。

（四）放开新能源路权，方便临时停靠作业。出台《关于调整载货汽车、专项作业车相关通行政策的通告》，提升新能源货车、冷藏保温车通行路权。在城区范围内设置绿色配送临时停靠点，规划设计停车位标识以及树立提示牌。

（五）搭建智慧公共平台，实现服务监测统计多功能。建成"无锡城市货运配送公共信息服务平台"，为企业提供信息查询、电子通行证办理、交通诱导、数据统计等服务。

三、阶段性成效

（一）新能源配送车辆直线增长，专业化车辆占比提升。新能源配送车辆保有量较示范建设期初（2020年1月）提高了两倍。冷链保温配送车辆占全部城市配送车辆保有量的比例远高于全国平均水平。

（二）创新运输组织模式，发展新技术新装备。在快消品、农产品、医药、快递邮件等城市配送领域，培育形成了多家组织模式高效、技术创新、设备智能的绿色货运配送龙头企业。如菜鸟网络无锡空港智慧园区，运用智能机器人、自动化立体仓库、交叉分拣机、无人叉车、自动化流水线等实现智能化无人仓，运作效率大幅提升。

（三）绿色货运配送降本增效明显，有效促进节能减排。鼓励支持发展共同配送、统一配送、夜间配送、分时配送等集约化配送模式，综合全市城市配送车辆数据，运输成本较示范建设期初（2020年1月）降低约10.91%。

资料来源：http://jtyst.jiangsu.gov.cn/art/2022/10/11/art_85345_10626189.html.（2022-10-11）[2022-12-08].

点评与思考

配送作为一项特殊的、综合性的物流活动，在社会经济生活中发挥着重要的作用。通过制定配送目标，设定科学合理的配送流程，修正不合理的配送策略，达到满足用户多样化需求。同时，提高配送效率并降低配送成本。

结合党的二十大报告中提出的"加快发展方式绿色转型"，思考"绿色配送"的重要性。

配送是一种现代的物流方式和新型的流通体制，它顺应了社会化大生产发展的客观要求，已成为各行业提高生产效率的重要手段。配送中心作为一种新型的物流据点，是企业对仓储的静态管理向动态管理的根本转变。通过有效的组织配货和送货，可以提高物流服务的质量和水平，使物流更加合理化。

7.1 配送与配送中心概述

亚马逊北京物流配送中心

7.1.1 配送概述

1.配送的概念

"配送"一词是日本引进美国物流科学时，根据美国配送的原词

"delivery"的直译。"delivery"的中文翻译是"交付""运送""递送"，在整个配送流程中，"delivery"仅仅是配送中的最后一个环节，因此，把"配送"翻译成"delivery"是不准确的。而英文"distribution"有"流通""分销""分配"等多层含义，因此，采用"distribution"来表示配送的含义。到目前为止，国内外许多机构和学者都从不同角度阐述了配送的概念，如日本工业标准（JIS）将配送定义为：把货物从物流据点送交到收货人处。JIS的定义体现出配送是物流的最终效应，但是并没有反映出配送中"配"的现代特征，存在容易与传统的送货方式相混淆的问题。

我国从20世纪80年代开始使用"配送"的概念，物流学界的"配送"一词体现在两个方面：一是配，二是送，是配和送的有机结合。配送作为一项特殊的物流活动，是现代物流的重要职能之一。

根据国家标准《物流术语》，配送的定义是：根据客户要求，对物品进行分类、拣选、集货、包装、组配等作业，并按时送达指定地点的物流活动。

从上述定义中可以看出，配送几乎包括了物流的所有功能要素（分类、拣选、集货、包装、组配），是在一个经济合理区域范围内全部物流活动的体现。通过上述活动，达到将物品送达客户的目的。

2. 配送的特征

根据上述分析，我们可以看出配送的特征包括以下几方面。

（1）配送是特殊的送货形式。

一般性的送货只是作为一种营销手段而展开的，是指从起始地到目的地的一般性运送货物的过程，着重于送的过程，是一种简单的经济活动。而配送除了送的职能，更加注重配的过程，它是一种更加高级、完善的输送活动。可以说，配送是一种专业化的物流分工方式，涉及对各类商品的价值、时间、地点的分类管理以及配送成本等的核算。所以，配送是特殊的送货，是高水平的送货。

（2）配送是末端运输。

配送是一种现代的物流方式，是伴随着社会需求特征的改变而产生的。从需求角度分析，客户的需求呈现出小批量、多品种和多批次等特征，这与运输的规模效应相悖。因此，通过采用干线部分的运输和支线部分的配送（这里所说的配送是指面向客户的一种短距离的送达服务）相结合的方式，达到既满足成本最佳又满足客户需求的目标。"二次运输""末端运输""支线运输"也被作为配送的代名词。

配送与运输的主要区别见表7-1。

表7-1 配送与运输的主要区别

项目	运输	配送
线路	工厂仓库到物流中心	物流中心到末端客户
运输距离	长距离干线运输	短距离支线运输
运输批量	大批量	小批量
追求目标	提高运输效率	提供优质服务

（3）配送是以满足客户需求为出发点。

配送工作的出发点是满足客户需求，因此，配送是从客户的利益出发、按客户需求进行的一种活动，是秉持"客户第一"观点进行配送作业的。相应地，配送承运人的地位也应是服务地位而不是主导地位，必须从客户的利益出发，在满足客户利益的基础上获得本企业的利益。

（4）配送活动以现代化的技术装备做保证。

配送强调特定时间、特定地点完成交付活动，体现了配送的时效性。而在配送过程中，存在大量的分货、配货、配装等工作，要快速有效地完成配送作业，需要采用大量先进的信息技术和各种传输设备及拣选设备。现代化技术设备的应用，给配送活动提供了强有力的支撑。多数企业在全国范围内的配送只需3～5天，地区性的配送只需2～3天，而同城配送只需几个小时就可以完成了。

（5）配送追求综合效益最大化。

在第三个特征中提到，配送是根据客户需求，在规定的时间、地点完成配送作业。但有时候，客户的需求也存在不合理性，如过于频繁的配送、苛刻的配送时间等，这些都会影响配送成本，在这种情况下，要与客户进行充分的沟通，实现双赢。因此，对配送而言，配送企业应根据客户需求，并结合自身状态，综合多方面因素得到一个最佳方案，使配送时间、速度、服务水平、成本等都达到最优。

3. 配送的类型

（1）按配送商品的种类和数量多少分类。

① 少品种、大批量配送。这种配送方式的特点在于品种单一或者较少，且每种物品的配送量较大。可采用大吨位车辆进行整车运输，无须和其他物品进行配置。因此，操作简单、成本一般较低。这种形式多由生产企业直送客户。

② 多品种、少批量配送。这种配送方式的特点在于品种较多，且每种物品的配送量不大。显然，配送中心要实现多品种、少批量、多频次的配送，对配送的作业水平要求高，作业难度也大。除了需要完备的配送设备、较高的作业水平，还需要严谨的配送计划和较高的管理水平，因此，多品种、少批量配送方式是一种高水平的配送方式。

③ 成套配套配送。成套配套配送是指配送中心按照客户的需要，将其所需的成套物品直接送达企业生产线进行组装的配送方式。这种配送方式，配送中心承担了生产企业大部分的供应工作，有利于生产企业更加专注生产。

（2）按配送的时间及数量分类。

① 定时配送。定时配送是按照规定时间和时间间隔进行配送，比如以日、小时为单位配送一次等，且每次配送的品种和数量可预先在协议中确定，实行计划配送。这种配送方式易于安排工作计划，有利于对多个客户实行共同配送以减少投入的成本，易于计划使用车辆和线路规划。

② 定量配送。定量配送是按照事先协议规定的数量进行配送。这种配送方式数量固定，备货工作有较强的计划性，易于管理。可按托盘、集装箱及车辆的装载能力来有效选择配送数量，能有效利用托盘、集装箱等集装方式，也可做到整车运输，配送效率较高。

③定时定量配送。定时定量配送是按照规定的配送时间和配送数量进行配送的方式。这种配送方式要同时兼顾时间和数量两个指标,计划难度较大,成本较高。

④定时定量定点配送。定时定量定点配送是在规定的运行线路上,按照事先制订的运行时间表,并按照规定的货物品种和数量进行配送的方式。这种配送方式一般事先由配送中心与客户签订配送协议,双方严格按协议执行。这种配送方式适合重点企业和重点项目使用。

⑤即时配送。即时配送是指完全按照客户即时提出的时间、数量方面的配送要求,及时进行配送的方式。这是一种特殊的配送方式,是对各种配送服务的补充和完善,主要针对客户由于生产计划的变更或者突发因素造成的突发性需要,其配送成本较高。

(3)按配送对象不同分类。

①企业对企业的配送。这种配送方式发生在两个完全独立的企业之间,基本上属于供应链系统中企业之间的配送需求。如供应链上游企业对下游企业进行的原材料、零部件的配送就属于这种方式。

②企业内部配送。这种配送方式通常发生在大型企业内部。如果是生产型企业,由企业内部统一采购、集中库存,按分公司或者车间的生产计划组织配送的方式就属于企业内部配送;如果是连锁商业企业,由配送中心完成集货、储存,以门店为单位进行分货、配装、送货的方式也属于企业内部配送。

③企业对消费者的配送。这种配送方式发生在企业和消费者之间,最典型的是和 B2C 电子商务相配套的配送服务。当消费者在电商企业网站上下单完成后,电商企业会利用自己的配送渠道或者借助第三方配送渠道完成消费者的订单配送。

 知识链接

共 同 配 送

共同配送是指在资源共享的观念下建立企业联盟,以配送共同化的合作方式达到最低成本,提高获利能力,提升配送效率。

7.1.2 配送中心概述

1. 配送中心的概念

根据国家标准《物流术语》,配送中心的定义是,具有完善的配送基础设施和信息网络,可便捷地连接对外交通运输网络,并向末端客户提供短距离、小批量、多批次配送服务的专业化配送场所。配送中心应基本符合下列要求。

(1)主要为特定的客户服务。
(2)配送功能健全。
(3)辐射范围小。
(4)多品种、小批量、多批次、短周期。
(5)主要为末端客户提供配送服务。

可见,配送中心的基本功能是为局部范围内的客户提供配送服务,同时还兼有储存、运输、包装、装卸、流通加工及信息处理等全套物流功能。配送中心除了配送功能，还设有集货、分拣、配装等功能。

2. 配送中心的功能

配送中心不同于传统的仓库，仓库只重视商品的储存保管，而配送中心则重视商品流通的全方位功能。一个较为完善的配送中心，它的功能主要有采购、集散、储存、分拣配送、流通加工、信息处理等，如图 7.1 所示。

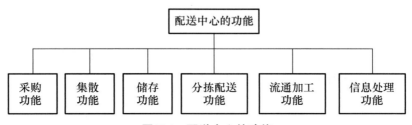

图 7.1 配送中心的功能

（1）采购功能。

配送中心只有采购到所要供应配送的商品，才能及时、准确地为客户供应物资。为此，针对市场的供求变化情况，制订和及时调整统一而周全的采购计划，由专人负责实施的采购活动是配送中心的首要功能。

（2）集散功能。

配送中心凭借在物流网络中的枢纽地位和拥有的各种先进设施设备，将分散在各地的生产厂商的产品集中到一起，经过分拣、配货、装配等环节，形成经济、合理的货载批量向众多客户发送。配送中心的集散功能如图 7.2 所示。

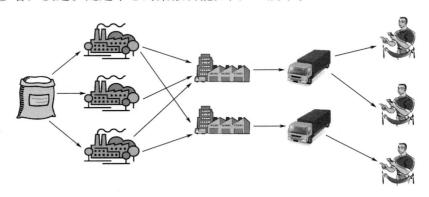

图 7.2 配送中心的集散功能

（3）储存功能。

配送中心的主要职能是按照客户的要求及时将各种配好的货物送到客户手中。为了顺利而有序地完成向客户配送货物的任务，配送中心需要建有现代化的仓库，配备一定数量的仓储设备，用来存储一定数量的货物。通过仓储来保证生产或者消费活动的顺利进行，同时尽可能降低库存水平，减少仓储成本。

(4)分拣配送功能。

配送中心服务的对象是企业、零售商或个人,其配送物品呈现多品种、小批量、多批次、短周期的特征。为了满足不同客户的需求,配送中心必须采取适当的方式对货物进行分拣、配装,并以最快的速度送达客户手中。分拣配送能力的高低直接影响配送中心的效率。

(5)流通加工功能。

配送中心配备流通加工设备的目的是提高配送效率或满足客户的需要,加工作业通常包括分类、称重、大包装拆箱换小包装、产品组合包装、标签粘贴作业等。

(6)信息处理功能。

配送中心利用计算机将各个物流环节中各种物流作业的信息进行采集、分析、传递,并向客户提供各种作业的信息和咨询服务。

3.配送中心的分类

(1)按配送中心的经营主体分类。

① 制造商型配送中心。这是以制造商为主体的配送中心。这种配送中心里的物品全由自己生产制造,用以降低流通费用、提高售后服务质量,还能及时地将配齐的成组元器件运送到规定的加工和装配工位。从商品制造、商品条码到商品包装等多方面都较易控制,所以按照现代化、自动化的配送中心标准设计比较容易,但不具备社会化的要求。

② 批发商型配送中心。这是以批发商或代理商为主体的配送中心。这种配送中心一般是按照部门或物品类别的不同,把每个制造商的物品集中起来,然后以单一品种或搭配向消费地的零售商进行配送。这种配送中心的物品来自各个制造商,它所进行的一项重要的活动是对物品进行汇总和再销售,而它的全部进货和出货都是社会配送的,社会化程度高。

③ 零售商型配送中心。这是以零售商为主体的配送中心。当零售商发展到一定规模以后,就可以考虑成立自己的配送中心,为零售店、超级市场、百货商店、建材商场等提供配送服务,其社会化程度介于前两者之间。

④ 第三方物流配送中心。这是以第三方物流企业为主体的配送中心。这种配送中心有很强的运输配送能力,地理位置优越,可迅速将到达的货物配送给客户,其社会化程度和现代化程度往往很高。

(2)按物流设施的归属分类。

① 自有型配送中心。这类配送中心的原材料、仓库等各种物流设施和设备归一家企业或集团所有,它只服务于该企业或集团内部各个子公司或部门,通常不对外提供配送服务。例如,沃尔玛的配送中心就是企业独资建立,专门为本企业所属的连锁店提供商品配送服务的自有型配送中心。目前,随着经济的发展,大多数自有型配送中心均已转化为公共型配送中心。

② 公共型配送中心。这种配送中心可以是一家企业独资建立,也可以是若干家企业共同投资、共同持股和共同管理的经营实体。只要支付服务费,任何用户都可以使用这种配送中心。公共型配送中心的数量很多,在配送中心总量中占的比例较大。

③ 合作型配送中心。这种配送中心是由几家企业合作兴建、共同管理的物流设施,

多为区域型配送中心。合作型配送中心可以是企业之间的联合，也可以是系统或地区规划建设，或是多个企业、系统、地区联合共建。

（3）按配送中心的服务范围分类。

① 城市配送中心。城市配送中心以城市为配送范围。在城市范围内，货物的运距较短，符合汽车运输的经济里程，故常采用汽车运输。这种配送中心往往和零售经营相结合，由于运距短、反应力强，因而从事多品种、少批量、多客户的配送较有优势。

② 区域配送中心。区域配送中心是一种辐射能力较强、活动范围较大，从事跨市、跨省、全国乃至国际范围的客户配送的配送中心。一般而言，这类配送中心的客户规模较大，配送批量也大，而且往往是配送给下一级的城市配送中心，也配送给营业所、商店、批发商和企业客户，虽然也从事零星的其他配送，但不是主要形式。

（4）按配送中心的功能分类。

① 储存型配送中心。储存型配送中心具有很强的储存功能。例如，美国赫马克配送中心的储存区拥有 16.3 万个储存货位。我国目前建设的配送中心，多为储存型配送中心，库存量较大。

② 流通型配送中心。流通型配送中心包括通过型和转运型配送中心，这种配送中心基本上没有长期储存的功能，仅以暂存或随进随出的方式进行配货和送货。典型方式为：大量货物整批进入，按一定批量零出。一般采用大型分货机，进货直接进入分货机传送带，分送到各客户货位或直接分送到配送汽车上。

③ 加工型配送中心。加工型配送中心是以流通加工为主要业务的配送中心。

7.2 配送中心规划与设计

7.2.1 配送中心规划与设计概述

1. 配送中心规划与设计的内容

配送中心规划与设计是一项系统工程，通过系统规划，可以实现配送中心的高效化、信息化和制度化。它包括选址规划、作业功能规划、物流设施规划和信息系统规划。配送中心规划与设计的内容如图 7.3 所示。

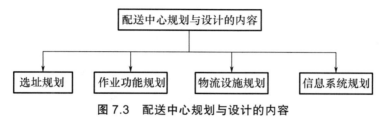

图 7.3 配送中心规划与设计的内容

2. 配送中心规划与设计的原则

规划与设计是配送中心建设的基础性工作，应遵循以下各项原则。

（1）完整性原则。

完整性原则是根据企业配送管理的实际需要，使设计的系统尽可能全面、完整地符合配送管理的要求。同时还需要保证系统开发及相应管理规范的完整性，保证系统开发和操作的完整性与可持续性。

（2）动态性原则。

在进行配送中心规划时，应在详细分析现状与预测未来变化的基础上进行，并且要有相当大的柔性，当客户、商品数量、成本等方面发生变化时，能够及时调整。

（3）经济性原则。

追逐经济利益是企业的目标，每一次投入都要考虑产出，因此在系统投入时要进行投入产出分析，尽可能做到最小投入、最大效益。值得注意的是，在进行投入产出分析时，不仅要考虑项目初期投资的费用，还要考虑投入运行后，后期运行维护的费用，使总成本最低。

（4）可靠性原则。

系统在正常情况下是可靠的，可靠性实际上就是要求系统的准确性和稳定性。一个可靠的配送系统要在正常情况下达到系统设计的预期精度要求，同时，在系统软、硬件环境发生故障的情况下仍有部分功能可以使用和运行。

7.2.2 配送中心的选址

配送中心的选址是一项物流基础设施建设，一旦建成就无法轻易改变。配送中心位置的选择将显著影响实际运营的效率与成本，以及日后配送中心规模的扩充与发展。因此，企业在决定配送中心的位置方案时，必须认真分析与研究内外部环境条件，并按适当的步骤，采用科学的选址方法对配送中心的位置进行合理的选择。

1. 配送中心选址的原则

（1）适应性原则。

配送中心的选址应与国家及地区的经济发展方针、政策相适应，与我国物流资源分布和需求相适应，与国民经济和社会发展相适应。

（2）协调性原则。

配送中心的选址应与国家物流网络一起作为一个大系统来考虑，要明确自身在物流网络中的位置，与整个系统相协调。同时，配送中心的规模、设施设备的选择、作业能力及配送商品的特性等方面也要保持一致。

（3）经济性原则。

配送中心选址的费用包括建设费和运营费两部分。前者是指规划设计费用、人工费用、设施与设备的选择与安装费用等。后者主要指配送中心投入运营之后发生的费用。在选址时，应以总费用最低作为配送中心选址的经济性原则。

（4）战略性原则。

配送中心的选址应具有战略性，注重全局性和长远性。

2. 配送中心选址需要考虑的因素

配送中心选址时应该考虑的主要因素有自然环境、政策环境、基础设施、货物流向等。

（1）自然环境。

在配送中心选址过程中，要考虑气象条件、地质条件、水文条件等自然环境因素对配送中心的影响。气象条件主要包括温度、降水量、风力、年平均蒸发量等指标。例如，选址时要避开风口，因为风口会加速露天堆放商品的老化。地质条件主要考察土地承载能力指标，它决定了物资的堆码高度。如果配送中心地面以下存在淤泥层、流沙层、松土层等不良地质条件，在受压后可能造成沉陷、翻浆等不良后果。水文条件主要考虑河川、台风对配送中心的影响，一般配送中心应选在地势较高、地形平坦之处，且应具有适当的面积和外形。

（2）政策环境。

政策环境也是配送中心选址需要考虑的重要因素之一，尤其是现在取得物流用地困难的情况下，如果有政府政策的支持，就更有助于物流业的发展。政策环境条件包括企业优惠政策（土地提供、税收减免）、城市规划（土地开发、道路建设）、地区产业政策等。良好的政策环境有助于降低配送中心的运营成本。

（3）基础设施。

便利的交通及齐备的公共设施，有助于提高配送中心的运作效率。配送中心通常选择靠近交通枢纽的地点布局，如紧邻交通主干道的地方。另外，配送中心的所在地，要求城市的道路、通信等公共设施齐备，有充足的水、电、气、热，且周围有污水、固体废弃物处理能力。

（4）货物流向。

货物流向主要考虑客户分布和供应商分布。

① 客户分布。

为了提高服务水平及满足配送的经济合理区域，配送中心的选址通常在靠近客户的区域。例如，零售商型配送中心，其主要客户是超市和零售店，这些客户大部分分布在大中型城市或人口密集的地方，故配送中心常选择在城市边缘且靠近客户分布的地区。

② 供应商分布。

配送中心的选址还要考虑供应商的分布情况。因为配送中心的商品全部由供应商供应，配送中心越接近供应商，供应商至配送中心区间的运输成本越低，其商品的安全库存越可能控制在较低的水平。

3. 配送中心选址的方法

配送中心选址的方法一般有两类：定性选址方法和定量选址方法。

（1）定性选址方法是针对各种影响因素提出选址应遵循的一些基本原则，如交通便利、政策环境、靠近超市或零售店等。从这些基本原则出发，对现有条件进行分析、评价、比较，从备选的地址中做出选择。定性选址方法有加权因素比较法和德尔菲法等。

（2）定量选址方法是根据配送中心位置的各种因素建立数学模型，通过反复迭代，从多个方案中选择最优方案的过程。定量选址方法包括重心法、线性规划方法和仿真方法等。

 知识链接

重心法介绍

　　重心法（the centre-of-gravity method）是一种模拟方法，它将物流系统中的需求点和资源点看成分布在某一平面范围内的物流系统，各点的需求量和资源量分别看成物体的重量，物流系统的重心作为物流网点的最佳设置点，利用求物体系统重心的方法来确定物流网点的位置。

7.2.3 配送中心的系统规划

1. 配送中心规划要素

配送中心规划要素就是影响配送中心系统规划的基础数据和背景资料，主要包括以下 7 大要素。

　　E——Entry：指配送对象或客户。
　　I——Item：指配送货品的品项数。
　　Q——Quantity：指配送货品的数量或库存量。
　　R——Route：指配送的通路。
　　S——Service：指物流服务水平。
　　T——Time：指物流的交货时间。
　　C——Cost：指配送货品的价值或建造配送中心的预算。

（1）配送对象或客户（E）。

配送对象或客户不同，订单形态和出货数量会有很大的不同。例如，零售商型的配送中心，其配送对象可能是批发店、超市或便利店，批发店的订货单位通常为托盘或箱；超市的订货单位通常为箱及少量单品；而便利店的订货单位多数为单品。因此，在规划之前，首先应该分析配送客户的情况，然后再决定配送中心的出货形态和特征。

（2）配送货品的品项数（I）。

不同配送中心所需处理的货品品项数差异非常大，少则数百种，如制造商型配送中心，多则上万种，如书籍、医药、汽车零部件配送中心。由于品项数不同，其复杂性与困难程度也有所不同。例如，处理货品品项数为一万种的配送中心与处理货品品项数为一千种的配送中心，其复杂性与困难程度是完全不同的。

另外，配送中心处理的货品种类不同，其特性也完全不同。例如，食品、日用品、药品、家电、服饰、书籍等，由于其货品的特性，配送中心的布局与设施设备的选择也完全不同。例如，食品及日用品进出货的数量大、频率高，家电货物的尺寸较大等。

（3）配送货品的数量或库存量（Q）。

配送货品的数量包含两个方面的含义：一是配送中心的出货数量；二是配送中心的库存量。

配送中心的出货数量多少和随时间的变化趋势会直接影响到配送中心的作业能力和设备的配置。例如，季节性的波动、年节的高峰等问题，都会引起出货量的变动。

配送中心的库存量和库存周期将影响到配送中心的面积和空间的需求，因此应对库存量和库存周期进行详细的分析。一般进口货品的配送中心因进口周期较长，必须拥有较多的库存量；而流通型的配送中心，则完全不需要考虑库存量，但必须注意分货的空间及效率。

（4）配送的通路（R）。

物流通路与配送中心的规划有很多种关系。常见的通路模式有以下几种。

① 工厂→配送中心→经销商→零售商→消费者。
② 工厂→经销商→配送中心→零售商→消费者。
③ 工厂→配送中心→零售商→消费者。
④ 工厂→配送中心→消费者。

规划配送中心之前必须首先了解物流通路的类型，然后根据配送中心在物流通路中的位置和上下游客户的特点进行规划。

（5）物流服务水平（S）。

企业建设配送中心的一个重要目的就是提高企业的物流服务水平，但物流服务水平的高低恰恰与物流成本成正比，也就是说，物流服务水平越高则其物流成本越高。客户总是希望以最经济的成本获得最佳服务，因此，原则上物流的服务水平应该是合理物流成本下的服务品质，而不是一味追求最高的物流服务水平。

（6）物流的交货时间（T）。

在物流服务品质中，物流的交货时间非常重要，因为交货时间太长或不准时都会严重影响零售商的业务，因此交货时间的长短与准时性成为物流业者的重要评估项目。

所谓物流的交货时间，是指从客户下达订单开始，订单处理、库存检查、理货、流通加工、装车及配送到达客户手上的这一段时间。物流的交货时间与物流成本之间也具有效益背反关系，物流交货时间越短则其成本越高，因此选择一个合适的交货时间尤为重要。通常，最佳的交货时间为12～24小时。

（7）配送货品的价值或建造配送中心的预算（C）。

在规划配送中心时，还应注意研究配送货品的价值和配送中心的建造预算。

首先，配送货品的价值与物流成本有很密切的关系。在计算物流成本时，往往会计算配送成本占商品价值的百分比，如果货品的单价高则其百分比相对会比较低，这时客户能够负担得起；如果货品的单价低则其百分比相对会比较高，这时客户会感觉负担比较重。

其次，配送中心建造费用的预算也会直接影响配送中心的规模和自动化水平，没有足够的建设投资，所有理想的规划都是无法实现的。

2. 配送中心的平面布置

配送中心的平面布置就是根据物流作业量和物流路线确定各功能区域的面积和各功能区域的相对位置，最后得到配送中心的平面布置。

配送中心系统平面布置的一般流程如图7.4所示。

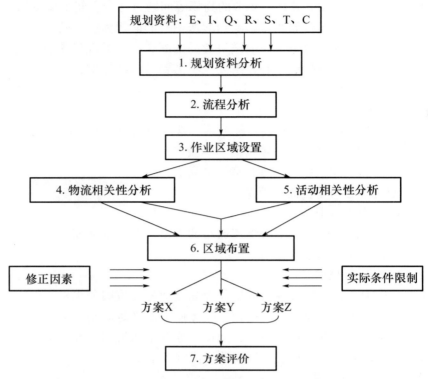

图 7.4　配送中心系统平面布置的一般流程

（1）规划资料分析。

规划资料分析主要包括物品特性分析、储运单位分析和 EIQ 分析。

① 物品特性分析。

物品特性是货物分类的参考因素，如按储存保管特性可分为干货区、冷冻区及冷藏区；按物品重量可分为重货区和轻货区；按物品价值可分为贵重物品区及一般物品区；等等。因此配送中心规划时首先需要对物品进行物品特性分析，以划分不同的储存和作业区域。

② 储运单位分析。

储运单位分析是考察配送中心各个主要作业（进货、拣货、出货）环节的基本储运单位。一般配送中心的储运单位包括 P（托盘）、C（箱子）、B（单品），而不同的储运单位，其配置的储存和搬运设备也不同。因此掌握物流过程中的单位转换相当重要，需要对这些储运单位进行分析，即 PCB 分析。

例如，企业的订单资料中同时含有各种出货形态，包括订单中整箱与零散两种类型同时出货，以及订单中仅有整箱出货或仅有零散出货。为使仓储与拣货区得到合理的规划，必须将订单资料按出货单位类型加以分析，以正确计算各区实际的需求。配送中心物流系统的储运单位组合形式如表 7-2 所示。

表 7-2 配送中心物流系统的储运单位组合形式

入库单位	储存单位	拣货单位
P	P	P
P	P、C	P、C
P	P、C、B	P、C、B
P、C	P、C	C
P、C	P、C、B	C、B
C、B	C、B	B

注：P—托盘；C—箱子；B—单品。

③ EIQ 分析。

EIQ 分析就是利用"E""I""Q"这三个物流关键要素，来研究配送中心的需求特性，为配送中心提供规划依据。以订单品项数量分析方法进行配送中心的系统规划，即是从客户订单的品项、数量与订购次数等出发，进行出货特性的分析。分析的内容包括以下几个方面。

a. 订单量（EQ）分析。

订单量分析，即每张订单出货数量的分析。EQ 分析主要可了解单张订单订购量的分布情况，可用于决定订单处理的原则、拣货系统的规划，并将影响出货方式及出货区的规则。

b. 订单品项数（EI）分析。

订单品项数分析主要是了解订单品项数的分布，对于订单处理的原则及拣货系统的规划有很大的影响，并将影响出货方式及出货区的规划。通常需配合总出货品项数、订单出货品项累计数及总品项数 3 项指标综合考虑。

c. 不同品项出货量（IQ）分析。

不同品项出货量分析主要是为了了解各类货品出货量的分布状况，分析货品的重要程度与运量规模。可用于仓储系统的规划选用、储位空间的估算，并将影响拣货方式及拣货区的规划。

d. 品项受订次数（IE）分析。

品项受订次数分析主要是为了了解各类货品出货次数的分布，对于熟悉不同种类货品的出货频率有很大的帮助，其主要功能是配合 IQ 分析决定仓储与拣货系统的选择。

（2）流程分析。

配送中心的主要作业活动包括入库、仓储、拣取、配货、出货和配送等，一些配送中心还包括流通加工、贴标签、包装及退货等作业。在布置规划时，首先应将具有相同流程的货物作为一类（如 A、B、C…），分析每类物料的作业流程，见表 7-3。

表 7-3　配送中心物料的作业流程

作业类别	A	B	C	D	…
进货	1	1	1	1	
理货	2	2	2	2	
分类	3	4	4		
流通加工			3		
保管		3			
特殊作业				3	
配送	4	5	5	4	

注：1、2、3、4、5 表示流程的先后顺序。

（3）作业区域设置。

配送中心的作业区域包括物流作业区及外围辅助活动区。物流作业区如装卸货、入库、订单拣取、出库、出货等，通常具有物流相关性；而外围辅助活动区如办公室、计算机室、维修间等，则具有业务上的相关性。经作业流程规划后即可针对配送中心的营运特性规划所需作业区域。配送中心的主要作业区域包括进货区、理货区、仓储区、拣选区、流通加工区、集配货区、出货区、办公区、计算机管理监控区、维修区等。

具体的区域设置可根据能力需求分析和区域面积规划确定各区域的基本能力，以及各区域的面积与空间。

（4）物流相关性分析。

物流相关性分析即对配送中心各区域间的物流量进行分析，用物流强度和物流相关表来表示各功能区域之间的物流关系强弱，确定各区域的物流相关程度。

物流量分析即汇总各项物流作业活动从某一区域至另一区域的物流流量，作为分析各区域间物流流量大小的依据。若不同物流作业在各区域之间的物料搬运单位不同，则必须先转换为相同单位后，再合并计算其物流流量的总和。根据各区域间物流量的大小，将其分为五个级别，分别用 A（超大）、E（较高）、I（一般）、O（较小）、U（可忽略）表示，从而得到各区域的物流相关表。一种典型的作业区域物流相关表见表 7-4。

表 7-4　作业区域的物流相关表

作业区域	进货区	理货区	分类区	加工区	保管区	特保区	发货区	办公区
进货区								
理货区	A							
分类区	I	I						
加工区	U	O	U					

续表

作业区域	进货区	理货区	分类区	加工区	保管区	特保区	发货区	办公区
保管区	U	A	E	E				
特保区	U	O	I	O	U			
发货区	U	U	A	I	E	O		
办公区	U	U	U	U	U	U	U	

（5）活动相关性分析。

配送中心内除了与物流有关的区域，还有许多与物流无关的管理或辅助性的功能区域。尽管这些区域本身没有物流活动，但与其他区域有着业务往来，因此需要对所有区域进行业务活动相关性分析，以确定各区域之间的密切程度。

各区域的活动相关关系可以从以下几个方面考虑。

① 程序性的关系：因物料流、信息流而建立的关系，如人员往返接触的程度、文件往返频率等。

② 组织与管理上的关系：同一部门的功能区域应紧密布置。

③ 功能上的关系：区域间因功能需要形成的关系，如相同功能的区域尽量紧密布置。

④ 环境上的关系：在操作环境、安全考虑上需保持的关系。

根据以上相关要素，对任何两个区域的相关性进行评价。评定相关程度的因素主要包括人员往返接触的程度、文件往返频率、组织与管理关系、使用共享设备与否、使用相同空间区域与否、物料搬运次数、配合业务流程的顺序、是否进行类似性质的活动、作业安全上的考虑、工作环境改善、提升工作效率及人员作业区域的分布等内容。一般相关程度高的区域在布置时应尽量紧邻或接近。

（6）区域布置。

配送中心的区域布置方法有两种，即流程性布置法和活动相关性布置法。流程性布置法是根据物流移动路线和物流相关表作为布置的主要依据，适用于物流作业区域的布置；活动相关性布置法则是根据区域的综合相关表进行区域布置，一般用于整个厂区或辅助区域的布置。

配送中心的区域布置可以用绘图法直接绘成平面布置图；也可以将各功能区域按面积制成相应的卡片，在配送中心总面积图上进行摆放，以找出合理的方案；还可以采用计算机辅助平面区域布置技术进行平面布置。平面布置可以做出几种方案，最后通过综合比较和评价选择一个最佳方案。配送中心区域布置的方法和步骤如下。

① 物流作业区域的布置。

a. 确定配送中心对外的联外道路形式。确定配送中心联外道路、进出口方位及厂区配置形式。

b. 决定配送中心厂房空间范围、大小及长宽比例。

c. 决定配送中心内由进货到出货的主要物流路线形式，如 U 形、L 形等。

d. 按物流相关表和物流路线配置各区域位置，首先将面积较大且长宽比例不易变动的区域先置于建筑平面内，如自动仓库、分类输送机等作业区；再按物流相关表中物流相关强度的大小安排其他区域的布置。

② 行政活动区域的布置。首先选择与各部门活动相关性最高的部门先行置入规划范围内，再依照活动的相关性，按与已置入区域关系的重要程度依次将各部门区域置入布置范围内。

③ 确定各种布置组合。根据以上方法，可以逐步完成各区域的概略布置。然后将各区域的面积置入各区域相对位置，并做适当调整，减少区域重叠或空隙，即可得到面积相关配置图。最后调整部分作业区域的面积或长宽比例即可得到作业区域配置图。某配送中心平面布置的初步方案如图 7.5 所示。

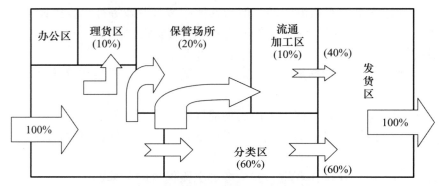

图 7.5　某配送中心平面布置的初步方案

④ 修正。经过上述的规划分析，得到配送中心区域布置的草图，最后还应根据一些实际限制条件进行必要的修正与调整。修正因素主要包括以下几个方面。

a. 厂房与土地面积比例：厂房建筑比率、容积率、绿地与环境保护空间的比例及限制等因素。

b. 厂房建筑的特性：建筑造型、长宽比例、柱位跨距、梁高等限制或需求。

c. 法规限制：土地建筑法规、环保卫生安全相关法规、劳动法等因素。

d. 交通出入限制：交通出入口及所在区域的特殊限制等因素。

e. 其他：经费预算限制、政策配合等因素。

（7）方案评价。

在物流中心系统规划阶段，通常需针对不同的物流设备选择，分别制订区域配置方案，最后通过对各个方案进行比较评估，从中选择一个最优方案。

7.3　配送中心作业管理

配送中心一般包括以下作业：进货、储存、订单处理、拣货补货、出货、送货、退货。配送中心基本作业流程如图 7.6 所示。

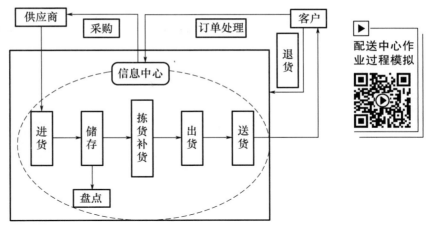

图 7.6　配送中心基本作业流程

7.3.1　进货作业

进货作业是配送作业中物流活动开始的第一个环节，是后续作业的前提和基础，进货作业工作质量的好坏直接影响后续作业的工作质量。所谓进货作业，是指根据采购订单的信息，进行预收货、卸货、验收、货物编号与入库上架等一系列作业的过程。

1. 预收货作业

预收货作业是进货作业的开始。当供应商车辆按照预约到货时间到达仓库后，供应商代表应到信息中心递交到货单，由信息员核对信息系统中的采购订单信息与供应商代表提供的到货单信息是否一致。预收货作业的目的是通过对采购订单与到货单进行核对，在第一时间了解供应商的送货是否存在差异，避免多次装卸、验收等不必要的环节。但这只是对双方单证的比对，不能准确知道货物的实际情况。

2. 卸货作业

卸货作业是将货物由车辆卸下并搬运至验货区的工作。卸货一般是在进货站台上进行。供应商将车辆停靠在指定车位，物流配送中心即组织卸货。在卸货前应检查外包装是否完整，如封条是否破损、脱落等，对外包装有问题的货物要及时记录，确定责任归属。卸货时应按照包装上的指示方向轻取、轻放，防止货物破损，正确使用装卸工具，保证货品和人身安全。卸货方式主要有人工卸货、叉车卸货和输送机卸货。

3. 验收作业

验收在进货作业中是一项重要的工作。验收作业是根据采购订单，按照验收作业流程，利用验收设备对货品的数量和质量进行审核和检验的活动。只有经过验收合格的货物方能入库上架。验收作业流程如图 7.7 所示。

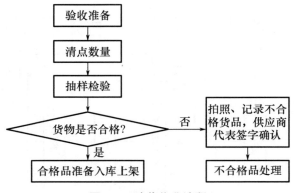

图 7.7 验收作业流程

 知识链接

数量检验的方法

根据货物的性质和包装情况，数量检验的方法分为 3 种。

计件法：对以件作为计量单位的商品使用的检验方法。在进行数量检验时，点清所有货品数量并记录。计件商品应全部清查件数，带有附件和成套的机电设备需清查主件、零部件和工具等。

检斤法：对以重量作为计量单位的商品使用的检验方法。商品的重量一般有毛重、净重之分。

检尺求积法：对以体积作为计量单位的商品使用的检验方法。例如，木材、砂石、竹材等，采用先检尺后求体积的检验方法。

4. 货物编号作业

为保证配送中心的物流作业准确而迅速地进行，在进货环节必须对货物进行有效的编号。编号就是按货物的品种、规格等进行有次序的编排，通常采用简明的文字、符号或数字代替货物的名称、类别及其他信息。对货物编号后，可通过计算机进行高效而标准的管理。

货物编号的原则有简易性、单一性、扩充性、层次性、易记性和安全性等。

货物编号的方法有以下几种。

（1）顺序法。

顺序法是最简单的编号法，即用阿拉伯数字或者英文字母按顺序一直编下去，多用于账号或发票编号等。

（2）数字分段法。

数字分段法把数字分段，每一段代表一类有共同特性的货物。

（3）分组编号法。

分组编号法是按货物特性分为多个数字组，每个数字组代表该货物的一种特性。例如，第一组数字代表货物的品种、第二组数字代表货物的规格、第三组数字代表货物的供应商，至于每组数字的位数要视实际情况而定。该方法分段清晰、标示明确、容易记忆、应用范围较广。

(4)实际意义编号法。

实际意义编号法是以货物的名称、重量、尺寸、分区、储位、保存期限或其他特征的实际情况进行编号。采用该方法的优点在于通过货物编号可知货物的内容及相关信息。

(5)后数位编号法。

后数位编号法利用编号末位数字对同类货物进行进一步细分,也可从数字的层次关系看出货物的归属类别。

5. 入库上架作业

入库上架是进货作业的最后一个环节,该环节的操作步骤主要有入库前的准备工作、搬运到存储区域,以及按照合适的方法将货物存放到指定储位。入库上架作业涉及的设备主要有搬运工具(如叉车)、储存设备(如货架、托盘)等。

7.3.2　储存作业

储存作业是进货作业的延续,主要任务在于保护、储藏和对货物进行控制管理。储存作业的意义在于最大限度地利用空间,最有效地利用劳动力和设备,最安全经济地搬运货物和最好地保护和管理货物。

1. 储存方法

当货物进到储存区后,应按照货物特性采用一定的储存方法选择合理的储区位置。良好的储区位置安排可以减少出入库的移动距离,缩短作业时间,充分利用储存空间。常见的储存方法有以下几种。

(1)定位储存。即每一项货物都有固定的储位。定位储存方法易于管理,搬运时间较短,但需要较多的储存空间。此方法适用于库房空间大和存放的商品数量少但品种多的情况。

(2)随机储存。即每一项货物的储位不是固定的,而是随机产生。随机储存方法的优点在于共用储位,最大限度地提高了储区空间的利用率。该方法适用于空间有限且货物品种少、体积小的情况。

(3)分类储存。分类储存是按照货物的尺寸、重量、相关性、流动性等特性分类储存。

(4)分类随机储存。分类随机储存是每一类货物有固定的存放储区,但各储区内每个储位的指定是随机的。这种方法既吸收了分类储存的部分优点,又有效提高了储区利用率。

(5)共同储存。共同储存指在确定各货物的进出库时间的情况下,不同货物可共同利用相同储位的方式。这种方法虽然提高了储位利用率,但给管理带来了一定困难。

2. 储存原则

在指定储位时需要遵循的储存原则见表7-5。

表 7-5　储存原则

储存原则	含义
周转率原则	周转率高的货物存放在接近出口处或靠近过道处，反之，周转率低的货物则远离出入口
相关性原则	相关性大的货物在订货时常常被同时订购，因此应将相关性大的货物尽量存放在相邻的位置
同一性原则	将同一种货物储存在同一保管位置
先进先出原则	先入库的货物应先出库，这一原则对于保质期短的商品尤其重要，如食品、药品等
面向通道原则	货物应面向通道，便于识记条码、标识和名称
重量特性原则	按货物重量来确定储位高低，重者放在地面或货架底层，轻者放在货架上层
兼容性原则	兼容性差的物品决不能储存在一起，以避免影响货物品质
搬运灵活性原则	为减少作业时间和次数，提高仓库周转速度，根据作业要求，灵活选择货物搬运方式，如堆放地面、装箱、放置在托盘上等

3. 储存形式

在配送中心，货物的储存形式主要有以下两种。

（1）地面堆存。

地面堆存是指将货物直接或者放在托盘上着地进行堆放的方式。堆存方法有行列堆存法和整区堆存法。行列堆存法是在堆积的托盘之间留有足够的空间，以便提取托盘货物时畅通；整区堆存法是指每一行与每一列之间的托盘堆积没有空间，节省库房。常见的地面堆存方式如图 7.8 所示。

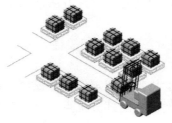
(a) 方式一

(b) 方式二

图 7.8　地面堆存方式

（2）货架储存。

货架储存是配送中心的主要储存方式。根据配送中心的类型不同，有普通仓库和自动化立体仓库。普通仓库采用普通货架进行储存；自动化立体仓库采用自动化的立体货架系统。普通货架与自动化立体货架如图 7.9 所示。

(a) 普通货架

(b) 自动化立体货架

图 7.9　货架储存方式

4. 货物盘点

配送中心的货物品种多、周转速度较快，由于货物不断地进出仓库，长期积累容易产生库存数量与实际数量不符的现象，或者某些货物因为存放时间过久或存放方式不恰当导致其质量受到影响。为了避免账物不符的情况，对库存货物进行定期、不定期的清查作业称为货物盘点。

 知识链接

库存盘存方法

常见的库存盘存方法有实地盘存制和永续盘存制。

实地盘存制又称定期盘存制，是指会计期末通过实地盘点，以确定期末库存的结存数量，再分别乘以各项库存的盘存平价，计算期末库存成本；计算出期末库存成本的购进，不计减少，然后采用倒算的方法确定本期销售或耗用的库存成本。优点是平时可以不登记存货明细账，核算工作比较简单。缺点是核算手续不够严密，不利于对存货的管理。

永续盘存制是指对库存项目设置经常性的库存记录，也就是分品名、规格设置存货明细账，对存货的增减变动进行连续记录，并随时结算出存货的结存数量。优点是核算手续严密，平时可以通过账簿完整记录各种存货的收发及结存状态。缺点是存货核算的工作量比较大。

7.3.3　订单处理作业

从接到客户订货开始到准备拣货为止的作业，称为订单处理作业。订单处理作业包括接受订单、客户及订单资料的确认、确认交易方式、存货查询、确定拣选方式、生成拣选单等。从本质上讲，整个配送过程都是为了完成订单而发生的，其作业绩效影响到配送中心的每项作业。因此，订单处理水平的高低，直接决定了配送中心的服务水平，同时也体现了配送中心的营运效率。订单处理流程如图 7.10 所示。

1. 接受订单

订单处理的第一步是接受订单，订货方式主要有两种：传统订货方式和电子订货方式。传统订货方式主要有厂商铺货、厂商巡货、电话订货、传真订货、邮寄订货、跑单业务等。电子订货方式是一种借助计算机信息处理，将订货信息转为电子信息经由通信网络传送的订货方式。电子订货方式不仅可以大大提高客户服务水平，还能够有效缩减存货及相关成本。

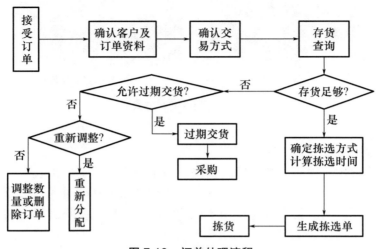

图 7.10　订单处理流程

2. 确认客户及订单资料

在接受订单后，需要对其进行确认，确认的内容包括客户信息、货物数量及日期、客户信用、订货价格、加工包装方式等。

3. 确认交易方式

配送中心每天要面对有着不同需求的众多客户，针对不同的客户，其交易方式也有所不同。一般来说，有以下几种交易方式。

（1）一般交易订单。一般交易订单按照常规处理程序进行处理，即接单后，将订单信息输入处理系统，按正常的订单处理程序处理之后进行拣货、出货、配送及收款等作业。

（2）现销式交易订单。与客户当场交易、直接给货的交易，这类订单不需要参与拣货、出货、配送等作业，只需要记录交易资料，以便收款或现场将货款结清。

（3）间接交易订单。接单后，配送中心将客户订货资料传给供应商，由供应商直接向客户供货的交易。

（4）合约式交易订单。与客户签订配送合约，到约定送货日系统自动产生需要送货的订单资料。

（5）寄库式交易订单。客户因促销或价格因素先行订购商品，当客户产生配送需求时，配送中心进行商品配送的交易方式。

（6）兑换式交易订单。客户用兑换券来兑换商品的交易。

4. 存货查询

根据订单的需求，配送中心对所订购商品进行查询，当存货足够时，按照正常程序组织拣货作业。当存货不足时，如果客户允许延期交货，则立即组织采购；如果客户不允许延期交货，则应调整订单。

5. 确定拣选方式

拣选作业主要有两种方式：按订单拣货和批量拣货。按订单拣货是针对每一份订单进行拣货；批量拣货是多张订单累计为一批，汇总数量后形成拣货单，根据拣货单一次拣取，再进行分配的拣货方式。确定拣货方式是根据订单的品种、数量及出库频率，为订单选择合适的拣选方式，以缩短拣选时间，提高拣选效率。

6. 生成拣货单

拣货单是配送中心将客户订单资料进行计算机处理，生成并打印拣货单。在拣货单上标明了储位，并按储位顺序排列货物编号，作业人员按照拣货单拣货，可以缩短拣货路径、节省拣货时间、提高拣货效率。拣货单的格式参见表7-6。

表 7-6 拣货单格式

拣货单编号：				拣货员：			拣货时间：	
顾客名称：				出货时间：				
核查员：				核查时间：				
序号	储位编号	货物名称	货物编号	包装单位			拣取数量	备注
				整托盘	箱	单件		

7.3.4 补货作业

补货作业是将物品从保管区转移到为订单拣取而设立的动管拣货区的作业，目的是向拣货区补充适当的物品，保证拣货作业的需求。配送中心的补货作业通常有3种方式：整托盘补货、整箱补货和拆零补货。

（1）整托盘补货是以托盘为单位进行补货。此补货方式保管区和动管拣货区均是以托盘为单位的存放区域，不同之处在于保管区的面积较大，存放物品较多，而动管拣货区面积较小，存放物品数量较少。具体操作方式为：补货员以叉车为补货工具，将托盘从保管区搬运至动管拣货区。该方法适合体积大、出货量高的物品。

（2）整箱补货是以箱为单位进行补货。此补货方式保管区为储存式货架或地面存放，动管拣货区为流动式货架。具体操作方式为：补货员至货架保管区取货箱，以手推车运至动管拣货区。该方法适合体积小且多以箱为单位出货的物品。

（3）拆零补货是以箱为单位进行补货。此补货方式保管区为储存式货架存放，动管拣货区为流动式货架。具体操作方式为：补货员至货架保管区取货箱，以手推车运至动管拣货区，再拆开包装并对应储位进行单品补货。该方法适合体积小、品项多且以件为单位出货的物品。

7.3.5 拣货作业

拣货作业是指拣货员根据拣货单上的信息，从指定的储位将物品拣出，并搬运至指定地点的活动。拣货作业是配送中心作业范围中极为重要的一环，拣选作业的好坏直接影响配送作业的效率。

1. 拣货单位

配送作业的拣货包装单位通常有以下 4 种。

（1）单件：以单件为拣取单位，是拣货的最小单位。

（2）箱：以箱为拣取单位，由单件装箱而成。

（3）托盘：由箱堆码在托盘上集合而成，经托盘装载后加固。每托盘堆码数量固定，拣货时以托盘为拣取单位。

（4）特殊物品：体积过大、形状特殊或必须在特殊情况下作业的货物，如桶装油料、长竿形货物、散装物品、冷冻食品等在拣货时以特定包装形式和包装单位为准。

2. 拣货作业设备

由于多品种、少批量需求的影响，使得配送中心经营的商品品种逐年增加，零星要货占商品订单的 70%，而这部分的销售额不超过 30%，且拆零的工作量增幅很大。为了提高配送效率，配送中心对拣选作业的机械化投入了很大的人力、物力和财力。拣货作业用到的设备主要包括拣选设备、输送设备和容器等。

（1）以电子标签拣选系统为代表的拣选设备。

在现代化配送中心中，拣选货架已与计算机配套使用。电子标签系统通过货架上显示器显示的客户编号、物流箱编号及拣货量等信息，向拣货员及时、明确地下达拣货指令，具有拣货速度快、拣货错误率低的优点，实现"无单拣选"。电子标签拣选系统如图 7.11 所示。

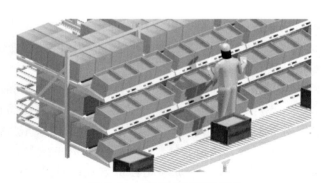

图 7.11 电子标签拣选系统

（2）以滚筒式输送机为代表的输送设备。

滚筒式输送机主要由滚筒、机架、支架和驱动部分等组成，借助转动的滚子和物品间的摩擦力使物品向前移动。由于滚筒输送之间易于衔接过渡，可用多条滚筒线及其他输送设备组成复杂的物流输送系统。滚筒式输送机具有输送量大、速度快，能够实现多品种共线分流输送的特点。滚筒式输送机如图7.12所示。

(a) 整体效果图　　　　　　　　　　　(b) 局部效果图

图7.12　滚筒式输送机

（3）以周转箱为代表的容器。

周转箱是一种便捷的储物容器，它的材质一般是塑料，具有制造成本低、坚固耐用、方便清洁等特点。常见的周转箱如图7.13所示。

(a) 周转箱实物图一　　　　　　　　　(b) 周转箱实物图二

图7.13　常见的周转箱

3. 拣货方式

拣货方式可以划分为按订单拣货、批量拣货和其他拣货方式，下面对这3种方式分别进行介绍。

（1）按订单拣货方式。

按订单拣货方式又称摘果法，是指针对每一张订单，拣货员巡回于仓库内，按照拣货单所列商品及数量，将客户订购的商品取出，然后集中在一起的拣货方式。按订单拣货作业流程如图7.14所示，其示意图如图7.15所示。

按订单拣货的优点是：作业方法单纯，作业前置时间短；作业人员责任明确，便于安排人力；拣货后不需要再进行分拣作业，适用于大量、少品种订单的处理。

按订单拣货的缺点是：商品品种多时，拣货行走路径较长，拣货效率较低；拣取区域大时，搬运系统设计困难。

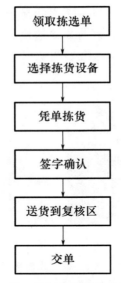

图 7.14　按订单拣货作业流程

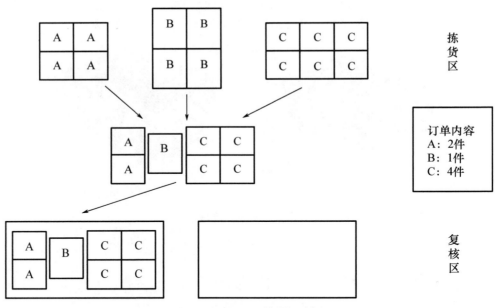

图 7.15　按订单拣货示意图

按订单拣货适用于订单大小差异较大、订单数量变化频繁、季节性强的物品配送。

（2）批量拣货方式。

批量拣货方式又称播种法，是将多张订单集合成一批，按照物品种类加总后再进行拣货，然后依据不同客户或不同订单分类集中的拣货方式。批量拣货作业流程如图 7.16 所示，其示意图如图 7.17 所示。

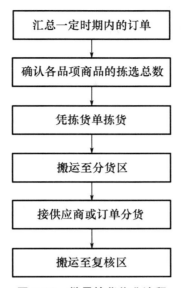

图 7.16 批量拣货作业流程

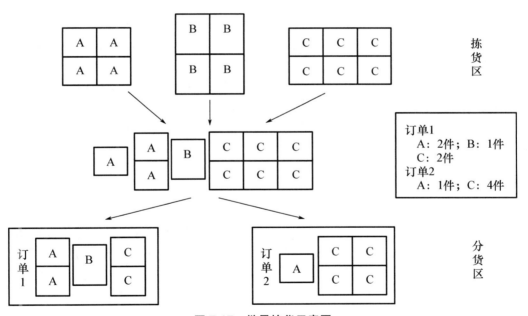

图 7.17 批量拣货示意图

批量拣货的优点是可以缩短拣货时行走搬运的距离,增加单位时间的拣取量。

批量拣货的缺点是对订单的到来无法做出及时响应,必须等订单达到一定数量时才能做一次处理,因此,会产生停滞时间。

批量拣货适用于配送批量大的订单作业,适合订单变化较小、订单数量稳定的配送中心和外形较规则、固定的商品出货。

知识链接

订单分批方法

批量拣货的订单分批方法有以下4种。

（1）总量分批法。在拣货作业前，合计累计订单中每个商品类别的总量，再按这一总量进行拣取。该方法适合周期性配送。

（2）固定订单量分批法。订单分配按照先到先处理的基本原则，当订单累积到设定的数量时，开始进行拣货作业。这种方式偏重于较稳定的作业效率，但订单的商品总量不宜过大，否则会增加分类作业成本。

（3）定时分批法。该方法是开启短暂的时间窗（如5分钟或10分钟），再将这一段时间中所有的订单作为一批，进行批量拣取。该方法比较适合密集频繁的订单和满足紧急订单的要求。

（4）计算机分批法。采用计算机分批法配送中心通常将前一天的订单汇总后，经过计算机处理，在当日下班前产生明日的拣货单。其优点是分批时已经考虑到将路径相近的分为一批，速度较快。

（3）其他拣货方式。

① 分区拣货。所谓分区拣货，是指将拣货作业场地进行区域划分，每一个拣货员只负责指定区域内的商品。按分区原则的不同，可分为按拣货单位分区、按拣货方式分区和工作分区。

② 订单分割拣货。当订单所订购的商品种类较多时，为了提高拣货效率，可将订单分割为若干个子订单，交由不同的拣货人员同时进行拣货，以加速拣货作业的完成。

③ 复合拣货。复合拣货是按照订单的品种、数量及出库频率，确定哪些订单适合按订单拣货，哪些订单适合批量拣货。

7.3.6 出货作业

拣选作业完成后，拣货员要将拣好的商品搬运到复核区，交由复核员进行再次核对。经复核确认无误后，在商品上贴上客户标签，并依据不同客户将所有商品进行分类汇总，然后搬运至待出货区。最后，点货员根据出库单和装车单进行点货并指导装车。这一系列的作业称为出货作业。

1. 复核作业

拣选作业完成后，拣货员将拣选好的物品搬运至复核区。复核员根据复核单据，对客户的商品进行复核，确认名称、数量、包装等信息是否与复核单据上的信息一致。良好的复核作业能及时发现拣选作业中的问题，如发现数量或质量出现问题，可以及时处理，避免因为失误造成成本上升，甚至影响客户服务水平。

复核作业流程如图7.18所示。

复核作业可以分为人工复核和系统复核。人工复核是复核员利用检测工具，如卷尺、磅秤等进行商品数量和质量检验的过程。系统复核是复核员借助无线射频终端设备，将系统内信息与实际拣选商品信息进行比对的检验过程。

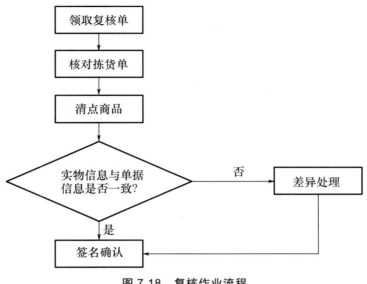

图 7.18 复核作业流程

2. 分货作业

复核作业完成后,再将商品按照不同的客户或不同的配送路线做分类的工作,称为分货作业。分货的操作方式可分为人工分货和自动分货两种。

(1) 人工分货。

人工分货是以手推车为辅助工具,将被分拣商品分别送至指定的场所堆放待运,批量较大的商品则采用叉车托盘作业。目前,我国的配送中心常采用人工分货方式。其优点是机动灵活,不需要复杂、昂贵的设备,不受商品包装等条件的制约;缺点是速度慢、工作效率低、易出错,适用于分拣量小、分拣单位少的场合。

(2) 自动分货。

自动分货是利用自动分类机来完成分货工作的方式,具有高速化、高准确率和低分货成本等特点。目前,许多大型配送中心都已广泛使用自动分拣机进行分拣。其优点是提高单位时间商品处理量;降低分货的货损率和货差率;减轻配送中心工人的劳动强度,提高分货效率。

3. 点货上车作业

点货上车作业是根据出库凭证和配送员提供的装车单进行点货并指导装车等一系列作业活动。该项作业分为点货作业和上车作业两个过程。点货作业是货品配送上车前按照客户订单进行清点、核对数量的过程,确保配送到各客户的商品名称和数量等正确。上车作业的质量高低决定着商品的运输质量,良好的装车作业能极大地降低商品运输中的破损率,提高物流服务质量和客户满意度。点货作业流程和上车作业流程如图 7.19 和图 7.20 所示。

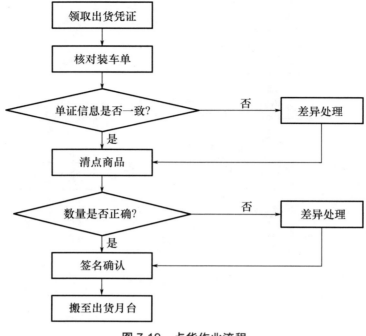

图 7.19 点货作业流程

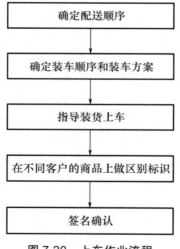

图 7.20 上车作业流程

7.3.7 送货作业

送货作业是利用运输车辆,将客户订购的商品,从配送中心送达用户手中的活动。送货通常是一种短距离、小批量、高频率的运输形式。它以服务为目标,以尽可能满足客户的需求为宗旨。送货作业的好坏直接影响配送质量和配送服务水平。

1. 送货服务要求

（1）时效性。

所谓时效性是要确保能在指定时间内交货。由于送货作业是从客户订货至交货全过程的最后一个阶段，因而也最容易导致无法弥补的延误产生。若能规划一个良好的配送计划则仍可补救延误的时间，因此配送作业是掌控时效的关键点。

（2）可靠性。

可靠性是指交货质量，即配送人员将物品完好无缺地送达目的地。就配送作业而言，要达到可靠性目标，关键在于以下几个方面。

① 装卸货时的细心程度。

② 运送过程中对商品的保护。

③ 对客户地点及作业环节的了解。

④ 配送人员的素质。

如果配送人员能随时注意以上几点，商品就能以最好的品质送到客户手中。

（3）服务态度。

配送人员是客户直接接触的人员，其态度、反应会给客户留下直接的印象，无形中便成为公司形象的体现。配送人员应具备良好的服务态度，这将会维护公司的形象，并巩固客户的忠诚度。

（4）便利性。

配送最主要的目标是方便客户，因而对客户的送货计划应采取较灵活的系统，才能够随时响应客户需求的变化，提供便利的服务，如紧急送货、信息传送、顺道退货、辅助资源回收等。

（5）经济性。

满足客户的服务需求，不仅要商品品质好，价格也要合理。一个好的配送中心能够通过精心的运作，降低成本，从而让利给客户。

2. 送货作业流程

（1）划分基本送货区域。

首先统计客户所在地具体位置的区域，再对区域进行划分，将每一客户分配在不同的基本送货区域中，作为配送决策的参考，如按行政区域或按交通条件划分不同区域。

（2）车辆配载。

接到订单后，首先将货物按特性进行分类，以分别采取不同的配送方式和选用不同的运输工具；其次，根据配送货物的轻重缓急，初步确定哪些货物可配于同一辆车，哪些货物不能配于同一辆车，以做好车辆的初步配装工作。

（3）暂定配送先后顺序。

根据客户订单要求的送货时间将配送的作业先后次序大致预定，为后面车辆积载做好准备工作。

(4) 车辆安排。

一般企业拥有的车辆数量有限，在本公司车辆无法满足要求时，可使用外雇车辆。在保证配送运输质量的前提下，是组建自营车队，还是以外雇车辆为主，须视经营成本而定。但无论自有车辆还是外雇车辆，都必须事先掌握有哪些车辆可供调派并符合要求。安排车辆之前，还必须分析订单上的货物信息，如体积、重量、数量及对装卸的特别要求等，综合考虑各方面因素的影响，做出最合适的车辆安排。

(5) 选择送货线路。

根据客户的具体位置、送货时间限制和沿途的交通情况等做出选择和判断，选择出一条配送距离短、配送时间短、配送成本低的路线。

(6) 确定每辆车的送货顺序。

做好车辆安排并选择最佳的配送路线后，就可以确定每辆车的送货顺序，从而估计出货物送达每位客户的大概时间，并通知客户。

(7) 完成车辆积载。

明确了客户的送货顺序后就是如何将货物装车、按什么次序装车的问题。

(8) 客户签收。

配送车辆将货物送达客户后，客户相关人员根据订单核对货物的数量，检查包装和质量，经检查核对无误，在送货单上签名确认。

7.3.8 退货作业

退货是指配送中心按配送合同将商品送达后，由于某种原因，客户将商品退回公司。商品退货会大幅度增加成本、减少利润，因此在销售业务中，应尽可能地避免退货与换货。

1. 退货的原因

(1) 有质量问题的退货。

对于不符合质量要求的商品，如新鲜度不佳、数量不足等，配送中心应给予退货。

(2) 次品回收。

生产商在设计、制造过程中存在的问题，在商品销售后由消费者或生产商发现，必须立即部分或全部收回。这种情况不常发生，但却是不可避免的。

(3) 协议退货。

对有特别协议的季节性商品、试销商品、代销商品等，协议期满后，剩余商品配送中心将予以退回。

(4) 搬运中损坏。

由于包装不良或搬运中剧烈震动，会造成商品破损或包装污损，配送中心将予以退回。这时必须重新研究包装材料的材质、包装方式和搬运过程中各项上、下货动作，找出真正原因加以改善。

（5）商品送错退回。

由于配送中心本身处理不当，造成商品条码、品项、规格、重量、数量与订单不符，都必须退货或者换货。

（6）商品过期退回。

一般的食品或药品都有相应的保质期，如面包、饼干、速冻食品、加工肉类等。过期商品的处理，要花费大量的时间、费用和人力，无形中增加了运营成本。为此，要事先分析商品的需求，或多次少量配送，以减少过期商品的产生。

2. 退货作业流程

为规范商品的退换货工作，配送中心要制定一套符合企业标准作业流程的退货作业流程，以保证退货业务顺利进行。

（1）接受退货。

配送中心首先要明确退货的标准和程序，如什么样的商品可以退，由哪个部门来决定，信息如何传递等。配送中心的业务部门接到客户传来的退货信息后，要尽快将退货信息传递给相关部门，运输部门安排取回货物的时间和线路，仓库人员做好接收准备，质量管理部门人员确认退货的原因。一般情况下，退货由送货车带回，直接入库。

（2）重新入库。

对于客户退回的商品，配送中心的业务部门要进行初步审核。仓库接收退货后，要将退货堆放在返品处理区。退货商品要进行严格的重新入库登记，及时输入企业的信息系统，核销客户应收账款。需要说明的是，配送中心的退货处理是一件非常麻烦的工作。退货人员需要对退回来的商品进行整理、分类、登记、处理等一系列的工作。

（3）品质检验。

退回商品重新入库后，质量管理部门要按照新品入库验收标准对退回的商品进行新一轮的检查，以确认退货品的品质状态。对符合标准的商品进行储存或分拣配送；对于客户退回有问题的商品，将其以"拒收标签"标识后隔离存放。

（4）财务结算。

实施退货虽然能满足客户的各种需要，但给配送中心的日常配送工作带来了不便。由于销货和退货的时间不同，同一货物价格可能出现差异，同质不同价、同款不同价的问题时有发生，故配送中心的财务部门在退货发生时要进行退回商品货款的估价，将退货商品的数量、销货时的商品单价以及退货时的商品单价信息输入企业的信息系统，并依据销货退回单办理扣款业务。

（5）跟踪处理。

退货发生时，要跟踪处理客户提出的意见，统计退货发生的各种费用，通知供应商退货的原因并退回生产地或履行销毁程序。与此同时，退货处理部门要冷静地接受客户的抱怨，并抓住抱怨的重点，分析事情发生的原因，找出解决方案。

7.4 配送合理化

7.4.1 不合理配送的表现形式

配送的决策是全面、综合的决策，在配送运作过程中要尽量避免由于不合理配送造成的损失，但某些不合理现象是伴生的，要追求大的合理，就可能派生出小的不合理。所以，要从物流总成本进行综合考虑，防止绝对化。

不合理配送主要包括以下几个方面。

1. 资源筹措不合理

配送是利用较大批量筹措资源，通过筹措资源的规模效益来降低筹措成本，使配送资源筹措成本低于用户自己筹措资源成本，从而取得优势。如果不能集中多个用户的需要进行批量筹措资源，而仅仅是为某一两个用户代购代筹，就很难降低筹措费用，甚至增加交易费用。另外，配送量计划不准确、资源筹措过多或过少、在资源筹措时不考虑建立与资源供应者之间长期稳定的供应关系都属于资源筹措不合理的形式。

2. 库存决策不合理

配送应使集中库存总量低于各用户分散库存总量，从而可以节约社会财富，同时降低用户实际的平均库存水平。因此，配送中心必须依靠科学管理来实现一个总量适宜的库存，否则就会出现仅仅是库存转移，而未解决库存的不合理。库存决策不合理还表现在库存结构不合理，由于储存量不足导致失去应有市场等。

3. 价格不合理

合理的配送应使配送价格低于不实行配送的价格，即低于用户自己进货时产品购买价格加上自己提货、运输及时间等成本总和，这时用户才能选择配送中心。如果配送中心可以提供较高的服务水平，即使价格稍高，用户也是可以接受的。但如果配送价格普遍高于用户自己进货的价格，损害了用户的利益，这就是不合理的配送。

4. 配送与直达决策不合理

一般配送会增加部分成本，但是这些环节的增加可以降低用户的平均库存水平，因此可以抵消增加环节的支出，可以取得一定的均衡效益。但如果用户使用批量大，可以直接通过大批量均衡进货，则无须配送。因此，大批量用户不直送、小批量用户不配送是不合理的形式。

5. 送货中的不合理运输

与用户自提相比，联合送货是配送的优势，它能够集多个用户（特别是小用户）的货物于一车进行配送，大大节省了运力和运费。如果不利用好联合送货的优势，仍然一户一送，车辆不容易满载，导致运力的浪费和运费的增加，这属于不合理。

7.4.2 合理配送的评价标准

对于配送合理与否的判断,是配送决策的重要内容。可以从以下标志考察配送合理化程度。

1. 库存标志

(1)库存总量;(2)库存周转率。

2. 资金标志

(1)库存资金总量;(2)资金周转率。

3. 成本和效益标志

(1)税收;(2)配送企业利润;(3)客户利润。

4. 供应保证标志

(1)缺货次数;(2)配送中心集中库存量;(3)准时配送的能力与速度。

5. 物流合理化标志

(1)物流费用降低;(2)物流损失减少;(3)物流速度加快;(4)物流中转次数减少;(5)有效衔接了干线运输和末端运输;(6)采用先进的技术手段。物流合理化是衡量配送能力的重要标志。

7.4.3 配送合理化的措施

1. 推行一定综合程度的专业化配送

通过采用专业设备、设施及操作程序,取得较好的配送效果并降低配送过分综合化的复杂程度及难度,从而追求配送合理化。

大连城市物流共同配送中心

2. 推行加工配送

通过加工和配送结合,充分利用本来应有的这次中转,而不增加新的中转取得配送合理化。同时,加工借助于配送,加工目的更明确和用户联系更紧密,更避免了盲目性。这两者有机结合,投入不增加太多却可追求两个优势、两个效益,是配送合理化的重要经验。

3. 推行共同配送

通过共同配送可以以最近的路程、最低的配送成本完成配送,从而追求合理化。

4. 实行送取结合

配送企业与用户建立稳定、密切的协作关系,配送企业不仅成了用户的供应代理人,而且承担用户储存据点的作用,甚至成为产品代销人。在配送时,将用户所需物资送到,再将用户生产的产品用同一辆车运回,这种产品也成了配送中心的配送产品之一,或者作为代存代销,免去了用户的库存包袱。这种送取结合,使运力充分利用,也使配送企业功能有更大的发挥，从而追求合理化。

5. 推行准时配送系统

准时配送是配送合理化的重要内容。配送做到了准时，用户才有资源把握，可以放心地实施低库存或零库存，可以有效地安排接货的人力、物力，以追求高效率的工作。另外，保证供应能力也取决于准时供应。准时供应配送系统是许多配送企业追求配送合理化的重要手段。

6. 推行即时配送

作为计划配送的应急手段，即时配送是最终解决用户担心断供之忧、大幅度提高供应保证能力的重要手段。即时配送是配送企业快速反应能力的具体化，是配送企业能力的体现。即时配送成本较高，但它是使整个配送合理化的重要手段。此外，用户实行零库存，即时配送也是其重要手段。

本章小结

本章首先对配送及配送中心的相关概念进行了阐述，并介绍了配送及配送中心的特征与类型。其次介绍了配送中心规划与设计的内容，包括选址规划、作业功能规划、物流设施规划及信息系统规划。特别阐述了配送中心的选址、规划要素和平面布置。再次，从配送中心的流程重点介绍了配送中心的作业管理，配送中心的流程包括进货、储存、订单处理、补货、拣货、出货、送货和退货等作业环节。最后，分析了造成不合理配送的原因，并对配送合理化的措施做了分析。

思考题

1. 配送的特征有哪些？
2. 配送中心的功能有哪些？
3. 配送中心规划与设计的原则有哪些？
4. 配送中心规划包含哪些要素？
5. 简述配送中心的总体业务流程。
6. 配送中心有哪些拣货方式？
7. 谈谈配送合理化的措施。

案例分析

物美集团：以数字化为底层，推动供应

北京物美商业集团股份有限公司（以下简称"物美"）是我国重要的现代流通企业之一，在全国设有2 000多家门店，年销售额超1 100亿元，年近30亿人次到店。近年来成功收购德国麦德龙中国

业务的 80% 股权，混改西南地区最大流通企业重庆商社（集团）有限公司、重庆百货大楼股份有限公司。

物美坚持全面数字化、线上线下一体化战略，打造以生鲜为核心的数字化供应链，通过建立辐射华北、华东、西北、西南地区的采购、物流和运营体系，高标准地支撑快速增长的 B2C 业务、B2B 业务以及会员店、超市、便利店等多业态的综合发展。

随着物美线上线下一体化运营持续深化，以及到店、到家、到餐厅的多场景需求，不同渠道的订单在何时、何地以及如何交付，远比单一线下渠道复杂得多。为此，物美建立了一套基于云端的数字化系统来支持前端业务，有效解决到家履约、物流效率、货物管理、成本控制等一系列痛点和难题，不断提升订单满足率、门店有货率、网上有货率，优化库存周转水平，提高零供协作水平，实现端到端供应链效率提升，有力保障了民生商品供应。

（一）线上线下一体化，全面提升履约效率

物美依托数字化建设从单一卖场扩展成为"三个场"：一是"现场"，即遍布全国的 2 000 多家门店，为消费者提供即时购服务；二是"近场"，即通过多点 App，实现 3 千米商圈内半小时送达，为消费者提供便利服务；三是"远场"，通过在多点 App 开设全球精选栏目，为消费者提供次日送达的差异化商品，更好地满足消费者计划性采购需求。截至目前，物美会员总数已经突破 4 300 万个，年活跃会员突破 2 300 万个，App 的销售占比达到了 87%。

在履约体系搭建中，物美采取的办法是实现资源复用和共享，如图 7.21 所示。在仓储端实现实体店和线上 App 的商品统一采购、共享库存和一体化配送，最大限度地复用和共享人员、设备和场地。在门店端开展"仓店合一"改造，并通过电子围栏和拣货流程优化，推动门店端提升拣货效率，单店仅需 11 人即可完成 1 000 个订单分拣，后仓 1 人可同时支援前店 8 人的拣货工作。

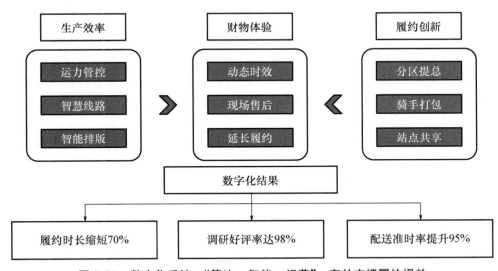

图 7.21　数字化系统："算法＋智能＋运营"，有效支撑履约提效

2020 年面对突发的新冠疫情，物美快速推出"社区抗疫提货站"末端配送模式，消费者通过多点 App 下单后，物美通过自有物流渠道并加强配送环节防疫管理，及时将订单配送至提货站，消费者到提货站自提，有效缓解封闭小区、边远小区购物难题，避免人流集中交叉感染的风险。"对接社区、集中配送"等服务方式，在特殊时期发挥了巨大的作用。

（二）物流配送集约化，全面提升作业效率

集约配送：物美在华北地区共有12个配送中心，包括常温、恒温保鲜、低温冷藏和冷冻多温区，仓储面积约20万平方米，配送车辆700多辆，月吞吐量约30万吨，承载着为华北地区所有门店配送职责，是集多温度带、多业态、多库存形式、多品类和多作业方式于一体的集约化配送模式，如图7.22所示。集约化配送缩短了基地、供应商到配送中心再到门店的空间和时间，推动整个供应链的高效运转，实现物美门店周转效率显著提高，库存周转天数从31天降至21天，仓内作业准确率稳定在99.9%以上，到店及时率稳定在99.6%以上。

多温度带
常温、恒温(15℃)、冷藏(0~5℃)、冷冻(-18℃)

多业态
大卖场、便利店、B2C业务、B2B业务

多品类
食品、用品、百货、日配、果菜

多库存形式
零库存直流、库存配送、逆向物流

多作业方式
拆零作业、整箱作业、称重作业

图7.22　集约化配送模式

智能自动补货：物美自动补货系统现已实现"智能预测—智能补货—订单可视—零供协同"一体化，系统可以进行多维度订单汇总，保证同类订单高效聚合。同时，每日计算缺货率、高库存等核心业绩指标，报警高库存、售罄等急需关注的重要数据，跟踪业务变化、快速做出决策，提升作业效率和准确性。自动补货实施以来，试点门店缺货率由最高时7%降至2%以内，补货人效大幅提升，30人覆盖管理近千家门店，节约门店人力成本约5 000万元/年。

线上预约送货：为缩短供应商交货等待时间，物美推出线上系统预约，交货等待时间控制在30分钟内。供应商将商品装载到通用流转的标准托盘上运输到物美配送中心，由配送中心使用叉车、电子拣选等设备将整托商品卸货并收货，实现信任交接。

夜间无人收货：收货部门根据夜间来货量预留库位，提前摆放好司机需要运走的周转箱和托盘。夜间送货司机通过扫码自动开启收货仓门，并将货物运送到指定位置，送货结束后，司机扫码关门并拍摄货仓门照片，上传至系统后结束送货任务。无人收货监控系统全程通过视频AI系统识别，若送货司机行为、路线、时长出现异常，系统会自动推送给门店防损人员。

（三）供应链实时化，提升端到端协同效率

在疫情的大考之下，零售企业面临着商品供应、价格稳定、物流配送等诸多问题，每个环节都需要与上下游实现稳定高效的协同。企业即便拥有完善的仓配网络，也需要借助数字化工具，才能保证供应链持续运转不中断和高效协同。物美通过对供应链管理系统进行大量的数字化改造，实现订单自动化处理、数据实时管理和订单流程简化，各级管理人员可以随时观测物美各门店和仓库的产品效期、订单处理等细节，实现信息共享、流程在线，提升端到端供应链效率。

以物美和宝洁的合作为例，双方从订单处理、高效物流、档期协同与复盘、优化到家供应链等方面展开深入合作，实现物美大仓到门店的配送时间从之前的48~72小时加速至12~24小时，端到

端的物流效率从96小时加速至36～48小时。根据产品箱规、品牌露出以及历史销售等因素,探索合理的线上安全库存及补货参数,全品类缺货率从4%降至1%,推动到家供应链优化和扩大销售。

讨论题

1. 物美的数字化供应链是什么?有哪些做法?
2. 物美实施数字化供应链的成效有哪些?

【名人名言】

通过提高物流配送打竞争战的时代已经悄悄来临。

——物流配送专家·奥尔雷德(J. K. Allred)

第7章 在线题库

第 8 章 物流信息管理

【本章教学要点】

知识要点	掌握程度	相关知识
物流信息管理概述	掌握	物流信息的定义
	了解	物流信息的特征
	理解	物流信息的分类
	掌握	物流信息管理
物流信息技术	掌握	条码技术
	掌握	射频识别技术
	掌握	电子数据交换技术
	掌握	全球定位系统
	掌握	地理信息系统
	掌握	物联网
物流信息系统	掌握	物流信息系统的概念
	理解	物流信息系统的总体结构
	了解	物流信息系统的类型
	掌握	典型的物流信息系统

【重要知识点图谱】

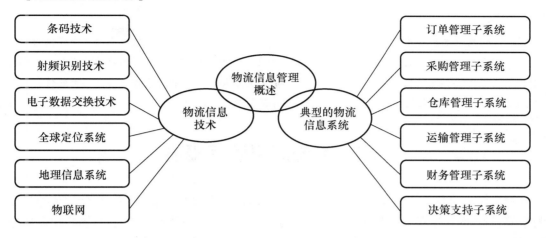

导入案例

物联网数字化管理才是降低物流运输成本的关键

2020年12月，物流运输的运营和管理主要面对的是"人、车、货"的运营与管理，并存在两大问题——过分依赖人工和"黑盒化"。

你很难想象，10年前，车队老板接到一单活儿后，他和司机间的一场"博弈"便开始了。在长交易链条下，信息不对称导致交易双方之间极度缺乏信任，一趟动辄上千千米的运输过程中充满了车队老板"5分钟一条短信，10分钟一个电话"的询问，围绕的无非是"车到哪了？""还有几天到？""是否装满了？""货有没有损坏？""是否被窜货？"这些问题。为了解决存在不安全感这一问题，老板甚至会沿路设置人工查岗，因此推高了人工成本和时间成本。

除了在途运输方面，物流园区的"黑盒化"和过分依赖人工的问题也十分严重。一个物流园区往往设有几百个仓库，一天近千辆货车的吞吐量便会带来2 000多名司机的流动。在哪个位置装卸货、在哪个口进出这种看似寻常的问题，在物流园区这种场景里却成了"世纪难题"。据悉，一名货车司机在一趟30～50km的短道运输任务中，等待运输任务的时间、等待装卸货的时间，以及上下车、交接纸质单据环节所花的时间占整个运输任务时长的60%以上，这无形中增加了许多运营成本。

有关物流运输过程的管理痛点还有很多，这里不一一列举。总之，在这个庞大且传统的运输体系中，数字化程度低导致的效率低下问题比比皆是。由"黑盒化、效率低下"而导致的管理高成本，已经是物流行业几十年来的历史遗留问题。

当"黑盒化、效率低下"成为物流行业的共识后，数字化、智能化将是每个想要改变物流行业现状的企业的努力方向。

物流数字化既可以帮助企业实现物流业务的线上化、标准化、规模化，又可以帮助企业实现高效率的车货匹配、提升信息化管理能力，另外，还可以帮助企业获得政策上的优惠支持，从而达到降本增效的目的。

点评

物流信息技术的提升及对物流信息的高效管理成为物流优化管理的关键。在经济全球化的大环境下，信息发挥着越来越重要的作用。物流过程中会产生大量的信息，其对物流系统化和一体化运作管理至关重要。通过应用物流信息技术能准确及时地获取、处理和传递物流各个环节的信息，实现对各个环节和整个物流系统的及时、准确和科学的管理。

8.1 物流信息管理概述

物流信息是伴随着物流活动而产生的，与运输、仓储、装卸搬运、包装、流通加工、配送等各个环节都有着密切的关系。物流过程中的各个环节都会产生大量的物流信息，物流信息是物流活动各个环节的桥梁、纽带和黏合剂，对整个物流起着支持保障作用。

8.1.1 物流信息的定义

根据国家标准《物流术语》，物流信息是反映物流各种活动内容的知识、资料、图像、数据的总称。从物流信息来源看，一部分来自物流活动本身，另一部分则来自商品交易活动和市场。因此，物流信息包含的内容可以从狭义和广义两个角度来理解。

从狭义角度来看，物流信息是指与物流活动（如运输、仓储、包装、装卸搬运、流通加工和配送等）有关的信息。在物流活动的管理与决策中，如货物批量的确定、在途货物的跟踪、运输工具的选择、运输路线的确定、订单管理、库存数量的确定等，都需要详细和准确的物流信息。从广义角度来看，物流信息不仅指与物流活动有关的信息，还包括与其他流通活动有关的信息，如商品交易信息、市场信息、政策信息、交通通信等基础设施信息等，它可以起到连接和整合生产厂家、批发商、零售商、消费者的整个供应链的作用，并且在应用现代信息技术的基础上实现了整个供应链活动的效率化。

 知识链接

商品交易信息和市场信息

商品交易信息是指与买卖双方的交易过程有关的信息，如销售和购买信息、订货和接受订货信息、发出货款和收到货款信息等。

市场信息是指与市场活动有关的信息，如消费者的需求信息、竞争者或竞争性商品的信息、促销活动有关的信息、交通通信等基础设施信息等。

8.1.2 物流信息的特征

物流信息除了具备信息的一般特征，主要还具备以下 4 个方面的特征。

1. 信息量大、分布面广

物流是一个大范围的活动，在运输、仓储、包装、装卸搬运、流通加工、配送等环节都会产生大量的物流信息，且这些物流信息分布在厂商、仓库或堆场、物流中心、配送中心、分销商、客户等不同的物流节点，信息量大、分布面广，这就要求有较高的信息收集、传递、储存和处理能力。

2. 更新速度快、时效性强

物流活动的频繁发生、市场竞争状况及客户需求的变化会使物流信息瞬息万变，物流信息动态性强，更新速度快。同时，物流信息的价值也会随时间的变化不断贬值，且衰减速度很快，呈现出较强的时效性。这就对信息工作的及时性提出了较高的要求。

3. 种类多

物流信息不仅包括企业内部的物流信息，而且包括企业间的物流信息及与物流活动相关的基础设施、市场等多方面的信息。随着物流业的发展，物流信息种类将更多，来源将更复杂多样。这就使物流信息的分类、研究、筛选等难度增加。

4. 趋于标准化

现代物流信息涉及多个国家、多个企业、多个部门，在物流活动中各国家、企业、部门之间需要进行大量的信息交流。为了实现不同系统间的物流信息共享，必须采用国际或国家信息标准。同时，随着信息处理手段的电子化，更要求物流信息实现标准化。

8.1.3 物流信息的分类

物流信息的种类繁多，按照不同的标准，会有各种各样的分类方法。

1. 按照信息的来源分类

（1）外部信息。

外部信息是在物流活动以外发生但提供给物流活动使用的信息，包括供货人信息、客户信息、订货合同信息、交通运输信息、市场信息、政策信息；还有来自企业内生产、财务等部门的与物流有关的信息。

（2）内部信息。

内部信息是来自物流系统内部的各种信息的总称，包括物流流转信息、物流作业层信息、物流控制层信息和物流管理层信息。

2. 按照信息的功能和作用分类

（1）计划信息。

计划信息是指尚未实现的但已当作目标加以确认的信息，如仓储计划、物流量计划等。这类信息相对稳定，变动频率较小。

（2）控制及作业信息。

控制及作业信息是指物流活动过程中产生的信息，如库存量、运输工具状况等。这类信息动态性较强,更新速度快,是掌握物流现实活动状况不可缺少的信息。

(3) 统计信息。

统计信息是物流活动结束后,对整个物流活动的一种总结性、归纳性的信息,如上一年度或月度发生的物流量、运输工具使用量等。这类信息是一种恒定不变的历史资料信息,有很高的参考价值,具有很强的战略意义。

(4) 支持信息。

支持信息是指能对物流计划、业务、操作具有影响或有关的文化、科技、产品、法律、教育、民俗等方面的信息,如物流人才需求、物流技术革新等。这类信息不仅对物流战略发展具有价值,而且也对物流的控制、操作起到指导和启发作用。

3. 按照信息的稳定程度分类

(1) 固定信息。

所谓固定信息是相对而言的,这种信息通常具备相对稳定的特点。固定信息包括物流生产标准信息、物流计划信息和物流查询信息等。

(2) 流动信息。

与固定信息相反,流动信息是指物流系统中经常发生变动的信息,是物流状态在某一时点的反映,如货物的即时动态等。

4. 按照信息的加工程度分类

(1) 原始信息。

原始信息是指未加工过的信息。这些信息是信息工作的基础,也是最权威的凭证。

(2) 加工信息。

加工信息是指对原始信息进行提炼、加工和处理后的信息。这些信息比原始信息更为简明扼要,有规律、有条理,便于作用于物流管理与决策活动。

8.1.4 物流信息管理

物流信息管理就是对物流全过程的相关信息进行收集、整理、传输、存储和利用的信息活动过程。物流信息管理不仅包括采购、销售、存储、运输等物流活动的信息管理和信息传送,还包括了对物流过程中的各种决策活动如采购计划、销售计划、供应商的选择、顾客分析等提供决策支持。

8.2 物流信息技术

信息技术(information technology,IT)泛指能拓展人的信息处理能力的技术,通过信息技术的运用,可以替代或辅助人们完成对信息的检测、识别、变换、存储、传递、计算、提取、控制和利用。

物流信息技术是应用于物流作业各个环节中的现代信息技术的总称,包括计算机、网络、信息分类编码、自动识别、电子数据交换、全球定位系统、地理信息系统等技术。物流信息技术是物流现代化的重要标志，也是物流技术中发展最快的领域之一。本节主要介绍在物流中常用的条码技术、射频识别技术、电子数据交换技术、全球定位系统、地理信息系统与物联网的相关知识及其在物流管理中的应用。

 知识链接

传统运输企业应用物流信息技术增效

据国外某项统计，物流信息技术的应用，可为传统的运输企业带来以下实效：降低空载率15%～20%；提高对在途车辆的监控能力，有效保障货物安全；网上货运信息发布及网上下单可增加商业机会20%～30%；无时空限制的客户查询功能，有效满足客户对货物在运情况的跟踪监控，可提高业务量40%；对各种资源的合理综合利用，可减少运营成本15%～30%。给传统仓储企业带来的实效表现在：配载能力可提高20%～30%；库存和发货准确率可超过99%；数据输入误差减少，库存和短缺损耗减少；可降低劳动力成本约50%，提高生产力30%～40%，提高仓库空间利用率20%。

8.2.1　条码技术

条码技术是在计算机技术与信息技术基础上发展起来的一门集编码、印刷、识别、数据采集和处理于一体的新兴技术。条码技术的核心内容是利用光电扫描设备识读条码符号，从而实现机器的自动识别，并快速准确地将信息录入计算机进行数据处理，以达到自动化管理的目的。条码技术主要研究编码技术、符号表示技术、印刷技术、识别技术、条码应用系统设计等内容。

1. 条码概述

条码（bar code）是由一组规则排列的条、空及对应的字符组成的标记。图 8.1 所示为某商品的条码。"条"指对光线反射率较低的部分，"空"指对光线反射率较高的部分，这些条和空组成的数据表达一定的信息，并能够用特定的设备识读，转换成计算机可识别的二进制和十进制信息。

图 8.1　某商品的条码

条码技术具有简单、信息采集速度快、采集信息量大、可靠性高、设备结构简单、灵活、实用、自由度大等特点，是迄今为止最经济、最实用的一种自动识别技术。

2. 条码的分类

条码的分类方法有很多种。按长度，条码可分为定长条码和非定长条码；按排列方式，条码可分为连续型条码和非连续型条码；按校验方式，条码可分为自校验条码和非自校验条码；按应用场合，条码又可分为金属条码、荧光条码；等等。

条码根据其维数的不同通常分为一维条码和二维条码。

一维条码只是在一个方向（一般是水平方向）上通过条与空的排列组合来表达信息。由于受信息容量的限制，一维条码仅仅是对"物品"进行标识，而无法对"物品"进行描述，在使用过程中必须从计算机系统的数据库中提取相应的信息达到识别意义，这使其应用受到了限制。常用的一维条码的码制包括 EAN 条码、UPC 条码、Code39 条码、Code93 条码、库德巴（codabar）条码、128 条码等。

二维条码是用某种特定的几何图形按一定规律在平面（水平和垂直二维方向上）分布的黑白相间的图形记录数据符号信息的。它不仅可作为"物品"的标识，而且还能对"物品"进行描述。二维条码具有信息容量大、编码范围广、保密防伪性能好、译码可靠性高、纠错能力强等特点。常用的二维条码的码制包括 PDF417、Data Matrix、Maxi Code、QR Code、Code 49、Code 16K、Code one 等。几种常用的二维条码示例如图 8.2 所示。

图 8.2 几种常用的二维条码示例

 **知识链接**

一维条码的组成

世界上约有 225 种一维条码，每种一维条码都有自己的一套编码规则，用来规定每个字符、数字或符号信息。一维条码由几个线条（bar）、几个空白（space），及其排列规则组成。

3. 常见物流条码的码制

国际上公认的用于物流领域的条码码制主要有 3 种：EAN-13 条码、ITF-14 条码和 UCC/EAN-128 条码。选用条码时，要根据货物的不同和商品包装的不同，采用不同的码制。单个大件商品，如电视机、电冰箱、洗衣机等商品的包装箱往往采用 EAN-13 条码。储运包装箱常常采用 ITF-14 条码或 UCC/EAN-128 条码。包装箱内可以是单一商品，也可以是不同的商品或多件同一商品的小包装。

（1）EAN-13 条码。EAN 条码是按照国际物品编码协会（原为 EAN，现在改名为 GS1）统一规定的规则编制的一种商品条码，分为标准版（EAN-13）和缩短版（EAN-8）两种。EAN-13 条码［图 8.3（a）］通常用于日常消费商品，而 EAN-8 条码［图 8.3（b）］主要用于一些较小包装的商品。

(a) EAN-13　　　　　　　　　　　(b) EAN-8

图 8.3　EAN 条码

物流条码应用的是 EAN 码制中的 EAN-13 条码，它是一种定长的、无含义的一维条码，由 13 位数字组成，其结构见表 8-1。

表 8-1　EAN-13 条码的结构

结构种类	厂商识别代码	商品项目代码	校验码
结构一	$X_{13}X_{12}X_{11}X_{10}X_9X_8X_7$	$X_6X_5X_4X_3X_2$	X_1
结构二	$X_{13}X_{12}X_{11}X_{10}X_9X_8X_7X_6$	$X_5X_4X_3X_2$	X_1
结构三	$X_{13}X_{12}X_{11}X_{10}X_9X_8X_7X_6X_5$	$X_4X_3X_2$	X_1
结构四	$X_{13}X_{12}X_{11}X_{10}X_9X_8X_7X_6X_5X_4$	X_3X_2	X_1

EAN-13 条码包含厂商识别代码、商品项目代码和校验码。

厂商识别代码由 7～9 个数字组成，用于对厂商的唯一标识。厂商识别代码是各国或地区的 EAN 组织在分配前缀码（$X_{13}X_{12}X_{11}$）的基础上分配给厂商的代码。$X_{13}X_{12}X_{11}$ 是国际物品编码协会统一分配给各国或各地区的前缀码。例如，分配给我国物品编码中心的前缀码为 471、489、690～695。我国使用较多的是 EAN-13 条码的前两种代码结构，当前缀码 $X_{13}X_{12}X_{11}$ 为 690、691 时，其代码结构为表 8-1 中的结构一，当前缀码 $X_{13}X_{12}X_{11}$ 为 692、693 时，其代码结构为表 8-1 中的结构二。

商品项目代码由 3～5 个数字组成，表示每个制造厂商的商品。商品项目代码由厂商自行编码，厂商必须遵循商品编码的唯一性、永久性和无含义性原则。

校验码只有 1 位数字，用于检验厂商识别代码和商品项目代码的正确性。

例如，某商品的条码字符为 6901234567892，则该商品的厂商识别代码为 6901234，商品项目代码为 56789，检验码为 2。

 知识链接

EAN-13 条码的编码原则

（1）唯一性。同种规格同种产品对应同一个产品代码，同种产品不同规格应对应不同的产品代码。

（2）永久性。产品代码一经分配，就不再更改，并且是终身的。当此种产品不再生产时，其对应的产品代码只能搁置起来，不得重复启用再分配给其他的产品。

（3）无含义性。为了保证代码有足够的容量以适应产品频繁更新换代的需要，最好采用无含义的顺序码。

（2）ITF-14 条码。ITF-14 条码是一种连续型、定长、具有自校验功能，并且条、空都表示信息的双向条码。它由矩形保护框、左侧空白区、条码字符、右侧空白区组成，如图 8.4 所示。

图 8.4　ITF-14 条码

ITF-14 条码通常用于标识储运单元。储运单元是指为便于搬运、仓储、订货、运输等，由消费单元（通过零售渠道直接销售给最终用户的商品包装单元）组成的商品包装单元。ITF-14 条码对印刷精度要求不高，比较适合直接印制（热转换或喷墨）在表面不够光滑、受力后尺寸易变形的包装材料（如瓦楞纸纤维板）上。

 知识链接

ITF 是英文"interleaved two and five"（交插二五）的缩写。顾名思义，ITF-14 条码就是 14 位的交插二五条码。

ITF-14 条码矩形保护框的目的是使印版对整个条码符号表面的压力均匀，帮助减少误读和当倾斜光束从条码顶端进入或从底边漏出而导致的不完全识读，提高识读的可靠性。

（3）UCC/EAN-128 条码。UCC/EAN-128 条码是一种可变长度的、有含义的连续型条码，能更多地标识贸易单元中需表示的信息，如产品批号、数量、规格、生产日期、有效期、交货地等。图 8.5 为 UCC/EAN-128 条码示例。

图 8.5　UCC/EAN-128 条码示例

贸易单元的相关应用信息可以以应用标识条码的形式加入条码中。UCC/EAN-128 应用标识条码由应用标识符和数据两部分组成，每个应用标识符由 2～4 位数字组成，用于定义其后续数据的含义和格式。条码应用标识的数据长度取决于应用标识符。

在图 8.5 中，括号内的数字为应用标识符，其后的数字就是应用标识符表示的内容。例如，（01）表示后面的数字为全球贸易项目代码；（11）表示后面的数字为生产日期，即 070301 表示该批货物的生产日期为 2007 年 3 月 1 日。

（4）条码在物流中的应用。

① 库存管理。通过对条码的识别，掌握入库、出库、库存数量、库内位置的信息，

以支持库存管理和库内作业。

②物品的重点管理。根据条码信息，可以通过相关软件自动生成 ABC 的分类，从而支持了重点管理。

③配送领域。在配送工作时，根据条码所提供的信息，进行拣选或分货，实现配货作业。

④电子数据交换。通过条码扫描获取的信息作为电子数据交换系统的基础数据。

⑤供应链管理。通过对条码的识别，企业可以随时了解有关物品在供应链上的位置，并且及时作出反应。当今在欧美等发达国家兴起的 ECR、QR、CRP 等供应链管理策略，都离不开条码技术的支持。条码是实现销售时点（point of sale，POS）系统、EDI、电子商务和供应链管理的技术基础。

⑥物流管理。通过条码所传递的信息，进行统计、结算、分析等管理活动。

⑦沟通国际物流。条码实际上是一种国际上通用的商品语言，通过对条码的识别，可以方便地进行国与国之间的沟通，解决了不同国家语言文字的转换问题，有力地支持了物流的国际化。

 知识链接

条码技术在物流配送中心的应用

大型物流配送中心货物自动分拣系统

配送中心的业务处理中条码主要用于订货、收货、入库、理货、在货管理、配货、补货等，条码的应用几乎出现在整个配送中心作业流程中的所有环节。

在物流分拣作业中，尤其是在配送中心，条码技术发挥着重要的作用。总部或配送中心接受客户的订单后将订货单汇总，并分批发出印有条码的拣货标签，这种条码包含这件商品要发往的连锁店的信息。首先，分拣人员根据计算机打印出来的拣货单，在仓库中进行拣货，并在商品上贴上拣货标签（在商品上已有包含商品基本信息的条码）。将已经拣出来的商品运到自动分类机，放置于感应输送机上。激光扫描器对商品上的两个条码自动识别，检验拣货有无差错。如无差错，商品即分岔流入按分店分类的滑槽中。然后，装货人员将不同分店的商品装入不同的货箱，并在货箱上贴上印有条码的送货地址卡，这种条码包含商品到达区域的信息。最后，工作人员将货箱送至自动分类机，在自动分类机的感应分类机上，激光扫描器对货箱上贴着的条码进行扫描，将货箱输送到不同的发货区。当发现拣货有错时，商品流入特定的滑槽中。

条码的应用大大提高了信息的传递速度和数据的准确性，从而可以实时跟踪整个配送中心的运营状况，商品的库存量也会及时反映到管理层和决策层。这样就可以进行有效的库存控制，缩短商品的流转周期，使库存量降到最低。另外，由于采用条码扫描代替原有的填写表单、账簿的工作，避免了人为造成的错误，提高了数据的准确性，减少了错账、错货等问题造成的商品积压、缺货、超过保质期等情况的发生，减少了配送中心由于管理不善而造成的损失。

8.2.2 射频识别技术

射频识别（radio frequency identification，RFID）技术是 20 世纪 90 年代开始兴起的一种非接触式自动识别技术，目前该技术在世界范围内已被广泛应用。

1. RFID 技术概述

RFID 技术是一项利用射频信号通过空间耦合（交变磁场或电磁场）实现无接触信息传递并通过所传递的信息达到识别目的的技术。简单地说，RFID 是利用无线电波进行数据信息读写的一种自动识别技术或无线电技术在自动识别领域中的应用。

RFID 技术具有非接触识别（识读距离可以从十厘米至几十米）、标签信息可改写、可识别高速运动物体、抗恶劣环境、保密性强、可同时识别多个识别对象等突出特点。

目前，RFID 技术在工业自动化、物体跟踪、交通运输控制管理、防伪和军事用途方面有着广泛的应用。

2. RFID 系统的组成与原理

RFID 系统在具体的应用过程中，根据不同的应用目的和应用环境，其组成会有所不同，但从射频识别系统的工作原理来看，一般都由信号发射机、信号接收机、发射接收天线 3 部分组成，如图 8.6 所示。

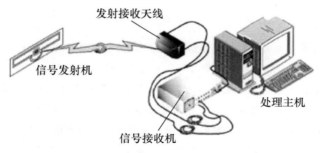

图 8.6　RFID 系统

（1）信号发射机（标签）。

在 RFID 系统中，信号发射机为了不同的应用目的，会以不同的形式存在，典型的形式是标签。标签相当于条码技术中的条码符号，用来存储需要识别传输的信息，另外，与条码不同的是，标签必须能够自动或在外力的作用下，把存储的信息主动发射出去。标签一般是带有线圈、天线、存储器与控制系统的低电集成电路，如图 8.7 所示。

图 8.7　标签

（2）信号接收机（读写器）。

在 RFID 系统中，信号接收机一般称为读写器，如图 8.8 所示。读写器一般由天线、射频模块、读写模块组成，基本功能是提供与标签进行数据传输的途径。另外，读写器还具有相当复杂的信号状态控制、奇偶错误校验与更正等功能。

图 8.8　读写器

（3）发射接收天线。

发射接收天线（简称天线）是标签与读写器之间传输数据的发射、接收装置，如图 8.9 所示。在实际应用中，除了系统功率，天线的形状和相对位置也会影响数据的发射和接收，需要专业人员对系统的天线进行设计。

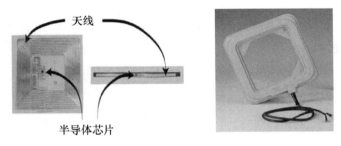

图 8.9　天线

RFID 读写器通过天线发送出一定频率的射频信号，当标签进入磁场时产生感应电流从而获得能量，发送出自身编码等信息被读写器读取并解码后送至处理主机进行有关处理。

3. RFID 技术在物流中的应用

RFID 技术能够适用于要求非接触式的数据采集和交换场合，从而能够帮助物流各环节数据的采集和业务过程的控制与跟踪，因此，RFID 技术能够广泛应用于物流运作过程中的各个领域。

在储存方面，RFID 技术主要应用于存取货物与库存盘点。将标签贴在每个货物的包装上或托盘上，在标签中写入货物的相关信息，同时在货物进出仓库时可在标签中写入货物存取的相关信息，在仓库和各经销渠道设置读写器，以实现货物存取控制与库存盘点。

在生产方面，RFID 技术主要应用于自动化生产线运作，利用标签快速准确地从种类繁多的库存中找出适当工位所需的适当原材料和零部件，

仓储物流解决方案

并结合运输系统及传输设备,实现物料的转移,从而实现对物料在整个生产过程中的识别与跟踪。同时,应用RFID技术还能对生产过程实现自动监控,及时根据生产进度发出补货信息。

在运输方面,RFID技术主要应用于货物的跟踪、管理及监控。在货物运输过程中,可以在途中运输的货物和车辆贴上标签,同时在运输线路上的一些检查点以及仓库、车站、码头、机场等关键地点安装上RFID接收装置。当接收装置收到标签发出的信息后,可以将货物当前的情况及所在的地理信息等信息传送至通信卫星,再由通信卫星传送给运输调度中心送入数据库中。

在配送方面,RFID技术主要应用于提高配送的速度和效率。当贴有标签的所有商品进入配送中心时,配送中心的阅读设备可以读取所有商品各自标签中所包含的内容。配送系统将这些信息与发货记录进行核对,以检测出可能的错误,然后将标签更新为最新的商品存放地点和状态,并且根据要求对商品进行下一步处理,确保对商品的精确控制。

在零售方面,RFID技术能够改进零售商的库存管理水平,有效跟踪运输与库存,实现适时补货,提高商品管理效率,减少出错率,免除跟踪过程中的人工干预;同时,RFID系统能够对某些特殊的商品进行监控。零售商还能利用RFID系统在付款台实现商品的自动扫描和计费,取代人工收款方式。

在交通方面,RFID技术可被应用于电子不停车收费系统、海关码头电子车牌系统、车辆调度管理系统等。

 知识链接

RFID技术在集装箱跟踪管理上的应用

超高频RFID技术具有识别距离长、识别物体速度高、系统成本低等特点,因此成为利用集装箱和托盘跟踪时最理想的手段。

对于大宗货物的运输来说,最理想的运输方式当然是集装箱运输。一般情况下,集装箱由专门的集装箱运输公司提供给需要运输的企业使用。货物运到后,经过掏箱后由集装箱公司回收使用。在集装箱的运输和使用过程中,最关键的环节就是集装箱的跟踪管理,以及如何防止集装箱的丢失、被盗和损坏,提高集装箱的周转率,从而提高资源的使用频率。为了达到以上目的,集装箱运营公司需要在整个供应链过程中对其集装箱进行跟踪,以减少丢失、被盗和损坏,从而最大程度地利用其资源,提高企业的效益。

RFID识别系统在集装箱管理上的应用是将标签粘贴或者镶嵌在集装箱或者托盘上,伴随集装箱或者托盘走过集装箱的整个生命周期。

通过入口处的悬空读写器、安装在叉车上的读写器或者手持式读写器来读取标签,实时信息在显示器上被显示出来或者直接进入数据库。集装箱RFID识别系统可以同时识别40个托盘和80个塑料集装箱。

RFID技术在可回收塑料箱上的应用

全球领先的托盘和集装箱运输服务提供商CHEP和著名的纸业制造商Georgia-Pacific都已在可回

收塑料箱（recyclable plastic container，RPC）上使用了 RFID 技术。RPC 用来装载和运输货物。例如，农场用 RPC 向超市运输新鲜水果和蔬菜，超市不需要任何人工卸货和处理，直接把 RPC 放上货架就可以销售。卖完后，RPC 被运回进行清洗和再利用。RFID 标签不仅可以用来定位 RPC，还可以存储 RPC 的清洗记录，包括何时、何地、何种温度、用的何种清洁剂。即使在高速传送带上或是数以百计地被堆放在一起时，RPC 上的标签也可以在 3～5 米的距离内被识别。RFID 系统还可以帮助实现更快的货款结付，并保证最早到达的货物最先上架。

8.2.3 电子数据交换技术

1. 电子数据交换的概念

电子数据交换（electronic data interchange，EDI）是指商业贸易伙伴之间，将按标准、协议规范化和格式化的经济信息通过电子数据网络，在单位的计算机系统之间进行自动交换和处理，它是电子商业贸易的一种工具，将商业文件按统一的标准编制成计算机能识别和处理的数据格式，在计算机之间进行传输。

国际标准化组织（international standards organization，ISO）于 1994 年确认了 EDI 技术的定义：根据商定的交易或电文数据的结构标准实施商业或行政交易从计算机到计算机的电子传输。

这表明 EDI 应用有它自己特定的含义和条件。

（1）使用 EDI 的是交易的两方，是企业之间的文件传递，而非同一组织内的不同部门。

（2）交易双方传递的文件是特定的格式，采用的是报文标准，即联合国的 UN/EDIFACT。

（3）双方各有自己的计算机系统。

（4）双方的计算机（或计算机系统）能发送、接收并处理符合约定标准的交易电文的数据信息。

（5）双方计算机之间有网络通信系统，信息传输是通过该网络通信系统自动实现的。信息处理是由计算机自动进行的，无须人工干预。

EDI 所传输的数据是指交易双方互相传递的具备法律效力的文件资料，可以是各种商业单证，如订单、回执、发货通知、运单、装箱单、收据发票、保险单、进出口申报单、报税单、缴款单等，也可以是各种凭证，如进出口许可证、信用证、配额证、检疫证、商检证等。

2. EDI 系统的组成

EDI 数据标准、EDI 软件及硬件和通信网络是构成 EDI 系统的 3 要素。

（1）EDI 数据标准。

EDI 数据标准是由各企业、各地区代表共同讨论、制定的电子数据交换共同标准，可以使各组织之间的不同文件格式，通过共同的标准，达到彼此之间文件交换的目的。

（2）EDI 软件及硬件。

EDI 软件可分为转换软件、翻译软件和通信软件 3 类。EDI 软件具有将用户数据库系统中的信息翻译成 EDI 的标准格式以供传输交换的能力。虽然 EDI 标准具有足够的灵活性，可以适应不同行业的不同需求，但由于每个公司都有其自己所规定的信息格式，因此，当需求发送 EDI 电文时，必须用某些方法从公司的专有数据库中提取信息，并把它翻译成 EDI 的标准格式进行传输，这就需要有 EDI 相关软件的帮助。

① 转换软件。转换软件可以帮助用户将原有计算机系统的文件，转换成翻译软件能够理解的平面文件（flat file），或是将从翻译软件接收来的平面文件，转换成原计算机系统中的文件。

② 翻译软件。将平面文件翻译成 EDI 标准格式，或将接收到的 EDI 标准格式翻译成平面文件。

③ 通信软件。将 EDI 标准格式的文件外层加上通信信封（envelope），再送到 EDI 系统交换中心的邮箱（mailbox），或由 EDI 系统交换中心，将接收到的文件取回。

EDI 所需的硬件设备主要有计算机、调制解调器（modem）及电话线。

（3）通信网络。

通信网络是实现 EDI 的手段。EDI 通信方式有多种，一种是点对点方式，这种方式只有在贸易伙伴数量较少的情况下才使用。但随着贸易伙伴数目的增多，当多家企业直接用计算机通信时，会出现由于计算机厂家不同、通信协议相异及工作时间不易配合等问题，造成相当大的困难。为了克服这些问题，许多应用 EDI 的公司逐渐采用第三方网络与贸易伙伴进行通信，即增值网络（value added network，VAN）方式（图 8.10）。它类似于邮局，为发送者与接受者维护邮箱，并提供存储转送、记忆保管、通信协议转换、格式转换、安全管制等功能。因此，通过增值网络传送 EDI 文件，可以大幅降低相互传送资料的复杂度和困难度，大大提高 EDI 的效率。

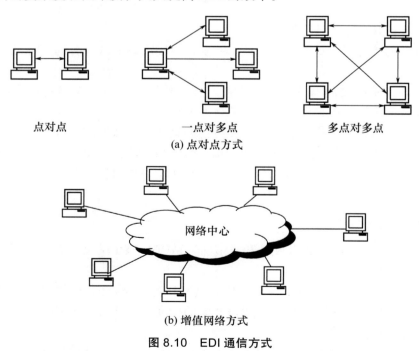

图 8.10 EDI 通信方式

3. EDI 系统的工作过程

EDI 系统的工作过程如图 8.11 所示。

（1）发送方将要发送的数据从信息系统数据库中提出，转换成平面文件。

（2）将平面文件翻译为标准 EDI 报文，以邮件形式发送到接收方的邮箱中。

（3）接收方收取 EDI 报文的邮件并将其翻译为平面文件。

（4）将平面文件转换为相应的数据信息，并传送到信息系统中进行处理。

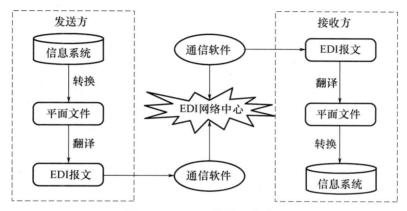

图 8.11　EDI 系统的工作过程

4. 物流 EDI

物流 EDI（logistics EDI）是指货主、承运业主及其他相关的单位之间，通过 EDI 系统进行物流数据交换，并以此为基础实施物流作业活动的方法。

物流 EDI 参与单位有货主（如生产厂家、贸易商、批发商、零售商等）、承运业主（如独立的物流承运企业等）、实际运送货物的交通运输企业（如铁路运输企业、水运企业、航空运输企业、公路运输企业等）、协助单位（如政府有关部门、金融企业等）和其他的物流相关单位（如仓库业者、专业报关业者等）。物流 EDI 的框架结构如图 8.12 所示。

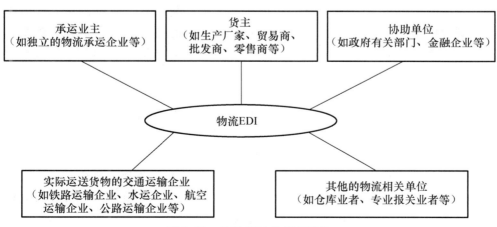

图 8.12　物流 EDI 的框架结构

下面看一个应用物流 EDI 系统的实例，这是一个由发送货物业主、物流运输业主和接收货物业主组成的物流模型。这个物流模型的运作步骤如下所述。

（1）发送货物业主（如生产厂家）在接到订货后制订货物运送计划，并把运送货物的清单及运送时间安排等信息通过 EDI 发送给物流运输业主和接收货物业主（如零售商），以便物流运输业主预先制订车辆调配计划和接收货物业主制订货物接收计划。

（2）发送货物业主依据顾客订货的要求和货物运送计划下达发货指令、分拣配货、打印出物流条码的货物标签，即 SCM 标签（shipping carton marking label），并贴在货物包装箱上，同时把运送货物品种、数量、包装等信息通过 EDI 发送给物流运输业主和接收货物业主，依据请示下达车辆调配指令。

（3）物流运输业主在向发送货物业主取运货物时，利用车载扫描读数仪读取货物标签的物流条码，并与先前收到的货物运输数据进行核对，确认运送货物。

（4）物流运输业主在物流中心对货物进行整理、集装，制作成送货清单并通过 EDI 向接收货物业主发送发货信息。在货物运送的同时进行货物跟踪管理，并在货物交给接收货物业主之后，通过 EDI 向发送货物业主发送完成运送业务信息和运费请示信息。

（5）接收货物业主在货物到达时，利用扫描读数仪读取货物标签的物流条码，并与先前收到的货物运输数据进行核对确认，开出收货发票，货物入库。同时通过 EDI 向物流运输业主和发送货物业主发送收货确认信息。

5. EDI 在物流信息管理中的应用

EDI 最初是由美国企业应用于企业间订货业务活动的电子数据交换系统，之后 EDI 的应用范围从订货业务向其他业务扩展，如销售信息传送业务、库存管理业务、发货/送货信息和支付信息的传送业务等。

EDI 既准确又迅速，可免去不必要的人工处理环节，节省人力和时间，同时可减少人工作业可能产生的差错。所以，它已被广泛应用于物流公司、制造商、批发商、零售商等的物流作业流程中。EDI 在物流信息管理中的应用主要表现在以下几个方面。

（1）配送中心的 EDI 应用。

配送中心是连接供应商与客户的桥梁，它对调节产品供需、缩短流通渠道、解决不经济的流通规模及降低流通成本起到了极大的作用。配送中心利用 EDI 可改善作业流程，如应用 EDI 出货单可与自己的拣货系统集成，生成拣货单，这样就可以加快内部作业速度，缩短配货时间；在出货完成后，可将出货结果用 EDI 通知客户，使客户及时了解出货情况，也可以尽快处理缺货情况。

（2）运输商的 EDI 应用。

运输商利用 EDI 进行数据传输，可接收委托人传来的 EDI 托运单报文，从而可事先得知托运货物的详情，包括箱数、重量等，以方便配备车辆。运输商利用 EDI 可改善托运、收货、送货、回报、对账、收款等作业流程。托运人传来的 EDI 托运数据可与发送系统集成，自动生成发送明细单；托运数据可与送货的回报作业集成，将送货结果及早回报给托运人，提升客户服务质量。此外，对已完成送货的交易，也可回报运费，供客户提早核对，并可运用 EDI 催款对账单向客户催款。

(3) 制造商的 EDI 应用。

制造商通过 EDI 可以实现与其交易伙伴间的接单、出货、催款及收款作业。其间往来的数据单证包括采购单、出货单、催款对账单及付款、收款凭证等。制造商利用 EDI 进行数据传输，接收客户传来的 EDI 订购单报文，将其转换成企业内部的订单形式，这样就不需要重新输入订单数据了，提高了作业的效率。制造商利用 EDI 还可以改善作业流程，可以与客户、供应商进行实时的数据共享与处理，并与企业内部的信息系统集成，改善接单、出货、对账、收款等作业流程。

(4) 批发商的 EDI 应用。

批发商的相关业务包括向客户提供商品以及向厂商采购商品。批发商应用 EDI，可将采购进货单转换成 EDI 报文传给供应商，从而不需要为配合不同厂商而使用不同的电子订货系统。供应商提早收到订单，可以及时处理，加快送货速度。批发商也可以接收客户的 EDI 采购进货单，从而不需要重新输入订单数据，节省了人力和时间，同时也可以降低人为错误。EDI 还可以改善批发商的接单、出货、催款、验收、对账、付款等作业流程。

(5) 零售商的 EDI 应用。

零售商与其交易伙伴发生的交易行为大致有订货、进货、对账、付款等业务。其间利用 EDI 进行数据交换的单据有订单、进货单、对账单、付款单等。利用 EDI 技术可以大大提高零售商的交易作业效率，将商品及时运达商店或及时销售给顾客。

此外，在报关、商检等物流活动中也常常应用 EDI 技术。EDI 还特别适用于国际贸易中的大量文件传输。在商业贸易活动中，每个贸易伙伴通常每天都要与供应链中的供应商、生产商、批发商、零售商及其他商业组织交换数据，从而产生大量的文档，如订购单、发票、产品目录、销售报告等，这些文档也是商业贸易中重要的信息流。EDI 可有效地使信息在不同职能部门间通畅、可靠地流通，能有效地减少低效工作和非增值业务。同时，通过 EDI 可快速获取信息，使企业合作伙伴之间能更好地进行联系、交流，更好地为客户提供服务。EDI 技术使供应链变得更加集成化，使供应链中的物流、资金流、信息流变得更加通畅与及时。

 知识链接

McKesson 医药批发公司的 EDI 系统应用

CVS 公司是美国最大的连锁药店，在 CVS 公司的供应链中，医药批发商 McKesson 公司占据十分重要的地位，它是美国最大的药品经销商，有包括医院、私人药店、连锁药店、诊所、疗养院等在内的 35 000 家客户，每天会收到约 60 000 份订单。客户一般采用电子形式发出订单，资金流动主要通过电子资金转账，库房管理采用电子商务，80% 的采购是通过 EDI 进行的。

8.2.4 全球定位系统

1. 全球定位系统概述

全球定位系统（global positioning system，GPS）是由美国国防部研制的新一代卫星导航、授时和定位系统，它是利用分布在 2 万多千米高空的 24 颗卫星对地面目标的状况进行精确测定以进行定位、导航的系统，主要用于车辆、船舶和飞机的导航，对地面目标的精确定时和精密定位、地面及空中交通管制、空间与地面灾害监测等，如图8.13所示。

图8.13　全球定位系统

2. GPS 的组成

GPS 的组成包括3大部分：空间星座部分——GPS卫星星座；地面监控部分——地面监控系统；用户设备部分——GPS信号接收机，如图8.14所示。

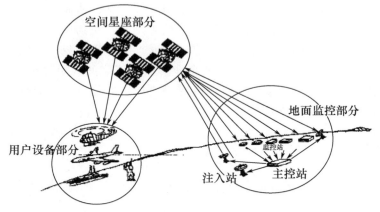

图8.14　GPS 的组成

（1）空间星座部分。

GPS空间星座由24颗卫星组成，其中21颗为工作卫星，3颗为备用卫星。24颗卫星位于距地表20 200千米的上空，均匀分布在6个轨道平面上（每个轨道面4颗）。卫星轨道面相对于地球赤道面的轨道倾角为55°，轨道平面的升交点的赤经相差60°。GPS空间卫星的这种分布方式（图8.15）可以保证在全球任何地点、任何时刻至少可以观测到4颗卫星，从而提供全球范围从地面到2万千米高空任一载体的三维位置、三维速度和系统时间信息。GPS卫星如图8.16所示。

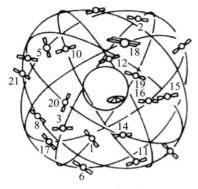 

图 8.15　GPS 空间卫星的分布　　　　图 8.16　GPS 卫星

（2）地面监控部分。

地面监控部分的主要作用是对空间卫星系统进行监测、控制，并向每颗卫星注入更新的导航电文。地面监控部分由均匀分布在美国本土和三大洋的美国基地上的 1 个主控站、3 个注入站和 5 个监测站构成。其中，主控站是整个地面监控系统的管理中心和技术中心。注入站的作用是把主控站计算得到的卫星星历、导航电文等信息注入相应的卫星。监测站的主要作用是采集 GPS 卫星数据和当地的环境数据，然后发送给主控站。

（3）用户设备部分。

用户设备主要是 GPS 接收机（图 8.17），主要作用是从 GPS 卫星收到信号并利用传来的信息计算用户的三维位置、速度及时间。

图 8.17　GPS 接收机

3. GPS 的特点

（1）定位精度高。单机定位精度优于 10m，采用差分定位，精度可达厘米级或毫米级。

（2）定位速度快。随着 GPS 系统的不断完善，软件的不断更新，实时定位速度不断加快。目前 GPS 接收机的一次定位和测速工作在 1 秒甚至更短的时间内便可完成，这对高动态用户来讲尤其重要。

（3）操作简便。随着 GPS 接收机的不断改进，自动化程度越来越高，有的已达"傻瓜化"的程度；接收机的体积越来越小，重量越来越轻，使得用户的操作和使用非常简便。

（4）功能多，应用广。GPS 系统不仅可用于测量、导航，还可用于测速、测时。测速的精度可达 0.1m/s，测时的精度可达几十毫微秒。

（5）抗干扰性能好、保密性强。由于 GPS 采用了扩频技术和伪码技术，因此 GPS 卫星所发送的信号具有良好的抗干扰性和较强的保密性。

（6）全球、全天候作业。GPS 卫星数目较多且分布合理，所以在地球上任何地点均可连续同步地观测到至少 4 颗卫星，从而满足了全球、全天候连续实时导航与定位的需要，并不受恶劣气候的影响。

4. GPS 在物流领域中的应用

GPS 定位技术的出现给车辆、轮船、火车等交通运输工具的导航与跟踪提供了准确、实时的定位功能。

（1）出行路线规划。GPS 可以提供自动规划和人工设计的路线，也能提供信息查询，查询资料会以文字、语言及图像的形式显示，并在电子地图上显示其位置。

（2）车辆导航与跟踪。通过车载 GPS，司机通过显示屏及时查看车辆的有关信息，如经度、纬度、速度、航向等，同时车载电台将定位信息发送给车辆监控中心。若车辆出现紧急情况，司机启动报警装置，在监控中心即可显示出车辆情况、出事地点、车辆人员等信息，从而可以对重要车辆和货物运输进行跟踪，也可以帮助追踪失窃车辆。

（3）交通指挥。交通指挥中心可以检测区域内车辆的运行状况，对被监控车辆进行合理调度。指挥中心也可随时与被跟踪目标通话，实行管理。

（4）紧急援助。通过 GPS 定位和监控管理系统，可以对遇有险情或发生事故的车辆进行紧急援助。监控台的电子地图显示求助信息和报警目标，规划最优援助方案，并以报警声光提醒值班人员进行应急处理。

8.2.5 地理信息系统

1. 地理信息系统概述

地理信息系统（geographic information system，GIS）是以地理数据库为基础，在计算机软硬件的支持下，对地理数据进行采集、管理、操作、分析、模拟和显示，并采用地理模型分析方法，实时提供多种空间和动态的地理信息，为地理研究和地理决策服务而建立起来的计算机技术系统。

GIS 的空间数据表示

GIS 主要由两部分组成：一部分是桌面地图系统；另一部分是数据库，用来存放与地图上与特定点、线、面所相关的数据。通过点取地图上的相关部位，可以立即得到相关的数据；反之，通过已知的相关数据，也可以在地图上查询到相关的位置和其他信息。借助这个信息系统，可以进行路线的选择和优化，可以对运输车辆进行监控，可以向司机提供有关的地理信息等。

知识链接

地理数据简介

地理数据是用来描述地球表面所有要素或物质（地理实体）的数量、质量、分布特征、联系和规律信息的数字、文字、图像、图形和声音等符号的总称。

一组完整的地理数据，通常包括3类数据：空间数据、属性数据和时间数据。空间数据是描述目标的空间位置、几何形态及与其他目标空间关系的数据。例如，描述一幢房子位置和形状的坐标数据。属性数据（又称非空间数据）是指描述空间目标的社会或自然属性的数据，如房子的户主、建筑年代、建筑材料等。时间数据用来反映要素的时态特征。

2. GIS的主要特点

与一般的管理信息系统相比，GIS具有以下特点。

（1）GIS使用了空间数据与非空间数据，并通过数据库管理系统将两者联系在一起共同管理、分析和应用；而管理信息系统只有非空间数据库的管理，即使存储了图形，也往往以文件形式机械地存储，不能进行有关空间数据的操作，如空间查询、检索、相邻分析等，不能进行复杂的空间分析。

（2）GIS强调空间分析，GIS所具备的空间叠置分析、缓冲区分析、网络路径分析、数字地形分析等功能是一般管理信息系统所不具备的。

（3）GIS的成功应用不仅取决于技术体系，而且依靠一定的组织体系，包括实施组成、系统管理员、技术操作员、系统开发设计者等。

（4）信息的可视化。GIS将不同区域的各个属性（如人口等）显示在地图上，形象、直观让人一目了然。

3. GIS的分类

GIS按内容、功能和作用可分为两类：工具型GIS和应用型GIS。

（1）工具型GIS。

工具型GIS常称为GIS工具、GIS开发平台、GIS外壳、GIS基础软件等，它具有地理信息系统基本功能，但没有具体的应用目标，只是供其他系统调用或用户进行二次开发的操作平台。工具型GIS包括：国外的ARC/Info、MapInfo软件，国内的MAPGIS、GeoStar软件等。工具型GIS具有图形图像数字化、数据管理、查询检索、分析运算和制图输出等GIS的基本功能，通常能适应不同的硬件条件。

（2）应用型GIS。

应用型GIS具有具体的应用目标、特定的数据、特定的规模和特定的服务对象。通常，应用型GIS是在工具型GIS的支持下建立起来的。应用型GIS又可分为专题GIS和区域GIS。

① 专题GIS。专题GIS是以某个专业、问题或对象为主要内容的系统。例如，水资源矿产资源信息系统、农作物估产信息系统、土地利用信息系统、环境保护和监测系统、城市管网系统、通信网络管理系统、配电网管理系统、城市规划系统、供水管网系

统等都属于应用型专题 GIS。

② 区域 GIS。区域 GIS 是以某个地区为其研究和分析对象的系统。其以不同的规模（如国家级、地区或省级、市级或县级等）分为不同级别行政区服务的区域 GIS。也可以有以自然分区或流域为单位的区域 GIS，如加拿大国家地理信息系统、日本国土信息系统等国家级的系统，黄河流域地理信息系统、黄土高原重点产沙区地理信息系统等区域级的系统，北京水土流失信息系统、铜山区土地管理信息系统等地方级的系统。

4. GIS 技术在现代物流中的应用

GIS 应用于物流分析，主要是指利用 GIS 强大的地理数据功能来完善物流分析技术。国外企业已经开发出利用 GIS 为物流提供专门分析的工具软件。完整的 GIS 物流分析软件集成了运输路线模型、网络物流模型、分配集合模型和设施定位模型等。

（1）运输路线模型。该模型用于解决一个起点、多个终点的货物运输中，如何降低物流作业费用，并保证服务质量的问题，包括决定使用多少运输工具，每个运输工具的行驶路线等。

（2）网络物流模型。该模型用于解决寻求最有效的分配货物路径问题，也就是物流网点布局问题。例如，将货物从 N 个仓库运往 M 个商店，每个商店都有固定的需求量，因此需要确定由哪个仓库提货送给哪个商店，可以使运输代价最小。

（3）分配集合模型。该模型可以根据各个要素的相似点把同一层上的所有或部分要素分为几组，用以解决确定服务范围和销售市场范围等问题。例如，某一公司要设立 X 个分销点，要求这些分销点要覆盖某一地区，而且要使每个分销点的顾客数目大致相等。

（4）设施定位模型。该模型用于确定一个或多个设施的位置。在物流系统中，仓库和运输线路共同组成了物流网络，仓库处于网络的节点上，节点决定着线路。如何根据供求的实际需要并结合经济效益等原则，在既定区域内设立多少个仓库，每个仓库的位置、规模，以及仓库之间的物流关系等，运用此模型均能很容易地得到解决。

知识链接

GIS 的网络路径分析功能

GIS 网络是现代生产生活中不可缺少的物流、能量流和信息流的通道。网络路径分析是 GIS 的一种典型的空间分析功能。GIS 中的网络是由一系列相互联结的现状要素组成。例如，水流、电流、客货流及有线电视信号等都通过各种网络进行流动和传输。网络路径分析主要包括最佳路径分析、网络追踪分析和辐射区分析等。

最佳路径分析是指在联结给定两点的所有路径中找出符合需要的最佳路径。在城市的道路交通网络中，各个节点描述为城市道路中心线在主要交叉路口的交点，每条线串表示城市内部的交通联系。当把每条线串的长度或沿此线串（或链）运输所花费的时间或交通费用表示为该路径的权值时，就可以进行最佳路径的选择，为城市交通管理提供服务。

网络追踪分析是拓扑结构在网络分析中的一个重要应用。例如，在城市地下管线管理信息系统中，将各个节点描述为地下管网的控制阀，纵横交错分布的地下管线表示为线串（或链）。当某一段管线发生故障时，可以在最短的时间内找出该段管线的控制阀，及时排除故障。

辐射区分析即预先设置一个长度最大值 L_{max}，从给定的某一点出发，沿着所有以该点为起点的路径发散搜索，找出所有的节点和弧段，其中这些节点中的任何一个点到给定点的总路径长度不超过 L_{max}。如以某一点为中心，沿着所有的路径出发找出所有的距该点的总路径不超过10km的加油站。

8.2.6 物联网

1.物联网的概念

物联网（Internet of things，IoT）就是物物相连的互联网，这说明物联网的核心和基础是互联网。物联网是互联网的延伸和扩展，其延伸和扩展到了任何人与人、人与物、物与物之间进行的信息交换和通信。

关于物联网比较准确的定义是：物联网是通过各种信息传感设备（传感网、红外感应器、激光扫描器等）、条码、全球定位系统等，按约定的通信协议，将物与物、人与物、人与人连接起来，通过各种接入网、互联网进行信息交换，以实现智能化识别、定位、跟踪、监控和管理的一种信息网络。这个定义的核心是，物联网中的每一个物件都可以寻址，每一个物件都可以控制，每一个物件都可以通信。

什么是物联网

2.物联网的特征

（1）全面感知。

全面感知就是利用RFID、传感器、二维码等技术能随时随地采集物体动态的、丰富的、广泛的信息，如长度、温度、湿度、体积、质量、压力、密度等。当前接入对象主要还是依赖人工操作的计算机、手机等，所接入的物体信息较为有限。未来物联网接入的对象包含了更丰富的世界，传感器、仪器仪表、摄像头和其他扫描仪将得到更为普遍的应用。

（2）可靠传递。

物联网通过各种电信网络与互联网的融合，将物体的信息实时准确地传递出去。当前的信息化建设当中，虽然网络基础设施日益完善，但距离物联网的信息接入要求还有一些差距，很多已接入网络的信息系统并未实现信息共享，信息孤岛现象较为严重。未来的物联网不仅需要完善的基础设施，更需要随时随地的网络覆盖与接入。同时信息共享和互动与远程操作都应达到较高的水平，信息的安全机制和权限管理需要更严格的监管和技术保障。

（3）智能处理。

物联网利用云计算、模糊识别等各种智能计算技术，对海量的数据和信息进行分析和处理，对物体实施智能化的控制。

物联网的智能处理信息的能力很强大，人类与周围世界的相处更为智慧。当前的信息化由于受数据、计算能力、存储等方面的限制，大部分信息处理工具和系统还停留在提高效率的数字化阶段，能够为人类决策提供有效支持的系统还很少。未来的物联网，广泛采用数据挖掘等知识发现技术，深入分析整合的海量数据，以更加新颖、系统且全面的观点和方法来看待和解决特定问题，使人类能更加智慧地与周围世界相处。

3.物联网技术在物流中的应用

目前，物联网在物流行业相对成熟的应用主要集中在产品的智能可追溯网络系统、物流过程的可视化智能管理网络系统、智能化的企业物流配送中心和企业的智慧供应链4个方面。

（1）产品的智能可追溯网络系统。

在医药、农产品、食品、烟草等行业领域，产品追溯系统发挥着货物追踪、识别、查询、信息采集与管理等方面的巨大作用，基于物联网技术的可追溯系统为保障产品的质量与安全提供了保障。

（2）物流过程的可视化智能管理网络系统。

基于卫星导航定位技术、RFID技术、传感技术等多种技术，在物流过程中实时实现对车辆定位、运输物品监控、在线调度与配送可视化与管理的系统。目前，物流作业的透明化、可视化管理已经初步实现，全网络化与智能化的可视管理网络还有待发展。

（3）智能化的企业物流配送中心。

基于传感器、RFID等物联网技术建立物流作业的智能控制、自动化操作的网络，实现物流配送中心的全自动化，实现物流与生产联动，并与商流、信息流、资金流全面协同。

（4）企业的智慧供应链。

基于物联网技术升级智慧物流和智慧供应链的后勤保障网络系统，满足电商快速发展及智能制造等环境下产生的大量个性化需求与订单，帮助企业准确预测客户需求，实现整个供应链的智慧化。

8.3 物流信息系统

8.3.1 物流信息系统的概念

物流信息系统（logistics information system，LIS）是根据物流运作、管理和决策的需要，利用计算机硬件、软件、网络通信及其他设备，进行物流信息的收集、运输、加工、存储、更新和维护，以支持物流管理人员、操作人员和客户进行物流管理和运作、协调和控制各作业子系统正常运行的信息系统。从本质上讲，物流信息系统是利用信息技术，通过信息流将各种物流活动与某个一体化过程连接在一起的通道。物流系统中各环节的相互衔接是通过信息交换实现的，基本资源的调度也是通过信息共享来实现的，因此，组织物流活动必须以信息为基础。为了有效地对物流系统进行管理和控制，使物流活动正常而有规律地进行，必须建立完善的信息系统，保证物流信息畅通。例如，某一工厂通过建立物流信息系统，能合理制订生产计划，控制生产、物流节奏，压缩库存，降低生产成本，合理调度运输和搬运设施，使厂内物流畅通。物流信息系统的水平是物流现代化的标志，物流信息系统几乎覆盖了整个物流活动过程，将物流信息通过现代信息技术使其在企业内、企业间乃至全球实现共享。

8.3.2 物流信息系统的总体结构

1.物流信息系统的组成要素

根据系统的观点，构成物流信息系统的主要组成要素有硬件，软件，信息资源，相关人员，企业的管理思想和理念、管理制度与规范等，物流信息系统将这些结合在一起，对物流活动进行管理、控制和衡量。物流信息系统的组成要素如图 8.18 所示。

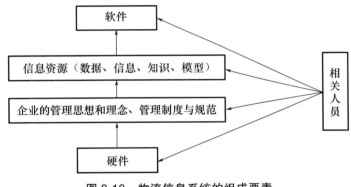

图 8.18　物流信息系统的组成要素

（1）硬件。

硬件包括计算机和必要的通信设施等，如计算机主机、外存、打印机、服务器、通信电缆及通信设备，它是物流信息系统的物理设备和硬件资源，是实现物流信息系统的基础，它构成了系统运行的硬件平台。

（2）软件。

在物流信息系统中，软件一般包括系统软件、实用软件和应用软件。

系统软件是指管理和支持计算机资源及其信息处理活动的程序，是物流信息系统必不可少的软件。系统软件主要有操作系统、网络操作系统等。

实用软件主要有数据库管理系统、计算机语言、各种开发工具包及浏览器软件等，主要用于开发应用软件、管理数据资源及实现通信等。

应用软件是指为满足用户处理信息的需求而开发的具有特定功能的程序。对于物流信息系统而言，它是为了企业进行相关的物流管理活动而开发的程序，应用软件一般面向的是具体问题，不同的企业有不同的物流活动，因此其物流应用软件，甚至物流信息系统也是千差万别的。

(3)信息资源。

信息资源是指以文字、图形、图像、声音、动画和视频等形式存储在一定的载体上并可供利用的信息。与物流运作相关的数据、信息、知识和模型都是企业的无形资产。

(4)相关人员。

物流信息系统是人机一体化系统,一方面它为相关人员(如企业管理人员、信息主管、业务主管、业务人员等)提供物流管理的信息分析和决策支持;另一方面它要依赖人(如系统分析员、系统设计员、程序设计员、系统维护人员等)进行系统的构建和维护。

(5)企业的管理思想和理念、管理制度与规范。

企业本身的决策者和管理者的管理思想和理念决定了物流信息系统的结构,是物流信息系统的灵魂。企业管理制度与规范,如组织机构、部门职责、业务规范和流程及岗位制度等,都是物流信息系统成功开发和运行管理的基础和保障,它是构造物流信息系统模型的重要参考依据,制约着系统硬件平台的结构、系统计算模式及应用软件的功能。

2. 物流信息系统的功能层次

物流信息系统有 4 个功能层次:交易系统、管理控制、决策分析及制订战略计划,如图 8.19 所示。

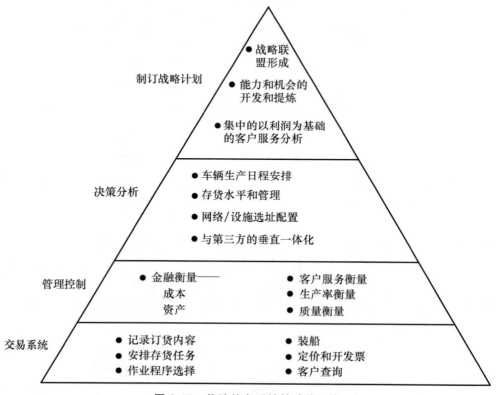

图 8.19 物流信息系统的功能层次

第一层次：交易系统。

交易系统是用于启动和记录个别的物流活动最基本的层次。交易活动包括记录订货内容、安排存货任务、作业程序选择、装船、定价、开发票及客户查询等。例如，当收到的客户订单进入信息系统时，就开始了第一笔交易；按订单安排存货，记录订货内容意味着开始了第二笔交易；指导材料管理人员选择作业程序是第三笔交易；第四笔交易是指挥搬运、装货和按订单交货；最后一笔交易是打印和传送付款发票。在整个过程中，当客户需要而且必能获得订货状况信息时，通过一系列信息系统交易就完成了客户订货功能的循环。交易系统的特征是：格式规则化、通信交互化、交易批量化，以及作业程序化。

第二层次：管理控制。

管理控制侧重于功能衡量和报告。功能衡量包括成本衡量（如每吨货物的运输和仓储成本）、资产衡量（如存货周转）、客户服务衡量（如供应比率）、生产率衡量（如每工时生产量）、质量衡量（如客户的感觉）等方面。功能衡量对于提供有关服务水平和资源利用等管理反馈来说是必要的。管理控制涉及评价过去的功能和鉴别各种可选方案。当物流信息系统有必要报告过去的物流系统功能时，物流信息系统是否能够在其被处理的过程中鉴别出异常情况也是很重要的。管理控制的例外信息对于鉴别潜在的客户或发现订货中存在的问题很有用。

第三层次：决策分析。

决策分析侧重于决策应用，协助管理人员鉴别、评估和比较物流战略和策略上的可选方案。典型的决策分析有车辆日常工作和计划、存货管理、设施选址，以及有关作业比较和安排的成本——收益分析。决策分析与管理控制不同的是，决策分析更强调评估未来策略上的可选方案，并且它需要相对的灵活性，以便做范围更广的选择。

第四层次：制订战略计划。

制订战略计划侧重于信息支持，以期开发和提炼物流战略。这类决策往往是决策分析层次的延伸，但是通常更加抽象和松散，并且注重长期性。例如，决策中包括通过战略联盟使协作成为可能、厂商的能力和市场机会的开发和提炼，以及客户对改进所做的反应。制订战略计划层必须把较低层的数据结合到范围很广的交易计划中去，并且结合到有助于评估各种战略的概率和损益的决策模型中去。

8.3.3 物流信息系统的类型

物流信息系统根据分类的方法不同，可以分为不同的类型。

1. 按系统的结构分类

（1）单功能系统，指只能完成一种职能的系统，如合同管理系统、物资分配系统、物流财务系统等。

（2）多功能系统，指能够完成一个部门或一个企业所包括的物流管理的职能的系统，如仓储管理系统、经营管理决策系统等。

2. 按系统功能的性质分类

（1）操作型系统，指为管理者处理日常事务的系统，主要进行记账、汇总、统计等数据处理。

（2）决策型系统，指在处理日常事务的基础上运用现代化管理方法加工计算，为管理人员提供定量的依据或决策方案的系统，通常也称这类系统为辅助决策系统或决策支持系统。

3. 按系统所采用的设备和技术分类

（1）单机系统，指仅使用一台计算机，通过一个或多个终端对数据采用批处理方式的系统。

（2）网络系统，指使用多台计算机，相互间以通信网络连接，实行资源共享的分布式结构的系统。随着网络系统的进一步发展，人们把分布式管理信息系统与分布式生产控制系统结合在一起，利用计算机既搞信息管理，又搞生产过程控制，即所谓"无人工厂"的集成生产系统。

4. 按系统作用的对象分类

（1）面向生产企业的物流信息系统涉及的物流信息包括：供应物流、原材料仓储、生产配送、产品仓储、配送、废弃物物流与回收物流等作业所产生的信息。

（2）面向零售商、中间商、供应商的物流信息系统涉及的物流信息包括：订货采购、仓储与配货、销售送货等作业所产生的信息。

（3）面向第三方物流企业的物流管理信息系统涉及提供第三方物流服务的过程所产生的信息。

8.3.4 典型的物流信息系统

物流信息系统根据不同企业的需要可以有不同层次、不同程度的应用和不同子系统的划分。一般来说，一个完整、典型的物流信息系统通常包括订单管理、采购管理、仓库管理、运输管理、财务管理及决策支持等子系统。这些子系统之间并不是彼此孤立的，它们之间存在信息交换和共享，使物流信息系统成为一个一体化的系统。图8.20是一个典型的物流信息系统的子系统构成。实际中运用的物流信息系统会根据业务需要的不同来调整侧重点。

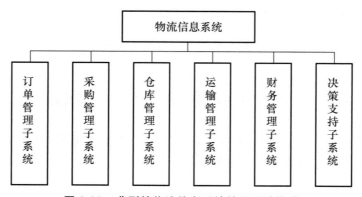

图 8.20　典型的物流信息系统的子系统构成

1. 订单管理子系统

订单管理子系统是物流信息系统的前端，管理所有与订单有关的信息和资料的处理。订单管理子系统对客户下达的各种指令进行管理、查询、修改、打印等，同时将业务部门的处理信息反馈至客户。

订单管理子系统通常包括客户订单的接受、存货查询、存货分配、订单处理资料输出、订单异常变动处理、订单跟踪查询等各项作业内容。当接到客户的订单后，订单管理子系统与仓库管理子系统相互交流，核查产品的可得率（来自库存或来自生产），由此判断供应网络中产品的位置、可得数量和预计送货时间，一旦产品可得信息得到客户的首肯，就要进行客户信用审核，订单管理子系统将与企业财务系统相关联审核客户的状况和信用。在订单被接受后，订单管理子系统将产品分派到某订单下，指定生产地、扣减库存、在运输安排确定后准备发票。在订单管理子系统与运输管理子系统的信息共享支持下，客户可以根据日期、订单号、订单类型、业务部门、客户信息、配送区域等条件对订单进行跟踪查询。

2. 采购管理子系统

采购管理子系统管理所有与采购有关的信息和处理资料。采购管理子系统通常包括采购单管理、供应商管理、采购单到期提醒、采购单数据处理、采购变更处理及周期报表生成等功能模块。

采购管理子系统的主要业务流程及功能：当收到一个采购请求以后，采购部门需要确定能够满足此需求的供应商。系统首先根据订单的物料清单查询库存量并查询数据库中相关的采购商，如果数据库中没有合意的供应商，则根据现实信息新建一个供应商信息。经过向供应商询价、核价等过程，系统做出采购计划并制作采购单，等待供应商发货。系统根据采购单到期的日期提前提醒供应商，以保证物料能及时到货。若订单取消，系统可做出采购单取消的管理。系统可在一定周期内，根据采购单的类别（紧急采购单或一般采购单），提供采购单周期的资料查询。

3. 仓库管理子系统

仓库管理子系统是物流信息系统中重要的子系统之一，管理所有与仓库资源有关的信息及处理资料，可以对不同地域、不同属性的仓库资源实现集中统一管理。

WMS 介绍

仓库管理子系统的主要内容包括接收、入库、库存管理、订单处理和取货、运输准备。所有这些要素都出现在典型配送仓库的仓库管理子系统内，但是在某些主要供长期存储或周转比较快的仓库，有些内容可能缺失。

（1）接收。这是仓库管理子系统的入口或登记处。利用条码、射频识别等技术对入库货物进行系统登录，通过产品编码检索内部产品文件获知重量、尺码、包装方式等信息。同时对货物进行验收。

（2）入库。入库的货物需要在仓库内进行短期存储。仓库管理子系统记录有仓库空间布局信息和仓储位信息。根据可用空间和货物存放规则，仓库管理子系统进行库位分配。如果在同一次存货作业中，有多件货物要放到多个库位，仓库管理子系统将指定存放顺序和路线来使作业时间最小化。随后，各仓储位的库存水平要变化，仓储位的记录要调整。

（3）库存管理。仓库管理子系统对库存货物进行内部操作处理，检测仓库内各货位上的货量，进行盘点。如果库存水平低于控制水平，就会依据某些原则提出补货数量和时间的建议。补货请求将通过 EDI 系统或互联网传输给采购部门，也可以直接送达供应商或工厂。有时仓库管理子系统还需对货物进行包装和退货处理。

（4）订单处理和取货。按订单拣取所需货物即取货作业，由于耗费人工最多，在仓库作业中所占费用最高。仓库管理子系统的最大价值就在于可以降低取货成本、提高作业效率。仓库管理子系统按照其内部规则，将订单货物分类（如按货物数量和所在仓位分组），进而将订单分解，进行货物调配，合理安排拣货顺序。此外，仓库管理子系统还可以为作业人员安排合理的拣货任务，平衡作业人员的工作量，以缩短拣货时间。

（5）运输准备。订单货物的拣取常常取决于合并运输的安排。例如，相邻客户的订单会一起拣取，使货物同时到达发货站台，卡车也会同一时间到达。还要考虑货物的体积和重量，以安排装上同一部卡车、集装箱或铁路车厢的货物。再将来自不同仓位的同一订单货物汇集并按顺序装配，以最佳运输路径进行配送。

总之，仓库管理子系统在仓库作业计划、库存水平管理、仓储空间利用和拣货路线等方面进行信息支持以辅助管理。同时，仓库管理子系统还与订单管理子系统、运输管理子系统等物流信息子系统共享信息来实现一体化管理。

 案例链接

某大型连锁企业的仓库管理

某大型连锁企业每周接到来自零售店的订单数百份，仓库每天约接受 59 份订单。本地仓库向零售店提供普通商品。中央仓库供给药品。在企业总部接到订单后，就立刻将订单按两种产品类别进行分解。首先满足订单药品部分的要求，然后送往本地仓库，和零售店订购的普通货物汇合在一起，一并送到同一家零售店。其次，在本地仓库，再将订单分解成零散货物、整箱货物、安全区域和散装区域的拣货安排。因为仓库里存放着 1 200～8 000 种货物，都需要从散货区拣取，所以对这项劳动密集型作业的管理十分重要。为此，散货区的拣货安排进一步落实到每个拣货员上。拣货员只需在其附近区域进行作业，他们拣取货物的顺序也都按仓库管理子系统中的最佳路径原则进行安排。

仓库管理子系统还控制着仓库内所有区域拣货开始的时间，这样同一订单下的货物就可以在大约相同的时间到达发货区。在纸盒和包装盒上还贴有识别标签，在发货区可以将订单下的所有货物集中到一起装上配送卡车，而每辆卡车上最多可以装送 5 个不同零售店的货物。

每当来自供应商的补货库存到达后，工作人员就会将入库产品信息输入仓库管理子系统，仓库管理子系统随后会确定货物的存储仓位，并且根据产品的生产日期记录来控制出库的顺序。

4. 运输管理子系统

运输管理子系统主要侧重于企业内向和外向运输管理，是物流信息系统必不可少的组成部分。运输管理子系统的目标是帮助计划和控制企业的运输活动，包括运输方式的选择、装载优化、安排运输路线和时间、投诉处理、货物及车辆跟踪、运费结算等内容。

（1）运输方式的选择。由于运输的货物批量和运输方式各有不同，运输管理子系统可以将运输批量与运输服务成本和质量要求结合起来。好的运输管理子系统能够存储多种运输方式、服务费用、预计运输时间、可用方式和服务频率的数据，能够为每单货物提供最好的承运人。

（2）装载优化。运输管理子系统的一个重要功能就是将小批量货物合并成大批量，对拼货作业提出建议。运输管理子系统可以实时掌握运输批量、目的地和预计到达时间等信息。根据这些信息，利用内部决策规则，就可以决定经济批量，使车辆车型的使用和搭配达到最优，同时兼顾配送服务目标。

（3）安排运输路线和时间。如果企业拥有或租用车队，就需要认真管理以使得车队可以有效运作。订单管理子系统提供订单信息，仓库管理子系统提供订单处理信息，运输管理子系统指派运货的车辆，并且建议卡车经停站点的顺序。运输管理子系统还考虑每个经停点的时间窗口，在经停点搭载运回的货物，为回程货物运输做计划，满足司机驾车时间和休息时间的规定，多个时段车队的利用率等因素。运输管理子系统还存有运输资源的基本信息，如车辆经停点、卡车类型、卡车数量和运力；经停点装卸次数；经停点的时间窗口限制和途中其他限制条件等信息。在这样的信息支持下，运输管理子系统利用决策规则或本身的算法制订当前的运输计划。

（4）投诉处理。在运输过程中某些货物受到损坏是不可避免的，在掌握所运货物、货物价值、所使用的承运人、起点和终点、责任限额后，很多投诉可以自动进行处理，或者尽量减少人的介入。

（5）货物及车辆跟踪。一旦货物转移到运输承运人的控制之下，就主要由信息技术来实现跟踪查询。条码、射频识别设备、全球定位系统和车载计算机都是物流信息系统的组成部分，可以实时获知货物及车辆所处位置。随后来自运输管理子系统的货物跟踪信息就可以通过互联网或其他电子手段提供给收货人，甚至可以计算出预计到达时间。

（6）运费结算。运输管理子系统对运输中发生的相关业务进行物流费用的结算记录，并将费用信息转至财务结算系统中进行核算。

5. 财务管理子系统

财务管理子系统可能包含于其他物流信息管理子系统中，也可以看成物流信息系统中的独立单元。财务管理子系统管理所有与物流费用管理有关的信息和资料。对企业发生的所有物流费用，包括运输费用、库存费用、行政费用、办公费用等进行计算。根据规范的合同文本、货币标准、收费标准自动生成结算凭证，为客户企业及物流企业的自动结算提供完整的结算方案。

6. 决策支持子系统

决策支持子系统能及时地掌握商流、物流、资金流和信息流所产生的信息并加以科学地利用，在运筹学模型的基础上，通过数据挖掘工具对历史资料进行多角度、立体的分析（如采购分析、库存分析、销售分析、财务分析、质量分析、人事结构分析等），实现对企业中的人力、物力、财力、客户、市场、信息等各种资源的综合管理，为企业管理、客户管理、市场管理、资金管理等提供科学决策的依据，从而提高管理层决策的准确性和合理性。

本章小结

  物流信息是反映物流各种活动内容的知识、资料、图像、数据、文件的总称。物流信息是伴随着物流活动而产生的，是物流活动各个环节的桥梁、纽带和黏合剂，对整个物流起着支持保障作用。物流信息除了具备信息的一般特征，还具有信息量大、分布广、更新速度快、种类多、信息趋于标准化的特点。

  物流信息技术是应用于物流作业各环节中的现代信息技术的总称，包括计算机、网络、信息分类编码、自动识别、电子数据交换、全球定位系统、地理信息系统等技术。自动识别技术包括条码技术和射频识别技术。电子数据交换在物流领域的应用是物流EDI，它是指货主、承运业主及其他相关的单位之间，通过EDI系统进行物流数据交换，并以此为基础实施物流作业活动的方法。GPS是新一代卫星导航、授时和定位系统，它为车辆、轮船、火车等交通运输工具的导航与跟踪提供了准确、实时的定位功能。GIS应用于物流分析，主要是指利用GIS强大的地理数据功能来完善物流分析技术。物联网是通过各种信息传感设备（传感网、红外感应器、激光扫描器等）、条码、全球定位系统等，按约定的通信协议，将物与物、人与物、人与人连接起来，通过各种接入网、互联网进行信息交换，以实现智能化识别、定位、跟踪、监控和管理的一种信息网络。

  物流信息系统是根据物流运作、管理和决策的需要，利用计算机硬件、软件、网络通信及其他设备，进行物流信息收集、运输、加工、存储、更新和维护，以支持物流管理人员、操作人员和客户进行物流管理和运作、协调和控制各作业子系统正常运行的信息系统。物流信息系统的主要组成要素有硬件、软件、信息资源、相关人员，以及企业管理思想和理念、管理制度与规范等。物流信息系统有4个功能层次：交易系统、管理控制、决策分析及制订战略计划。一般来说，一个完整、典型的物流信息系统通常包括订单管理、采购管理、仓库管理、运输管理、财务管理及决策支持等子系统。

  思考题

  1. 物流信息具有哪些特点？
  2. 请结合实际，谈谈条码在物流中的应用。
  3. 简述EDI系统的工作原理。
  4. GPS由哪几部分组成？
  5. GPS在物流中有何应用？
  6. GIS在物流中有何应用？
  7. 物联网在物流中有何应用？
  8. 物流信息系统的组成要素有哪些？

9. 简要说明物流信息系统的功能层次。
10. 典型的物流信息系统由哪些子系统组成？

案例分析

现代物流信息技术构筑 UPS 的核心竞争力

成立于 1907 年的美国联合包裹速递服务公司（United Parcel Service of America, Inc., 简称 UPS）是世界上规模较大的配送公司。表面上 UPS 的核心竞争优势源于其 101 900 万辆卡车和 531 架飞机组成的运输队伍，而实际上 UPS 的成功并非仅仅如此。

20 世纪 80 年代初，UPS 以其大型的棕色卡车车队及及时的递送服务，控制了美国陆路的包裹速递市场。然而，到了 20 世纪 80 年代后期，随着竞争对手利用不同的定价策略以及跟踪和开单的创新技术对 UPS 的市场进行蚕食，导致 UPS 的收入开始下滑。许多大型托运人希望通过单一服务来源提供全程的配送服务，进一步，客户还希望通过掌握更多的物流信息，以利于自身控制成本和提高效率。随着竞争的白热化，这种服务需求变得越来越迫切。正是基于这种服务需求，UPS 从 20 世纪 90 年代初开始了致力于物流信息技术的广泛利用和不断升级。现在，提供全面物流信息服务已经成为包裹速递业务中的核心竞争要素。

UPS 通过应用 3 项以物流信息技术为基础的服务提高了竞争能力。

第一，条码和扫描仪使 UPS 能够有选择地每周 7 天、每天 24 小时跟踪和报告装运状况，客户只需拨个免费电话号码，即可获得"地面跟踪"和航空递送这样的增值服务。

第二，UPS 的递送司机现在携带着以数控技术为基础的笔记本电脑到排好顺序的线路上收集、递送信息。这种笔记本电脑使司机能够用数字记录运送者、接收者的签字，以提供收货核实信息。通过计算机协调司机信息，减少了差错，加快了递送速度。

第三，UPS 最先进的信息技术应用，是创建于 1993 年的一个全美无线通信网络，该网络使用了 55 个蜂窝状载波电话。蜂窝状载波电话技术使司机能够把实时跟踪的信息从卡车上传送到 UPS 的中央计算机。无线移动技术和系统能够提供电子数据存储，并能恢复跟踪公司在全球范围内的数百万笔递送业务。通过安装卫星地面站和扩大系统，到 1997 年实时包裹跟踪成为现实。

UPS 通过这 3 方面推广物流信息技术，从而发挥了核心竞争优势。

在信息技术上，UPS 已经配备了第三代速递资料收集器——Ⅲ型 DIAD，这是业界最先进的手提式计算机，可几乎同时收集和传输实时包裹传递信息，也可让客户及时了解包裹的传送现状。这台 DIAD 配置了一个内部无线装置，可在所有传递信息输入后立即向 UPS 数据中心发送信息。驾驶员只需扫描包裹上的条码，获得收件人的签字，输入收件人的姓名，并按动一个键，就可同时完成交易并送出数据。Ⅲ型 DIAD 的内部无线装置还在送货车驾驶员和发货人之间建立了双向文本通信。专门负责某个办公大楼或商业中心的司机可缩短约 30 分钟的上门收货时间。每当接收到一个信息，Ⅲ型 DIAD 上的指示灯就会闪动，提醒司机注意。这对客户来说，不仅意味着所寄送的物品能很快发送，还可随时"跟踪"包裹的行踪。通过这一过程速递业真正实现了从点到点、户对户的单一速递模式，除了为客户提供传统速递服务，还包括库房、运输及售后服务等全方位物流服务，从而大大拓展了传统物流信息技术的应用范围。

在信息系统上，UPS将应用在美国国内运输货物的物流信息系统，扩展到了所有国际运输货物上。这些物流信息系统包括署名跟踪系统和比率运算系统等，其解决方案包括自动仓库、指纹扫描、光拣技术、产品跟踪和决策软件工具等。这些解决方案在商品从起点流向市场，再到最终消费者的供给链上帮助企业提升了业绩，真正实现了双赢。

在信息治理上，最典型的应用是UPS在美国国家半导体公司新加坡仓库的物流信息治理系统，该系统有效地减少了仓储量，节省了货品运送时间。在UPS物流治理体系中的美国国家半导体公司新加坡仓库，一位管理员像挥动树枝一样用一台扫描仪扫过一箱新制造的计算机芯片。随着这个简单的动作，他启动了高效和自动化、几乎像魔术般的送货程序。这座巨大仓库是由UPS的研发人员设计建造的。UPS的物流信息治理系统将这箱芯片发往码头，然后送上卡车和飞机，接着又是卡车，在短短的12小时内，这些芯片就会送到美国国家半导体公司的客户——远在万里之外硅谷的个人计算机制造商手中。在整个途中，芯片中嵌入的电子标签将让客户以精确到1米以内的精确度跟踪订货。

由此可见，物流信息技术通过深入物流企业的业务流程来实现对物流企业各生产要素（车、仓、架等）进行合理组合与高效利用，降低了经营成本，直接产生了明显的经营效益。它把各种零散数据变为商业智慧，赋予了物流企业新型的生产要素——信息，大大提高了物流企业的业务预测和治理能力，通过"点、线、面"的立体式综合治理，实现了物流企业内部一体化和外部供给链的统一治理，有效地帮助物流企业提高了服务素质，提升了物流企业的整体效益。具体地说，它为物流企业解决了单点治理和网络化业务之间的矛盾、降低成本和提高客户服务质量之间的矛盾、有限的静态资源和动态市场之间的矛盾、现在和未来预测之间的矛盾等。

资料来源：张磊，吴忠，2014. 物流信息技术概论 [M]. 北京：北京大学出版社.

讨论题

1. UPS通过什么提高了竞争能力？
2. UPS为提高竞争能力应用了哪些技术？这些技术使哪些工作得到了改善？

【名人名言】

物流信息是物流的灵魂，在物流领域，顶尖高手和平庸之辈的差距往往就在于企业物流信息技术的能力。

——罗杰斯（D. S. Rogers）、戴维（R. L. Dawe）、古埃拉（P. Guerra）

第8章
在线题库

第 9 章 物流成本管理

【本章教学要点】

知识要点	掌握程度	相关知识
物流成本管理概述	掌握	物流成本与物流成本管理的概念
	了解	物流成本的构成
	理解	物流成本的分类
物流成本计算	了解	物流成本计算对象
	了解	物流成本计算方法
	了解	物流成本计算程序
物流成本的分析、预测与决策	掌握	物流成本分析
	掌握	物流成本预测
	掌握	物流成本决策
影响物流成本的因素及降低物流成本的途径	重点掌握	影响物流成本的因素
	重点掌握	降低物流成本的途径

【重要知识点图谱】

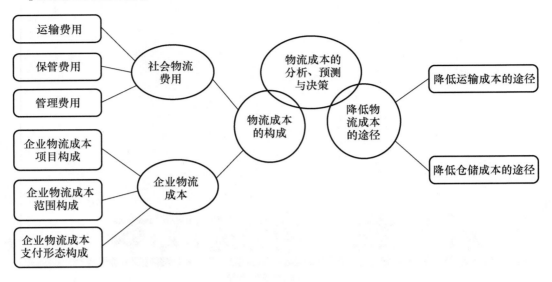

 导入案例

物流成本：第三利润源

在超市里花 6 元买一瓶饮料时，你是否想过，这 6 元里包含多少原材料成本、人工成本、营销成本、利润，又有多少是物流成本呢？我们会得到这样的答案：制造成本（原材料成本、人工成本等）4 元左右，利润 1 元左右，而物流成本却超过了 1 元。你是否感到惊讶？

一瓶饮料，在运输、仓储上消耗的费用能够占到销售价格的 20%～30%，对于某些产品，这个比例还会更高。在市场竞争日益激烈的今天，原材料和劳动力价格利润空间日益狭小，劳动生产率的潜力空间也有限，靠传统的降低原材料消耗、劳动力成本或大力提高制造环节的劳动生产率来获取更大利润已变得十分困难。因此，生产和流通中的物流环节成本是继劳动力、自然资源之后的第三利润源，而保证这一利润源实现的关键是降低物流成本。

点评

当今，物流成本已经成为企业生产成本中不可忽视的一笔消耗。物流作为第三利润源，已成为企业追求利润增长的又一重要来源。了解物流成本，控制物流成本，以物流成本为手段优化物流活动，是企业降低成本、提高效益的又一手段。

物流成本是物流管理的重要内容，也是物流经济效益的量化指标。要有效地实施物流成本管理，首先要了解物流成本与物流成本管理的概念、构成与分类；其次学会计算各类物流成本，对物流成本进行分析、预测与决策；最后通过掌握科学的管理工具，采用有效的途径降低物流成本，从而充分地挖掘第三利润源。

9.1 物流成本管理概述

9.1.1 物流成本与物流成本管理的概念

1. 物流成本的概念

根据2006年发布的《企业物流成本构成与计算》(GB/T 20523—2006),企业物流成本被定义为,企业物流活动中所消耗的物化劳动和活劳动的货币表现,包括货物在运输、储存、包装、装卸搬运、流通加工、物流信息、物流管理等过程中所消耗的人力、物力和财力的总和以及与存货有关的流动资金占用成本、存货风险成本和存货保险成本。其中,与存货有关的流动资金占用成本包含负债融资所发生的利息支出即显性成本和占用资金所产生的机会成本即隐性成本两部分内容。我们把此概念定义为狭义的物流成本。

 知识链接

隐性成本简介

隐性成本是相对于显性成本而言的,是一种隐藏于经济组织总成本之中、游离于财务监督之外的成本。隐性成本是由经济主体的行为而有意或无意造成的,具有一定隐蔽性的将来成本和转移成本,是成本的将来时态和转嫁的成本形态的总和。这些成本具有隐蔽性大、难以避免、不易量化的特点。

广义的物流成本包括狭义的物流成本和客户服务成本。物流活动是企业追求客户满意,提高客户服务水平的关键因素和重要保障。物流系统的每一组成部分都会影响客户是否在适当的时间、适当的地点,以适当的条件收到适当的产品。现实当中常有企业因为物流服务水平低,造成客户不满意,而失去现有客户与潜在客户的情况,这种情况带来的损失,就是客户服务成本。

2. 物流成本管理的概念

物流成本管理是通过成本去管理物流,可以说是以成本为手段的物流管理方法,通过对物流活动的管理,在既定的服务水平下达到降低物流成本的目的。换句话说,物流成本管理是以相对较低的物流成本达到客户满意的服务水平,对物流活动进行计划、组织、协调与控制。

物流成本管理的意义在于,通过对物流成本的有效把握,利用物流要素之间的效益背反关系,科学、合理地组织物流活动,加强对物流活动过程中费用支出的有效控制,降低物流活动中的物化劳动和活劳动的消耗,从而达到降低物流总成本、提高企业和社会经济效益的目的。

9.1.2 物流成本的构成

要想了解物流成本的构成,首先要明确是哪个层次的物流成本。本章在探讨物流成本构成时,是从宏观与微观,即社会物流费用与企业物流成本两个体系进行的。

1. 社会物流费用

根据《社会物流统计指标体系》(GB/T 24361—2009),社会物流总费用是指我国全部常住单位因社会物流经济活动而发生的总费用,具体包括运输费用、保管费用和管理费用。

相关链接

2022年全国物流运行情况

2022年,物流运行保持恢复态势,社会物流总额实现稳定增长,社会物流总费用与GDP的比率小幅提高。

一、社会物流总额实现稳定增长。

2022年全国社会物流总额347.6万亿元,按可比价格计算,同比增长3.4%,物流需求规模再上新台阶,实现稳定增长。

从构成看,工业品物流总额309.2万亿元,按可比价格计算,同比增长3.6%;农产品物流总额5.3万亿元,同比增长4.1%;再生资源物流总额3.1万亿元,同比增长18.5%;单位与居民物品物流总额12.0万亿元,同比增长3.4%;进口货物物流总额18.1万亿元,同比下降4.6%。

二、社会物流总费用与GDP的比率有所提高。

2022年社会物流总费用17.8万亿元,同比增长4.4%。社会物流总费用与GDP的比率为14.7%,比上年提高0.1个百分点。

从结构看,运输费用9.55万亿元,同比增长4.0%;保管费用5.95万亿元,同比增长5.3%;管理费用2.26万亿元,同比增长3.7%。

三、物流业总收入保持恢复性增长。

2022年物流业总收入12.7万亿元,同比增长4.7%。

资料来源:http://www.chinawuliu.com.cn/xsyj/202302/24/599474.shtml.(2023-02-24)[2023-07-18].

(1)运输费用。

运输费用是指社会物流经济活动中,国民经济各部门由于物品运输而支付的全部费用。包括支付给物品承运方的运费(承运方的货运收入),支付给装卸搬运、保管、代理等辅助服务提供方的费用(辅助服务提供方的货运业务收入),以及支付给运输管理部门与投资部门的、由货主方承担的各种交通建设基金、过路费、过桥费、过闸费等运输附加费用。

运输费用的基本计算公式为

$$运输费用 = 基本运输费 + 装卸搬运等辅助费 + 运输附加费$$

具体计算时,可根据铁路运输、道路运输、水上运输、航空运输和管道运输不同的运输方式及对应的业务核算方法分别计算。

（2）保管费用。

保管费用是指社会物流经济活动中，物品从最初的资源供应地（生产环节、海关关境）向最终消费地流动过程中所发生的除运输费用和管理费用外的全部费用。它包括物流过程中因流动资金的占用而需承担的利息费用，仓储保管方面的费用，流通中配送、加工、包装、信息及相关服务方面的费用，以及流通过程中发生的保险费用和物品损耗费用，等等。

保管费用的基本计算公式为

$$保管费用 = 利息费用 + 仓储费用 + 保险费用 + 货物损耗费用 + \\ 信息及相关服务费用 + 配送费用 + 流通加工费用 + \\ 包装费用 + 其他保管费用$$

（3）管理费用。

管理费用是指社会物流活动中，物品供需双方的管理部门，因组织和管理各项物流活动所发生的费用。它主要包括管理人员报酬、办公费用、教育培训费用、劳动保险、车船使用费用等各种属于管理费用科目的费用。

管理费用的基本计算公式为

$$管理费用 = 社会物流总额 \times 社会物流平均管理费用率$$

式中，社会物流平均管理费用率是指一定时期内，在各物品最初供给部门完成全部物品从供给地流向最终需求地的社会物流活动中，管理费用额占各部门物流总额比例的综合平均数。

我国社会物流费用构成中，运输费用占的比例最大，占总费用一半以上；保管费用约占 35%；管理费用约占 13%。我国社会物流费用构成如表 9-1 所示。

表 9-1　我国社会物流费用构成　　　　　　　　　　（%）

年份	运输费用	保管费用	管理费用	社会物流总费用
2017	54.6	32.2	13.2	100
2018	51.9	34.6	13.5	100
2019	52.7	34.3	13.0	100
2020	52.3	34.2	13.5	100
2021	53.6	33.3	13.1	100

资料来源：中华人民共和国国家发展和改革委员会网站。

相关链接

美国、欧洲、日本的社会物流成本构成

美国社会物流成本主要由存货持有成本、运输成本和物流行政管理成本 3 部分构成。存货持有成本除了包括仓储成本、残损、人力费用及保险和税收费用，还包括库存占用资金的利息；运输成本是

直接从美国 ENO 运输基金会出版的《美国运输年度报告》中得到的货运数据，分为公路运输、其他运输方式和货主费用 3 个类别；物流行政管理成本包括订单处理、IT 成本，以及市场预测、计划制订和相关人员发生的管理费用。

欧洲社会物流成本是包括运输、仓储、包装及基础设施投资等费用在内的全社会物流总成本。从现有资料看，欧洲社会物流成本的核算并没有把管理费用单列，而是将其分散在仓储、包装和搬运等各方面。

日本社会物流成本包括运输费、保管费和管理费 3 部分内容。

2. 企业物流成本

按照《企业物流成本构成与计算》（GB/T 20523—2006），企业物流成本构成包括企业物流成本项目构成、企业物流成本范围构成和企业物流成本支付形态构成 3 种类型，如图 9.1 所示。

由图 9.1 可见，企业物流成本包括运输成本、仓储成本、包装成本、装卸搬运成本、流通加工成本、物流信息成本、物流管理成本等物流功能成本和与存货相关的流动资金占用成本、存货风险成本及存货保险成本。企业物流成本由不同支付形态构成，存在于不同的物流范围阶段。

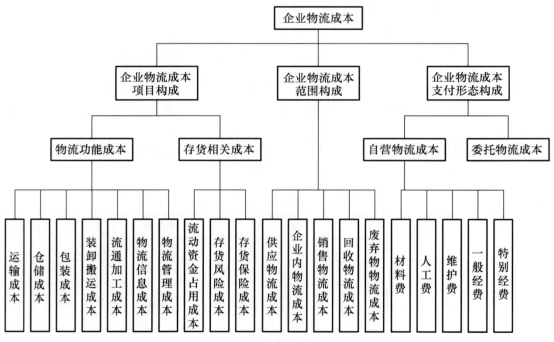

图 9.1　企业物流成本构成

9.1.3　物流成本的分类

1. 按物流成本支付形态构成分类

按物流成本支付形态构成，物流成本可分为自营物流成本和委托物流成本。其中自营物流成本按成本支付形态分为材料费、人工费、维护费、一般经费和特别经费。物流成本支付形态构成具体如表 9-2 所示。

表 9-2　物流成本支付形态构成

成本支付形态		内容说明
自营物流成本	材料费	资材费、工具费、器具费等
	人工费	工资、福利、奖金、津贴、补贴、住房公积金、人员保险费、职工劳动保护费、按规定提取的福利基金、职工教育培训费等
	维护费	各类物流设施设备的折旧费、维护维修费、租赁费、保险费、税金、燃料与动力消耗费等
	一般经费	办公费、差旅费、会议费、通信费、水电费、煤气费以及各物流功能成本在材料费、人工费和维护费三种支付形态之外反映的费用细目
	特别经费	存货流动资金占用费、存货跌价、损耗、盘亏和毁损费，存货保险费
委托物流成本		企业向外部物流机构所支付的各项费用

资料来源：《企业物流成本构成与计算》（GB/T 20523—2006）。

2. 按成本与业务量的关系

按成本与业务量的关系，物流成本可分为固定物流成本、变动物流成本和混合物流成本。

（1）固定物流成本。固定物流成本是指其总额在一定时期和一定业务量范围内，不受业务量增减变动影响的成本，如物流管理人员的工资，按直线法计算的固定资产折旧等。其主要特点是物流成本总额保持不变，但单位物流成本与物流作业量成反比关系。

（2）变动物流成本。变动物流成本是指其总额随着业务量的变动而成正比例变动的成本，如材料消耗、燃料消耗、与业务量挂钩的物流人员的工资等。这类成本的最大特点是成本总额随业务量的变动而变动，但单位成本保持原有水平。

（3）混合物流成本。混合物流成本是指全部物流成本介于固定物流成本和变动物流成本之间，既随物流作业量变动又不与其成正比例变动的那部分成本。在实务中，有很多物流成本项目不能简单地归类为固定物流成本或变动物流成本，它们兼有变动物流成本和固定物流成本两种特性。

3. 按物流成本范围构成

按物流成本范围构成，物流成本可分为供应物流成本、企业内物流成本、销售物流成本、回收物流成本和废弃物物流成本。

（1）供应物流成本。供应物流成本是指企业在采购环节所发生的物流费用。

（2）企业内物流成本。企业内物流成本是指货物在企业内部流转所发生的物流费用。

（3）销售物流成本。销售物流成本是指企业在销售环节所发生的物流费用。

（4）回收物流成本。回收物流成本是指退货、返修物品和周转使用的包装容器等从需方返回企业（供方）的物流活动过程中所发生的物流费用。

（5）废弃物物流成本。废弃物物流成本是指企业将经济活动中失去原有使用价值的物品，根据实际需要进行收集、分类、加工、包装、搬运、储存等，并分送到专门处理场所的物流活动过程中所发生的物流费用。

4. 按物流活动类别

按物流活动类别，物流成本可分为物流环节成本、物流信息成本和物流管理成本。

（1）物流环节成本。物流环节成本是指产品实体在空间位置转换过程中所发生的环节成本，包括运输费、仓储费、包装费、流通加工费、装卸搬运费等。

（2）物流信息成本。物流信息成本是指处理各种物流信息而发生的成本，包括与库存管理、订货处理、客户服务等相关的费用，如网络费用、信息传输费用等。

（3）物流管理成本。物流管理成本是指为了计划、组织、控制、协调等管理活动而发生的各种管理费用，如人工费用、办公费用、物料消耗费用等。

9.2 物流成本计算

物流成本计算是指企业按物流管理目标对物流耗费进行确认、计量和报告。物流成本计算是加强物流企业管理，特别是加强物流成本管理、降低物流成本、减少资金占用、提高物流企业经济效益的重要手段。

9.2.1 物流成本计算对象

物流成本计算取决于成本计算对象的选取。成本计算对象的选取方法不同，得出的物流成本的结果也就不同。因此，正确确定成本计算对象，是进行成本计算的基础与前提。

所谓成本计算对象，是指企业或成本管理部门为归集和分配各项成本费用而确定的、以一定期间和空间范围为条件而存在的成本计算实体。

知识链接

成本计算实体、期间和空间

成本计算实体是指其发生并应合理承担各项费用的特定经营成果的体现形式，包括有形的各种产品和无形的各种劳务作业。就物流企业而言，其成本计算实体，主要是各种不同类型的物流活动或物流作业。

成本计算期间是指汇集生产经营费用、计算生产经营成本的时间范围。物流企业的成本计算期间视其物流作业性质可有不同的确定方法，如对于远洋货物运输，可以航次周期作为成本计算期间。

成本计算空间是指成本费用发生并能组织企业成本计算的地点和区域。

一般来说，物流成本计算对象的选取主要取决于物流范围、物流成本项目、物流成本支付形态。除此之外，企业还可根据自身成本控制的重点选取其他成本计算对象。

1. 以物流成本项目作为成本计算对象

物流成本项目是最基本的物流成本计算对象。以物流成本项目作为成本计算对象，是将物流成本首先按是否属于功能性成本分为物流功能成本和存货相关成本。其中，物流功能成本包括运输成本、仓储成本、包装成本、装卸搬运成本、流通加工成本、物流信息成本和物流管理成本；存货相关成本是指企业在物流活动过程中所发生的与存货有关的流动资金占用成本、风险成本和保险成本。

以物流成本项目为成本计算对象的意义在于，第一，有利于加强各物流功能环节的管理，促进各功能成本的降低；第二，直观地了解与存货有关的物流成本支出数额，有利于加速存货资金周转速度；第三，通过掌握其他成本支出在总成本中所占的份额及其具体构成，有利于提高物流成本控制和管理的针对性。

2. 以物流范围作为成本计算对象

以物流范围作为成本计算对象，是对物流的起点与终点以及起点与终点间的物流活动过程的选取，具体包括供应物流、企业内物流、销售物流、回收物流和废弃物物流等阶段所发生的成本支出。通过各阶段数据的分离和计算，可以得出不同范围物流成本及物流成本总额，有利于全面了解各范围物流成本的全貌，并据此进行比较分析。

3. 以物流成本支付形态作为成本计算对象

以物流成本的支付形态作为物流成本计算对象是将一定时期的物流成本从财务会计数据中予以分离，按照成本支付形态进行分类。可将企业的物流成本分为自营物流成本和委托物流成本。其中，自营物流成本归为 5 类：材料费、人工费、维护费、一般经费和特别经费。委托物流成本是指企业委托外单位组织物流活动所支付的运输费、保管费、装卸搬运费等支出。

以支付形态作为物流成本计算对象，可以得出不同形态的物流成本信息，掌握企业本身发生的物流成本和对外支付的物流成本；同时，可以获取较为详尽的内部支付形态信息。

4. 其他物流成本计算对象

除了上述 3 种成本计算对象确认方法，企业还可根据自身物流成本管理和控制重点选取其他物流成本计算对象。例如，以客户为成本计算对象，对加强客户服务管理、确定有竞争力的服务价格，以及为不同客户提供差异化的物流服务具有重要意义；以产品作为成本计算对象，可以进一步了解各产品的物流费用开支情况，以便进行重点管理；以某一物流部门为计算对象，这种方法对加强责任中心管理、开展责任成本管理及对部门的绩效考核十分有利。

9.2.2 物流成本计算方法

物流成本计算可以采用会计方式、统计方式，以及会计和统计相结合的方式。

1. 会计方式计算物流成本

通过会计方式计算物流成本，就是通过凭证、账户、报表对物流耗费进行连续、系统、全面的记录、计算和报告。具体包括两种形式：一是把物流成本计算与正常的会计核算截然分开，建立独立的物流成本计算（核算）的凭证、账户、报表体系，物流成本的内容在物流成本计算体系和会计核算体系中得到双重反映;二是物流成本计算与企业内现行的会计核算体系相结合,增设与物流成本相应的会计科目、账等,将与物流成本有关内容的先计入增设的科目,会计期末再将各物流成本账户归集的物流成本余额按一定的标准分摊到相关的成本费用账户。

2. 统计方式计算物流成本

通过统计方式计算物流成本,不需要设置完整的凭证、账户、报表体系,主要是对企业现行成本核算资料进行解析和分析,从中抽取物流耗费部分,再按不同的成本计算对象进行重新归集、分配和汇总,加工成物流管理所需要的成本信息。

3. 会计和统计结合的方式计算物流成本

通过会计和统计相结合的方式计算物流成本,其要点是将物流耗费的一部分通过会计方式予以计算,另一部分通过统计方式予以计算。会计方式主要计算显性物流成本,统计方式主要计算隐性物流成本。

9.2.3 物流成本计算程序

1. 会计方式计算显性物流成本

(1) 选取会计科目。

计算显性物流成本需要依赖现行会计核算体系,完整、准确的会计核算资料是物流成本计算的基础。要从纷繁复杂的会计信息中获取物流成本信息,可以从原始凭证、会计科目、会计报表等入手。其基本思想是,在计算物流成本时,只要从会计核算中所有的成本费用类会计科目入手,逐一分析其发生的明细项目,必要时追溯至原始凭证,逐一确认其是否属于物流成本的内容,就找到了计算物流成本的切入点。

另外,我国会计核算中对于采购环节存货成本的确认通常包括运输费、装卸费等与物流成本有关的内容,而这部分内容连同存货本身的采购价格一并计入"材料采购"科目。所以,计算企业物流成本时,除了从上述成本费用类会计科目入手计算,还应考虑材料采购科目中所包含的物流成本信息。

(2) 设置物流成本辅助账户。

计算物流成本时往往需要设置物流成本辅助账户,设计哪些账户,主要取决于物流成本计算对象的选取和物流成本管理的要求。以某企业的物流成本计算为例,按物流成本项目和物流成本支付形态设置。以"物流成本"为一级账户;在"物流成本"账户下,按物流成本项目设置运输成本、仓储成本、包装成本、装卸搬运成本、流通加工成本、物流信息成本、物流管理成本、流动资金占用成本、存货风险成本、存货保险成本等二级账户;按物流成本支付形态设置自营和委托物流成本三级账户;对于自营物流成本,还应按费用支付形态设置材料费、人工费、维护费、一般经费、特别经费费用专栏。由此可得企业物流成本支付形态表(表9-3)。

表 9-3　企业物流成本支付形态表

企业名称：　　　　　　　　　　　　　　　　　　　　　　　　　　　　单位：元

成本项目		支付形态						
		自营					委托	合计
		材料费	人工费	维护费	一般经费	特别经费		
物流功能成本	运输成本							
	仓储成本							
	包装成本							
	装卸搬运成本							
	流通加工成本							
	物流信息成本							
	物流管理成本							
	合计							
存货相关成本	流动资金占用成本							
	存货风险成本							
	存货保险成本							
	合计							
其他成本								
物流总成本								

单位负责人：　　　　　填表人：　　　　　填表日期：　　年　　月　　日

物流成本中自营仓储成本的计算可设置 5 个明细账户：

物流成本——仓储成本——材料费；

物流成本——仓储成本——人工费；

物流成本——仓储成本——维护费；

物流成本——仓储成本——一般经费；

物流成本——仓储成本——特别经费。

其他物流成本明细账户的设置可参照仓储成本的设置。关于物流成本明细账户的设置，需要注意以下 4 个方面的问题：一是企业在实践中仅需对本会计期间实际发生的物流成本耗费设置相应的明细账户；二是企业可根据实际情况确定账户名称和次序；三是企业物流成本账户除了按上述所列项目设置，还可按物流成本范围、产品、客户、部门等设置；四是无论是期中还是期末计算物流成本，都需要设置明细账户。

（3）计算物流成本。

在设置物流成本辅助账户，明确应选取会计科目的基础上，可逐一分析各相关会计科目，明确哪些费用支出应计入物流成本，对于应计入物流成本的内容，可根据本企业实际情况，选择期中同步或者期末集中归集计算物流成本。

2. 统计方式计算隐性物流成本

对于隐性物流成本，即现行成本核算体系中没有反映但应计入物流成本的费用。我们以存货占用自有资金所发生的机会成本为例，计算存货资金占用成本。

首先，期末（月末、季末、年末）对存货按采购在途、在库和销售在途 3 种形态分别统计出账面余额。其次，按照下列公式计算存货占用自有资金所产生的机会成本。

存货资金占用成本 = 存货账面余额（存货占用自有资金）× 行业基准收益率

其中，对于生产制造和流通企业而言，若企业计提了存货跌价准备，则存货账面余额为扣除存货跌价准备后的余额；对于物流企业而言，如果在受托物流业务时需要垫付一定的备用金和押金，这部分可视同存货占用自有资金，也应计算其产生的机会成本。另外，企业若无法取得有关行业基准收益率的数值，也可按 1 年期银行贷款利率计算。

3. 物流成本计算案例

以 A 公司为例，介绍物流企业物流成本计算的具体步骤。A 公司为一家专业的物流公司，截至 2019—2022 年 10 月，资产总额 3 200 万元，负债 1 420 万元。公司主要从事受托物流业务的组织运营工作，运输业务由有运输资格的车队负责，装卸搬运业务雇佣外部搬运工完成。经查阅会计核算有关资料，可知 A 公司的成本费用科目主要包括主营业务成本、销售费用、管理费用、财务费用和营业外支出。下面根据上述成本费用类科目记载的有关信息，计算 A 公司 2019—2022 年 10 月发生的部分物流成本。

【例 9-1】经查阅，2019—2022 年 10 月 A 公司的"主营业务成本"科目余额为 81 546.16 元。经进一步分析相关明细资料得到，"主营业务成本"科目下的搬运费和营运费细目支出均与物流成本有关，其中"主营业务成本——搬运费"51 445.23 元，"主营业务成本——营运费"30 100.93 元，分别为对外支付搬运费和运输费。

根据上述资料，设置物流成本辅助账户，计算与"主营业务成本——搬运费""主营业务成本——营运费"有关的物流成本。

物流成本——装卸搬运成本——委托   51 445.23 元
       ——运输成本——委托   30 100.93 元

【例 9-2】经查阅，2019—2022 年 10 月 A 公司的"销售费用"科目余额为 110 023.55 元，经进一步分析相关明细资料得到，"销售费用"科目下的工资、通信费、办公费、差旅费、保险费、折旧等细目支出与物流成本相关。这里仅计算与"销售费用——折旧"有关的物流成本。经查阅，"销售费用——折旧"科目余额为 8 400 元，为卡车、叉车、自有仓库折旧费，数额分别为 2 200 元、2 300 元和 3 900 元。

根据上述资料，设置物流成本辅助账户，计算与"销售费用——折旧"有关的物流成本。

物流成本——运输成本——维护费   2 200 元
       ——装卸搬运成本——维护费   2 300 元
       ——仓储成本——维护费   3 900 元

9.3 物流成本的分析、预测与决策

物流成本分析是物流成本计算完成后,进入物流成本决策之前所要做的重要管理工作;物流成本的预测与决策则是物流成本管理的关键性活动。它们都是物流成本管理中的重要环节。

9.3.1 物流成本分析

1. 物流成本分析的含义

物流成本分析是指利用物流成本计算数据和其他相关资料,以本期实际物流成本指标与目标物流成本指标、上期实际物流成本指标、国内外同类企业的物流成本指标等进行比较,以便了解物流成本相关指标升降变动的情况,以及变动的因素和原因,并分清单位与个人的责任。

物流成本分析并不只是对过去成本管理工作的简单回顾、总结与评价,更重要的是通过对过去企业物流资金耗费活动规律的了解,正确评价企业物流成本计划的执行结果,揭示物流成本升降变动的原因,为编制物流成本预算和成本决策提供重要依据,以实现对未来成本管理工作展望和指导的目的。因此,物流成本分析是企业成本管理的重要内容。

2. 物流成本分析的步骤

物流成本分析的步骤是依据分析目标,采用一定的分析方法,针对某一分析对象,由分析人员具体设计的。但物流成本分析的一般步骤应包括以下几步。

(1) 确定分析目标。首先要明确物流成本分析的目标,根据分析目标进而选择分析方法并制订分析计划。

(2) 明确分析对象。明确分析对象是物流成本分析的出发点。

(3) 选择分析方法,制订分析计划。针对分析目标,首先要明确为了实现目标需要做哪些工作,完成这些工作需要哪一种或哪几种分析方法,进而制订出科学合理的分析计划。

(4) 收集基本数据,统计并核算。按照以上思路,收集尽可能完整和准确的数据,并对数据进行分类和分解,使之符合分析和评价的需要,只有这样才能计算出正确的结果。

(5) 得出分析结果,为决策提供信息。对收集到的数据,要用一定的定性和定量方法对其进行分析、统计与核算,从而得出科学的结论,帮助物流成本管理者进行决策。

3. 物流成本分析的基本方法

在物流成本分析中,可选取的方法很多,既包括定性评价也包括定量分析。在此介绍3种成本分析的方法,即比较分析法、因素分析法和比率分析法。

(1) 比较分析法。

比较分析法是将实际达到的数据与特定的各种标准相比较,从数量上确定差异,并

进行差异分析或趋势分析的一种分析方法。差异分析是通过差异来揭示成绩或差异，作出评价，并找出产生差异的原因及其对差异的影响程度，为今后改进企业物流成本管理指引方向的一种分析方法。趋势分析是将实际达到的结果，与不同时期企业物流成本同类指标的历史数据进行比较，从而确定物流成本变化趋势的一种分析方法。将差异分析和趋势分析统称为比较分析法。

在企业物流成本分析过程中，可使用的比较标准主要有：本期实际与预定目标、计划或定额比较；本期实际与上期同期实际或历史最高水平比较，以及与若干期的历史资料比较；本企业实际与行业先进水平比较；本企业实际与评价标准进行比较。

比较分析法可具体细分为横向比较法和纵向比较法。

知识链接

横向比较法和纵向比较法

横向比较法又称水平分析法，是将实际达到的结果与某一标准包括前面提到的各种比较标准进行比较。横向比较法可以采用比较物流成本表的方法来进行分析，比较物流成本表既可以选择最近两期数据并列编制，也可以选择数期的数据并列编制。纵向比较法又称垂直分析法，是以物流成本表的某一关键项目为基数，设其金额为100万元，而将其余项目的金额分别除以关键项目余额，计算出百分比，这个百分比表示各项目的比重，通过比重对各项目作出判断和分析。这种只有百分比而没有金额的物流成本表成为共同比物流成本表。共同比物流成本表通常以物流总成本作为基数，它是纵向比较法的一种重要形式。表9-4和表9-5分别为横向比较法和纵向比较法示意。

表9-4　某企业比较物流成本表（横向比较法）

成本项目		2019年度/%	2018年度/%	增加（减少）	
				金额/万元	百分比/%
物流功能成本	运输成本	20	18	2	11.11
	仓储成本	15	16	-1	-6.25
	包装成本	10	9	1	11.11
	装卸搬运成本	10	13	-3	-23.08
	流通加工成本	5	6	-1	-16.67
	物流信息成本	8	7	1	14.29
	物流管理成本	12	15	-3	-20
	合计	80	84	-4	-4.76
存货相关成本	流动资金占用成本	7	8	-1	-12.5
	存货风险成本	9	10	-1	-10
	存货保险成本	4	4	0	0
	合计	20	22	-2	-9.09
其他成本		—	—	—	—
物流总成本		100	106	-6	-5.66

表 9-5　某企业共同比物流成本表（纵向比较法）

成本项目		2019 年度 /%
物流功能成本	运输成本	20
	仓储成本	15
	包装成本	10
	装卸搬运成本	10
	流通加工成本	5
	物流信息成本	8
	物流管理成本	12
	合计	80
存货相关成本	流动资金占用成本	7
	存货风险成本	9
	存货保险成本	4
	合计	20
其他成本		—
物流总成本		100

（2）因素分析法。

因素分析法是将某一综合指标分解为若干个相互联系的因素，并分别计算、分析每个因素影响程度的一种方法。采用因素分析法进行分析时，首先假定众多因素中的一个因素发生了变化，而其他因素不变，然后逐个替换，并分别比较其计算结果，以确定各个因素的变化对成本的影响程度。下面举例说明。

设物流成本指标 Y 是 A、B、C 3 个因素的乘积，其计划成本指标与实际成本指标分别如下：

计划成本指标 $Y_1=A_1+B_1+C_1$；

实际成本指标 $Y_2=A_2+B_2+C_2$；

差异额 $M=Y_2-Y_1$。

计算程序是：

计划成本指标 $A_1+B_1+C_1=Y_1$；

第一次替换 $A_2+B_1+C_1=Y_3$，$Y_3-Y_1=A$ 变动的影响；

第二次替换 $A_2+B_2+C_1=Y_4$，$Y_4-Y_3=B$ 变动的影响；

第三次替换 $A_2+B_2+C_2=Y_2$，$Y_2-Y_4=C$ 变动的影响。

以上 3 个因素变动影响的总和为

$$(Y_3-Y_1)+(Y_4-Y_3)+(Y_2-Y_4)=M$$

因此，可知 3 个因素变动的差异之和与前面计算的实际物流成本指标脱离计划成本指标的总差异是相符的，既确定了各个因素对成本指标升降的影响程度，又确定了各个因素所占差异的比重大小，为物流成本决策提供了可靠的依据。

（3）比率分析法。

在物流成本分析中，比率分析法是指在物流成本表的不同项目之间，或在物流成本表与其他财务报表的有关项目之间进行对比分析，以计算出的比率反映各项目之间的相互关系，据此分析评价企业的物流成本水平。例如，物流成本占销售收入的比率，可以反映出单位销售额的物流成本水平，便于不同规模企业物流成本水平的比较；再如，物流利润净额占物流净资产的比率，可以反映物流企业的获利能力，用于评价物流企业的盈利水平。

9.3.2 物流成本预测

1. 物流成本预测的含义

所谓物流成本预测，是指依据物流成本与各种技术经济因素的依存关系，结合发展前景及采取的各种措施，并利用一定的科学方法，对未来期间物流成本水平及其变化趋势做出科学的推测和估计。物流成本预测主要是为企业物流决策提供可靠依据，通过物流成本预测可以使企业对未来的物流成本水平及其变化趋势做到心中有数，从而与物流成本分析一起，减少物流成本决策过程中的主观性和盲目性。

2. 物流成本预测的步骤

企业在进行物流成本预测时，通常要包括以下几个步骤。

（1）确定物流成本预测目标。进行物流成本预测时，首先要有一个明确的目标。明确的目标是制订预测计划、确定资料来源、收集资料、选择预测模型和实施成本预测的依据。物流成本预测目标确定后，便可以明确物流成本预测的具体内容。

（2）收集、整理预测资料。准确、有效的资料是成本预测的基础，直接影响到物流成本预测的结果。因此，企业应确保资料来源的真实性、可靠性，同时应对资料进行分类、整理，去粗存精、去伪存真。

（3）选择预测方法，建立预测模型。物流成本预测的方法有很多，大致可分为定性和定量两种方法，每种方法都有特定的适用条件。企业可根据物流成本目标、内容、要求，选择相应的方法，建立预测模型。

（4）组织、实施物流成本预测。企业在做好上述工作后，组织人力进行物流成本预测。

（5）评价与修正物流成本预测结果。以历史资料为基础的预测模型可能与未来的实际状况之间有一定的偏差，因此，要采用一定的方法对预测结果进行综合的分析判断，对存在的偏差及时予以修正。

3. 物流成本预测的方法

物流成本预测的方法可以概括为定性预测法和定量预测法。实践中，企业物流成本预测通常将定性和定量方法结合使用。

（1）定性预测法。

定性预测法是物流成本预测者根据掌握的专业知识和丰富的实践经验，运用逻辑思维方法对未来物流成本进行估计推断的各种方法的统称。定性预测适用于对预测目标的数据资料掌握不充分,或影响因素难以用数学方法进行描述的情况,着重对事物发展的趋势、方向进行预测。常用的定性预测法有德尔菲法、主观概率法和调查研究判断法。

① 德尔菲法是根据有专门知识的人的直接经验,对研究问题进行判断、预测的一种方法,是美国兰德公司于1946年首先用于预测领域的。德尔菲法具有反馈性、匿名性和统计性的特点,选择合适的专家是做好德尔菲预测的关键环节。德尔菲法适用于长期预测和对新产品的预测,在历史资料不足或不可测因素较多时尤为适用。

② 主观概率法是人们凭经验或预感估算出来的概率。它与客观概率不同,客观概率是根据事件发展的客观事实统计出来的一种概率。在很多情况下,当人们没有办法计算事情发生的客观概率时,只能用主观概率来描述事件发生的概率。主观概率法是一种适用性很强的统计预测方法,可用于人类活动的各个领域。

③ 调查研究判断法是在对物流成本耗费过程及相关影响因素深入调查研究的基础上进行的物流成本预测,该方法主要依靠专家来实施。实施前,一般要首先向专家提供翔实的物流成本信息资料,让专家了解整个物流成本耗费过程和相关影响因素,由专家结合自己的知识和经验,对未来物流成本做出个人判断,然后综合分析所有专家的意见,形成物流成本预测的结论。预测结果的准确性一般取决于专家知识、经验的广度和深度。

定性预测法的优点在于预测所需时间短、预测成本低、具有较大的灵活性、易于充分发挥人的主观能动作用。缺点是易受主观因素的影响、客观性较差、比较注重于人的经验和主观判断能力,从而受人的知识、经验和能力大小的束缚和限制。所以,使用定性预测法作为定量预测法的补充,将会使预测结果更为科学合理。

(2)定量预测法。

定量预测法是根据历史资料以及物流成本与相关因素之间的关系,通过建立数学模型来预测计算未来物流成本的各种方法的统称。定量预测法可分为时间序列预测法和回归分析法。

物流成本预测的时间序列预测法的基本思路是按时间顺序排列的一系列历史数据,应用一定的数学方法进行计算,借以预测物流成本未来发展趋势的分析方法。根据所采用的具体数学方法的不同,时间序列预测法又可分为简单平均法、加权平均法、移动平均法和指数平滑法。

① 简单平均法是直接将若干期历史物流成本的算术平均数作为预测值。其计算公式为

$$物流成本预测值 = 历史各期物流成本总和 / 期数$$

这种方法的优点是计算简便。缺点在于预测对象的波动性被平均了,不能反映预测对象的变化趋势。该方法只适用于比较稳定且各期物流成本差异不大的企业或部门的物流成本预测。

【例9-3】假定某企业2019年1—8月物流成本的历史资料如表9-6所示。

表 9-6　1—8 月物流成本　　　　　　　　　　　　　　　　　　　　单位：万元

月份	1	2	3	4	5	6	7	8	合计
物流成本	60	80	120	90	120	130	130	150	880

根据表 9-6 所列资料，用简单平均法预测企业 9 月物流成本水平。

9 月物流成本预测值 =880/8=110（万元）

② 加权平均法是以历史各期物流成本的加权平均值作为预测值。其计算公式为

$$物流成本预测值 = \frac{\sum 某期物流成本 \times 某期权重}{权重之和}$$

这种方法是将历史各期物流成本的权重纳入成本预测，体现了近期的成本发展趋势，比简单平均法更为科学。

【例 9-4】假定某企业 2019 年 1—8 月物流成本的历史资料如表 9-7 所示。

表 9-7　1—8 月物流成本

月份	1	2	3	4	5	6	7	8	合计
物流成本 / 万元	60	80	120	90	120	130	130	150	880
权重 /%	5	5	10	10	10	15	20	25	100

根据表 9-7 所列资料，用加权平均法预测企业 9 月物流成本水平。

$$9 月物流成本预测值 = \frac{60 \times 5\% + 80 \times 5\% + 120 \times 10\% + 90 \times 10\% + 120 \times 10\% + 130 \times 15\% + 130 \times 20\% + 150 \times 25\%}{5\% + 5\% + 10\% + 10\% + 10\% + 15\% + 20\% + 25\%}$$

$$= 123（万元）$$

③ 移动平均法是根据历史各期物流成本自主选择移动期，并以移动期内的平均物流成本作为预测值的一种预测方法。其计算公式为

$$M_t = (x_t + x_{t-1} + \cdots + x_{t-n+1}) / n$$

（$t+1$）期的物流成本预测值 $= M_t + N_t$

其中，x_t 为 t 时刻的物流成本数据，M_t 为 t 时刻的简单移动平均数，n 为每组数据的个数，N_t 为 t 时刻的趋势移动平均数。

【例 9-5】假定 A 企业 2019 年 1—8 月物流成本的历史资料，及按 $n=5$ 计算的各期移动平均数如表 9-8 所示。

表 9-8 A 企业 2019 年 1—8 月物流成本及移动平均数

月份	时间 (t)	物流成本 (x_t)/万元	5 期移动平均 (M_t)/万元	变动趋势/万元	3 期趋势移动平均 (N_t)/万元
1	1	60			
2	2	80			
3	3	120			
4	4	90			
5	5	120	94		
6	6	130	108	14	
7	7	130	118	10	
8	8	150	124	6	10

根据表 9-8 所列资料,用移动平均法预测企业 9 月物流成本水平。

9 月物流成本预测值 $=M_8+N_8=124+10=134$(万元)

④ 指数平滑法是一种特殊的加权平均法,它是通过导入平滑系数对本期实际物流成本和本期预测物流成本进行加权,并将其作为下期的预测物流成本。其计算公式为

$$M_{t+1}=ax_t+(1-a)M_t$$

其中,M_{t+1} 为下期预测值,M_t 为本期预测值,a 为平滑系数。

【例 9-6】假定 A 企业 2019 年 1—8 月物流成本的历史资料如下,a=0.2,则 A 企业 2019 年 2—8 月物流成本预测值计算如表 9-9 所示(已知 2019 年 2 月份的物流成本预测值为 70 万元)。

表 9-9 A 企业 2019 年 1—8 月物流成本预测值

月份	时间 (t)	物流成本 (x_t)/万元	ax_t/万元	$(1-a)M_t$/万元	M_{t+1}/万元
1	1	60			70
2	2	80	16	56	72
3	3	120	24	57.6	81.6
4	4	90	18	65.28	83.28
5	5	120	24	66.62	90.62
6	6	130	26	72.5	98.5
7	7	130	26	78.8	104.8
8	8	150	30	83.84	113.84

物流成本预测的回归分析法是通过对观察值的统计分析来确定相关指标之间的联系形式的一种预测方法,通过建立因果数学模型进行物流成本预测。回归分析法根据自变

量的不同，分为一元线性回归法和多元线性回归法，这里主要介绍一元线性回归法。

一元线性回归法也称最小二乘法，一元线性回归模型可用下式表示。

$$Y=a+bx$$

$$b=\frac{n\sum xy-\sum x\sum y}{n\sum x^2-\left(\sum x\right)^2}$$

$$a=\frac{\sum y-b\times\sum x}{n}$$

其中，Y 为一元线性回归预测值；a 为截距，即自变量 $x=0$ 时的预测值；b 为斜率；n 为变量数；x 为自变量的取值；y 为因变量的取值。

【例 9-7】A 公司 2016—2021 年产品产量及物流成本有关资料如表 9-10 所示。若 2022 年预计产量为 25 万件，根据表 9-10 所列资料计算其 2022 年的物流成本预测值。

表 9-10　A 企业 2016—2021 年产品产量及物流成本一览表

年份	2016	2017	2018	2019	2020	2021
产量/万件	10	12	15	18	20	22
成本/万元	100	115	130	140	150	155

根据表 9-10 所列资料编制回归分析计算表如表 9-11 所示。

表 9-11　回归分析计算表

年份	产量(x)/万件	成本(y)/万元	xy	x^2	y^2
2016	10	100	1 000	100	10 000
2017	12	115	1 380	144	13 225
2018	15	130	1 950	225	16 900
2019	18	140	2 520	324	19 600
2020	20	150	3 000	400	22 500
2021	22	155	3 410	484	24 025
$n=6$	$\sum x=97$	$\sum y=790$	$\sum xy=13\,260$	$\sum x^2=1\,677$	$\sum y^2=106\,250$

2022 年物流成本预测值计算如下：

$$b=\frac{n\sum xy-\sum x\sum y}{n\sum x^2-\left(\sum x\right)^2}\approx 4.49$$

$$a=\frac{\sum y-b\times\sum x}{n}\approx 59.08$$

$Y=a+bx=59.08+4.49\times 25=171.33$(万元)

9.3.3 物流成本决策

1. 物流成本决策的含义

决策是指为了达到一定的目标，采用科学的方法和手段，从两个以上的方案中选择一个满意方案的分析判断过程。物流成本决策是针对物流成本，在调查研究的基础上确定行动的目标，拟定多个可行方案，然后运用统一的标准，选择适合本企业的最佳方案的全过程。从整个物流流程来说，有仓库新建、改建、扩建的决策；物流设施设备的决策等。

2. 物流成本决策的基本程序

一般来说，物流成本决策的基本程序包括研究现状、明确问题和目标、制定、比较和选择方案等步骤。具体如下所述。

（1）研究现状。

物流成本决策是为了解决特定的问题而制定的，决策的目的是实现企业内部活动及其目标与外部环境的动态平衡。不平衡会对企业产生不利影响，因此，物流成本管理人员要分析企业物流活动是如何影响企业经营活动，并通过确定物流成本存在的问题，为制定决策目标奠定基础。

（2）明确决策目标。

明确决策目标，不仅为方案制定和选择提供依据，同时也为决策的实施和控制、组织资源的分配和协调提供了标准。物流成本决策的目标就是要求在所处理的生产经营活动中，资金耗费水平达到最低，所取得的经济效益最大，这就是物流成本决策的总体目标。

（3）制定可行性方案。

决策的本质就是选择。要进行正确的选择，就必须提供多种备选方案。物流成本决策的可行性方案就是保证成本目标实现、具备实施条件的基础。拟定可行性方案时，一般要把握住两个原则：一是保持方案的全面完整性；二是满足方案的互斥性。

（4）方案的比较和选择。

对各种备选方案进行比较分析的基础是事先确定标准和方法，采用合理的方法进行筛选，做出成本最优化的决策。对可行性方案进行比较和选择时，需要注意两点：一是确定方案优劣的标准；二是决策方法的选择，包括定性的方法和定量的方法。

9.4 影响物流成本的因素及降低物流成本的途径

9.4.1 影响物流成本的因素

1. 产品因素

物流所涉及的实物即产品，本身的特性不同会影响物流成本。通常产品特性包括以下几个方面：产品价值、产品密度、产品破损率和风险性等。

（1）产品价值直接影响物流成本的大小。一般来说，产品的价值越大，对其所需使用的运输工具要求越高，仓储及相关成本也随着产品价值的增加而增加。因此，高价值的产品意味着更高的运输成本、包装成本等。

（2）产品密度越大，相同运输单位所装货物越多，单位运输成本就越低。同理，密度越大，仓库单位面积区域存放货物越多，单位库存成本也会越低。

（3）易损品如玻璃、陶瓷等物品，在运输、仓储、流通加工、包装等环节破损率较高，会对相关物流环节提出更高的要求，因此对物流成本的影响也是显然的。

（4）风险性较大的物品如易燃易爆、有毒有害物品，对运输、仓储等环节的要求较高且易发生安全事故，同样会影响物流成本。

2. 物流成本计算方式

就国家而言，每个国家在计算社会物流成本时采取的计算方法不一致，这直接影响到国家间的物流成本的比较和分析。就一个国家国内的企业而言，不同企业规定的物流成本科目不同，所计算出来的企业物流成本也缺乏可比性，也无法得到产业平均物流成本值。2006年，我国发布了《企业物流成本构成与计算》（GB/T 20523—2006），对企业物流成本构成内容与计算方式进行了明确和统一，企业计算物流成本有了统一的标准。

3. 物流成本计算范围

从供应链的角度看，物流包括供应物流、企业内物流、销售物流、回收物流和废弃物物流，涉及供应链、企业自身、下游各级销售商及各类中间商，具有范围广、跨度大的特点，在计算物流成本时难免有所遗漏，难以做到准确。目前企业日常物流成本计算的范围只限于采购物流、销售物流环节，而忽视了其他环节物流的计算。

4. 物流成本计算内容

从计算内容上看，我国现行的企业会计制度中没有单独的物流项目，一般所有成本都列在费用一栏，因此，很难对企业发生的各种物流费用做出全面的计算。相当一部分企业只把向外支付的费用，如运输费、仓储费等计入企业物流成本，而忽视了内部发生的物流费用。例如，采购环节产生的运输费、装卸费等被计入材料采购成本，生产环节中发生的物流费用被计入制造费用并最终分配到产品成本，销售环节产生的物流费用被计入销售费用，等等。

9.4.2 降低物流成本的途径

物流成本按照成本项目可分为运输成本、仓储成本、包装成本、装卸搬运成本、流通加工成本、物流信息成本、物流管理成本，以及与存货有关的流动资金占用成本、存货风险成本和存货保险成本。本节着重介绍运输成本和仓储成本的物流成本控制方法。

1. 降低运输成本的途径

运输是物流系统的核心，运输成本通常是物流成本中最大的单项成本，因此物流运输成本已经成为企业物流成本中不可忽视的消耗。运输成本控制的目的在于不影响运输服务的可靠性、安全快捷的基础上,使总物流成本最低。企业可根据自身情况和成本控制重点采取不同的措施。降低运输成本的措施有以下几种。

(1)优化运输网络。

对于固定的道路网络,一般不可能改变,但是对现有运输资源进行合理的运输网络优化用于降低运输成本是可行的。在现有的公路网、铁路网、水运航道和航空线中找到运输的最佳路线,尽可能低缩短运输时间和运输距离,从而使运输成本降低的同时改善客户服务。常用的运输网络优化方法有最短路径法和表上作业法。

(2)合理选择运输工具。

选择合理的运输工具,对于降低运输成本具有重要的意义。每种运输工具都有其优点和缺点,选择何种运输工具就是在权衡各种运输工具特点的基础上,结合货物特性,选择最适宜的运输工具,从而实现运输成本的控制。同时,运输工具的选择还取决于运输方式的技术经济特征,包括运输速度、运输工具的容量及运输线路的运输能力、运输成本、经济里程和环境保护等。因此,在选择运输工具时,要注意根据不同货物的特点及物流时效的要求,对各运输工具所具有的特征进行综合分析评估,以做出合理选择。

(3)合理选择运输方式。

企业在组织运输作业时,可以选择3种物流方式:运输自营、运输外包和两者相结合。

运输自营是企业自备车队、仓库等物流设施,在企业内部设立物流运作的综合管理部门,通过资源和功能的整合,专设企业物流部或物流公司来统一管理企业的物流运作。通过自营物流运输,企业可以对物流运输系统运作的全过程进行有效的控制,能以较快的速度解决物流管理活动过程中出现的任何问题,降低交易成本。但运输自营具有资源配置不合理、管理机制约束等缺点。

运输外包是企业将物流运输业务剥离出来交给第三方物流企业运作,从而可以集中精力开展主流业务,发挥竞争优势的运营方式。运输外包可以使企业专注核心业务,避免用于固定设置的额外投资,降低风险。但就目前而言,我国物流公司质量参差不齐,人员素质和经营规模不高,运输外包的质量得不到应有的保证。另外,运输外包也容易面临信用风险。

 知识链接

科龙电器的物流外包

2002年,国内知名家电生产企业科龙与中远联合组建广州安泰达物流有限公司。科龙把物流业务交给安泰达来做,取得了较好的成绩。首先通过联合招标,将科龙旗下的空调、冰箱、小家电及冷柜4类产品的干线运输进行整合,与2001年同期相比,运输价格整体下降了9.6个百分点,仅此一项,每年为科龙节省运输费用支出上千万元。同时,通过简化工厂运作流程,降低了科龙公司物流运作的管理成本开支,每年节约了700多万元。可见,科龙的物流外包实践是比较成功的。

运输自营与运输外包相结合是指企业结合内外环境,采用自营物流和外包物流的混合模式,充分发挥各自的优势而采用的物流运作方式。

（4）开展共同运输。

在货物运输中，运输批量越大，运输费率越低，这就是运输中的规模经济效益。为了实现规模经济，可采用共同运输方法，即几个物流公司联合起来，共同制订计划，将小批量货物合并成大批量货物进行运输的方式。采用共同运输，可以减少企业对物流设施的投资，还可以充分利用物流资源，使企业的运输成本得以降低。

（5）运用先进的技术。

在运输中广泛地采用现代技术，不仅可以有效解决运输中的难题，同时也可以降低运输成本，如采用托盘化运输、集装箱化运输以及其他特殊运输工具和技术。托盘化运输和集装箱化运输都属于单元化运输形式，其特点是以单元进行装运，可以加快中转速度、缩短运输时间、节省大量商品包装费用和检验费用、提高运输效率、降低运输成本。

2. 降低仓储成本的途径

全流程
无人仓

仓储成本控制的目标在于实现货物的合理库存，在保证货物保管质量的前提下，降低仓储成本。

（1）优化仓库布局。

现代化仓库的建设，除了要考虑建筑结构和层数，还要考虑仓库布局，包含空间布局和功能分区。仓库平面布置的优劣对仓储运作的效率和效益具有举足轻重的影响，是仓库顺利投入运营的必要前提。一般来说，进行仓库布局需要考虑的因素有客户、品项、数量、渠道、服务、交货时间和成本 7 个因素。合理布局仓库的目的是在满足客户需求的基础上，降低仓储成本。

（2）合理选择仓储类型。

仓储类型大致可以分为 3 类：自建仓库、租赁仓库或采用公共仓库。这 3 类仓储类型各有其优缺点，企业需要在综合考虑各种相关因素的基础上，做出合理选择，努力降低仓储成本。一般来说，选择仓储类型要考虑的因素大致有周转量、需求的稳定性、市场密度、运营成本等因素。

（3）加强仓库内部管理。

企业仓储成本一般包括人工费、仓储设施的折旧费、设施设备保养费、水电费、燃料与动力消耗费等，所以，企业应加强对仓库的日常管理工作，努力降低仓储成本。例如，提高仓储作业的机械化程度，减少仓库作业人员的人数和劳动强度；提高仓库与仓储设备的利用率，充分发挥仓库使用效能；等等。

本 章 小 结

本章首先对物流成本及物流成本管理进行了阐述，从社会与企业两个角度分析了物流成本的构成，并从物流费用的支付形态、成本与业务量的关系、物流活动发生范围和物流活动类别 4 方面对物流成本做了分类。其次介绍了物流成本的计算对象、计算方法和计算程序。再次对物流成本分析、预测与决策进行了分析。最后介绍了 4 类影响物流成本的因素，并对降低物流成本的途径做了分析。

一、思考题

1. 简述物流成本管理的意义。
2. 企业物流成本的构成有哪些？
3. 如何选取物流成本计算对象？
4. 试给出物流成本计算方法。
5. 降低运输成本的途径有哪些？

二、计算题

假定某企业某年 1—10 月物流成本的历史资料如表 9-12 所示。

表 9-12 1—10 月物流成本

月份	1	2	3	4	5	6	7	8	9	10	合计
物流成本/万元	50	50	60	65	78	82	85	95	98	102	765
权重/%	5	5	5	5	5	10	10	15	20	20	100

根据表 9-12 所列资料进行物流成本预测。

1. 用简单平均法预测该企业 11 月物流成本水平。
2. 用加权平均法预测该企业 11 月物流成本水平。

案 例 分 析

沃尔玛的物流成本管理

沃尔玛是世界上最大的商业零售企业之一，在物流运营过程中，尽可能地降低成本是其经营的策略。沃尔玛有时采用空运，有时采用船运，还有一些货品采用公路运输。在中国，沃尔玛物流百分之百采用公路运输，所以如何降低公路运输成本，是沃尔玛物流管理面临的一个重要问题，为此沃尔玛主要采取了以下措施。

（1）沃尔玛使用一种尽可能大的卡车，大约有 16m 加长的货柜，比集装箱运输卡车更长或更高，并且把卡车装得非常满，产品从车厢的底部一直装到最高，这样非常有助于节约成本。

（2）沃尔玛的车辆都是自有的，司机也是自有员工。沃尔玛的车队大约有 5 000 名非司机员工，还有 3 700 多名司机，车队每周每一次运输可以达 7 000～8 000km。沃尔玛知道，卡车运输是比较危险的，有可能会出交通事故，因此，对于运输车队来说，保证安全是节约成本最重要的环节。沃尔玛的口号是"安全第一，礼貌第一"，而不是"速度第一"。在运输过程中，卡车司机们都非常遵守交通规则。沃尔玛定期在公路上对运输车队进行调查，卡车上面都带有公司的号码，如果看到司机违章驾驶，调查人员就可以根据车上的号码报告，以便对该司机进行惩处。沃尔玛认为，卡车不出事故，就是节省公司的费用，就是最大程度地降低物流成本。

（3）沃尔玛采用全球定位系统对车辆进行定位，因此在任何时候，调度中心都可以知道这些车辆在什么地方，离商店有多远，还需要多长时间才能运到商店，这种估算可以精确到小时。知道卡车在哪里，产品在哪里等实时信息，沃尔玛就可以合理安排物流运输方案，从而提高整个物流系统的效率，同时也有助于降低物流成本。

（4）沃尔玛的连锁商场的物流部门，24小时进行工作，无论白天或晚上，都能为卡车及时卸货。另外，沃尔玛的运输车队利用夜间进行从出发地到目的地的运输，从而做到了当日下午进行集货，夜间进行异地运输，翌日上午即可送货上门，保证在15～18小时完成整个运输过程，这是沃尔玛在速度上取得优势的重要措施。

（5）沃尔玛的卡车把产品运到商场后，商场工作人员就可以把产品整个地卸下来，而不用对每个产品逐个检查，这样就可以节省很多时间和精力，加快了沃尔玛物流的循环过程，从而降低了物流成本。这里有一个非常重要的先决条件，就是沃尔玛的物流系统能够确保商场所得到的产品是与发货单上完全一致的产品。

（6）沃尔玛的运输成本比供货厂商自己运输成本要低，所以厂商也使用沃尔玛的卡车来运输货物，从而做到了把产品从工厂直接运送到商场，大大节省了产品流通过程中的仓储成本和转运成本。

沃尔玛的集中配送中心把上述措施有机地组合在一起，做出了一个最经济合理的安排，从而使沃尔玛的运输车队能以最低的成本高效率地运行。

讨论题

1. 沃尔玛是如何降低物流成本的？
2. 沃尔玛的成功经验给了我们哪些启示？

【名人名言】

在企业内部，只有成本。

——美国经济学家德鲁克（P. F. Drucker）

经营管理，成本分析，要追根究底，分析到最后一点。

——台塑集团董事长王永庆

多挣钱的方法只有两个：一是多卖，二是降低管理费。

——亚柯卡（L. Iacocca）

第9章 在线题库

第10章　第三方物流

【本章教学要点】

知识要点	掌握程度	相关知识
第三方物流概述	掌握	第三方物流的概念与特点
	掌握	第三方物流的优势
	了解	第三方物流的发展状况
第三方物流的运作	掌握	第三方物流运作系统概述
	掌握	第三方物流的运作模式
第三方物流的评价与选择	了解	第三方物流的选择
	掌握	对第三方物流企业的评价
	掌握	第三方物流的实施

【重要知识点图谱】

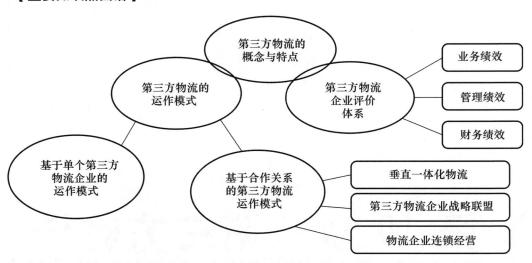

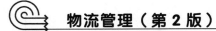

通用汽车公司选用第三方物流服务

美国通用汽车公司从 20 世纪 90 年代开始发现其存货和配送成本不断上升，装配厂里到处都是不足整车的货运卡车进进出出。分析原因发现，当时有分布在 14 个州的 400 多个供应商通过电话指令向通用汽车公司的 30 个装配厂供应物料。于是，通用汽车公司求助于第三方物流服务公司 Penske 为自己设计一个解决方案。目标有三：降低成本，改善物料回运管理和相关的信息处理方法，减少承运人的数量。第三方物流服务公司首先对通用汽车公司的物料回运和配送过程进行了诊断，然后提出在克利夫兰设立一个可进行换装作业的战略配送中心，由该中心负责回运物料和零部件配送的组织管理。战略配送中心全部由第三方物流公司的人来操作和管理。第三方物流公司还为通用汽车公司配置了全天候的专职运输车队，设立 EOI 专线系统，安排供应商的送货时间，设计物料回运路线，并对总装厂实施 JIT 配送。

点评

随着社会分工日益专业化，企业很难做到自给自足，只有把有限的资源投入企业的核心业务，才能取得竞争优势。如果企业的核心业务不是物流管理，那么把物流活动交给专业的第三方物流公司去规划控制是明智的选择。

10.1 第三方物流概述

在经济全球化趋势的带动下，企业为进一步提高自身竞争实力和扩大市场占有率，越来越认识到物流作为第三利润源的重要性。然而企业必须把大部分精力放在其核心业务上，往往缺乏能力完成必要的物流活动，因此企业需要专业的物流服务供应商提供配套和高效的物流服务，因此第三方物流逐渐发展起来，为企业提供运输、配送、保管等物流服务。

10.1.1 第三方物流的概念与特点

第三方物流（third party logistics，3PL 或 TPL）是 20 世纪 80 年代中期由一些欧美国家提出的。在 1988 年美国物流管理委员会的一项顾客服务调查中，首次提到第三方服务提供者一词。国家标准《物流术语》中，将第三方物流定义为：由独立于物流服务供需双方之外且以物流服务为主营业务的组织提供物流服务的模式。

企业第三方物流包括了提供更复杂、更广泛的服务功能作用，是以长期的、更多互惠关系作为其特征的。第三方物流在物流渠道中，以签合同的方式，在一定期限内，为其他公司提供全部或部分专业的物流服务，其高级运作形态常常与企业间的战略伙伴关系密切相关，所以有时也把专业的第三方物流公司称为企业的物流伙伴（logistics partner）。

第三方物流的概念源于管理学中的外部协作，意指企业动态地配置自身和其他企业的功能和服务，利用外部的资源为企业内部的生产经营服务。所以，第三方物流是生产经营企业为集中精力搞好主业，把原来属于自己处理的物流活动，以合同方式委托给专业物流服务企业，同时通过信息系统与物流服务企业保持密切联系，以达到对物流全程的管理和控制的一种物流运作与管理方式，所以第三方物流又叫合同物流（contract logistics）。

1. 广义第三方物流的概念

广义第三方物流是指提供全部或部分企业物流功能的外部服务的提供者。或者以商品交易为参照系，第三方物流是指商品买卖双方之外的第三方提供的物流服务。按照这个定义，传统的运输公司、仓储公司、报关行等单一环节的服务提供商，都属于第三方物流的范畴。例如，在国际快运、快递市场上的巨头 UPS、FedEx、TNT、DHL，或者国内的中远、中海、中外运等，都是第三方物流服务商。

第三方物流

广义的第三方物流概念没有将传统运输、仓储与现代综合物流服务区分开来，其概念范围太广，不利于研究和认识现代物流。

 知识链接

UPS 的物流服务

UPS 是一家大型的国际快递公司，它除了自身拥有几百架货物运输飞机，还租用了几百架货物运输飞机，2021 年第四季度日均包裹量为 2 930 万件。UPS 建立了 10 多个航空运输的中转中心，在 200 多个国家和地区建立了几万个快递中心。UPS 的员工达到几十万人。年营业额达几百亿美元，在世界快递公司中享有较高的声誉。UPS 是从事信函、文件及包裹快速传递业务的公司。它在世界各国和地区均取得了进出的航空权。在中国，它建立了许多快递中心。UPS 充分利用高科技手段，做到迅速安全，物流服务内容广泛，形象完美。

2. 狭义第三方物流的概念

对于狭义第三方物流的概念，不同学者在概念解释、理论和实际运作方面，都存在着一些差异性的认识，一般分为以下几种。

（1）合同物流。

第三方物流就是合同物流，或契约物流，是指第三方物流提供者在特定的时间内向使用者提供个性化的系列物流服务。合同物流说明了合作的长期性，涉及长期关系或战略关系的问题，但对物流服务的内容没有明确的约定，没有办法从本质上界定现代物流的特质。

（2）集成物流。

第三方物流是提供全部物流业务服务的活动，即通常所说的一站式一体化的综合物流服务。集成物流强调物流服务的集成性、系统性和综合性，对物流服务作了过高的定义，概念的范畴比较窄，以此推断，现在的大多数物流服务并不能称为第三方物流。

（3）供需之外的第三方。

物流活动是由供需双方之外的第三方去完成的物流运作模式，此概念最接近第三方物流的本义，特别是从服务主体的角度说明了"第三方"的含义。不难看出，供需之外的第三方明确了第三方物流的地位和作用，此概念明确表示了第三方物流的管理特性。按照这个定义，可以认为现代物流企业的职能本质上是管理和运作底层的物流资源，为客户完成特定的服务。因此，第三方物流本质上都是管理型的。

3. 第三方物流的特点

第三方物流作为一种先进的物流模式，在社会分工中扮演着重要的角色，越来越多的企业与第三方物流供应商合作。第三方物流供应商在发展中也形成了自己鲜明的特点，具体表现在以下几个方面。

（1）关系契约化。第三方物流是通过契约形式来规范物流经营者与客户（企业）之间关系的。物流经营者根据契约规定的要求，提供多功能、全方位一体化物流服务，并以契约来管理所有提供的物流服务活动及其过程。第三方物流是用合同方式建立起来的物流经营者与客户的关系，因此，使用起来非常灵活。

（2）服务个性化。首先，不同的客户会有不同的物流服务需求，第三方物流供应商需要根据客户在企业形象、业务流程、产品特征、需求特征、竞争需要等方面的不同需求，提供针对性强的个性化物流服务和增值服务。这表明，物流服务理论从"产品营销"发展到了"市场营销"阶段。个性化的物流服务，在一定程度上反映了个性化营销的物流需要。其次，第三方物流供应商也因为市场竞争、物流资源、物流能力的影响需要形成核心业务，不断强化所提供物流服务的个性化和特色化，以增强物流市场的竞争能力。

（3）服务的专业化。第三方物流供应商能提供仓储、运输、订单处理、售后服务、产品回收、报关等十几项物流服务。从物流设计、物流操作过程、物流技术工具、物流设施到物流管理，必须体现专门化和专业水平，这既是客户的需要，也是第三方物流自身发展的基本要求。

（4）信息网络化。信息技术是第三方物流发展的基础，具体表现为物流信息的商品化、物流信息收集的数据化和代码化、物流信息处理的电子化和自动化、物流信息传递的标准化和实时化、物流信息储存的数字化等。借助现代信息技术，物流系统的各个环节之间可以快速、准确地传递信息，实现全方位的交流和协作，企业可以和客户进行有效的沟通，更好地满足客户的动态需求。

（5）管理系统化。第三方物流应具有系统化的物流功能，该功能是第三方物流产生和发展的基本要求，第三方物流需要建立现代管理系统才能满足运行和发展的基本要求。第三方物流供应商能够从系统角度，提供现代化、一体化的物流服务。即可以向客户提供包括供应链物流在内的全程物流服务和特定的、定制化服务的物流活动。

（6）价值增值化。从为客户创造价值的角度出发，第三方物流供应商提供的服务不是一般性的物流服务，而是提供具有增值性的现代化物流活动，包括设计物流系统、EDI能力、报表管理、货物集运、选择承运人、货代人、海关代理、信息管理、仓储、咨询、运费支付和谈判等。

（7）合作联盟化。第三方物流不是提供临时性的物流服务，其实现的物流功能也不是一项或几项独立简单的物流功能，如运输企业提供运输服务，仓储企业提供仓储服务；第三方物流是以提高客户企业经营效率、实现与客户共同发展为目标，根据合同条款向物流需求方提供长期的多功能、全方位的物流服务。第三方物流更加强调在供应链上的诸节点之间植入"优势互补、利益共享"的共生关系。也就是说，一个企业的迅速发展光靠自身的资源、力量是远远不够的，也未必最科学、最经济。因此，企业必须寻找战略合作伙伴，通过联盟的力量获得竞争优势，第三方物流供应商与客户之间将形成长期的、重要的战略联盟伙伴关系。

 知识链接

第三方物流故事一

全球著名的家居产品供应商瑞典宜家集团（简称宜家，IKEA）就是马士基集团（简称马士基，Maersk）极其看重的一个全球战略合作伙伴。Maersk承揽着IKEA在全球29个国家、2 000多家供应商、164家专卖店、10 000多种家具材料的物流任务。IKEA和Maersk有牢不可断的"纽带关系"，因为IKEA的"供应商家族"多年前就一直在和Maersk合作。两家公司长期的合作并且彼此在生意模式、价值观、商业目的等方面多有相似之处。

1998年IKEA在上海开了第一家家居商场，1999年又在北京开了第二家。随后，IKEA风行中国，两年内在中国的销售额涨了43.6%，全球采购量的10%也转移到了中国。这时候，供应商的数量增加，地域分布拓宽，部署了在中国的生产网络和销售网络，使得物流业务量快速膨胀。

就在IKEA火爆中国的时候，Maersk也没有闲着。经过不断努力，终于注册成独资公司。权限扩大后，该独资公司接着在中国沿海城市设立分公司和办事处，迅速扩张，后来在13个城市设立了8家分公司和5家办事处，公司网络由沿海向内陆扩张。有人笑言："Maersk的物流服务几乎是随着IKEA的扩张而扩张的。只要IKEA在新的地区找到供应商，Maersk就尽量扩张到那里。"Maersk和IKEA在物流领域的合作是经典的"点对点"链条关系。这种链条关系并不仅仅是业务需求，更关键的是，它们长期的合作使彼此相互促进。

10.1.2 第三方物流的优势

随着我国物流市场的不断扩张,物流日益成为企业的第三利润源,越来越多的企业开始关注自身的物流成本和利润,与此同时,一种独立于生产和销售企业的专业组织形式已经形成,它就是第三方物流。就其本身来说,第三方物流是指由供应方和需求方以外的物流企业提供物流服务、承担部分或全部物流运作的业务模式,它是在特定的时间内按照一定的价格向使用者提供个性化的系列物流服务,是专业化、社会化和合同化的物流。

随着第三方物流市场的发展,大量资金开始活跃在物流领域里,而提供专业物流服务的第三方物流必然成为一个新的经济增长点,这是因为它可以帮助客户获得诸如利润、价格、供应速度、服务等信息,而且它在新技术的采用上也有一定的优势。

1. 减轻企业成本

企业考虑把物流业务运作外包给第三方物流的一大驱动力就是降低成本。因为企业可以将物流业务外包给第三方物流公司,以支付服务费用的形式获得服务,而不需要自己内部维持运输设备、仓库等物流基础设施和人员来满足这些需求,从而可以使得公司的固定成本转化为可变成本,其影响对于那些业务量呈季节性变化的公司更加明显。

由于拥有强大的购买力和货物配载能力,一家第三方物流公司可以通过自身广泛的节点网络实施共同配送,或者可以从运输商或者其他物流服务商那里得到比其客户更为低廉的运输报价,可以从运输商那里大批量购买运输能力,然后集中配载不同客户的货物,大幅度地降低单位运输成本。

2. 帮助企业提高顾客服务水平和质量

企业利用第三方物流企业信息网络和节点网络,能够提高对顾客订货的反应能力、加快订单处理速度、缩短从订货到交货的时间,还能够进行门对门运输,实现快速交付,提高顾客满意度。

第三方物流企业通过其先进的信息和通信技术可加强对在途货物的监控,及时发现、处理配送过程中的意外事故,保证订货及时、安全地送达目的地,尽可能实现对顾客的承诺。产品的售后服务、送货上门、退货处理、废品回收等也可由第三方物流企业来完成,保证企业为顾客提供稳定、可靠的高水平服务。

3. 风险规避

企业如果自己运作物流,要面临两大风险。一是投资的风险。物流设施、设备及运作等的巨大投资,以及对这些物流的波动需求,如果物流管理能力相对较弱,很容易造成企业内部物流资源的闲置浪费。二是存货的风险。企业由于自身配送、管理能力有限,为了能对顾客订货及时做出反应,防止缺货,快速交货,往往采取高水平库存的策略,而存货要占用大量资金,随着时间的推移,变现能力会减弱,造成巨大的资金占用风险。

如果企业利用第三方物流的运输、配送网络,通过其管理控制能力,可以提高顾客的响应速度，加快存货的流动周转，从而减少内部的安全库存量，降低企业资金风险，或者把这种风险分散一部分给第三方物流企业来共同承担。

4. 提升企业竞争力

在专业化分工越来越细的时代，企业不可能面面俱到，任何企业都要面临自身资源有限的问题。因此，对于那些并非以物流为核心业务的企业而言，将物流运作外包给第三方物流企业来承担，有助于使企业专注于提升自身的核心业务能力、提升企业竞争力。

5. 社会价值

除了独特的经济效益，第三方物流还具有为大多数人所忽视的一大价值，即其社会效益。在经济发展速度日益加快的今天，第三方物流可将社会的众多闲置物流资源有效整合、利用，也有助于缓解城市交通压力，可减少能源消耗，减少废气排放量和噪声污染，等等，有利于环境的保护与改善，促进经济的可持续发展。这正符合党的二十大报告中提出的"推进降碳、减污、扩绿、增长，推进生态优先、节约集约、绿色低碳发展"的要求。因此，第三方物流的成长和壮大可带动我国物流业的发展，对我国产业结构的调整和优化有着重要的意义。

 知识链接

第三方物流故事二

加拿大的 Derre 农机公司在发现总装厂里的物料和零部件越积越多而影响产品装配的时候，认为自己的核心业务是装配零部件而不是接收零部件。为了不增加基础设施和人力资源的投资，决定聘请 Caliber 第三方物流公司来组织和管理其物料的回运。于是，第三方物流公司在离总装厂 5km 处新设一个仓库作为配送中心，为 Derre 农机公司控制存货水平、管理承运人、安排供应商的送货时间、对送货路线进行优化、对货运集装箱进行跟踪管理、前置清关等。

10.1.3 第三方物流的发展状况

1. 美国第三方物流发展状况

先进的信息化技术和运作管理水平是美国物流业发展的典型特征。美国的第三方物流已经从提供运输、仓储等功能性服务向提供咨询、信息、管理服务延伸，致力于为客户提供改进价值链的解决方案，与客户结成风险/利益共享的战略合作伙伴关系。美国第三方物流公司数量多、规模大。

对于推动第三方物流产业发展因素的调查显示，排名在前 6 位的依次是降价的压力、大型第三方物流企业的合并、外包需求的增加、提供国际化服务的压力、客户要求提供信息技术支持的增加和国外第三方物流服务商的进入。在对第三方物流产业发展面临的主要问题的调查中，被要求不断降价的压力、找到并留住合格人才和对信息技术投资的低回报排在前 3 位。对第三方物流产业发展机遇的调查结果显示，全球化运作的扩展、供应链整合的推进、信息技术整合的推进、消费者协作的增强是第三方物流产业发展的机遇所在。

2. 欧洲第三方物流发展状况

西欧是第三方物流产业的发源地，也是最为发达和成熟的市场，具有完善的物流网络体系。欧盟成立和欧元诞生推进了泛欧洲单一市场的发展，统一的欧洲大市场为第三方物流产业提供了广阔的发展空间。欧洲第三方物流发展迅速，据统计，欧洲市场上第三方物流收入占物流总收入的四分之一。欧洲经营第三方物流的"领头羊"主要为Exel、Maersk、Schenker、Kuehne+Nagel等几家大公司。第三方物流企业所涉及的行业领域主要集中在高科技、制造业等。

欧洲第三方物流快速发展的原因，一方面在于企业对于物流服务的需要，另一方面在于欧洲拥有较高物流管理水平与成本的优势。内外因综合作用，推动了欧洲第三方物流的发展。在物流服务市场上，欧洲第三方物流公司面向不同的目标市场，提供不同层次的服务，基本可分为4类。

（1）服务范围广泛的大型物流公司。它们为制造商提供范围广泛的服务，包括制作不同语言的标签和包装，帮助这些制造商在欧洲不同市场进行销售。这一层次有领先和经营良好的欧洲物流公司，也有总部设在美国的物流公司，如UPS环球物流。

（2）从事传统物流的欧洲公司。这些公司拥有自己的资产，经营卡车货运、仓储、报关等。这些公司由于技术不高，并且资源有限，大多数业务起源于处理欧洲各国海关之间复杂的业务（目前这些业务已经消失），所以可能会合并或离开这个行业。

（3）新兴的第三方物流公司。例如，Eurokai是德国汉堡主要的集装箱经营者，成立了Oceangate Distribution，除在欧洲拥有仓储和配送能力外，还为零售商和制造商提供复杂的物流服务，最普遍的一种增值服务是加速接运分送，增加库存周转次数。

（4）大型国有机构的第三方物流。目前欧洲供应链一体化还处在发展阶段，为满足用户日益增长的一站式服务需求，欧洲的第三方物流提供商正在通过并购、网络联盟的形式拓展服务范围，提高服务能力。

3. 亚太地区第三方物流发展状况

亚太地区的第三方物流将是一个持续增长壮大的行业，中国经济的持续快速发展是推动亚太地区第三方物流发展的首要因素。在这种形势下，全球物流公司纷纷在亚太地区建立基地或物流分销中心，如UPS、FedEx、DHL、TNT、Exel、APL、BAX、Maersk、Schenker等。由于全球制造业的转移、新兴国家对基础建设的大量投入，以及亚太地区物流市场的体量优势，使得亚太地区的第三方物流规模快速增长。

虽然亚太地区第三方物流发展迅速，但与欧美发达国家相比，还存在一些差距，其实力依然需要进一步提高，物流行业专业化发展已成为亚太地区的当务之急。在亚洲高度工业化的国家，如日本、新加坡、韩国等，它们的技术设施和金融体制都非常健全，因而物流发展较好。然而，即使在这些发达国家，第三方物流依然处于不成熟状态，如韩国政府只是在最近才放松对运输业的管制，只有政府将全部运输市场自由化以后，其国内第三方物流才会迅速发展。而在东南亚一些国家，如越南、印度尼西亚、柬埔寨和泰国，物流管理理念还处于萌芽状态。

 **知识链接**

第三方物流故事三

UPS 国际物流公司与芬达乐器公司（Fender Musical Instruments Corporation，FMIC）的合作。FMIC 委托 UPS 对其配送系统进行集约化和条理化组合，以帮助自己实现在欧洲的营业额翻番的目标。UPS 负责管理 FMIC 从世界各地厂家通过海运、陆运运来的货物，并利用荷兰的物流中心掌握 FMIC 的存货，物流中心雇员检验产品质量、监视库存、履行分拨商和零售商的订单及管理多式联运。FMIC 利用 UPS 的集约化物流中心，可以减少运送时间，更有效地监控产品的质量，发送不同品种的订单货物。UPS 为 FMIC 供应链提供增值服务的奇特之处就在于 UPS 作为物流商，在把吉他运到零售商那里之前，就已经把吉他调好音，包装完毕，当零售商从包装箱里拿出吉他时，这把吉他可以马上用于弹奏，曾经在美国能够提供的服务，后来在欧洲也同样能够实现。

10.2 第三方物流的运作

10.2.1 第三方物流运作系统概述

第三方物流运作系统是一个由不同利益主体组织、调度各种软件资源（如规章条例、合同、制度、知识技能等）和硬件资源（如运输设备、搬运装卸机械、仓库、机场、车站、道路、网络设施等），在一定的外部环境中进行物流活动的"人－机系统"。系统整体运作效果是由内外各种因素相互作用决定。企业首先决定物流自营还是外包：物流如果不构成企业核心能力但又非常重要，就可外包给运作水平更高的第三方物流企业来经营。企业往往会根据硬件设施、价格、业务范围、服务水平、发展潜力及信誉状况等多项指标评价、优选物流服务商，与之结盟，并通过确立合理的运行机制保障这种委托代理关系长期、高效地进行。在经济转型时期经营的第三方物流企业普遍具有"两面性"：一方面，为了适应激烈的市场竞争而自觉学习，不断改进服务质量，甚至千方百计地利用其他组织的资源以满足顾客复杂多变的需要；另一方面，在监督不利的情况下，它可能会利用隐秘信息进行损害委托方利益的行动，其机会主义行为还可能败坏委托方在客户心目中的形象。正是它的这种局限性，决定了社会需要这样一个组织——不但有能力向第三方物流企业提供所需却不具备的资源，而且有能力监管整个物流联盟按既定规则运作，这就是第四方物流组织需要承担的职能。第四方物流组织可能是一个由许多第三方物流企业和一些不直接从事物流运作的咨询企业、物流设备设施出租企业等集结而成的虚拟企业，也可能是由某个第三方物流企业发展壮大兼并重组其他相关企业后演化成的。当然，一个理性的工商企业还会全面翔实地考察外部环境（包括政治法律环境、地理交通环境、市场流通环境、技术环境、人文环境等）状况，分析政府部门政策、规章的影响，分析政府人员行为，选择推行第三方物流战略的有利时机。总之，推行第三方物流战略的过程实际上是工商企业根据所掌握的不完全信息与第三方物流企业、第四方物流组织、政府部门和外部环境进行的一场博弈。

10.2.2 第三方物流的运作模式

第三方物流的运作模式可分为基于单个第三方物流企业的运作模式和基于合作关系的第三方物流运作模式，后者主要有垂直一体化物流、第三方物流企业战略联盟及物流企业连锁经营等几种情形。

1. 基于单个第三方物流企业的运作模式

该模式主要是从单个第三方物流企业的角度出发进行物流业务运作。第三方物流企业的业务运作首先源于客户的物流需求，在明确了客户的需求之后，首先应进行物流系统方案的规划与设计，为客户提供完整的物流解决方案，在此基础上开展物流业务活动，并进行相关的运作管理，包括仓储、运输、包装、装卸搬运、订单分拣、流通加工等活动的管理。为更好地满足客户的需求，并提高物流运作的效率，还必须进行相应的信息管理，包括物流信息系统的规划与设计、信息技术的开发与维护，以及具体的物流信息管理等活动。尤其是随着信息时代的来临，竞争日益激烈、客户越来越挑剔，第三方物流企业应能提供跟踪装运服务，应尽量满足客户的个性化需求；同时，有了完善的物流信息系统，可加强物流信息管理，及时获取物流运作的信息，并可根据反馈信息及时调整物流活动，确保向客户提供高质量的物流服务。

2. 基于合作关系的第三方物流运作模式

（1）物流一体化

20世纪90年代以后，信息技术的飞速发展推动了管理理念和管理技术的创新，促使物流管理向专业化合作经营方向发展。在此背景下，物流一体化应运而生。物流一体化是物流产业的发展形式，也是20世纪末最有影响的物流趋势之一，但它必须以第三方物流的充分发育与完善为基础。物流一体化有3种形式：垂直一体化物流、水平一体化物流和物流网络。其中，研究最多、应用最广的是垂直一体化物流。

所谓垂直一体化物流，就是为了更好地满足客户的价值需求，核心企业加强与上下游企业及第三方物流企业的合作，由第三方物流企业整合供应链物流业务，实现从原材料的供应、生产、分销，一直到消费者的整个物流活动的一体化、系统化和整合化。它通过对分散的、跨越企业和部门的物流活动进行集成，整合物流活动各环节，形成为客户服务的综合能力，提高流通的效率和效益，为工商企业及其客户降低物流成本，创造第三利润源。简言之，垂直一体化物流是第三方物流企业与上下游企业进行合作的一种物流运作模式。

垂直一体化物流要求企业将产品或运输服务的供应商和用户纳入管理范畴，并作为物流管理的一项中心内容。具体而言，要求企业从原材料的供应到产品送达用户实现全程物流管理，要求企业建立和发展与供应商和用户的合作关系，建立战略联盟，获取竞争优势。垂直一体化物流为解决复杂的物流问题提供了便利，而先进的管理思想、方法和手段，物流技术及信息技术则为其提供了强大的支持。目前，垂直一体化物流已经发展到了供应链管理阶段，而且已经成为供应链管理的一个重要组成部分。

（2）第三方物流企业战略联盟。

第三方物流企业战略联盟是第三方物流企业加强合作，组建战略联盟，建立基于合作关系的一种物流运作模式。具体而言，是指两个或两个以上第三方物流企业为了达到特定的目标，取得单独从事物流运作所不能达到的绩效，而形成的相互信任、互惠互利并以结盟为基础的物流战略伙伴关系。从本质上讲，这是一种"双赢"或"多赢"。

按照联盟内各企业的业务构成，可将第三方物流企业战略联盟分为纵向合作经营、横向合作经营和网络化合作经营3种模式。纵向合作经营是指第三方物流企业与上游或下游其他第三方物流企业之间形成的分工与协助关系，其最典型的形态是运输型物流企业与仓储型物流企业之间的合作。该模式通过整合社会物流资源，使第三方物流企业的分工更加专业化。而横向合作经营是指从事相同物流业务的第三方物流企业间的合作。网络化合作经营则兼具以上两种模式的特点，是最常见的合作经营模式。一般地，不完全资产型第三方物流企业都采用这种合作方式。

案例链接

"顺丰敦豪"正式上线　顺丰从快递公司迈向供应链公司

2019年3月11日，顺丰控股股份有限公司（简称顺丰控股）和德国邮政敦豪集团（DPDHL Group）的联名品牌——顺丰敦豪供应链中国新闻发布会在上海举行，这意味着"顺丰敦豪"这一供应链品牌正式上线。据了解，顺丰敦豪供应链中国将提供高科技、医疗、零售、消费品、汽车、化工及电子商务等领域的业务。顺丰敦豪供应链中国首席执行官邹胤表示："顺丰敦豪通过以行业为导向的纵向管理方式，分析各行业的物流痛点，帮助各行业客户升级改造供应链。同时将数字化和精益化管理手段作为根基，旨在打造更高效、更透明、更智能的物流供应链"。

此前，顺丰控股发布了关于收购敦豪供应链（香港）有限公司和敦豪物流（北京）有限公司100%股权的进展公告。DPDHL Group把其中国的供应链业务转移至顺丰控股。此交易不涉及DPDHL Group在中国诸如国际快递、货运及电子商务物流解决方案等其他业务。根据协议条款，在今后十年，DPDHL Group通过向新联名公司提供品牌、客户、员工培训等支持，每年将收到基于营业额计算的合作服务费。新成立的联名公司顺丰敦豪供应链中国在交易完成的同时启动运营，前DPDHL Group供应链大中华区首席执行官邹胤获任命为该公司的首席执行官。

敦豪供应链首席财务官弗兰兹（D. Franz）表示，与顺丰控股的战略合作将以新联名品牌的方式使DPDHL Group在快速发展的中国供应链市场进一步成长。与此同时，DPDHL Group会持续为新联名品牌提供所需的支持以打造世界级水准的中国供应链服务商。顺丰控股董事长王卫也表示，此项战略合作与顺丰一贯力争成为最受市场信赖的行业解决方案服务者的发展愿景一致。顺丰敦豪供应链中国，将全力扩大其在本地市场的影响力，致力于把快递能力注入供应链场景，以满足各行各业广大客户日渐提升的服务需求。顺丰敦豪供应链中国能为各行各业，诸如高科技、医疗、零售、消费品、汽车、化工及电子商务等领域提供基于DPDHL Group丰富的全球经验、网络支持、运营标准及创新解决方案的物流服务。

已有众多行业专家从前期的资本观察转而关注新联名品牌的动态纵深，供应链管理服务涉及范围广泛，包括运输管理、仓储管理、库存管理、订单管理及各类附加增值服务等，且面向不同领域的各类解决方案蕴含着大量复杂的科技、系统、操作等需求，因而需要长期在行业中累积的经验及专业知识才能更好地为不同需求的客户提供定制化的供应链解决方案。依托顺丰控股高品质的快递、重货、仓储、冷运等物流服务能力和坚实的本土客户群体，配合DPDHL Group的高品质供应链服务及全球化专业供应链管理体系，联名品牌的行业领先地位可以得到有效增强；而对于顺丰控股而言，其综合物流服务能力的提升非同小可。

(3) 物流企业连锁经营。

连锁经营是现代工业化大生产原理在流通领域中的运用。连锁经营有3种模式：直营连锁经营、自由连锁经营和特许连锁经营。在物流管理中引入后两种模式，可实现第三方物流企业经营的社会化和网络化，这比较适合我国国情，也是第三方物流运作的一大创新。利用特许连锁经营理论，在核心企业的主导下，把组织化程度较低的、分散的物流企业连接起来，以总部的名义统一组织拓展市场，加盟企业分散运作，以达到物流集约化经营的目的。

① 物流连锁网络。

物流连锁网络是指物流加盟企业相互合作，共同管理、控制和改进从供应商到用户的物流和信息流，所形成的相互依赖的"经济利益共同体"网络。这个网络作为一个整体与其他物流企业或物流网络竞争。

建立物流连锁网络的核心是合作与信任，通过合作来降低风险，提高物流流程的效率，消除空驶浪费和重复努力；同时，合作能带来更多的机会，能改善经营业绩，能为网络成员和货主带来更多的利益。采取连锁形式开展物流经营活动，需要注意连锁经营的地域范围、经营实力、服务水平及连锁经营的规模效益等。

② 物流连锁网络的共赢机制。

以供应链理论和特许连锁经营理论作为指导物流连锁网络建设的理论基础，以行业核心企业（主要投资者、集约管理者）为主导，以资本为纽带，与各主要经营区域（或城市）的骨干公路运输企业（微量投资者）按现代企业制度联合组建有共同战略目标的物流连锁企业实体（集团公司即总部），并在各地成立集团公司的子公司，子公司由当地的加盟企业运作；集团公司负责提供统一的物流服务商标、商号、标志，统一的运作模式和服务规范，特别是负责提供统一的基于互联网的物流信息平台，总部、子公司和货主都在一个统一的信息平台上进行物流运作。建立物流连锁网络共赢机制的目标是通过合作促进双赢，乃至多边共赢。共赢机制的核心有3点内容。

第一，利用社会零散物流资源，通过物流连锁经营以提高物流整体运作能力及效率，这也是物流连锁网络的驱动力。

第二，建立总部、加盟企业、货主共同受益的利益分配机制，使各方都有动力维护合作，共同建立紧密型战略伙伴关系。例如，各子公司以集团公司的名义开展揽货业务，并将所揽货源的至少1/3优先分配给加盟企业的返程车辆，总部对返程车辆运费提取30%，由总部、加盟企业、货主企业共同受益。

第三，建立新的事故处理机制和责任追究制度，由总部统一对货主承担事故责任，而本质上仍是事故车辆所属加盟企业承担责任，这既没有增加也没有减少加盟企业的现有责任。但总部的对外承诺是提高信誉和揽货的基础，没有这一承诺，网络就没有可信度。

物流连锁经营能够适应社会化大生产和现代物流发展对物流集约化程度的客观要

求，通过规模化经营、科学化管理和标准化服务，兼顾物流供需各方利益，实现效益最大化。物流连锁网络为货主提供更高质量、更高水平、更低成本的物流服务，使货主能获取第三利润源，达到增加利润的目的。

③ 第三方物流连锁网络建设原则。

第三方物流连锁网络的建设按照"有统有分，统分结合"的原则，统一规划、统一章程、统一名称、统一徽标、统一编码、统一软件、统一格式、统一广告；分段实施、分片建站、分户经营、分点扩网、分区竞争、分月结算、分级培训、分批投入。在全国总规划及布局完成后，选择条件比较成熟的地区，优先进行建设，即一次规划，分级实施。

④ 第三方物流连锁网络的发展步骤。

物流连锁网络的初期是以运输为基础，以降低运输成本为竞争手段，以回程配载为切入点，通过利益机制巩固网络，并与货主形成战略伙伴关系，在此基础上寻求机会，进一步为货主提供综合物流服务。具体而言，物流连锁网络的发展阶段可分为3个阶段。

第一，初级阶段。初期以构造公路运输网络为主，在现有的物流资源基础上，以"软件"起步，通过核心企业先进的物流信息平台，整合各地骨干公路运输企业，建立分布在全国主要经济区域的运输网络。

第二，发展阶段。以连锁物流企业为核心，在全国主要经济区域建立（或整合）大型的、信息化的区域物流中心（或配送中心），提高物流作业的标准化程度，采用国际标准的托盘、货车、货架、集装箱，使用GPS系统、物流条码技术和存货管理系统，为企业提供产品的运输、仓储、装卸、加工、库存控制、共同配送、信息处理等一体化的综合物流服务。

第三，成熟阶段。采用先进的运输方式，开展国内普通货物的集装化运输，实施多式联运，为制造企业的JIT生产提供JIT物流配送，为商业企业提供"最后一千米"JIT的销售配送。随着物流网络的不断扩大，可以发展国际物流，为更多的企业提供全方位的综合物流服务。

10.3 第三方物流的选择与评价

10.3.1 第三方物流的选择

企业物流模式主要有自营物流和第三方物流等。企业在进行物流决策时，应根据自己的需要和资源条件，综合考虑以下主要因素，慎重选择物流模式，以提高企业的市场竞争力。

（1）物流对企业成功的重要度和企业对物流的管理能力。物流对企业成功的重要度高，企业处理物流的能力相对较低，则采用第三方物流；物流对企业成功的重要度低，同时企业处理物流的能力也低，则外购物流服务；物流对企业成功的重要度很高，且企业处理物流的能力也高，则采用自营物流。

（2）企业对物流控制力要求。越是竞争激烈的产业，企业越是要强化对供应和分销渠道的控制，此时企业应该自营物流。一般来说，主机厂或最终产品制造商对渠道或供应链过程的控制力比较强，往往选择自营物流，即作为龙头企业来组织全过程的物流活动和制定物流服务标准。

（3）企业产品自身的物流特点。对于大宗工业品原材料的回运或鲜活产品的分销，企业应利用相对固定的专业物流服务供应商和短渠道物流；对全球市场的分销，企业宜采用地区性的专业物流公司；对产品线单一的或为主机厂做配套的企业，则应在龙头企业的统一管理下自营物流；对于技术性较强的物流服务如口岸物流服务，企业应采用委托代理的方式；对非标准设备的制造商来说，企业自营虽有利可图，但还是应该交给专业物流服务公司去做。

（4）企业规模和实力。一般说来，大中型企业由于实力较雄厚，有能力建立自己的物流系统，制订合适的物流需求计划，保证物流服务的质量。另外，还可以利用过剩的物流网络资源拓展外部业务（为别的企业提供物流服务）。而小企业则受人员、资金和管理的资源限制，物流管理效率难以提高。此时，企业为把资源用于核心的业务，就适宜把物流管理交给第三方专业物流代理公司。

（5）物流系统总成本。在选择是自营物流还是物流外部协助时，必须弄清两种模式下物流系统总成本的情况。其计算公式为

物流系统总成本 = 总运输成本 + 库存维持费用 + 批量成本 + 总固定仓储费用 + 总变动仓储费用 + 订单处理和信息费用 + 顾客服务费用

这些成本之间存在着二律背反现象：减少仓库数量时，可降低保管费用，但会带来运输距离和次数的增加而导致运输费用增加。如果运输费用的增加部分超过了保管费用的减少部分，总的物流成本反而增大。所以，在选择和设计物流系统时，要对物流系统的总成本加以论证，最后选择成本最小的物流系统。

（6）第三方物流的客户服务能力。在选择物流模式时，考虑成本尽管很重要，但考虑第三方物流为本企业及其客户提供服务的能力也是选择物流服务的重要因素。也就是说，第三方物流在满足企业对原材料及时需求时的能力和可靠性，以及对企业的零售商和最终客户不断变化的需求的反应能力等方面应该作为首要的因素来考虑。

轻资产模式成就物流巨头

（7）自拥资产第三方和非自拥资产第三方物流的选择。自拥资产第三方，是指有自己的运输工具和仓库，从事实实在在物流操作的专业物流公司。它们有较大的规模，雄厚的客户基础，到位的系统。其专业化程度较高，但灵活性受到一定限制。非自拥资产第三方，是指不拥有硬件设施或只租赁运输工具等少量资产，它们主要从事物流系统设计、库存管理和物流信息管理等职能，而将货物运输和仓储保管等具体作业活动由别的物流企业承担，但对系统运营承担责任的物流管理公司。这类公司运作灵活，能预订服务内容，可以自由混合、调配供应商，管理费用较低。企业应根据自己的要求对两种模式加以选择和利用。

10.3.2 对第三方物流的评价

我国的第三方物流企业发展虽然迅速,但是起步较晚,各项工作还不够规范。我国的第三方物流还处于发展的初级阶段,不同第三方物流企业的服务理念和服务水平差异性较大,物流行业集中度较低。企业面对数量日益增加的形形色色的物流服务商,总是无从选择;第三方物流涉及的服务范围很广,很多物流服务商甚至很难对自己的整体水平做出一个客观的评判。因此只有对第三方物流企业进行绩效评价与分析,才能够正确判断第三方物流企业的实际经营水平,同时只有结合企业自身发展的实际需要,制订合理评选标准,选择合适的第三方物流供应商,才能提高企业的经营能力,进而提升企业的整体效益。

1. 第三方物流企业的评价原则

为了有效地对第三方物流企业进行评价,在构建第三方物流企业绩效评价体系时,一般应遵循以下原则。

(1) 系统性原则。第三方物流企业应针对自身的各种因素设立相应的指标,不应当只局限于对局部的成本分析,应当从整体上进行评价,系统科学地反映第三方物流企业的全貌,从而实现对企业的系统性评价。

(2) 目的性原则。绩效评价指标体系的构建必须与评价目的存在内在联系,是评价目的的具体化与数量化。因而,在构建绩效评价指标体系时,应依据评价目的确定总目标及为达到总目标的各子目标。

(3) 全面性原则。评价指标体系应能全面、准确地反映物流企业绩效评价的内在要求,并且能将各个评价指标与系统的总体目标有机地联系起来,组成一个相互联系、相互对应的有机整体,以便全面反映评价对象的优劣。各个评价指标应当能够综合反映被研究对象的某一重要侧面的状况,各指标之间不应有强相关性,不应出现过多的信息包容和涵盖而使指标内涵重叠。同时不能局限于对局部成本的控制和分析,要从整体上对第三方物流企业进行绩效评价。

(4) 可比性原则。评价指标体系所涉及的数据、因素、计算方法都应具有可比性,同时还要考虑与其他企业的兼容和横向的可比性。只有在可对比的基础上,才能更加正确地分析评价第三方物流企业的经营绩效,找出自身的优势与劣势,为企业今后发展战略的制订提供参考依据。所以在建立体系的时候要参照国际和国内同行业的物流管理标准。

(5) 定量与定性相结合的原则。由于第三方物流企业的绩效涉及的客户满意度等方面很难进行量化,所以评价指标体系的建立除了要对物流管理的绩效进行量化,还应当使用一些定性的指标对定量指标进行修正。

(6) 动态长期原则。由于选择第三方物流企业后,货主方与物流供应商之间是战略伙伴的关系,所以对第三方物流企业的评价不应只局限于目前的企业状况,而应考虑第三方物流企业的长远发展潜力和对企业的长期利益,要与企业的发展目标和战略规划相一致。

2. 第三方物流企业绩效评价体系的构建

依据第三方物流企业绩效评价体系构建的原则，结合第三方物流企业以合同为导向、以现代电子信息技术为基础，业务专业化、服务个性化、管理科学化的特点，可以从第三方物流企业的业务绩效、管理绩效和财务绩效3个方面构建绩效评价体系。

（1）业务绩效。第三方物流企业的业务主要包括采购、运输、仓储和配送等业务，因此其绩效评价体系也应主要包含直接或间接与此相关的各项指标，主要体现在市场竞争能力、客户控制能力、服务质量等方面。

① 市场竞争能力。企业要想在竞争激烈的市场环境中求生存求发展，必然要提高其市场竞争能力，企业的竞争力的源泉就是比竞争对手创造更多的顾客价值，主要通过市场占有率、市场增长率、市场应变能力方面来体现。

② 客户控制能力。第三方物流企业主要是为客户提供物流服务，提高对客户的控制能力，能够创造更多的利润，客户的控制力是衡量第三方物流企业经营绩效的重要指标，主要通过顾客忠诚度、顾客保持率、事后顾客满意率、挖掘潜在顾客能力方面来体现。

③ 服务质量。物流服务质量是满足物流客户要求的能力水平。即第三方物流企业通过提供物流服务，对达到服务产品质量标准、满足客户需要的保证程度。一般包括运输服务质量、配送服务质量、保管服务质量及库存服务质量等。物流服务质量主要通过人员沟通质量、订单释放数量、信息质量、订购过程的效率和成功率、货品精确率、货品完好程度、货品质量、误差处理、时间性等方面来体现。

（2）管理绩效。管理是企业正常运转的必要因素。通过有效的管理，能够放大企业的整体功能，充分发挥其潜力，使企业系统、高效地运营。科学的、有效的管理将直接影响到第三方物流企业绩效，其评价指标主要通过人力资源水平、学习与创新能力、信息化水平来体现。

① 人力资源水平。企业管理是以人为中心的管理，人力资源是第三方物流企业管理绩效的主要因素之一，是对推动组织战略、运营效率能力的一种追求与需求，主要通过员工受教育的程度、员工信息水平、员工年龄结构等方面来体现。

② 学习与创新能力。学习和创新型企业是企业未来的发展趋势，企业加强学习，能促使企业不断地创新，发展新的技术和服务，使企业具备快速应变市场的能力，减少企业运营成本，提高企业经营效率，主要通过在组织合理性、新技术采用率、知识把握度、知识转化能力等方面来体现。

③ 信息化水平。信息是整合物流各环节的桥梁，因此信息化水平在第三方物流占有越来越重要的地位。提高物流信息化水平，提供迅速、准确、及时、全面的物流信息是提高第三方物流管理水平的必要条件。主要通过基础设施信息化水平、管理信息化水平、信息共享程度、信息技术人员水平等方面来体现。

（3）财务绩效。财务绩效的评价主要反映第三方物流企业的生存和发展的状况，用"低生存风险、高投资回报率、高发展速度"来衡量成功的结果，其评价指标主要通过资本效益、资产运营、偿债能力、发展能力等方面来体现。

① 资本效益。资本效益指标评价成功代表该第三方物流企业具有高投资回报率，主要通过销售净利率、股东权益报酬率、总资产报酬率等方面来体现；

② 资产运营和偿债能力。资产运营的目标在于资本增值的最大化，偿债能力是反映企业财务状况和经营能力的重要标志，资产运营和偿债能力评价合格代表该第三方物流企业具有低生存风险。资产运营主要通过存货周转率、流动资产周转率、总资产周转率来体现，偿债能力主要通过资产负债率来体现。

③ 发展能力：发展能力是指企业扩大规模、壮大实力的潜在能力，又称成长能力。发展能力高代表该第三方物流企业的发展速度很快。发展能力主要通过销售增长率、利润增长率、资本保值增值率来体现。

10.3.3　第三方物流的实施

企业选定了第三方物流供应商后，通过合同的形式达成协议，企业与第三方物流供应商要想成功地合作，应该注意以下问题。

1. 处理好双方的关系

企业与第三方物流供应商之间的关系应该是合作伙伴关系。企业与第三方物流供应商合作成功的主要因素有以下几点。

（1）企业与第三方物流供应商合作后，刚开始时，要投入足够的时间，无论对于哪一方来说，在最初的6个月至1年的时间内有效地开展合作是最困难的，也是最关键的。企业必须明确成功的关键需要什么，并能够向第三方物流供应商提供所需的信息和需求。第三方物流供应商必须彻底、认真地考虑和讨论这些需求，并制订出具体的解决方案。双方都必须投入足够的时间和精力确保合作成功。

（2）企业与第三方物流供应商之间的关系应该是合作伙伴关系，双方应该牢记，这是一个互惠互利、风险共担的合作联盟。企业应该考虑如何将第三方物流供应商融入自己的物流战略规划。

2. 有效的沟通

有效的沟通对于任何一个外包项目走向成功都是非常必要的。首先，对于企业来说，各个部门的管理者之间、管理者与员工之间必须相互沟通，明确为什么进行物流业务外包，从外包中期望得到什么。只有这样所有的相关部门才能与第三方物流供应商密切配合，员工也不会产生抵触的心理。其次，企业与第三方物流供应商也要进行有效的沟通，确保合作的顺利进行。

3. 其他问题

（1）第三方物流供应商必须为企业所提供的数据保密。

（2）绩效评价的方式必须一致。

（3）讨论附属合同的特定标准。

（4）在达成合同前要考虑争议仲裁问题。

（5）协商合同中的免责条款。

（6）确保通过第三方物流供应商的定期报告来实现绩效目标。

本章小结

本章主要介绍了第三方物流概述、第三方物流的运作以及第三方物流的选择和评价。其中第三方物流概述主要介绍了第三方物流的概念与特点、第三方物流的优势、第三方物流的现状。第三方物流的运作主要介绍了第三方物流的运作系统、第三方物流的运作模式。第三方物流的选择与评价主要介绍了第三方物流的选择、对第三方物流企业的评价及第三方物流的实施。

思考题

1. 你是如何从不同角度理解第三方物流的？
2. 简述第三方物流的优势。
3. 企业应如何选择第三方物流供应商？

案例分析

冠生园集团物流外包

冠生园集团是国内唯一一家拥有"冠生园""大白兔"两个中国驰名商标的老字号食品集团。集团生产大白兔奶糖、蜂制品系列、酒、冷冻微波食品、面制品等食品，总计达到了2 000多个品种，其中糖果销售额近4亿元。近几年市场需求增大了，但运输配送跟不上。集团拥有的货运车辆近100辆，要承担上海3 000多家大小超市和门店的配送，还有北京、太原、深圳等地的货物运输。淡季运力空放，旺季忙不过来，每年维持车队运行的成本费用就达上百万元。

产品规格品种多、市场辐射面大，靠自己配送运输成本高、浪费大。为此，2002年年初，冠生园集团下属合资企业达能饼干公司率先做出探索，将公司产品配送运输全部交给第三方物流。物流外包以后，不仅配送准时准点，而且费用要比自己做节省许多。达能公司把节约下来的资金投入开发新产品与改进包装上，使企业又上了一个新台阶。为此，集团销售部门专门组织各企业到达能饼干公司去学习，决定在集团系统推广它们的做法。经过选择比较，集团委托上海虹鑫物流有限公司作为第三方物流机构，搞"门对门"物流配送服务。

虹鑫物流与冠生园集团签约后，通过集约化配送，极大地提高了效率。每天一早，虹鑫物流的员工在电脑上输入冠生园相关的配送数据，制订出货最佳搭配装车作业图，安排准时、合理的车流路线。货物不管多少，就是两三箱也送。此外按照签约要求，遇到货物损坏，按规定赔偿。有一次，整整一车糖果在运往河北的途中翻入河中，物流公司掏出5万元，将掉入河中损耗的糖果全部"买下"作赔。

据统计，冠生园集团自委托第三方物流以来，产品的流通速度加快，原来铁路运输发往北京的商品途中需要7天，现在虹鑫物流运输只需2～3天，而且实行的是"门对门"物流配送服务。由于第三方物流配送及时周到、保质保量，使商品的流通速度加快，集团的销售额有了较快增长。此外，更重要的是能使企业从非生产性的后道工序，即包装、运输中解脱出来，集中精力开发新产品、提高产品质量、改进包装。

讨论题

结合冠生园集团从物流外包中得到的好处，分析企业物流外包的意义以及第三方物流需求的来源和决策。

第 10 章 在线题库

第11章 电子商务与物流

【本章教学要点】

知识要点	掌握程度	相关知识
电子商务概述	掌握	电子商务的概念
	掌握	电子商务的特点
	了解	电子商务的主要模式
电子商务与物流的关系	理解	物流对电子商务的影响
	理解	电子商务对物流的影响
电子商务环境下的物流作业流程	了解	电子商务下的物流系统
	了解	电子商务下的物流流程
	了解	电子商务物流作业流程
电子商务物流模式	重点掌握	电子商务下的物流模式类型
	重点掌握	电子商务下企业物流模式的选择

【重要知识点图谱】

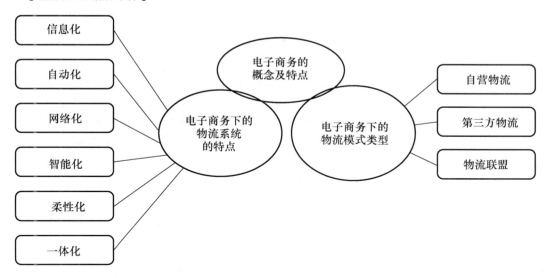

导入案例

2011年，可以说是中国电子商务企业全力进军物流业的一年。1月，阿里巴巴宣布，将投资200亿～300亿元，逐步在全国建立起一个立体式的仓储网络体系。2月，京东商城CEO刘强东宣称，将把募集来的15亿美元中的大部分资金投入物流体系建设。5月，沃尔玛与1号店达成战略合作协议。沃尔玛拥有全球化的经验和先进的供应链系统，1号店仓库管理系统将借鉴沃尔玛经验，提高自动化程度，形成专业的流水线运作，一个原来日订单承载量2万单的仓库提高到5万～6万单。7月，麦考林在吴江兴建近14万平方米的全球运营中心，并且斥巨资引进美国"红色草原"供应链信息系统。11月，苏宁电器在合肥建立的首个第三代大型物流基地正式投入使用。

点评

随着信息技术的发展，电子商务企业越来越多，竞争也越来越激烈。电子商务企业的发展在经历了价格、人才、资本等种种因素的考验之后，物流的重要性日趋凸显。电子商务与物流相互影响、相互促进。结合党的二十大报告中提到的"加快发展物联网，建设高效顺畅的流通体系，降低物流成本"的要求，思考电子商务在物流中应用的重要性。

当前，科学技术日新月异，一场席卷全球的信息化热潮，深刻地影响着社会和经济发展的各个领域。电子商务作为信息技术与现代经济贸易相结合的产物，已经成为人类社会进入知识经济、网络经济时代的重要标志。物流是电子商务的重要组成部分，也是实现电子商务的保证。

11.1 电子商务概述

11.1.1 电子商务的概念

电子商务（electronic commerce，EC）指的是通过信息网络以电子数据信息流通的方式在全世界范围内进行并完成的各种商务活动、交易活动、金融活动和相关的综合服务活动。其内容包含两个方面：一是电子方式，二是商务活动。就其本质而言仍然是"商务"，其核心仍然是商品的交换，与传统商务活动的差别主要体现在商务活动的方式和环节上。

电子商务可以通过多种电子通信方式来完成。现在所探讨的电子商务主要是指以 EDI 和互联网来完成的商务活动。尤其是随着互联网技术的日益成熟，电子商务真正的发展将是建立在互联网技术上的，所以也有人把电子商务称为 IC（Internet commerce）。

从贸易活动的角度分析，电子商务可以在多个环节实现，由此也可以将电子商务分为两个层次。较低层次的电子商务如电子商情、电子贸易、电子合同等，而最完整的也是最高级的电子商务应该是利用互联网能够进行全部的贸易活动，即在网上将信息流、商流、资金流和部分的物流完整地实现。也就是说，可以从寻找客户开始，到洽谈、订货、在线付（收）款、开具电子发票，再到电子报关、电子纳税等通过互联网一气呵成。

当然要实现上述完整的电子商务还会涉及很多方面，除了买家、卖家，还要有银行或金融机构、政府机构、认证机构、配送中心等机构的加入。由于参与电子商务的各方是互不谋面的，整个电子商务过程并不是物理世界商务活动的"电子化"翻版，网上银行、在线电子支付等条件和数据加密、电子签名等技术在电子商务中发挥着重要的不可或缺的作用。

知识链接

2020 年 4 月 28 日，中国互联网络信息中心（CNNIC）发布《第 45 次中国互联网络发展状况统计报告》。数据显示，截至 2020 年 3 月，中国网民规模达到 9.04 亿人，其中手机网民规模达到 8.97 亿人，互联网普及率为 64.5%。我国域名总数为 5 094 万个，其中国家顶级域名 CN 域名数为 2 243 万个。网络购物、网上支付等电子商务类应用的用户规模增幅明显。我国网络购物用户规模达到 7.10 亿人，占网民整体的 78.6%。我国使用网上支付的用户规模达到 7.68 亿人，占网民整体的 85.0%。网络购物、网上支付等电子商务类应用在手机端的发展也较为迅速，手机网上购物用户达到 7.07 亿人，手机在线支付的用户规模达到 7.65 亿人，占手机网民总数的 85.3%。互联网的发展，全面促进了电子商务的发展。

11.1.2 电子商务的特点

电子商务起源于专用增值网络和 EDI 的应用，在互联网的推动下，电子商务得到迅速发展，主要具有以下几个特点。

（1）信息化。电子商务是以信息技术为基础的商务活动，它的进行需通过计算机网络系统来实现信息交换和传输。由于计算机网络系统是融数字化技术、网络技术和软件技术于一体的综合系统，因此电子商务的实施和发展与信息技术发展密切相关，也正是信息技术的发展推动了电子商务的发展。

（2）虚拟性。互联网作为数字化的电子虚拟市场，它的商务活动和交易是数字化的。由于信息交换不受时空限制，因此可以跨越时空，形成虚拟市场，完成过去在实物市场中无法完成的交易，这正是电子商务迅速发展的根本所在。

（3）全球性。作为电子商务的主要载体，互联网是全球开放的，开展电子商务可以不受地理位置的限制，它面对的是全球性统一的电子虚拟市场。

（4）平等性。电子商务使企业可以用很低的成本进入全球电子虚拟市场，使得中小企业有可能拥有和大企业一样的信息资源，能平等地参与市场竞争和获取市场机会，从而提高中小企业的竞争能力。

（5）社会性。虽然电子商务依托的是网络信息技术，但电子商务的应用和发展是社会性的系统工程。因为电子商务活动涉及企业、政府、组织、消费者的共同参与，并需要配套的、适应电子虚拟市场的法律法规和竞争机制等。如果缺少任意一个环节（如电子商务交易纳税问题等），都会制约甚至妨碍电子商务的发展。

11.1.3 电子商务的主要模式

电子商务模式是指在网络环境中基于一定技术基础的商务运作方式和盈利模式。电子商务模式越来越多样化，并且不断趋于成熟。电子商务模式按照交易对象大致可以分为以下5种类型。

1. 企业与消费者（business to consumer，B2C）之间的电子商务

B2C电子商务是消费者利用互联网直接参与经济活动的形式，类同于商业电子化的零售商务。其特点是利用互联网代替传统的中间商，如零售商和批发商，这样既可以提高企业对市场的反应速度，也可以减少企业的营销费用，特别是营销渠道费用，以更低廉的价格为消费者提供更满意的服务，大大增强了企业的竞争力。典型的B2C电子商务企业包括两种类型：一是中介型B2C电子商务网站，如亚马逊公司等；二是直销型B2C电子商务网站，如Dell公司等。

2. 企业与企业（business to business，B2B）之间的电子商务

B2B电子商务是电子商务应用最多和最受企业重视的形式，企业可以使用互联网为每笔交易寻找最佳的合作伙伴，完成从订购到结算的全部交易行为，包括与供应商订货、签约，接受发票和使用电子资金转账、信用证、银行托收等方式进行付款，以及处理在商贸过程中发生的其他问题（如索赔、商品发送管理和运输跟踪）等。B2B电子商务在交易额和交易领域的覆盖上，其规模比B2C更可观，对于电子商务发展的意义也更为深远。典型的B2B电子商务企业包括两种类型：一是基于第三方平台的B2B电子商务网站，如阿里巴巴网站等；二是传统企业的B2B电子商务网站，如海尔的供应商管理平台等。

3. 消费者与消费者（consumer to consumer，C2C）之间的电子商务

C2C 电子商务是消费者之间通过某个电子商务平台直接进行交易的电子商务模式。通过 C2C 电子商务平台，个人消费者可以直接把商品或服务卖给其他消费者。现在互联网上很多的拍卖网站允许个人拍卖商品，这就属于 C2C 模式。典型的 C2C 电子商务网站有淘宝网等。

4. 消费者与企业（consumer to business，C2B）之间的电子商务

C2B 电子商务是一种创新型的电子商务模式，不同于传统的供应商主导商品，这是一种先由消费者提出需求，后由生产或商贸企业按需求组织生产或货源的电子商务模式。典型的 C2B 电子商务包括两种类型：一是消费者群体主导的 C2B，即通过聚合消费者的需求，组织商家批量生产或组织货源，让利于消费者，如团购；二是消费者个体参与定制的 C2B（也称深度定制），即消费者个体能参与定制的全流程，企业可以完全满足消费者的个性化需求。目前，应用这种方式最成熟的行业当属服装类、鞋类、家具类等行业。

5. 企业与政府（business to government，B2G）之间的电子商务

B2G 电子商务是指企业与政府机构之间依托互联网等现代信息技术手段进行的商务或业务活动。这种商务活动涵盖了企业与政府之间的各项事务，包括政府采购、税收、商检、管理条例发布，以及法规政策颁布等。政府一方面作为消费者，可以通过互联网发布自己的采购清单，公开、透明、高效、廉洁地完成所需物品的采购；另一方面，政府对企业的宏观调控、指导规范、监督管理的职能通过网络的方式更能充分、及时地发挥。

知识链接

电子商务的发展

电子商务的发展根据其使用的网络不同，可分为以下 4 个阶段。

1. 基于电子数据交换的电子商务

随着个人计算机的出现以及企业间专用网络的发展，出现了应用于企业间的电子数据交换技术和银行间的电子资金转账技术作为电子商务应用的系统雏形，使商业文件可以从一台计算机传输到另一台计算机，大大提高了商业文件的处理速度，降低了商业成本。在互联网普及之前，电子数据交换是最主要的电子商务应用技术。

2. 基于互联网的电子商务

20 世纪 90 年代，互联网在全球迅速普及和发展，逐步从军事、大学、科研机构走向企业和百姓家庭，基于互联网的电子商务以遍及全球的互联网为架构，以交易双方为主体，以网上支付和结算为手段，以客户信息数据库为依托的一种新的商务模式迅速发展。

3. 基于 3G、4G、5G 的移动电商

随着移动通信技术的发展，手机上网已经成为一种重要的上网方式。在 3G 和 4G 时代，智能手机、平板电脑的普及使移动电商的发展极为迅速，改变了很多基于互联网的电子商务的"规则"。2018 年，我国三大电信运营商开始投入 5G 网络建设，2019 年投入商用。在 5G 时代，电子商务会有

更深层次的变化。

4. 基于新兴技术的智慧电子商务

2015 年,政府工作报告中提出了制订"互联网+"行动计划,电子商务是"互联网+"行动计划的一项重要内容,也是核心内容之一。"互联网+"不仅是一场技术变革,还是一场思维变革。站在"互联网+"的风口上,O2O、新零售、互联网金融、智能制造、智慧城市等细分领域的创新应用和实践遍地开花。移动互联网、云计算、大数据、物联网、人工智能、区块链等新兴技术与现代制造业结合,促进了电子商务、工业互联网和互联网金融的快速发展。

11.2 电子商务与物流的关系

11.2.1 物流对电子商务的影响

1. 物流是电子商务的重要组成部分

电子商务中的任何一笔交易,都包含 4 种基本的"流",即信息流、商流、资金流和物流。其中,信息流既包括商品信息的提供、促销、技术支持、售后服务等内容,也包括诸如询价单、报价单、付款通知单、转账通知单等商业贸易单证,还包括交易方的支付能力、支付信誉等。商流是指商品在购、销之间进行交易和商品所有权转移的运动过程,具体是指商品交易的一系列活动。资金流主要是指资金的转移过程,包括付款、转账等过程。通过电子商务,以上 3 种流的处理都可以通过计算机和网络通信设备实现。物流,作为 4 流中最为特殊的一种,是指物质实体(商品或服务)的流动过程,具体指包装、运输、储存、装卸搬运、流通加工、配送等各种活动。在电子商务中,除少数商品和服务,如各种电子出版物、信息咨询服务、有价信息软件等可以直接通过网络传输的方式进行配送外,绝大多数商品和服务的物流需要经实物方式进行传输,最多可以通过网络来优化。所以,在一定意义上物流是电子商务的重要组成部分,也是信息流和资金流的基础与载体。

2. 物流是电子商务所具优势正常发挥的基础

电子商务的开展能够有效地缩短供货时间和生产周期,简化订货程序,降低库存水平,同时使得客户关系管理更加富有成效。在电子商务条件下,商品生产和交换的全过程,即从原材料的采购、各工艺流程的生产到成品的交付,都需要各类物流活动的支持。物流还是商流的后续者和服务者,如果消费者所购的商品没有物流体系来保证送达,电子商务快速、便捷的优势得不到发挥,落后的物流使计算机和网络节约的时间和劳动被抵消,消费者最终会转向他们认为更为安全的传统购物方式。因此,物流是电子商务中的一个关键环节,是电子商务所具优势正常发挥的基础。

3. 物流是实施电子商务的保证

(1) 物流保障生产。

无论是传统的贸易方式,还是电子商务,生产都是商品流通之本,而生产的顺利进行需要各种物流活动的支持。生产的全过程从原材料的采购开始，便要求有相应的供应物流活动，使所采购的材料到位，否则生产就很难进行；再生产的各工艺流程之间，也需要原材料、半成品的物流过程，即所谓的生产物流，以实现生产的流动性；部分余料、可重复利用物资的回收，就需要所谓的回收物流。可见，整个生产过程实际上就是系列化的物流活动。

（2）物流服务于商流。

在商流活动中，商品所有权在购销合同签订时起，便由卖方转移到买方，而商品实体并没有移动。在传统交易中，除了非实物交割的期货交易，一般的商流都必须伴随相应的物流活动，即按照买方的要求将商品由卖方以适当的方式、途径向买方转移。而在电子商务下，消费者通过上网点击购物完成了商品所有权的交割过程，即商流过程，只有商品和服务真正转移到买方手中，商务活动才算终结。在整个电子商务的交易过程中，物流实际上是以商流后续者和服务者的姿态出现的。没有现代化的物流，电子商务的优势就无法发挥。

（3）物流是实现以"客户为中心"理念的最终保证。

电子商务的出现，最大程度地方便了最终消费者。他们足不出户，在互联网上搜索、查看、挑选，就可以完成购物过程。但如果商品不能及时准确地送到消费者手中，电子商务的购物便捷性就失去了意义，消费者就不会再选择网上购物了。因此，物流服务水平的高低决定了消费者的满意程度，同时也决定了电子商务的形象和地位。物流是电子商务中实现以"客户为中心"理念的最终保证。

11.2.2 电子商务对物流的影响

1. 电子商务给物流业带来了发展机遇

电子商务是一次高科技和信息化的革命。它把商务、广告、订货、购买、支付、认证等事务处理虚拟化、信息化，使它们变成脱离实体且能在计算机网络上处理的信息，又将信息处理电子化，强化了信息处理，弱化了实体处理。这必然导致产业大重组，原有的一些行业、企业将逐渐压缩乃至消亡，将扩大和新增一些行业、企业。

产业重组的结果，可能实际上使得社会上的产业只剩下两类行业：一类是实业，包括制造业和物流业；另一类是信息业，包括服务业、金融业、信息处理业等。在实业中，物流企业会逐渐强化，这是因为在电子商务环境里必须承担更重要的任务：既要把虚拟商店的货物送到消费者手中，而且还要从生产企业及时进货入库。物流公司既是生产企业的仓库，又是消费者的实物供应者。物流企业成了代表所有生产企业及供应商面对消费者的唯一的、最集中、最广泛的实物供应者。物流业成为社会生产链条的领导者和协调者，为社会提供全方位的物流服务。可见电子商务把物流业提升到了前所未有的高度，为其提供了发展的机遇。

2. 电子商务促进物流服务的社会化和多功能化

随着电子商务的发展，物流服务的社会化趋势也越来越明显。在传统的经营方式下，无论是实力雄厚的大企业，还是几十人的小企业，一般都由企业自身承担物流职能，从而导致了物流的高成本和低效率的结果。而应用电子商务，可实现网上订购、网上支付，最关键的问题就是物流配送，如果完全依靠自己的力量来完成肯定是力不从心的，特别是对小企业来说，当面对跨地区、跨国界的消费者时，将显得束手无策。因此，物流的社会化，如第三方物流、第四方物流将是电子商务发展的一个十分重要的趋势。

为了更好地满足消费者的需求，与传统的把物流分割成包装、运输、仓储、装卸等若干个独立的环节，并分别由不同的企业单独完成的做法不同，电子商务要求物流给企业提供全方位的服务，既包括仓储、运输，还包括配货、分发和满足各种消费者需要的配套服务。社会化的物流通常把物流的各个环节作为一个完整的系统进行统筹协调、合理规划，为电子商务企业提供全面化和功能多样化的物流服务。

3. 电子商务促进增值性物流服务的发展

传统的物流只是一般的运输仓储，根本无法满足电子商务发展的需求。电子商务需要的不是普通的运输和仓储服务，它需要的是物流服务，而且是增值性的物流服务。增值性的物流服务包括以下几层含义和内容。

（1）给消费者带来便利性的服务。

一切能够简化手续、简化操作的服务都是增值性服务。这里的简化并不是指服务内容的简化，而是指以前需要由消费者自己做的一些事情，现在由商品或服务提供商以各种方式代替消费者做了，从而使消费者可以很便利地获得这种商品或服务，这自然就增加了商品或服务的价值。在提供电子商务的物流服务时，如推行一条龙"门到门"服务、提供完备的操作或作业提示、免费培训、免费维护、省力化设计或安装、代办业务、24小时营业、自动订货、传递信息和转账（利用 EOS、EDI、EFT）、物流全过程追踪等都是对电子商务销售有用的增值性物流服务。

（2）加快反应速度的服务。

快速反应已经成为物流发展的动力之一。传统观点和做法将加快反应速度变成单纯对快速运输的一种要求。而现代物流的观点却认为，可以通过两条途径使过程变快：一是提高运输基础设施和设备的效率，如修建高速公路、铁路提速、制定新的交通管理办法、提高汽车的行驶速度等，这是一种提高速度的途径，但这种途径也有极限；二是在现代物流条件下，通过优化电子商务系统的配送中心、物流中心网络，重新设计适合电子商务的流通渠道，以此来减少物流环节、简化物流过程，提高物流系统的快速反应性能。这种使流通过程变快的物流服务也是一种增值性物流服务。

（3）降低成本的服务。

电子商务发展的前期，物流成本居高不下。有些企业可能会因为根本承受不了这种高成本而退出电子商务领域，或者选择性地将电子商务的物流服务外包出去。因此，发展电子商务一开始就应该寻找能够降低物流成本的物流方案。企业可以考虑的方案包括采用第三方物流服务商、电子商务经营者之间或电子商务经营者与普通商务经营者联合，采取物流联盟计划，提高物流的效率和效益，降低物流成本等。增值性的物流服务无疑是一种能够降低物流成本、发掘第三利润源的服务。

（4）延伸服务。

增值性的物流服务应该是向上可以延伸到市场调查与预测、采购及订单的处理，向下可以延伸到配送、物流咨询、物流方案的选择与规划、库存控制决策建议、贷款回收与结算、教育与培训、物流系统设计与规划等。从发展趋势看，增值性的物流服务还包括向企业提供产品研发与设计、全球觅源与采购、融资、订单跟踪、库存管理、生产与品质监控，以及全球分销等服务。这些延伸服务最具有增值性，但也是最难提供的服务。能否提供此类增值服务现在已成为衡量一个物流企业是否真正具有竞争力的标准。

4. 电子商务促进物流管理的信息化

（1）电子商务物流运作是以信息为中心的。

在电子商务的背景下，物流的运作是以信息为中心的，信息不仅决定了物流的运动方向，也决定着物流的运作方式。在实际运作过程中，企业通过网络信息的收集、整理、分析、传递和及时沟通，可以有效地实现对物流的实时控制，实现物流的合理化。此外，一些生产厂商和下游的经销商、物流服务商可以共用数据库、共享库存信息等，目的是尽可能减少实物库存水平，但并不降低供货服务水平。物流信息化能更好地协调生产与销售、运输、储存等环节的关系，对优化供货程序、缩短物流时间及降低库存都具有十分重要的意义。

（2）电子商务环境下物流信息管理可在全球范围内实现实时控制。

在传统的物流活动中，虽然也有依靠计算机对物流实施的控制，但这种控制都是以单个的运作方式来进行的。例如，在实施计算机管理的物流中心或仓储企业中，所实施的计算机管理信息系统，大多是以企业自身为中心来管理物流的。而在电子商务时代，经济全球化更加明显，跨时空的交易需求和网络全球化、通信技术的支持，可使物流在全球范围内实施整体的实时控制。

5. 电子商务促进物流技术水平的提高

物流技术是指与物流要素活动有关的、实现物流目标的所有专业技术的总称。物流技术包括物流硬技术和物流软技术。物流硬技术是指在组织物流过程中所需的各种材料、机械和设备等。物流软技术是指组织高效率的物流所需的计划、管理、评价等方面的技术和管理方法。从物流环节来考察，物流技术包括现代运输技术、保管技术、装卸技术、包装技术等。

电子商务的飞速发展，促使传统的物流技术向现代物流技术转变。现代物流硬技术是以计算机技术和自动化技术为基础的，如地理信息系统、全球定位系统、电子数据交换技术、条码技术、自动识别技术、自动分拣技术、自动跟踪技术、自动导向技术等。现代物流软技术是以信息技术为基础的物流管理技术，如快速反应、有效客户反应、电子订货系统，以及企业资源计划等物流管理方法。建立一个适应电子商务运作的高效率物流系统，对提高物流的技术水平有着重要的作用。

11.3 电子商务环境下的物流作业流程

11.3.1 电子商务下的物流系统

1. 电子商务下的物流系统的概念

电子商务下的物流系统就是能够适应或满足电子商务要求的物流服务系统。在电子商务环境下，消费者需求个性化、商店和银行虚拟化、商务事务处理信息化、制造过程柔性化，这时整个市场就剩实物的物流处理工作，物流服务商成为代表制造商和供应商面对客户最集中和最广泛的商品实体供应者，直接与客户打交道。

电子商务下的物流系统的基本目的是通过高效的物流配送服务，更好地满足客户或消费者的需要，实现商品的时间与空间价值。该物流系统具有输入、转换和输出三大功能。通过输入、输出使物流系统与电子商务系统及社会环境进行交换。其中，输入包括人、财、物、信息和知识等资源；输出包括效益、服务、环境的影响及信息等；转换包括物流的经营管理活动、业务活动等。

2. 电子商务下的物流系统的特点

与传统物流系统相比，电子商务下的物流系统具有以下特点。

（1）信息化。

电子商务时代，物流系统信息化是电子商务的必然要求。物流系统信息化主要表现为物流信息商品化、物流信息收集数据库化和代码化、物流信息处理电子化和计算机化、物流信息传递标准化和实时化、物流信息存储数字化等。在电子商务活动过程中，信息流分布于各个环节，贯穿于整个商务过程。物流系统是一个跨部门、跨行业、跨区域的社会系统，物流企业需要与上下游企业之间进行频繁的信息交换，要实现各部门之间的平滑对接，信息流的畅通是基本保障。在电子商务中，零库存的实现、运转周期的缩短也都依赖于信息的灵敏传送。

电子标签辅助拣选系统

（2）自动化。

物流系统自动化的基础是信息化，核心是机电一体化，外在表现是无人化，目的是效率化，即扩大物流作业能力、提高劳动生产率、减少物流作业的差错等。物流自动化的设施非常多，如自动识别系统、自动分拣系统、自动存取系统、自动导向车、货物自动跟踪系统等。这些设施与技术在发达国家已普遍应用于物流作业流程，我国虽然物流业起步晚，但是自动化技术也开始快速普及。

自动贴标签

（3）网络化。

网络化是现代物流区别于传统运输、仓储的重要特征，高效畅通的网络设施是现代物流业的基础，包括物流企业与上下游企业、物流企业内部、物流企业之间的信息交换网络，以及物流实体配送交通运输网络等各方面的建设。具体来说，即一方面是物流系统的计算机通信网络，包括物流配送中心与供应商或制造商联系的计算机网络，甚至与消费者个人之间联系的计算机通信网络；另一方面是组织或企业的网络化，即组织或企业内部网。物流服务系统网络化是物流信息化的必然，是电子商务物流活动的主要特征之一。当今世界全球网络资源的可用性及网络技术的普及为物流的网络化提供了良好的外部环境，物流服务系统网络化是必然趋势。

（4）智能化。

智能化是物流自动化、信息化的高层次应用的体现，物流作业过程中大量的运筹和决策，如库存水平的确定、运输（搬运）路径的选择、自动导向车的运行轨迹和作业控制、自动分拣机的运行、物流配送中心经营管理的决策支持等问题都需要借助大量的知识才能解决。随着专家系统、机器人、人工神经网络等智能技术的进一步发展，智能化成为电子商务物流发展的趋势。

（5）柔性化。

柔性化最早是为体现"以客户为中心"的理念而在生产领域提出的。电子商务的发展，使得企业根据客户的实际需要"量体裁衣"成为可能。企业生产方式由传统的大规模、机械化方式转为以时间成本为基础的弹性方式，整个生产作业过程呈现出柔性化的特征。但要真正做到柔性化，真正能根据消费者需求的变化来灵活调节生产工艺，必须有配套的柔性化物流系统支撑，否则不可能达到柔性化。20世纪90年代，国际生产领域纷纷推出柔性制造系统（flexible manufacturing system，FMS）、计算机集成制造系统（computer integrated manufacturing system，CIMS）、制造资源计划（manufacturing resource planning，MRP）、企业资源计划（enterprise resource planning，ERP）以及供应链管理等一系列概念和技术。这些概念和技术的实质是要将生产、流通进行集成，根据需求组织生产，计划物流。因此，柔性化的物流正是适应生产、流通与消费的需求而发展起来的一种新型物流模式。根据消费者需求"多品种、小批量、多批次、短周期"的特点，灵活组织和实施物流作业。

（6）一体化。

物流服务系统的信息化、自动化、网络化和柔性化，必将推动物流服务系统实现一体化，即以物流系统为核心的由生产企业、物流企业、销售企业，直至消费者的供应链的整体化和系统化。现代物流活动已经不仅作为单独的个体而存在，它还在电子商务乃至整个社会生产链条中担负着重要的角色。供应链整合协调和集成化管理是现代物流区别于传统物流的最主要特征，由分散的物流进入社会化的物流体系是物流模式的重大转变。

与传统物流相比，电子商务物流在服务理念、配送体系、技术支持、信息响应、管理特征、合作程度等方面都具有明显的特征，如表11-1所示。

表 11-1 传统物流与电子商务物流比较

比较项目	传统物流	电子商务物流
服务理念	以规模为中心	以客户为中心
配送体系	单一线性配送网	网状配送、网络体系
技术支持	传统管理技术	网络技术、信息技术
信息响应	信息传递迟缓、响应慢	信息化程度高、反应迅速
管理特征	刚性化	柔性化
合作程度	格局分散	强调协同合作

3. 电子商务对物流系统的要求

电子商务的发展对物流系统提出了诸多要求,主要包括以下方面。

(1) 物流运作方式信息化、网络化。

电子商务要求物流处理的全过程处于受控状态,具体包括采集运输、储存、配送等各个环节的信息,通过信息网络进行汇集,对物流网络实施有效控制,实现物流集约化;同时要求通过互联网实现一个地区、一个国家直至全球范围整体的、系统的物流实时控制。

(2) 物流运作水平标准化、信息化。

电子商务一方面要求物流对所有的物品甚至运输工具都采用标准的标识码技术,对盛装容器、运输包装等进行规范,以便于信息的自动采集和自动处理。另一方面要求物流系统配置机械化、自动化设备,对各种物品和容器实施高效的自动化分拣处理,缩短商品的流通时间。

(3) 物流反应速度高速化、系统化。

物流系统的快速反应是物流发展的动力之一,也是电子商务制胜的关键。消费者在网上进行交易时,商流和资金流以电子速度在网上高速流动;网上交易完成后,要求实物商品从受理、分拣、运输直至配送到消费者手中也能高速流动。这就要求物流系统拥有高效快捷的运输和配送能力。

(4) 物流动态调配能力个性化、柔性化。

电子商务创造了个性化的商务活动,通过网络营销,它可以向各个用户提供不同的产品和服务。在这样的背景下,作为支持电子商务的物流必须也能根据用户的不同要求,提供个性化、柔性化的服务。

(5) 物流的经营形态社会化、综合化。

传统商务的物流系统往往由某一企业来进行组织和管理,而电子商务具有跨行业、跨时空的特点,要求从社会化的角度对物流实行系统的组织和管理,实现物流经营的社会化和全球化。因此,电子商务一方面要求物流企业相互联合起来,在竞争中协同作业;另一方面要求物流业向第三方综合代理方向或多元化、综合化方向发展。

11.3.2　电子商务下的物流流程

电子商务的本质特征是生产者与消费者的关系是直接的,减少中间环节,拉近企业与消费者之间的距离。电子商务利用互联网技术,将供应商、企业、消费者及其他商业伙伴连接到现有的信息技术上,达到信息共享,彻底改变现有的业务作业方式及手段,实现充分利用资源、缩短商业环节及周期、提高效率、降低成本、提高服务水平的目的。

电子商务下整个供应链是由供应商、制造商、物流中心和消费者组成的,供应商、制造商、物流中心和消费者通过互联网共享需求信息,供应商根据消费者的需求,生产所需要的原材料,原材料经过制造商的加工、包装等一系列作业后,将产品集中到物流中心,物流中心根据消费者的订单情况,将货物送到消费者手中,如图11.1所示。

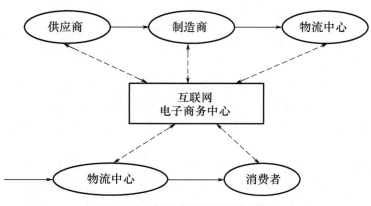

图 11.1 电子商务下的物流流程

与传统商务相比，供应链环节减少了，现实的零售店没有了，物流中心的作用变得越来越显著，物流中心既是制造商的仓库，又是消费者的实物供应仓库。如果上述流程再简化一下，变成电子商务环境下生产企业与消费者之间的物流运行过程，如图 11.2 所示。可以看出，消费者通过网上的虚拟商店购物，并在网上支付，信息流和资金流的运作过程很快就能完成，剩下的工作就只有实物的物流处理了，物流中心成了所有企业和供应商对消费者的唯一供应者，可见，物流中心的作用越来越突出。

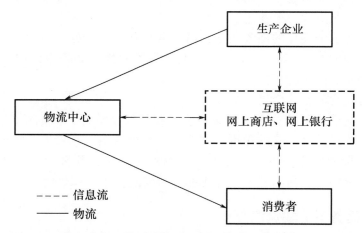

图 11.2 电子商务环境下生产企业与消费者之间的物流运行过程

11.3.3 电子商务物流作业流程

以连锁企业的配送系统为例，传统商务物流作业流程如图 11.3 所示。

以 B2B 电子商务的物流配送系统为例，电子商务物流作业流程如图 11.4 所示。

电子商务的物流作业流程同传统商务一样，目的都是将消费者所订货物送到他们手中，其主要作业环节与一般物流的作业环节一样，包括商品包装、商品运输、商品储存、商品装卸和物流信息管理等。

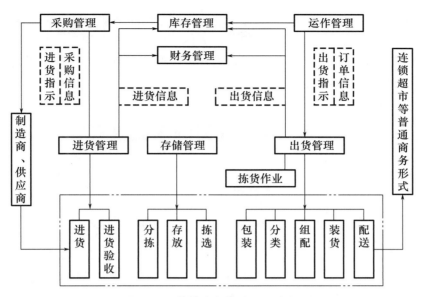

图 11.3 传统商务物流作业流程

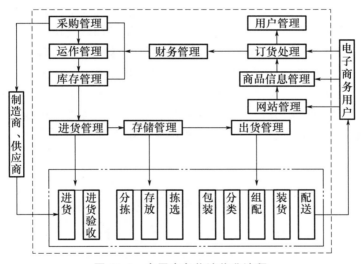

图 11.4 电子商务物流作业流程

电子商务物流系统的基本业务流程因电子商务企业性质不同而有所差异。例如，制造型企业的电子商务物流系统，其主要业务流程可能开始于消费者的订单，中间可能包括与生产准备和生产过程相关的物流环节，同时包括从产品入库直至产品送达消费者的全部物流过程；而对销售型的电子商务企业（如销售网站）而言，其物流过程就不包括生产过程物流的提供，但其商品组织与供应物流和销售物流则极为完善；对于单纯的物流企业而言，由于它充当为电子商务企业提供第三方物流服务的角色，因此，它的功能和业务过程更接近传统意义上的物流或配送中心。

虽然各种类型的电子商务企业的物流组织过程有所差异，但从电子商务物流的业务流程看还是具有许多相同之处的。具体来说，其基本业务流程一般都包括进货、进货验收、分拣、存放、拣选、包装、分类、组配、装货及配货等。与传统物流模式不同的是，电子商务的每个订单都要送货上门，而实体店铺销售则不用，因此，电子商务的物流成本更高，配送路线的规划、配送日程的调度、配送车辆的合理利用难度更大。与此同时，电子商务的物流过程可能会受到更多因素的制约。

11.4 电子商务的物流模式

11.4.1 电子商务下的物流模式类型

从产权的角度看，在电子商务环境下，企业采取的物流模式包括以下几种。

1. 自营物流

从历史的角度看，企业对物流服务的需求最初是以自我提供的方式实现的。自营物流就是指电子商务企业自行组建物流系统，经营管理企业的整个物流运作过程。

目前，采用自营物流模式的电子商务企业主要有两类：一类是经营电子商务网站的传统大型制造企业或批发企业，由于其自身在长期的传统商务中已经建立起初具规模的营销网络和物流配送体系，在开展电子商务时只需将其加以改进、完善就可满足电子商务条件下对物流配送的要求；另一类是资金实力雄厚且业务规模较大的电子商务公司，在第三方物流公司不能满足其成本控制目标和客户服务要求的情况下，自行建立适应业务需要的通畅、高效的物流系统，并可向其他的物流服务需求方（如其他的电子商务公司）提供第三方综合物流服务，以充分利用其物流资源，实现规模效益。如亚马逊、当当网、卓越网等电子商务企业均建有自己的物流配送系统。

案例链接

京东自营物流

京东集团2007年开始自建物流，2012年注册物流公司，2017年4月25日正式成立京东物流集团（简称京东物流）。京东物流通过智能化布局的仓储物流网络，为商家提供包括仓储、运输、配送、客服、售后在内的双向一体化供应链解决方案。京东物流提供快递、冷链、跨境、客服、售后等全方位的物流服务，以及物流云、物流科技、物流数据、云仓等物流科技产品。京东物流已成为拥有中小件、大件、冷链、B2B、跨境和众包（达达）6大物流网络的企业。

到2022年，京东物流在全国运营约1 400个仓库，43座大型智能物流园区，投用了全国首个5G智能物流园区。包含云仓在内，京东物流运营管理的仓储总面积达1 700万 m^2。京东物流大件和中小件网络已实现大陆行政区县几乎100%覆盖，自营配送服务覆盖了全国99%的人口，90%以上的自营订单可以在24小时内送达，90%的区县可以实现24小时送达。自营物流已经成为京东集团核心的竞争优势之一。

自营物流有利于企业掌握对客户的控制权，管理方便，但成本高。自营物流由企业直接支配物流资产，控制物流职能，保证供货的准确和及时，保证客户服务的质量，维护了企业和客户间的长期关系。但此种物流模式需要投入大量的资金购买物流设备、建设仓库和信息网络，这对于缺乏资金而又货流量不大的企业，特别是中小企业来说是个沉重的负担。

2. 第三方物流

与自营物流相对应的是第三方物流。第三方物流是指由供方与需方以外的物流企业提供物流服务的业务模式。所谓第三方，是指物流的实际需求方（第一方）和物流的实际供给方（第二方）之外的第三方。对于电子商务企业来说，它是指以签订合同的方式，在一定期限内将部分或全部物流活动委托给专业的第三方物流企业来完成。因此，第三方物流也称合同物流、外协物流。第三方物流企业利用专业物流设施和物流运作的管理经验，汇集社会物流需求，为客户定制物流计划。第三方物流是物流社会化、合理化的有效途径。

一般来说，从事电子商务活动的中小企业大部分会选择第三方物流模式。

第三方物流具有以下作用。①简单交易。很明显，这种物流模式的存在大大简化了交易过程和结构。②企业能够专注于自己熟悉的业务，将资源配置在核心业务上，增加企业柔性。③减少固定资产投资，加速资本周转。④降低成本，提高效率，增强企业竞争力。物流企业从事物流工作有丰富的专业知识和经验，有助于降低货主企业的物流成本，实现规模经济所带来的高效率。⑤提高企业为客户服务的水平，改进企业形象。外协物流能更好地满足客户的物流需求，减少缺货，通过与营销有效配合，提供更专业的服务。

第三方物流也有不足之处。与自营物流比较，外协物流意味着企业放弃了对客户的直接控制权，放弃了物流专业技术的开发，具有一定程度的风险性和不确定性。物流公司能在多大程度上满足要求及是否可靠，这些都是货主企业需要反复权衡的因素。只有通过认真的成本利益分析，企业才能知道第三方物流是否真正有利。

 小贴士

美国著名管理学者德鲁克（P. F. Drucker）认为，任何企业中，仅做后台支持而不创造营业额的工作都应该外包出去，任何不提供向高级发展的机会的活动、业务也应该采用外包形式。

3. 物流联盟

物流联盟是介于自营物流和第三方物流之间的一种物流组建模式，是以物流为合作基础的企业战略联盟。物流联盟是指物流企业通过签署合同在物流业务方面形成优势互补、要素双向或多向流动、相互信任、共担风险、共享收益的物流伙伴合作关系。物流服务同样也有规模经济问题，物流联盟就是为了追求规模经济而产生的。通过物流联盟，联盟成员可以利用其他成员过剩的物流资源，或具有战略意义的市场位置，或具有卓越的管理能力等。

物流企业联盟，可以由电子商务企业之间联合发展，如中小型电子商务企业联合投资兴建配送中心，实行配送共同化；也可以由电子商务企业与专业物流服务商联合发展，如天猫商城宣布与包括EMS、顺丰、四通一达在内的国内九大快递公司达成战略合作；

还可以由专业物流服务商联合发展。

在物流联盟内部，组成物流联盟的企业之间具有很强的依赖性，同时，各企业间也有明确的分工。各企业为实现整体配送的规模化、专业化和合理化，以互惠互利为原则，形成联盟，各尽所能、各取所需，实现配送的共同化、物流资源利用共同化、物流设施设备利用共同化及物流管理共同化。这是电子商务发展到目前为止比较合理的一种物流模式。

通常，对于物流联盟中的各企业而言，可以从中获得不同的好处。如果企业自身物流管理水平较低，参与或组建物流联盟将在物流设施、运输能力及专业管理技巧上获得较大收益；如果物流在企业战略中不是关键地位，但其物流水平却很高，就应该寻找其他企业共享物流资源，通过增大物流量获得规模效益，降低成本；许多物流企业自身也能够利用联盟来改善其竞争能力；还可以通过物流联盟把专门承担特定服务的制造商的内在优势汇集在一起；许多不同地区的物流企业通过联盟，共同为某一电子商务客户服务，能够更好地满足电子商务企业跨地区、全方位的物流服务要求。

 知识链接

菜鸟联盟

菜鸟联盟是提升电商物流服务体验的组织，成立于2016年3月28日，由阿里巴巴三大战略业务板块之一的菜鸟网络牵头，联合国内外主要物流合作伙伴组建。其目标和初心是在大数据、云计算等支持下，促进行业企业的多边合作，共同承担社会责任，带动行业的整体发展，并加快行业数字化、自动化和无人化建设，提升客户的物流服务体验；探索新零售环境下的增量市场；联合打造面向未来的中国智能骨干网和全球智慧物流服务网络。菜鸟联盟首先开始推动物流行业的服务分层，把大数据、云计算等能力赋予物流合作伙伴，帮助合作伙伴提升服务能力，并在电商平台的商品页面上，给这些优质物流服务打上专用标识。菜鸟联盟成立以来，已经推出当日达、次日达、预约配送等优质产品，并承诺"说到就到、不到就赔"。

 知识链接

第四方物流

第四方物流是1998年由美国埃森哲咨询公司率先提出的，是专门为第一方、第二方和第三方物流提供物流规划、咨询、物流信息系统建立、供应链管理等活动。第四方物流并不实际承担具体的物流运作活动。

第四方物流是一个供应链的集成商，是供需双方及第三方物流的领导力量。它不是物流的利益方，而是通过拥有的信息技术、整合能力及其他资源提供一套完整的供应链解决方案，以此获取一定的利润。

第四方物流是一种新生的物流运作模式，正在被研究和实践着。

11.4.2 电子商务下企业物流模式的选择

企业在进行物流决策时，应当从电子商务下物流的特点及企业自身的实际情况出发，并结合物流业的发展趋势来考虑。不同企业到底选择何种物流模式，需从以下几个方面综合考虑。

1. 业务规模和资金实力

一般地，大中型企业由于实力较雄厚，通常有能力建立自己的物流系统，制订合适的物流需求计划，保证物流服务的质量。另外，还可以利用过剩的物流网络资源拓展外部业务（为别的企业提供物流服务）。而中小企业则受人员、资金和管理的资源限制，物流管理效率难以提高，更适宜把物流管理交给第三方专业物流公司。例如，实力雄厚的麦当劳公司就自己组建了货运公司，每天把汉堡包等保鲜食品运往全国各地，以保证供货的及时和准确。

2. 企业的物流管理能力及现有的物流网络资源

当企业物流管理能力强，现有的物流网络资源丰富时，可自营物流。如我国某线上饮用水公司就依托其自身完善的送水网络（3个配送中心、100个配送站、200辆小货车、1 000辆"黄鱼车"、1 000名配送人员），开发建设了自己的物流配送体系。若企业的物流管理水平低，则适宜于第三方物流或组建物流联盟。例如，联合利华上海有限公司就选择了与上海友谊集团储运公司合作，利用友谊集团储运公司丰富的储运经验和就近的库房，形成物流联盟。

3. 企业的核心业务

如果企业的核心业务不包括物流，就应将物流管理外包给从事该业务的专业企业去做，这样从原材料供应到生产，再到产品的销售等各个环节的各种职能，都是由在某一领域具有专长或核心竞争力的专业物流企业来完成的。如计算机行业的 Compaq 和 Dell 两家公司分别将非核心业务的物流外包给英国第三方物流服务商 Exel 和美国的快递公司 FedEx，而自己专注于计算机研发这项核心业务。

4. 物流对企业成功的影响程度

如果物流对企业战略起着关键作用，企业应自营物流，或寻找较为可靠的第三方物流公司，建立长期稳定的物流联盟。自营物流保证了企业的关键业务不受外界因素的影响；而与可靠的第三方物流公司合作，令企业在物流设施、运输能力、专业管理技巧上获益，并可降低成本及风险。

本章小结

电子商务指的是通过信息网络以电子数据信息流通的方式在全世界范围内进行并完成的各种商务活动、交易活动、金融活动和相关的综合服务活动。电子商务具有信息化、虚拟性、全球性、平等性、社会性等特征。电子商务按交易对象大致可分为B2C、B2B、C2C、C2B、B2G 5种类型。

电子商务对物流的影响体现在物流是电子商务的重要组成部分；物流是电子商务所

具优势正常发挥的基础；物流是实施电子商务的保证。电子商务对物流的影响体现在电子商务给物流业带来了发展机遇；电子商务促进物流服务的社会化和多功能化；电子商务促进增值性物流服务的发展；电子商务促进物流管理的信息化；电子商务促进物流技术水平的提高。

电子商务环境下的物流系统就是能够适应或满足电子商务要求的物流服务系统。

从产权的角度看，在电子商务环境下，企业可采取的物流模式有自营物流、第三方物流和物流联盟，并介绍了电子商务企业物流模式的选择依据。

思考题

1. 什么是电子商务？电子商务有哪些特点？
2. 简述电子商务的主要模式。
3. 阐述电子商务与物流的关系。
4. 电子商务下的物流模式有哪些？
5. 电子商务下企业如何选择物流模式？

案例分析

亚马逊电子商务物流

亚马逊网上书店自1995年开业以来，经历了几十年的发展历程，已成为全球最大的网上商城，其骄人业绩的取得，在很大方面得益于物流的成功。亚马逊虽然是一家电子商务公司，但它的物流系统十分完善。正是由于有完善、优化的物流系统作为保障，它才有能力严格控制物流成本和有效地进行物流过程的组织运作。亚马逊在物流运作方面主要有以下特点。

（1）在配送模式选择上采用外包的方式。在电子商务中，亚马逊将其国内的配送业务委托给美国邮政和UPS，将国际物流委托给国际海运公司等专业物流公司，自己则集中精力去发展主营和核心业务。这样可以减少投资，降低经营风险，又能充分利用专业物流公司的优势，节约物流成本。

（2）将库存控制在最低水平。亚马逊通过与供应商建立良好的合作关系，实现了对库存的有效控制。亚马逊公司的库存图书很少，维持库存的只有200种最受欢迎的畅销书。一般情况下，亚马逊是在顾客买书下了订单后，才从出版商那里进货。顾客以信用卡向亚马逊公司支付书款，而亚马逊却在图书售出46天后才向出版商付款，这就使它的资金周转比传统书店要顺畅得多。由于保持了低库存，亚马逊的库存周转速度很快。

（3）为邮局发送商品提供便利，减少送货成本，在送货中亚马逊采取一种被称为"邮政注入"的方式以减少送货成本。所谓"邮政注入"，就是使用自己的货车或由独立的承运人将整卡车的订购商品从亚马逊的仓库送到当地邮局的库房，再由邮局向顾客送货。这样就可以免除邮局对商品的处理程序和步骤，为邮局发送商品提供了便利条件，也为自己节省了资金。

（4）根据不同的商品类别建立不同的配送中心，提高配送中心作业的效率。亚马逊配送中心按商品类别设立，不同的商品由不同的配送中心进行配送。这样有利于提高配送中心的专业化配送作业程度，使作业组织简单化、规范化，既能提高作业中心配送的效率，又可以降低配送中心的管理和运转费用。

（5）采用"组合"包装技术，扩大运输批量。当顾客在亚马逊的网站上确认订单后，就可以立即看到亚马逊销售系统根据顾客所订商品发出的是否有现货，以及选择的发送方式、估计发货日期和送货日期等信息。亚马逊根据商品类别建立不同的配送中心，所以顾客订购的不同商品是从位于美国的不同地点的不同的配送中心发出的。由于亚马逊的配送中心只保持少量的库存，因此在接到顾客订货后，亚马逊需要查询配送中心的库存，如果配送中心没有现货，就要向供应商订货，故会造成同一张订单上的商品有的可以立即发货，有的则需要等待。为了节省顾客的等待时间，亚马逊建议顾客在订货时不要将需要等待的商品和有现货的商品放在同一张订单中。这样在发货时，承运人就可以将来自不同顾客、相同类别，而且配送中心也有现货的商品配装在同一辆货车内发运，从而缩短了顾客订货后的等待时间，也扩大了运输批量、提高了运输效率、降低了运输成本。

讨论题

1. 亚马逊采用了哪种电子商务物流模式？
2. 亚马逊电子商务下的物流作业有哪些特点？
3. 亚马逊的成功经验给了我们什么启示？

【名人名言】

物流对电商之重要，犹如荆州城池对蜀汉之意义。

——逐一时代传媒科技有限公司副总裁朱翊

第11章
在线题库

第 12 章 供应链管理

【本章教学要点】

知识要点	掌握程度	相关知识
供应链与供应链管理概述	掌握	供应链的概念与特征
	了解	供应链的类型
	掌握	供应链管理的概念
	理解	供应链管理的内容
	掌握	供应链管理的目标
供应链设计与优化	了解	供应链设计的基本问题
	了解	供应链设计的原则与步骤
	掌握	供应链优化的概念与原则
	了解	供应链优化的方法
供应链绩效评价	了解	供应链绩效评价的概念与作用
	理解	供应链绩效评价的内容与关键点
	掌握	供应链绩效评价的具体指标
	掌握	供应链绩效评价的方法
供应链管理的基本方法	了解	快速反应
	了解	有效客户响应

供应链管理 第12章

【重要知识点图谱】

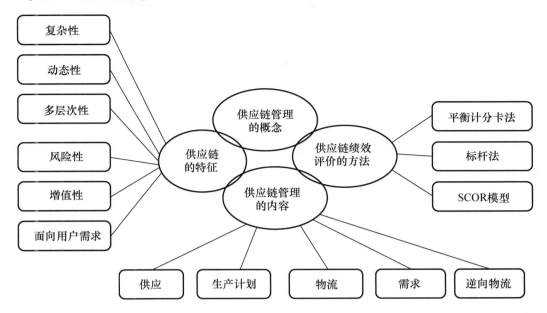

 导入案例

麦德龙：限定目标群的供应链管理

1995年，麦德龙公司携自己成功的管理模式和先进的信息管理系统落户上海，并迅速向外扩张。到2000年，麦德龙已相继在上海、无锡、宁波、南京、福州、东莞等地开设分店。在一连串的扩张行动中，麦德龙最引人注目的成功秘诀，恐怕就是坚持仓储店的路线，划定自己的目标客户群了。

1. 计算机结合人脑下单

有效的物流跟踪与库存控制，是整个供应链在最优化状态下运行的基本保证。据了解，在麦德龙，计算机控制系统掌握了商品进销存的全部动态，将存货控制在最合理的范围。当商品数量低于安全库存，计算机就能自动产生订单，向供货单位发出订货通知，从而保证商品的持续供应和低成本经营。当然，采购预测是影响整个供应链的关键环节，预测的准确性将影响到其他各个环节效率，对成本产生直接影响。麦德龙有专门的监督人员检查整个系统，检查订货数量和交货数量是否相符。一般的订货程序计算机先根据顾客的需求信息提出采购预测，管理者再根据计算机的预测并参考其他的因素（如季节的变化、促销计划、社会上的大型活动及整个供应链各个环节的负荷能力等）结合经验做出最终订单决定。

2. 建立标准化操作

麦德龙的经营秘诀就是所有麦德龙的分店都一个样，这样可以将成功的运作模式复制到每个商场，包括商场的外观和内部布置及操作规则，所有商场实施标准化、规则化管理。这些规则包括购买、销售、组织等各个方面。就像工厂的机械化操作一样，每个人都知道自己要做什么，应该怎么做，规则非常明确。从与供应商议价开始，直到下单、接货、上架、销售、收银整个流程，都由一系列很完善的规则来控制。

据悉，麦德龙的标准化原则以降低成本为最终目标，整个店铺的设计虽不豪华但很有效率。作为仓储式的配销中心，麦德龙采用的是门店和仓储合一的方式，不仅节省了店面投入成本，而且在时间上能做到快速补货。另外，其工业大货架将销售和存货合为一体的设施，使空间上的垂直补货成为可能，适合麦德龙这种大量销售、物流速度快的商业模式，有助于实现低成本高效运作。

3. 限定客户降低成本

麦德龙整个供应链的运作，都是由客户的需求来拉动的，因此，它总是站在客户的角度去思考，提供更加完善的商品和服务。比如针对中小型零售商、酒店、餐饮业、工厂、企事业单位、政府和团体等，其供应链管理的特色之一就是对客户实行不收费的会员制管理，并建立了客户信息管理系统。

麦德龙认为，如果公司不限定客户，让所有人都来，运营成本就要增加，管理难度也将加大。例如，货架上的商品陈列可以一件一件地放，也可以一箱一箱地放。但如果在货架上摆一箱可口可乐，一件一件地放，要放 24 次。如果一箱一箱地放，一次就够了，而且还可以从接货处直接用机器将货品摆上货架。麦德龙针对的是选择那些愿意一箱一箱地购买的客户，而不是那些希望一件一件地零散购买的客户。这样可以减少操作成本，进而减少人员成本。

另外，限定了客户群，就可以分析他们的需求，增加他们喜欢的商品，减少他们不需要的商品，从而优化商品的品种。例如，其他零售超市可能需要 40 万种商品去满足他们的客户需求；麦德龙只需要 15 万种，前者需要的品种是后者的双倍。麦德龙只关注目标客户，知道他们需要什么，因此可以做到有效控制品种数目。否则，公司就需要更多的投入、更多的供应商、更多的洽谈……这就是成本。从技术的角度讲，限制客户范围可以提高经营效率。

点评

当今激烈的商业竞争发生在竞争者各自的供应链之间，是否在竞争中赢得胜利取决于能够找到一种比竞争对手更快、更有效的交货给客户的方法，而有效的供应链管理则是企业实现这一目标的重要手段。目前，供应链管理已经渗透到全球的各个产业，供应链管理日益成为企业获得竞争优势的源泉。

随着经济全球化和组织一体化的发展，企业之间的竞争已不再是单个企业之间的较量，而演变成为供应链之间的竞争，供应链管理也被提到企业的战略高度。因此，采用先进的管理理念和管理方法，打造一条围绕企业核心竞争力的、快速、高效、随需求而变的供应链是现代企业的发展目标。

12.1 供应链与供应链管理概述

12.1.1 供应链概述

1. 供应链的概念

供应链是 20 世纪 80 年代产生的一种思想。目前供应链尚未形成一个统一的定义，许多学者和机构从不同的角度给出了不同的定义。

CSCMP 对供应链的概念给出的解释是：供应链是涉及生产与交付最终产品和服务的一切努力，从供应商的供应商到客户的客户。

美国学者史蒂文斯（G. C. Stevens）认为：供应链是通过增值过程和分销渠道控制从供应商的供应商到用户的流程，它开始于供应的原点，结束于消费的终点。

英国学者哈里森（F. Harrison）指出：供应链是执行采购原材料，将它们转换为中间产品和成品，并将成品销售到最终用户手中的功能网链。

中国学者马士华认为：供应链是围绕核心企业，通过对信息流、物流、资金流的控制，从采购原材料开始，制成中间产品及最终产品，最后由销售网络把产品送到用户手中，将供应商、制造商、分销商、零售商直到最终用户连成一个整体的功能网链结构模式。

国家标准《物流术语》将供应链的概念定义为：生产及流通过程中，围绕核心企业的核心产品或服务，由所涉及的原材料供应商、制造商、分销商、零售商直到最终用户等形成的网链结构。

传统的供应链概念局限于企业的内部操作层上，认为供应链是制造企业中的一个内部过程。后来供应链的概念扩展到与其他企业的联系，注意到了供应链的外部环境，认为它应是一个"通过链中不同企业的制造、组装、分销、零售等过程将原材料转换成产品，再到最终用户的转换过程"，这是一个更大范围、更为系统的概念。而到了最近，供应链的概念更加注重围绕核心企业的网链关系，如核心企业与上游供应商乃至供应商的供应商，与下游客户乃至客户的客户的关系。此时对供应链的认识形成了一个网链的概念。

在此基础上，本书给出的供应链的定义是：供应链是围绕核心企业，从采购原材料开始，到生产产品，再到产品通过销售网络送到最终用户手里的过程中，对信息流、物流、资金流的控制。整个供应链将供应商、制造商、分销商、零售商乃至客户连成一个整体的功能网链结构模式。

根据以上供应链的定义，可以将供应链的结构认为是一个网链结构。它是围绕核心企业的供应商、供应商的供应商、客户、客户的客户组成。一个企业就是一个节点，节点企业与节点企业之间是一种需求和供应关系。图 12.1 是一个最基本的供应链网链结构，在实际运作中，相应的网链结构会复杂很多。

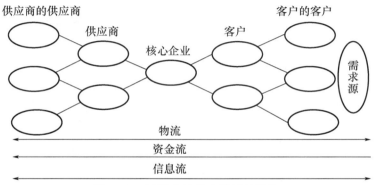

图 12.1　最基本的供应链网链结构

2. 供应链的特征

从供应链的结构模型可以看出，供应链具有以下特征。

（1）复杂性。因为供应链节点企业组成的跨度和层次不同，供应链往往由多个、多类型和多国企业构成，它们之间关系错综复杂。所以，供应链结构模型比一般单个企业的结构模型更为复杂。

（2）动态性。供应链管理因企业战略和适应市场需求变化而变化，其中节点企业需要动态地更新和调整，这使得供应链具有明显的动态性。

（3）多层次性。供应链包括供应商、制造商、分销商、零售商、最终用户等多个层次。

（4）风险性。供应链上的消费需求和生产供应始终存在时间差和空间的分割。通常，在实现产品的数周和数月之前，制造商必须先确定生产的款式和数量，这一决策直接影响到供应链系统中的生产、运输、仓储、配送等功能的容量设定及成本构成。因此，供应链上供需匹配隐含着巨大的财务风险和供应风险。

（5）增值性。供应链的特征还表现为增值性。企业的生产运营系统是将一些资源进行转换和组合，增加适当的价值，然后把产品分送到最终用户手中。

（6）面向用户需求。供应链的形成、存在、重构都是基于一定的市场需求而发生的。在供应链的运作过程中，用户的需求是供应链中信息流、物流、资金流运作的驱动源。

3. 供应链的类型

根据不同的划分标准，可以将供应链分为以下几种类型。

（1）功能型供应链和创新型供应链。

根据产品类别不同，可分为功能型供应链和创新型供应链。

① 功能型供应链即针对功能性产品所形成的供应链。功能性产品是指满足用户的基本需求产品，这类产品变化很少，具有稳定的、可预测的需求，一般具备大于两年的较长寿命周期。由于市场需求比较稳定，容易实现供求平衡。对各节点企业来说，重点要考虑的是如何利用供应链上的信息，以便降低整个供应链的费用，提高效率。尤其是降低其生产、运输、库存等方面的费用，以最低的成本将原材料转化为产成品。

② 创新型供应链即针对创新性产品所形成的供应链。创新性产品指的是产品需求一般不可预测，寿命周期较短，市场的不确定性较高。节点企业除了要利用供应链上的信息，还要特别关注来自市场的信息。这类产品的供应链应重点考虑供应链的响应速度和柔性，只有这样才能适应多变的市场需求。

（2）推动式供应链和拉动式供应链。

根据供应链的市场适应性，可分为推动式供应链和拉动式供应链。

① 推动式供应链是指从原材料出发，经由半成品、产成品、市场，直至最终用户的物流主导过程。其优点在于能够稳定供应链的生产负荷，提高机器设备利用率，缩短提前期。但这种类型需要有较多的原材料、在制品、完成品的库存，占用流动资金较大，当市场需求发生变化时，企业应变能力较弱。

② 拉动式供应链是指从客户的需求出发，按照客户的需求设计、生产产品和服务，

这是一种以需求信息流为主导的供应链。其优点在于大大降低各类库存和流动资金占用，减少库存变质和失效的风险。但同时也要面对能否及时获取资源和及时交货以满足市场需求的风险。

（3）平衡的供应链和倾斜的供应链。

根据供应链容量与客户需求的关系，可分为平衡的供应链和倾斜的供应链。

供应链具有一定的、相对稳定的设备容量和生产能力（包括供应商、制造商、分销商、零售商、运输商等），但用户需求处于不断变化的过程中。当供应链的容量能满足用户需求时，供应链则处于平衡状态，如图12.2（a）所示；而当市场变化加剧，造成供应链成本增加、库存增加、浪费增加时，企业不是在最优状态下运作，供应链则处于倾斜状态，如图12.2（b）所示。

图 12.2　平衡的供应链和倾斜的供应链

（4）有效性供应链和反应性供应链。

根据供应链的功能模式（物理功能和市场中介功能），可分为有效性供应链和反应性供应链。

① 有效性供应链主要体现供应链的物理功能，即以最低的成本将原材料转化为零部件、半成品、成品，以及在供应链中的运输等。有效性供应链面对稳定的市场需求，提供的产品和相关技术具有相对稳定性。

② 反应性供应链主要体现供应链的市场中介功能，即对市场需求变化做出快速响应。因此，反应性供应链需要保持较高的市场应变能力并实现柔性化生产，从而降低产品过时或失效的风险。

12.1.2　供应链管理概述

1. 供应链管理的概念

供应链管理（supply chain management，SCM）一词最早于20世纪80年代提出，其后，SCM的概念、基本思想和相关理论开始迅速发展，相关的SCM学术组织也开始涌现，如2005年更名的CSCMP，其前身是1963年成立的NCPDM。到目前为止，国内外有关供应链管理的定义非常多，比较有代表性的有以下几种。

CSCMP认为：供应链管理包括贯穿于整个渠道的管理供应与需求、原材料与零部件采购、制造与装配、仓储与存货跟踪、订单录入与管理、分销，以及向客户交货。

埃文斯（J. R. Evans）认为：供应链管理是通过前馈的信息流和反馈的物料流及信息流，将供应商、制造商、分销商、零售商，直到最终用户连成一个整体的模式。

日本经营学杂志《日经情报》在其"供应链革命"特辑中，将供应链管理定义为：跨越企业组织的边界，在一个完整的流程共享经营资源和信息，以整体优化为目标，彻底消除流程中的浪费的管理技术。

国家标准《物流术语》对供应链管理的定义是：从供应链整体目标出发，对供应链中采购、生产、销售各环节的商流、物流、信息流及资金流进行统一计划、组织、协调、控制的活动和过程。

综上所述，供应链管理的含义应具有以下特征。第一，供应链管理是一种先进的运作管理技术，包含了新的管理方法和信息技术。第二，供应链管理是物流一体化的扩展，其目的是将组织的物流职能和供应链中合作伙伴使用的对等职能的物流部分进行合并或连接，以便和外部节点组成完整的集成化系统。第三，供应链管理是战略层面上的管理方法。

因此，供应链管理是指运用集成的管理思想和方法，以实现供应链整体高效率为目标，对整个供应链系统包括从原材料阶段一直到最终产品交付用户这一过程中，与产品相关的物流、信息流、资金流所进行的计划、组织、协调和控制。

2. 供应链管理的内容

供应链管理主要涉及 5 个主要领域：供应、生产、物流、需求和逆向物流，如图 12.3 所示。供应链是以同步化、集成化生产计划为指导，以各种技术为支持，尤其以 Internet/Intranet 为依托，围绕供应、生产作业、物流、需求来实施。供应链主要包括计划、合作、控制从供应商到用户的物料和信息。供应链管理的目标在于提高客户服务水平和降低总的交易成本，并且寻求两个目标之间的平衡。

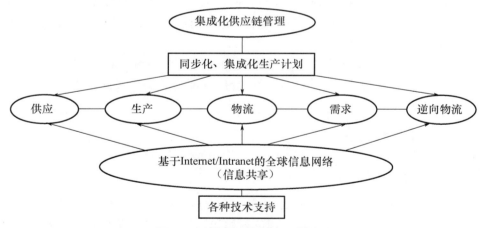

图 12.3　供应链管理涉及的领域

3. 供应链管理的目标

供应链管理的目标是在总成本最小化、客户服务最优化、总库存最小化、总周期时间最短化及物流质量最优化等目标之间寻找最佳平衡点，以实现供应链绩效的最大化。

（1）总成本最小化。

供应链管理的目标是在提高客户服务水平的基础上，降低总的交易成本，但两者具有效益悖反关系，因而还需要寻求两个目标的平衡。采购成本、运输成本、库存成本及供应链的其他成本费用都是相互联系的，要实现有效的供应链管理必须将供应链各成员作为一个有机整体来考虑，站在系统的角度分析问题，从而达到总成本最小化的目标。

（2）客户服务最优化。

供应链管理的本质在于为整个供应链的有效运作提供高水平的服务。而由于服务水平与成本费用之间存在悖反关系，要建立一个效率高、效果好的供应链网络结构系统，就必须考虑总成本费用与客户服务水平的均衡。因此，供应链管理的主要目标就是要以总成本费用最低来实现整个供应链客户服务的最优化。

（3）总库存最小化。

供应链管理中的库存控制目标是让供应链中的总体库存水平达到最低，而不是单个成员企业。总库存最小化目标的达到有赖于实现对整个供应链的库存水平与库存变化的最优控制。

（4）总周期时间最短化。

当今社会，市场变化瞬息变幻，客户的需求也呈现多样化的特征。为了满足多变的市场需求，供应链之间的竞争也就演变为基于时间的竞争。如何实现快速有效的客户反应，最大限度地缩短从客户发出订单到获取满意交货的整个供应链的总周期时间，成为决定企业成功与否的关键因素。

（5）物流质量最优化。

在市场经济条件下，企业产品或服务质量的好坏直接关系到企业的成败。同样，供应链管理下的物流服务质量的好坏直接关系到供应链的存亡。如果提供给客户的产品或服务有缺陷，就无法使供应链的所有业务活动变成增值活动，从而也无法实现供应链的价值。因此，达到与保持高水平的物流服务质量是供应链物流管理的重要目标。

从传统的管理思想来看，上述目标之间可能出现互斥性，如客户服务水平的提高，必然以库存的增加和成本的上升为前提，否则无法达到客户服务最优化。但是，通过运用系统的观点，改进服务、缩短时间、降低成本是可以兼得的。

12.2 供应链的设计与优化

12.2.1 供应链的设计

1. 供应链设计的基本问题

供应链设计就是要建立以一个重要的企业为核心，联合上游企业和下游企业的协调系统。建立一个优化的供应链有利于提高供应链管理的运作绩效，是供应链管理中重要的环节之一。

供应链的结构不是一成不变的，但是，供应链的结构一旦确定也不能轻易改变。因此，作为供应链管理的一项重要环节，应非常重视供应链的构建问题。在供应链的设计和构建过程中，应注意以下几个问题。

（1）供应链设计与系统观。

系统是由相互作用、相互影响、相互依赖的若干要素组成的具有特定功能的有机体，要素之间具有相互作用、相互影响的关系。供应链就是一个复杂系统，供应链的节点企业也具有上述特征。因此，供应链设计要站在系统的高度，从全局出发，设计和优化供应链。

（2）供应链设计与物流系统。

物流系统是供应链的物流通道，是供应链管理的重要内容。物流系统设计是指原材料和外购件所经历的采购、存储、加工、装配、包装、运输、分销、零售等一系列物流过程的设计，是供应链设计中最主要的工作。一个结构合理的物流系统对于降低库存、减少成本、缩短提前期、提高供应链的整体运作效率是非常重要的。

（3）供应链设计与环境因素。

一个设计完善的供应链在实际运作中可能并不像想象中的完美，甚至无法完成设想的目标。原因并不是系统的设计和构想不完美，而是环境因素影响的结果。因此，构建和设计一个供应链必须考虑供应链的运作环境，如地区、政治、文化、经济等因素，同时还需要考虑环境变化对供应链的影响。因此，供应链设计要充分考虑供应链对环境的适应能力。

（4）供应链设计与先进制造模式。

先进的制造模式从客观上要求企业对其传统方式进行改革，与时俱进。如果没有全球制造、虚拟制造、柔性制造系统等先进方式的出现，供应链管理的思想也难以实现。正是先进制造模式的资源配置沿着"劳动密集→设备密集→信息密集→知识密集"的方向发展才使得企业的组织模式和管理模式发生相应的变化。同时，供应链设计也成为先进制造模式的推动力，两者相互推动、相辅相成。

 知识链接

柔性制造系统

德国先进全自动化数控制造公司的柔性制造系统

柔性制造系统是在成组技术的基础上，以多台（种）数控机床或数组柔性制造单元为核心，通过自动化物流系统将其连接，统一由主控计算机和相关软件进行控制和管理，组成多品种、小批量和混流方式生产的自动化制造系统。柔性制造系统具有设备利用率高、生产能力稳定、产品质量高、运行灵活、经济效果显著等特点。

柔性制造系统的发展趋势大致有两个方面。一方面是与计算机辅助设计和辅助制造系统相结合，利用原有产品系列的典型工艺资料，组合设计不同模块，构成各种不同形式的具有物流和信息流的模块化柔性系统；另一方面是实现从产品决策、产品设计、生产到销售的整个生产过程自动化，特别是管理层次自动化的计算机集成制造系统。

2. 供应链设计的原则

在供应链设计的过程中，还应遵循一些基本原则，以保证供应链的设计能实现供应链的思想。

(1) 自上而下和自下而上相结合的设计原则。

在系统设计方法中,有两种设计方法,即自上而下和自下而上的方法。

 知识链接

系统设计的方法

自上而下的方法是从全局走向局部的方法,自下而上的方法是从局部走向全局的方法;自下而上是系统分解的过程,自上而下则是集成的过程。

在设计一个供应链系统时,往往是先由主管高层做出战略规划和决策,然后由下层部门实施决策。因此,供应链的设计将自上而下和自下而上相结合。

(2) 简洁性与互补性相结合的设计原则。

为了使供应链具有灵活快速响应市场的能力,供应链的每个节点都应该尽量简洁,并且具有活力地实现业务流程的快速组合。同时在各个节点的选择上应遵循强强联合的原则,达到资源外用的目的。

(3) 动态性原则。

动态性是指系统本身和所处的环境处于动态变化中,因此具有很大的不确定性。不确定性在供应链管理中是普遍存在的,它会导致需求的扭曲,出现"牛鞭效应",即需求沿着供应链前进的过程中发生需求放大效应。因此,要预测各种不确定因素对供应链运作的影响,减少信息传递过程中的失真和延误。

(4) 战略性原则。

供应链管理属于企业战略管理的层面,要求以战略的观点进行分析,从而设计出符合供应链管理要求的结构。从供应链战略管理的角度出发,供应链要充分体现发展的长远规划和对未来的预见性。

3. 供应链设计的步骤

图 12.4 给出了供应链设计的基本步骤。考虑供应链存在的问题,遵循一定的设计方法,按照设计步骤,借助一定的方法,就可以完成供应链设计。

12.2.2 供应链的优化

1. 供应链优化的概念

供应链优化即企业在有约束条件或资源有限的情况下寻找合理的决策方案,它主要有整体优化和局部优化两种类型。整体优化是从大量方案中找出最优方案,然而,实际情况下可能没有最优方案或者没有方法来检测所得方案是否最优,因此有必要进行局部优化。局部优化是在大量类似方案中找出最优方案,此法取决于方案的最初解,最初方案不同,优化结果也不同。

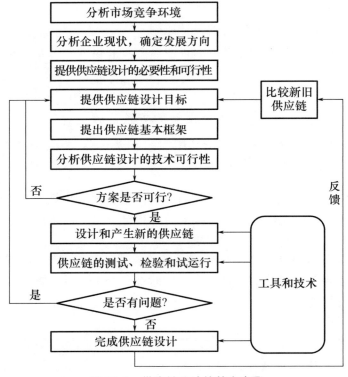

图 12.4　供应链设计的基本步骤

2. 供应链优化的原则

供应链优化的基本原则包括分类管理和时间管理。

（1）分类管理。

供应链是复杂的，为此需要分类以便管理。如把采购物料分为原材料、辅助材料和备品备件，把供应商分为一级、二级、三级；把客户分为直销商和经销商，等等。不同的类别有不同的特征，采取与不同类别特征相适应的策略可以实现对供应链的优化。

分类作为供应链优化的基本逻辑，就是要对供应链中各个环节的业务要素进行分类，根据各个类别分别采取最合适的策略，从而实现供应链优化。采用该原则，关键在于选择合适的分类方法，以及针对每一个类别制订合适的策略，同时，确保供应链上下游及各个环节之间分类的匹配。

① 分析分类的合理性。

这需要对供应链管理的每一个环节（如需求、生产、采购、物流、计划等）进行详细分析，从实际业务运作的需要审视分类的合理性，可以参考各种管理模型，也可以参考各种业务的最佳实践。

② 针对不同类别采取合适的策略。

显然分类越细致，采取的策略就越具有针对性，优化也越有效。例如，把路边修车店作为一个渠道，这个渠道显然有自己的特征，针对这个渠道采取的策略肯定与商场超市的策略不一样。

③ 确保各个环节分类策略的匹配性。

各个环节的最优不是供应链的最优，要实现供应链优化还必须确保各个环节分类策略的匹配性。例如，新增了一个销售渠道类别，它有新的特征，是否有相应的物流类别去支撑这个销售渠道。在快速消费品行业，针对经销商的物流服务可以全外包，针对市内超市这个渠道很多企业采取了自主做配送的方式。显然，针对不同的销售渠道有不同的物流业务类别。

 知识链接

采用分类方法优化供应链

根据通常对库存的管理方法，宝洁也对采购的材料按照ABC方法分类：A类品种占总数的5%～20%，资金占总金额的60%～70%；C类品种占总数的60%～70%，资金占用比例低于15%；B类介于二者之间。单纯的ABC分类方法还不足以找到最优的采购策略，还需要进一步细分。

根据不同的分类结果，采取了相应的策略。

（1）对于价值低、用量大、占用存储空间不大的材料，在供应链中时间减少的机会很少，这类材料占生产材料的80%，它们适合采用供应商管理库存的方式来下达采购订单和管理库存。

效果：节省材料的下单和采购成本；实际的材料采购提前期只是检测周期，库存由30天减少到0天。

（2）对于价值不高、用量大且占用存储空间很大的材料，以及价值不高但占用存储空间很大的材料，适合采用压缩供应链时间的方法来管理材料供应。

效果：结合对存储过程和运输过程的改变以及延迟时间和检测时间减少，总体提前期最后减少了18天（四分之一的提前期）；材料库存从30天减少到20天，库存价值每个月降低2万美元。

（3）全面合作，帮助供应商改进生产技术。宝洁与供应商一起优化物料结构，协调供应商与宝洁的生产计划，宝洁雇佣第三方物流代替客户自有的物流。

效果：供货周期从7天减少到2天，可靠性从88%增加到97%，成本下降11%。

从宝洁的例子可以看出，分类要与供应链运作的具体情况相适应。详细分类并采取有针对性的策略可以实现显著的优化供应链。当对供应链整体优化方法无解的时候，不妨先对业务详细分类，分类可以引导找到优化方法。

（2）时间管理。

供应链管理的核心就是时间管理，对于时尚类的产品时间管理非常重要，如计算机类、服装类产品。众所周知，Dell公司在个人计算机行业最低的库存天数是其获得竞争优势的关键因素。对于一些非时尚类的产品，如大众消费品，时间管理也是非常重要的。

供应链管理有两个目标：提升客户服务水平和降低运作成本。这两个目标常常是互相矛盾的，即要提高服务水平，是以成本升高为代价；而降低成本，往往会带来服务水平的下降。时间对这两个目标都有着重要的影响：对于服务水平，最重要的是对市场需求的响应速度，即对需求的响应时间；对于成本来说，时间的延长会导致各种运作成本的升高，如储存成本、产品滞销的损失等。加强时间管理，可以实现在服务水平与运作成本两个方面的同时优化。

时间管理作为供应链优化的基本逻辑,就是要加强供应链时间管理。实际是通过对时间的分析,发现供应链上可以改进的点,找到优化空间,结合这些优化点,通过对具体业务的分析优化,来缩短供应链的运作时间,最终实现供应链优化。

对业务的优化可以向两个方向努力。

① 加强各个环节在时间上的协调,节奏一致,减少等待延迟时间。

② 缩短各个步骤执行的时间。

时间分析对于供应链优化来说是一种简单而有效的工具。同时由于时间这个因素对于供应链两个目标都非常重要,且能够对两个目标同时优化,所以时间管理常常是供应链优化的突破口,或者说供应链优化的基本原则。当面临供应链优化的难题,不妨先对供应链时间做详细分析,优化思路可能就会自然显现。

3. 供应链优化的方法

供应链的优化方法包括以下几类。

(1) 基于规则的系统。

基于规则的系统不是优化工具,但被广泛应用于控制系统。基于规则的系统能控制几百个甚至几千个规则。规则系统与规则之间的相互关系非常复杂。如果系统改变而规则没有改变,系统不能保证所求出的解是最优的。基于规则的系统有神经元系统等。

(2) 线性规划。

线性规划是应用最广泛的优化工具,通常用于资源分配问题。任何有决策变量、线性目标函数和线性约束条件的问题都属于线性规划。

(3) 约束传播。

受约束条件的影响,每个约束都有一定的变量范围。变量域的减少会引起与约束条件相关的变量数目减少。此法在大网络约束条件下尤其有效。

(4) 遗传算法。

遗传算法通过改进已有的解找出最优解。尽管为了得到最优解,遗传算法也要做很多次迭代,然而它求解过程简单,运行速度很快。此类优化方法特别适合那些约束条件和目标函数比较复杂的问题,如非线性函数。

(5) 快速反应方法。

快速反应是指在供应链中,为了实现共同的目标,零售商和制造商建立战略伙伴关系,利用EDI等信息技术,进行销售时点的信息交换及订货补充等其他经营信息的交换,用多频次、小批量配送方式连续补充商品,以实现缩短交货周期,减少库存,提高客户服务水平和企业竞争力的供应链管理方法。成功的快速反应供应链伙伴关系将提高供应链上所有伙伴的获利能力。

(6) 有效客户响应方法。

有效客户响应即由零售商、批发商与厂商等供应链节点企业互相协调和合作,更好、更快,以更低的成本为客户提供更多价值的一种供应链管理方法。有效客户响应旨在消除供应链中不增值的环节,减少成本,提高整个供应链的运行效率,以便最有效地满足客户的需求。

（7）CPFR 方法。

CPFR 是协同（collaborative）、规划（planning）、预测（forecasting）和连续补货（replenishment）的缩写。CPFR 应用一系列的处理和技术模型，提供覆盖整个供应链的合作过程，通过共同管理业务过程和共享信息来改善零售商和供应商的伙伴关系，提高预测的准确性，最终达到提高供应链效率、减少库存和提升客户满意度的目标。

12.3 供应链绩效评价

12.3.1 供应链绩效评价概述

1. 供应链绩效评价的概念

供应链绩效评价是围绕供应链的目标，基于供应链业务流程，对供应链整体、各环节运营状况，以及各环节之间的运营关系等所进行的事前、事中和事后分析评价。评价供应链的绩效，是对整个供应链的整体运行绩效、供应链节点企业、供应链上的节点企业之间的合作关系所做出的评价。因此，供应链绩效评价指标是基于业务流程的绩效评价指标。供应链绩效评价过程如图 12.5 所示。

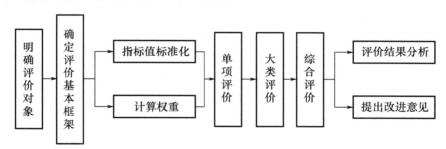

图 12.5　供应链绩效评价过程

2. 供应链绩效评价的作用

大型供应链企业，都非常重视供应链的绩效评价。恰当的绩效评价有利于形成良好的合作关系，获得竞争优势。绩效评价的作用表现在以下几个方面。

（1）用于对整个供应链的运行效果做出评价。主要考虑供应链与供应链之间的竞争，为供应链在市场中的存在（生存）、组建、运行和撤销的决策提供必要的客观依据。目的是通过绩效评价获得对整个供应链的运行状况的了解，找出供应链运作方面的不足，及时采取措施予以纠正。

（2）用于对供应链上各个成员企业做出评价。主要考虑供应链对其成员企业的激励，吸引企业加盟，剔除不良企业。

（3）用于对供应链内企业与企业之间的合作关系做出评价。主要考察供应链的上游企业（如供应商）对下游企业（如制造商）提供的产品和服务的质量，从客户满意度的角度评价上下游企业之间的合作伙伴关系的好坏。

（4）除对供应链企业运作绩效的评价外，这些指标还可起到对企业进行激励的作用，包括核心企业对非核心企业的激励，也包括供应商、制造商和销售商之间的相互激励。

12.3.2 供应链绩效评价指标体系

1. 供应链绩效评价的内容

根据供应链管理运作机制和目标，供应链绩效评价不仅能反映供应链整体运营状况，而且能反映供应链上各个结点企业之间的运营关系。由于供应链是由多方面组成的一个复杂系统，对供应链的评价不能片面地以好或坏来定论，而应综合多方面的指标评价。因此，供应链绩效评价主要包括内部绩效评价、外部绩效评价、供应链综合绩效评价3方面的内容。

（1）内部绩效评价。

内部绩效评价是对供应链内各企业运营情况作出评价，侧重于考虑供应链对企业的激励。进行内部绩效评价时需要立足于供应链整体的角度，而非一般意义的企业内部绩效评价。评价的主要内容包括成本、质量、客户服务、生产率等。

（2）外部绩效评价。

外部绩效评价是对供应链内企业之间的合作关系作出评价，包括从客户满意度的角度评价上下游企业之间的合作伙伴关系，核心企业对其他结点企业的激励，以及供应商、制造商、零售商之间的相互激励等。其度量的主要指标有客户满意度、上下游企业合作关系、交付可靠性等。

（3）供应链综合绩效评价。

供应链综合绩效评价主要是从整体角度考虑不同供应链之间的竞争，为供应链在市场中的生存、组建、运行、撤销的决策提供依据。评价内容主要包括满意度、柔性、创新性和资产等几个方面。

2. 供应链绩效评价的关键点

供应链绩效评价可从组织绩效、供应商、物流和客户4个方面考察关键点，具体关键点及含义如表12-1所示。

表 12-1 供应链绩效评价的关键点及含义

考察项目	关键点	含义
组织绩效	柔性	反映供应链对内、外部干扰的调整能力
	集成度	反映供应链企业信息、物流和管理的集成度
	协调性	主要指供应链中的利益协调和管理协调
	稳定性	供应链成员和组织结构应具有相对的稳定性
供应商	采购提前期	反映供应链经营状况的全面指标
	供应商柔性	不确定环境中的应变能力
	采购成本	反映供应链的整体运营能力

续表

考察项目	关键点	含义
物流	物流速度	与物流业务相关行为的数据传输速度、计划更新速度和物流执行速度
	物流柔性	对客户需求变动的应变能力
	物流可视性	供应链中物流信息的共享程度
客户	可用性	物流系统完成订单的能力和比例
	时间	按时交付和周期
	满意度	客户满意度和客户抱怨程度

3. 供应链绩效评价的具体指标

在评价工作中，供应链绩效往往是由多种因素构成的。因此，评价指标也是多种多样的、相互关联的，这些相互关联的评价指标所构成的指标系统就是评价指标体系。反映整个供应链运营的绩效评价指标，应综合考虑指标评价的客观性和实际可操作性，常用的有以下 7 个评价指标。

（1）产销率指标。

产销率是指在一定时间内已销售的产品数量与已生产的产品数量的比值。具体公式为

$$产销率 = \frac{已销售的产品数量}{已生产的产品数量}$$

产销率指标又可分成如下 3 个具体的指标。

① 供应链节点企业的产销率，反映供应链节点企业在一定时间内的经营状况。

② 供应链核心企业的产销率，反映供应链核心企业在一定时间内的产销经营状况。

③ 供应链产销率，反映供应链在一定时间内的产销经营状况。该指标除了反映产品生产和销售量的比值，还反映了供应链资源（包括人、财、物、信息等）的有效利用程度，产销率越接近 1，说明资源利用程度越高。同时，该指标也反映了供应链库存水平和产品质量，其值越接近 1，说明供应链成品库存量越小。产销率指标中所用的时间单位越小（如天），说明供应链管理水平越高。

（2）平均产销绝对偏差指标。

平均产销绝对偏差是指在一定时间内，所有节点企业已生产产品的数量与其已销售的产品数量之差的绝对值之和的平均值。具体公式为

$$平均产销绝对偏差 = \frac{\sum_{i=1}^{n}|P_i - S_i|}{n}$$

式中，n 为供应链节点企业的个数；P_i 为第 i 个节点企业在一定时间内生产产品的

数量；S_i 为第 i 个成员企业在一定时间内销售产品的数量。

该指标反映在一定时间内供应链总体库存水平，其值越大，说明供应链成品库存量越大，库存费用越高。反之，说明供应链成品库存量越小，库存费用越低。

（3）产需率指标。

产需率是指在一定时间内，节点企业已生产产品的数量与其上层节点企业（或用户）对该产品的需求量的比值。具体分为如下两个指标。

① 供应链节点企业产需率。具体公式为

$$供应链节点企业产需率 = \frac{节点企业已生产产品的数量}{上层节点企业对该产品的需求量}$$

该指标反映上、下层节点企业之间的供需关系。产需率越接近1，说明上、下层节点企业之间的供需关系越协调，准时交货率越高；反之，则说明下层节点企业准时交货率越低，或者企业的综合管理水平越低。

② 供应链核心企业产需率。具体公式为

$$供应链核心企业产需率 = \frac{一定时间内核心企业已生产产品的数量}{一定时间内用户对该产品的需求量}$$

该指标反映供应链整体生产能力和快速响应市场需求的能力。若该指标数值大于或等于1，说明供应链整体生产能力较强，能快速响应市场需求，具有较强的市场竞争能力；若该指标数值小于1，则说明供应链整体生产能力不足，不能快速响应市场需求。

（4）供应链产品出产（或投产）循环期或节拍指标。

当供应链节点企业生产的产品为单一品种时，供应链产品出产循环期是指产品的出产节拍；当供应链节点企业生产的产品品种较多时，供应链产品出产循环期是指混流生产线上同一种产品的出产间隔。由于供应链管理是在市场需求多样化经营环境中产生的一种新的管理模式，其节点企业（包括核心企业）生产的产品品种较多，它可分为如下两个具体的指标。

① 供应链节点企业（或供应商）零部件出产循环期。该循环期指标反映了节点企业库存水平以及对其上层节点企业需求的响应程度。该循环期越短，说明该节点企业对其上层节点企业需求的快速响应程度越高。

② 供应链核心企业产品出产循环期。该循环期指标反映了整个供应链的在制品库存水平和成品库存水平，同时也反映了整个供应链对市场或用户需求的快速响应能力。核心企业产品出产循环期决定着各节点企业产品出产循环期，即各节点企业产品出产循环期必须与核心企业产品出产循环期合拍。该循环期短，一方面说明整个供应链的在制品库存量和成品库存量都比较少，总的库存费用都比较低；另一方面也说明供应链管理水平比较高，能快速响应市场需求，并具有较强的市场竞争能力。

（5）供应链总运营成本指标。

供应链总运营成本包括供应链通信成本、供应链库存费用及各节点企业外部运输总费用。该指标可以反映供应链运营的效率，具体分析如下。

① 供应链通信成本。供应链通信成本包括各节点企业之间的通信费用，如 EDI、网络的建设和使用费用，供应链信息系统开发和维护费，等等。

② 供应链总库存费用。供应链总库存费用包括各节点企业在制品库存和成品库存费用、各节点之间在途库存费用。

③ 各节点企业外部运输总费用。各节点企业外部运输总费用等于供应链所有节点企业之间运输费用的总和。

（6）供应链核心企业产品成本指标。

供应链核心企业的产品成本是供应链管理水平的综合体现。根据核心企业产品在市场上的价格确定出该产品的目标成本，再向上游追溯到各供应商，确定出相应的原材料、配套件的目标成本。只有当目标成本小于市场价格时，各个企业才能获得利润，供应链才能得到发展。

（7）供应链产品质量指标。

供应链产品质量是指供应链各节点企业（包括核心企业）生产的产品或零部件的质量。供应链产品质量指标主要包括合格率、废品率、退货率、破损率、破损物价值等。

4. 供应链绩效评价的方法

供应链绩效评价的方法很多，包括平衡计分卡法、标杆法、SCOR 模型、指标体系法、专家定性判断法、层次分析法、综合评分法等。下面介绍其中的几种。

（1）平衡计分卡法。

平衡计分卡（balanced score card，BSC）是卡普兰（R. S. Kaplan）与诺顿（D. P. Norton）于 20 世纪 90 年代初研究了在绩效测评方面处于领先地位的 12 家大型企业，在其成功经验的基础上，从财务层面、客户层面、内部经营过程层面、学习和成长层面 4 个层面构建的一个完整的评价考核体系。2000 年，布鲁尔（P. C. Brewer）和斯佩赫（T. W. Speh）将平衡记分卡延伸到供应链的概念中，认为绩效评价必须与供应链实践协调。他们建立起一种供应链框架，该框架将供应链管理与平衡计分卡的 4 个层面联系起来，如图 12.6 所示。

经过不断的发展，平衡计分卡已经发展为集团战略管理的工具，在集团战略规划与执行管理方面发挥着非常重要的作用。

（2）标杆法。

标杆法（benchmarking）是美国施乐公司建立的经营分析方法，用于定量分析自己公司现状与其他公司现状，并加以比较分析。标杆法是一种已具有很多成功实践的绩效管理工具，近年来被广泛地用于供应链绩效评价。

标杆法的主要特点是将那些出类拔萃的企业作为企业测定基准，通过比较来改进和提高企业的经营绩效。标杆法是一种辨别最好企业实践并进行学习的过程，首先通过辨别行业内外最佳企业业绩及其实践途径，企业可以制订业绩评估标准。然后对其业绩进行评估，同时制订相应的改善措施。

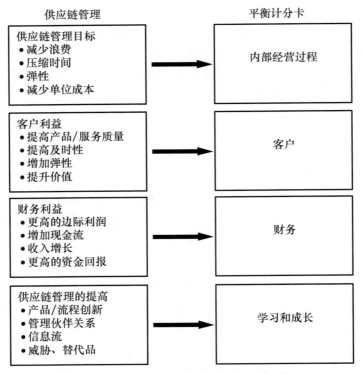

图 12.6　将供应链管理与平衡计分卡相联系

（3）SCOR 模型法。

SCOR 模型由美国 CLM 于 1996 年发布。该模型是为了帮助公司了解供应链的绩效及改善的机遇开发出的跨行业框架。SCOR 应用了一种基于流程的方法来考察供应链。

SCOR 基于 5 个不同的管理流程。一个整合的计划框架把供应链中的所有企业都包括在内，在此框架中，按照重复进行的管理流程——计划、采购、制造、运送和退货，来考察供应链，如图 12.7 所示。

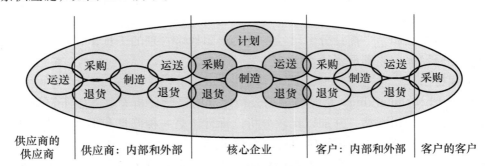

图 12.7　5 个不同的管理流程

其中，核心企业的管理流程和供应商及客户企业中相应的管理流程被看作是联系在一起的。下面详细介绍这 5 个不同的管理流程。

① 计划：计划供应和需求的任务。在总任务系统中提出这些任务，该系统包括长期生产能力和资源规划等活动。

② 采购：物料收购的任务。在总采购系统中提出，该系统包括供应商认可及供应商缔约等活动。

③ 制造：实施生产的任务。在总生产系统中提出，该系统包括车间生产进度安排等活动。

④ 运送：需求、订单、储存、运输、安装和委托代理的日常管理任务。这些任务在总运送管理系统中提出，该系统包括订货准则及运送量管理。

⑤ 退货：对需更换和维修的不合格商品进行退货，以及客户不再需要的物流的回收利用。

SCOR 的 4 个级别：

第一级：大致描述计划、采购、制造和运送管理流程，用于设定竞争目标。

第二级：详细定义核心流程的分类细目——供应链的可能的组成要素。

第三级：针对第二级中的分类细目，为它们每个组成要素提供计划和设定目标所需的信息。

第四级：为取得改进，所需要的实施计划。

表 12-2 所示的是 SCOR 中第一级管理流程中涉及的 13 个衡量标准。该表的用意在于，公司不必成为全能冠军，相反，公司应该集中自己的优势，把目标瞄准市场上 4～6 个选定的领域，创造差别优势。同时，公司也要保证自己在其他领域中仍具有竞争力。

表 12-2 供应链绩效和基准衡量标准

SCOR 第一级所涉指标	客户层面		内部层面	
	供应链可靠性	灵活性和响应性	成本	资产
运送绩效	√			
订单完成绩效	√			
完成率				
订单完成的提前期				
完整订单执行	√			
供应链响应时间		√		
生产灵活性		√		
物流管理总成本			√	
增值生产率			√	
保修成本或退货处理成本			√	
现金周转期				√
库存供货天数				√
资金周转				√

5. 供应链管理成熟度

供应链管理成熟度（supply chain management maturity）的主要作用之一就是分析供应链的管理绩效，以及管理投入所带来的效率、效益和效能。供应链管理成熟度是供应链绩效评价体系的组成部分，通过建设和纳入供应链管理成熟度这一指标，能够有效补充和完善供应链绩效评价体系，得出制约整个供应链运营的关键因素，从而为供应链的动态优化提供依据，同时为供应链绩效评价体系进行指标的选取和权重的分配提供参考。

12.4 供应链管理的基本方法

供应链管理的方法有很多，但管理的宗旨都是降低供应链成本、提高供应链效率，使整个供应链上下游企业能够受益。供应链管理的基本方法包括以下几种。

12.4.1 快速反应

1. 快速反应的含义

快速反应（quick response，QR）是 20 世纪 90 年代末在美国开始实施的，由美国的纺织服装行业及主要连锁零售商（沃尔玛）等推动的。QR 是指在供应链中，为了实现共同的目标，零售商和制造商建立起战略合作伙伴关系，利用 EDI 等技术，进行销售时点的信息交换及订货补充等其他经营信息的交换，用多频次、小批量配送补充商品，以实现缩短交货周期，减少库存，提高客户服务水平和企业竞争力的供应链管理方法。该方法的目的是减少从原材料到销售点的时间和整个供应链的库存，最大限度地提高供应链管理的运作效率。

2. 快速反应实施的条件

伯恩（B. Burn）在美国纺织服装业研究的基础上，认为 QR 成功需具备 5 项条件。

（1）改变传统的经营方式、企业经营意识和组织结构。

① 企业不能局限于依靠本企业独自的力量来提高经营效率的传统经营意识，要树立通过与供应链各方建立合作伙伴关系，努力利用各方资源来提高经营效率的现代经营意识。

② 零售商在垂直型 QR 系统中起主导作用，零售店铺是垂直型 QR 系统的起始点。

③ 在垂直型 QR 系统内部，通过 POS 数据等销售信息和成本信息的相互公开和交换，来提高各个企业的经营效率。

④ 明确垂直型 QR 系统内各个企业之间的分工协作范围和形式，消除重复作业，建立有效的分工协作框架。

⑤ 必须改变传统的事务作业的方式，通过信息技术实现事务作业的无纸化和自动化。

（2）开发和应用现代信息处理技术。

目前企业采用的信息技术包括条码技术、EDI、电子订货系统（electronic ordering system，EOS）、连续补货计划（continuous replenishment program，CRP）等。

（3）与供应链各方建立战略伙伴关系。

积极寻找和发现战略合作伙伴关系，与之建立起分工和协作关系。合作的目标是为了削减库存，避免缺货现象的发生，从而实现降低风险、简化事务性作业，优化供应链。

（4）改变传统的对企业商业信息保密的做法。

将销售信息、库存信息、生产信息、成本信息等与合作伙伴交流共享，并在此基础上，要求各方在一起发现问题、分析问题和解决问题。

（5）供应商必须缩短生产周期，降低商品库存。

供应商应努力做到缩短商品的生产周期，通过多品种、小批量生产和多频次、少数量配送，降低零售商的库存水平，提高客户服务水平。同时，在商品实际需要将要发生时采用JIT方式组织生产，降低供应商自身的库存水平。

3. 实施快速反应的效果

研究显示，零售商在应用QR系统后，销售额大幅增加，商品周转率大幅提高，需求预测误差大幅下降。以美国服装行业实施QR为例，其实施后的效果如表12-3所示。

表12-3 实施QR的效果

对象商品	实施QR的企业	零售商应用QR后的效果
休闲裤	零售商：Walmart 服装生产厂家：Seminole 面料生产厂家：Milliken	销售额：增加31% 商品周转率：提高30%
衬衫	零售商：JCPenney 服装生产厂家：Oxford 面料生产厂家：Burlington	销售额：增加59% 商品周转率：提高90% 需求预测误差：减少50%

12.4.2 有效客户响应

1. 有效客户响应的含义

有效客户响应（efficient consumer response，ECR）是一种通过制造商、批发商和零售商各自经济活动的整合，以最低的成本，最快、最好地实现消费者需求的流通模式。ECR强调供应商和零售商的合作，尤其在企业间竞争加剧和需求多样化发展的今天，产销之间迫切需要建立相互信赖、相互促进的协作关系，通过现代化的信息和手段，协调彼此的生产、经营和物流管理活动，进而在最短的时间内应对客户需求变化。

知识链接

ECR 产生的背景

ECR 的提出与美国食品行业的危机有直接关系。面对日益增多的食品种类和品种,传统的商品供应体制很难适应现代流通市场的需求,销售额日益减少。

在此背景下,1992 年年初,美国食品营销协会成立了一个特别工作小组,着手研究商品供应的新体制。项目小组对食品行业展开调查,提出物流、品种、促销和新商品的引入 4 个需要改革的领域。针对这 4 个领域的改革措施和信息技术提出了一个综合运作方法,即 ECR 方法。

2. 实施有效客户响应的关键因素

(1)信息完整。供应链的信息库要具有完整的信息,包括需求、供应、技术和市场等方面的信息。

(2)标准化。为了快速响应客户的需求,供应链上的各项信息、数据的收集和传输应加以标准化。

(3)互信、互利、共识的建立。实施有效客户反应的重点在于供应链企业体系内的上、下游之间彼此分享信息,打破以往角色相互对立的局面,建立相互信任、荣辱共存、共同发展的新型伙伴关系。

(4)完善的物流系统。建立一个高效率、功能完备、低成本的物流系统,是确保整个有效客户响应体系成功实施的重要条件。

3. 实施有效客户响应的效果

由于在流通环节中缩减了不必要的成本,分销商和供应商之间的价格差异也随之降低,这些节约了的成本最终将使消费者受益。除了这些有形的好处,还有一些对消费者、分销商和供应商重要的无形的利益。

对于消费者:增加选择和购物的方便,减少缺货单品,产品更新鲜。

对于分销商:增加对消费者的了解,改善了和供应商的关系。

对于供应商:减少缺货,增加品牌信誉,改善了和分销商的关系。

本章小结

本章首先介绍了供应链的概念、特征与类型,并分析了供应链管理涉及的 5 个主要领域:供应、生产、物流、需求和逆向物流,提出了供应链管理的目标,即在总成本最小化、客户服务最优化、总库存最小化、总周期时间最短化及物流质量最优化等目标之间寻找最佳平衡点,以实现供应链绩效的最大化。其次阐述了供应链的设计与优化,通过构建合理的供应链,保证供应链的思想得以实现。再次,建立了一个供应链绩效评价指标体系,对整个供应链的整体运作绩效、节点企业之间的合作关系作出评价。最后介绍了供应链管理的两类基本方法:快速反应和有效客户响应,其宗旨是降低供应链成本、提高供应链效率。

思考题

1. 简述供应链管理的内容。
2. 简述供应链管理的目标。
3. 简述供应链绩效评价的内容。
4. 简述快速反应实施的条件。
5. 简述实施有效客户响应的关键因素。

案例分析

一体化供应链物流服务企业典型案例——以京东物流为例

（一）概念界定

"一体化供应链物流服务"是指由一家服务商为客户提供一整套具有"数智化"特点，且可按需定制的供应链及物流解决方案，以满足客户多样化需求，帮助不同类型企业提升供应链及物流效率。

（二）案例分析

京东集团创办于1998年，其自身定位为"以供应链为基础的技术与服务企业"，是一家业务活动涉及零售、科技、物流、健康、保险等多个领域，同时具备实体企业基因和属性并拥有数智技术和能力的新型实体企业。

京东集团自2007年开始自建物流，并于2017年4月正式成立京东物流集团。2021年5月，京东物流于香港联交所主板上市。作为目前中国领先的技术驱动型供应链解决方案及物流服务提供商，京东物流充分发挥"以实助实"的新型实体企业属性，不仅能通过扎实的基础设施、高效的数智化社会供应链、创新的技术服务能力，助力农贸、交通、通信、制造等实体经济行业大型企业数智化转型。还能不断开放完善的跨行业、跨产业、全球化的产业生态资源体系，通过多元化的解决方案帮助中小微企业降本增效。更能将专业化服务向下兼容，以数智化社会供应链为基础，从发展数智农业和物流、提升乡村治理和服务水平等方面入手，打通农村全产业链条，为乡村振兴提供解决方案。得益于从供应链安排、物流执行到消费产品分析的丰富经验，在一体化供应链物流领域，京东物流的专业化服务能力已经逐渐走向成熟。

1. 跨业务、全球化服务能力

业内领先的大规模、高智能的物流仓配网是京东物流持续高质量发展的核心竞争力。京东物流建立了包含仓储网络、综合运输网络、配送网络、大件网络、冷链网络及跨境网络在内的高度协同的六大网络，具备数智化、广泛和灵活的特点，且服务范围覆盖了中国几乎所有地区、城镇和人口，由此成为可以实现多网、大规模一体化融合的供应链与物流服务提供商。京东物流的供应链物流网络具有"自营核心资源＋协同共生"的特点。截至2022年，京东物流已在全国运营约1 400个仓库，其中43座"亚洲一号"大型智能物流园区，还拥有约29万名配送人员。2017年，京东物流创新推出"云仓"模式，将自身的管理系统、规划能力、运营标准、行业经验等用于第三方仓库。目前，京东运营的云仓数量已经超过1 400个，自有仓库与云仓总运营管理面积达到约$2.3 \times 10^7 m^2$。同时，京东物流还通过与国际及当地合作伙伴的合作，建立了覆盖超过220个国家及地区的国际线路，约50个保税仓库及海外仓库。

2. 新一代数智信息技术驱动

新发展阶段下，随着传统物流弊端的不断显现，京东物流前瞻性布局各类新一代数智技术，用科技手段赋能供应链和物流服务，突破行业发展瓶颈，提升长期竞争力，助力高效流通体系建设。京东物流于2016年5月成立X事业部（其前身是京东物流实验室），负责无人机配送、无人仓库、无人站、智能配送机器人等智慧物流技术的研发；同时，京东于2016年11月成立Y事业部，致力于用大数据和人工智能技术打造智慧供应链。

京东物流通过运用5G、人工智能、大数据、云计算及物联网等底层技术来持续提升自身在自动化、数智化及智能决策方面的能力。同时，京东物流的先进技术可以为客户实现供应链关键环节的自动化及数智化。自动导引车、智能快递车及搬运、分拣机器人等新型设备能够大大提升物流活动效率。专有仓库管理系统使京东物流能够管理存货、劳动力及数据传输的整个流程，从而提升存货可视性及运营效率。专有运输管理系统可以通过实时车辆及商品追踪，以及自动化的运力筛选和费用结算，更全面地管理运输过程。基于强大的数据分析能力，京东物流还可以向客户推荐最优区域仓库数目，并决定存货在不同区域仓库间的最佳分配。由算法计算出每个区域的最优库存水平，可以在库存水平最小化和营运资金有效运用及提高库存间取得平衡，为客户创造更优体验。

例如，通过京东物流，快速消费品品牌"安利"的成品物流费用节约10%以上，现货率提升至99.5%以上，库存周转天数降低40%以上，分销计划运营效率提升1倍。与京东物流合作之后，鞋履品牌"斯凯奇"的加权平均履约成本减少了11%，其在中国的加权平均交付时间减少了约5个小时。

3. 一体化供应链物流服务解决方案

作为一家供应链和物流头部企业，京东物流长期致力于供应链和物流服务的专业化、标准化和模块化深耕，关注客户所在产业链的脉络及变化，提供一体化供应链物流服务柔性解决方案，以满足客户差异化和定制化需求。首先是"方案一体化"或"垂直一体化"，即提供从产品制造到仓储、配送的一整套解决方案，使企业客户能够避免为协调多家服务供应商而产生的成本。其次是"网络一体化"，即通过京东物流的6大网络，全面满足企业物流活动需求。再次是"运营一体化"，即基于不同环节进行集中化运营，依托京东物流的服务网络形成规模化效应，帮助客户进一步降低供应链与物流成本。

例如，京东物流为服装行业提供的解决方案能够实现从当天多次配送、促销期履约能力保障，到全渠道存货管理与调拨、大量SKU管理、布料及衣物储存，以及退货贴标签、修理及重新包装等全方位一体化服务，由此获得核心竞争力为了满足不同规模、不同行业的客户需求，京东物流通过服务"解耦"与模块化重组实现了解决方案的定制化。中小企业客户在使用京东物流提供的配送服务后进一步转化为一体化服务客户，能够获得更为完整的运营支持，形成良性循环。

4. 行业影响与整合能力

京东物流在提供社会化开放服务的过程中十分重视关键客户。这些关键客户在行业中具有风向标意义。京东物流为之提供涉及多个链条，包括商业咨询、库存优化、全国网络规划、仓库管理、运输配送以及退换货等在内的全套定制化服务，能够产生重要的行业影响力。目前，京东物流所服务的关键客户数量已经超过1 000个，主要集中在快速消费品、服饰、3C电子、家居家电、汽车后市场、生鲜等领域。包括雀巢、小米、上汽通用五菱等客户都通过京东的一体化供应链物流服务提升了智能化、自动化水平。由此带动一系列标准客户使用仓储、运输、快递、云仓、技术等服务产品，能够在更大范围内推进涵盖行业上下游的供应链物流整合与优化，产生积极的社会价值。

资料来源:https://baijiahao.baidu.com/s?id=1727357405079199248&wfr=spider&for=pc.(2022-03-15)[2022-12-08].

讨论题

1. 如何理解数智化供应链?
2. 京东的一体化供应链物流服务解决方案包含哪些要素?

【名人名言】

真正的竞争不是企业与企业之间的竞争,而是供应链和供应链之间的竞争。

市场上只有供应链,没有企业。

——著名供应链管理专家克里斯托弗(M. Christopher)

第12章 在线题库

参 考 文 献

白世贞，郭健，姜华珺，2006. 商品包装学 [M]. 北京：中国物资出版社．
鲍吉龙，江锦祥，2010. 物流信息技术 [M]. 3 版．北京：机械工业出版社．
陈建斌，2008. 电子商务与现代物流 [M]. 北京：中国经济出版社．
陈雅萍，朱国俊，刘娜，2008. 第三方物流 [M]. 北京：清华大学出版社．
崔介何，2010. 物流学概论 [M]. 4 版．北京：北京大学出版社．
邓汝春，2008. 物流配送实务 [M]. 北京：中国铁道出版社．
丁小龙，2010. 现代物流管理学 [M]. 北京：北京大学出版社．
杜文，任民，2004. 第三方物流 [M]. 北京：机械工业出版社．
方磊，2011. 电子商务物流管理 [M]. 北京：清华大学出版社．
冯耕中，李雪燕，汪寿阳，2010. 物流成本管理 [M]. 北京：中国人民大学出版社．
海峰，胡娟，2007. 物流管理学 [M]. 武汉：武汉大学出版社．
黄辉，林略，2008. 物流学导论 [M]. 重庆：重庆大学出版社．
黄中鼎，2009. 现代物流管理 [M]. 2 版．上海：复旦大学出版社．
霍红，2008. 第三方物流企业经营与管理 [M]. 2 版．北京：中国物资出版社．
霍红，2009. 物流管理学 [M]. 北京：科学出版社．
蒋长兵，吴承建，彭建良，2011. 运输与配送管理实验与案例 [M]. 北京：中国物资出版社．
赖禄元，2015. 浅析油价下跌对干散货运输市场的影响 [J]. 世界海运，38（5）:10-13.
林慧丹，2010. 第三方物流 [M]. 2 版．上海：上海交通大学出版社．
刘娟，2020. 关于经济新常态下的公路交通运输经济管理重要性分析 [J]. 商讯，201（11）:152; 154.
刘俐，2008. 现代仓储管理与配送中心运营 [M]. 北京：北京大学出版社．
刘南，兰振东，2010. 运输与配送 [M]. 北京：科学出版社．
卢少平，王林，2009. 物流信息技术与应用 [M]. 武汉：华中科技大学出版社．
罗松涛，谢淳，2010. 物流包装 [M]. 北京：清华大学出版社．
慕钰文，冯毓琴，魏丽娟，等，2020. 菠菜采后保鲜包装技术研究进展 [J]. 包装工程，41（9）:1-6.
欧阳斌，褚春超，梁晓杰，等，2020. 推进交通运输治理现代化：论应对新冠肺炎疫情的中国交通之治 [J]. 交通运输研究，6（1）:2-12.
彭国勋，2012. 物流运输包装设计 [M]. 2 版．北京：印刷工业出版社．
钱东人，朱海波，2006. 新编现代物流学 [M]. 北京：中国物资出版社．
钱芝网，孙海涛，2011. 第三方物流运营实务 [M]. 2 版．北京：电子工业出版社．
宋洪泽，林勤保，2019. 抗菌塑料包装的应用及安全评估研究进展 [J]. 包装工程，40（17）:63-71.
王槐林，刘明菲，2005. 物流管理学 [M]. 2 版．武汉：武汉大学出版社．
王健，2005. 现代物流概论 [M]. 北京：北京大学出版社．
韦恒，熊健，2007. 物流学 [M]. 北京：清华大学出版社．
吴萍，高铭悦，2015. 易碎品容器的瓦楞纸板包装设计研究 [J]. 包装工程，36（1）:74-79.
吴清一，2005. 物流管理 [M]. 2 版．北京：中国物资出版社．
严建援，2006. 电子商务物流管理与实施 [M]. 北京：高等教育出版社．

易华，李伊松，2009. 物流成本管理 [M]. 2 版 . 北京：机械工业出版社 .
张开涛，张文法，2011. 仓储管理实务 [M]. 北京：人民邮电出版社 .
张磊，吴忠，2011. 物流信息技术概论 [M]. 北京：北京大学出版社 .
张理，2009. 物流管理导论 [M]. 北京：清华大学出版社 .
张新昌，2020. 包装概论 [M]. 3 版 . 北京：文化发展出版社 .
朱华，2008. 配送中心管理与运作 [M]. 2 版 . 北京：高等教育出版社 .
朱伟生，2019. 物流成本管理 [M]. 5 版 . 北京：机械工业出版社 .